经 济 法

主　编　王　艳　秦雪洁
副主编　闫　军　吴妹玲　韩雪娇
　　　　高华蕾　王　慧　于　晓

北京理工大学出版社
BEIJING INSTITUTE OF TECHNOLOGY PRESS

内 容 简 介

本教材充分考虑学生未来实践与职业考证的需要，兼顾会计相关职业岗位需要及初级会计师《经济法基础》考试大纲的要求，以最新的财经法律法规为依据，构建教材体系，设计教材体例，内容通俗易懂，力求更好地为培养高素质技术技能型人才服务。

本教材整体采用章节设计，章节中包含考情分析、教学内容及考点分析解答、知识拓展、应试指南、巩固提高等内容及配套教学资源。为引导学习者充分使用配套资源，打造真正的“自主学习型”教材，本教材选取重难点、易考点、易混点、知识拓展点，以二维码为载体制作配套的电子音像课程资源，旨在实现教学资源与教材编写的同步，适应混合式教学、慕课化教学模式需要，方便师生使用。

图书在版编目（CIP）数据

经济法 / 王艳，秦雪洁主编. —北京：北京理工大学出版社，2018. 4

ISBN 978 - 7 - 5682 - 5502 - 8

Ⅰ. ①经… Ⅱ. ①王… ②秦… Ⅲ. ①经济法 - 中国 - 高等职业教育 - 教材 Ⅳ. ①D922. 29

中国版本图书馆 CIP 数据核字（2018）第 066895 号

出版发行 / 北京理工大学出版社有限责任公司
社　　址 / 北京市海淀区中关村南大街 5 号
邮　　编 / 100081
电　　话 / （010）68914775（总编室）
（010）82562903（教材售后服务热线）
（010）68948351（其他图书服务热线）
网　　址 / http：//www. bitpress. com. cn
经　　销 / 全国各地新华书店
印　　刷 / 三河市天利华印刷装订有限公司
开　　本 / 787 毫米 ×1092 毫米　1/16
印　　张 / 22
字　　数 / 517 千字
版　　次 / 2018 年 4 月第 1 版　2018 年 4 月第 1 次印刷
定　　价 / 80. 00 元

责任编辑 / 梁铜华
文案编辑 / 曾　仙
责任校对 / 周瑞红
责任印制 / 李　洋

前　言

中国政法大学郑永流教授曾说：“不同于文史哲追寻的真善美，法学是经世致用之学，它讲的是治国安邦之道，定分止争之法。”在法治经济的条件下，国民经济运行过程中发生的所有经济关系，均需要有法可依、依法运作。新时代需要社会各类专门人才学习、掌握、遵守并应用经济法，从而切实维护市场经济秩序和自身合法权益。

“经济法”是高等院校经济学、管理学等专业学习的一门重要专业基础课，在整个课程体系中处于核心地位。在建设社会主义市场经济体制的过程中，需要大量复合型人才，尤其是既懂经济又懂法律的经济管理人才。本教材正是为适应这一需求而编写的。

在编写过程中，我们对每一章节的结构编排都进行了精心的策划，力争做到以下几点：

1. 精简文字，影音结合。本教材的最大特点之一是将重要的知识点或者考点都配以二维码，以便读者可以通过扫描二维码来获得知识讲解的课程视频，极大地提高读者自学或者复习的效率。

2. 注重总结，图表穿插。本教材在编写过程中，结合知识习得规律和特点，特别注重随时归纳和总结相似、相近、易错和易混的知识点。每一章的开头以思维导图的形式帮助读者从宏观上把握每一章的知识脉络，每一章的正文以图表的形式将知识进行总结、梳理和对比，力争将知识以更为清晰的形式呈献给读者。

3. 兼顾考试，学考相辅。本教材在编写过程中做到不仅可以作为读者的学习用书，还可以作为读者的考试辅导用书。基于此，每章的开头有考点分布总结，每章中的案例和习题均选自历年会计师考试真题，部分题目是根据考试题目的设置规律编写的。不仅如此，所配的视频资料中也包含大量习题供读者学习检测。

4. 拓展视野，学以致用。本教材在每章的开头有案例引入，在每章的结尾处还添加了课外阅读材料，目的是让读者能够切实体会到经济法就在他们身边。

本教材共分为七章，具体内容包括：第一章，总论；第二章，劳动合同与社会保险法律制度；第三章，支付结算法律制度；第四章，增值税、消费税法律制度；第五章，企业所得税、个人所得税法律制度；第六章，其他税收法律制度；第七章，税收征收管理法律制度。

参加本教材编写工作的有王艳、秦雪洁、闫军、吴妹玲、韩雪娇、高华蕾、王慧、于晓。

由于时间仓促及作者水平有限，书中疏漏和不妥之处在所难免，敬请读者批评指正，不吝赐教。

编　者

目录 Contents

目录
Contents

目录 Contents

第一章

总　论

考情分析

本章的主要内容是法律总论。根据历年考题可知，本章的考查重点为基本法律常识，特别是相似易混的概念和相关期限、年份在案例中的应用。从分值来看，本章所占分值不算太高，一般在10分左右，且逐年有下降趋势。题型多以单项选择题、多项选择题和判断题为主（表1－1）。

表1－1　近三年题型题量分析

项目		2016年考题			2015年考题	2014年考题
		试卷1	试卷2	试卷3		
单项选择题	题数	1	1	1	3	3
	分数	1.5	1.5	1.5	4.5	4.5
多项选择题	题数	1	1	1	2	3
	分数	1.5	1.5	2	4	6
判断题	题数	—	1	—	1	1
	分数	—	1	—	1	1
不定项选择题	题数	—	—	—	—	—
合计	题数	2	3	2	6	7
	分数	3	4	3.5	9.5	11.5

知识导图

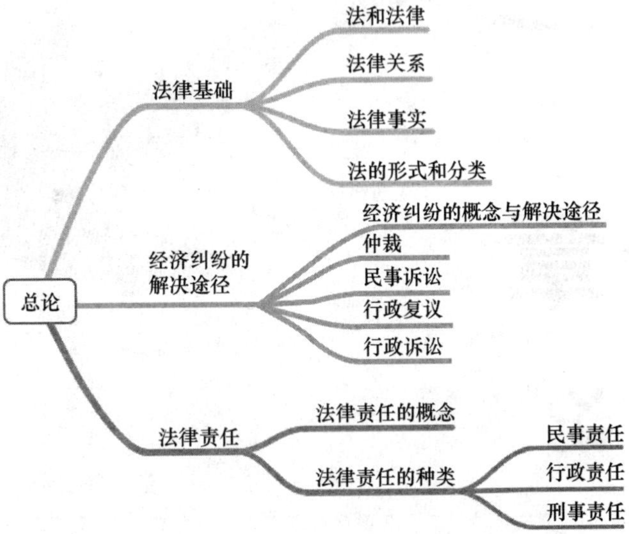

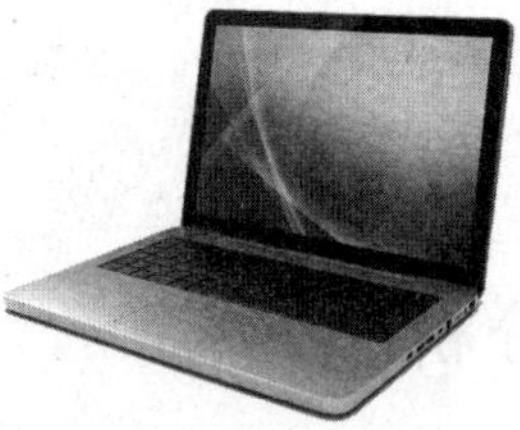

第一节 法律基础

教学引例 1－1

知道一些法律上的小常识可以保护自己

在身份证复印件上加注信息，可防止被不法分子盗用。应当用蓝色签字笔在身份证复印件的正、反面分别注明下述类似文字，“本身份证复印件仅用于20××年×月×日办理××银行××信用卡用，他用或再复印无效。”加注的文字不要遮挡身份证号码，但应适当遮盖部分个人信息，以防被剪裁后再复印。

不要劝酒。劝酒后被劝酒人发生人身伤亡，劝酒人承担民事责任。

罚款一般不得当场收取。罚款一般只能由违法行为人前往指定的地点缴纳，但是在20元以下罚款或者治安处罚50元以下且当事人无异议情况下可以当场收缴。当场收缴的必须出具省级财政部门统一印制的罚款收据，否则可以拒绝缴纳。

电动自行车只要设计的最高时速超过20 km/h且整车重量超过40 kg即被视为机动车辆。

微信截图、QQ截图并不具有证据效力，但是聊天记录是具有证据效力的。所以，涉及买卖、交易等的聊天记录不要轻易删除，为保险起见，可以去公证处公证。

以上几个例子都是我们身边经常接触或者随时可能遇见的。普法、学法、知法、懂法、用法在维护个人权益方面起着非常重要的作用。

一、法和法律

（一）法和法律的概念

1. 法的概念

法作为一种特殊的社会规范，是人类社会发展的产物。一般来说，法是由国家制定或认可，以权利和义务为主要内容，由国家强制力保证实施的社会行为规范及其相应的规范性文件等的总称。

2. 法律的概念

法律一词可从狭义、广义两个方面进行理解。

狭义的法律专指拥有立法权的国家机关（国家立法机关）依照法定权限和程序制定颁布的规范性文件。

广义的法律则指法的整体，即国家制定或认可，并由国家强制力保证实施的各种行为规范的总和。

（二）法的本质与特征

1. 法的本质

法是统治阶级的国家意志的体现，是由统治阶级的物质生活条件决定的，是社会客观需要的反映。它体现的是统治阶级的整体意志和根本利益，而不是统治阶级每个成员个人意志的简单相加。

应注意，法体现的不是一般的统治阶级意志，而是统治阶级的国家意志，这是法的本质。

2. 法的特征

法作为一种特殊的行为规则和社会规范，不仅具有行为规则、社会规范的一般共性，还具有自己的特征。其特征如表1－2所示。

表1－2　法的特征

特征	解释
国家意志性	经过国家制定或认可才得以形成的规范
国家强制性	凭借国家强制力的保证而获得普遍遵行的效力
利得性	确定人们在社会关系中的权利和义务的行为规范
规范性	法具有明确的内容，能使人们预知自己或他人一定行为的法律后果

【例1-1】下列关于法的本质与特征的表述，不正确的是(　　)。

A. 法是全社会成员共同意志的体现

B. 法是由国家制定或认可的规范

C. 法由统治阶级的物质生活条件所决定

D. 法凭借国家强制力的保证获得普遍遵行的效力

【答案】A

【知识点】法的本质与特征。

【答案解析】法是统治阶级整体意志的体现。

二、法律关系

（一）法律关系的概念

法律关系是法律规范在调整人们的行为过程中所形成的一种特殊的社会关系，即法律上的权利与义务关系。

（二）法律关系的要素

法律关系的要素包括：法律关系的主体、法律关系的内容和法律关系的客体。缺少其中任何一个要素，都不能构成法律关系。

1. 法律关系的主体

法律关系的主体，是指参加法律关系，依法享有权利和承担义务的当事人。

法律关系的主体资格包括权利能力和行为能力两个方面。

权利能力，是指一定个人或组织能够参加某种法律关系，依法享有一定权利和承担一定义务的法律资格。它是任何个人或组织参加法律关系的前提。公民权利能力依不同标准可以进行不同的分类。法人权利能力的范围则由法人成立的宗旨和业务范围决定，自法人成立时产生，至法人终止时消灭。

法律关系主体

行为能力，是指法律关系主体能够通过自己的行为实际取得权利和履行义务的能力。

法人的行为能力和权利能力是一致的，二者同时产生、同时消灭。而公民的行为能力不同于其权利能力，具有行为能力必须首先具有权利能力，但具有权利能力并不必然具有行为能力。

我国将公民行为能力划分为3类（表1-3）：完全行为能力人、限制行为能力人、无行为能力人。

公民行为能力

表1-3　公民行为能力的分类

类型	界定标准
完全行为能力人	18周岁以上（含18周岁）
	16周岁以上（含16周岁），不满18岁（不含18周岁），且以自己的劳动收入为主要生活来源的
限制行为能力人	10周岁以上（含10周岁）的未成年人
	不能完全辨认自己行为的精神病人
无行为能力人	不满10周岁（不含10周岁）的未成年人
	完全不能辨认自己行为的精神病人

2. 法律关系的内容

法律关系的内容是指法律关系主体所享有的权利和承担的义务。

3. 法律关系的客体

法律关系客体是指法律关系主体的权利和义务所指向的对象。

一般认为，法律关系的客体主要包括物、非物质财富和行为三大内容。

法律关系客体

【例1－2】公民王某与某医疗中心签订协议，承诺死后将自己的眼角膜无偿捐赠给该医疗中心，用于帮助失明患者重见光明。王某与该医疗中心形成的法律关系的客体是(　　)。

A. 王某　　B. 眼角膜　　C. 医疗中心　　D. 失明患者

【答案】B

【知识点】法律关系的客体。

【答案解析】在该法律关系中，主体是王某与该医疗中心；内容是王某死后将自己的眼角膜无偿捐赠给该医疗中心，用于帮助失明患者重见光明；客体是王某人身的一部分——眼角膜。

三、法律事实

任何法律关系的发生、变更和消灭，都要有法律事实的存在。

法律事实是指由法律规范所确定的，能够产生法律后果，即能够直接引起法律关系发生、变更或者消灭的客观情况。

按照是否以当事人的意志为转移来划分，可以将法律事实划分为两大类（图1－1）：法律事件和法律行为。

- 法律事件
  - 自然现象（如地震、洪水、台风、森林大火等）
  - 社会现象（如革命、战争、重大政策的改变等）
- 法律行为
  - 合法行为与违法行为
  - 积极行为（作为）与消极行为（不作为）
  - 意思表示行为与非表示行为
  - 单方行为与多方行为
  - 要式行为与非要式行为
  - 自主行为与代理行为

图1－1　法律事实的分类

（一）法律事件

法律事件是指不以当事人的主观意志为转移的，能够引起法律关系发生、变更和消灭的法定情况或者现象。

法律事件可以是自然现象（又称：自然事件、绝对事件），也可以是某些社会现象（又称：社会事件、相对事件）。它们的出现都是不以当事人的意志为转移的，具有不可抗力的特征。

（二）法律行为

法律行为是指以法律关系主体意志为转移，能够引起法律后果，即引起法律关系发生、变更和消灭的法律关系主体的有意识的活动。法律行为是一个非常重要的法学概念，因为法律本身主要是行为规范，各部门法都涉及对不同领域的行为的调整。

根据不同的标准，可以对法律行为作不同的分类（表1－4）。

表1－4 法律行为的分类和含义

划分依据	分类	含义
行为是否符合法律规范的要求	合法行为	行为人所实施的符合法律规范要求，能导致合法的法律后果的行为
	违法行为	行为人所实施的违反法律规范的要求、应受惩罚的行为
行为的表现形式	积极行为	又称作为，是指以积极、主动作用于客体的形式表现的、具有法律意义的行为
	消极行为	又称不作为，是指以消极的、抑制的形式表现的、具有法律意义的行为
行为是否通过意思表示	意思表示行为	又称表示行为，是指行为人基于意思表示而做出的具有法律意义的行为
	非表示行为	非经行为者意思表示而是基于某种事实状态即具有法律效果的行为（如拾得遗失物、发现埋藏物等）
主体意思表示的形式	单方行为	由法律主体一方的意思表示即可成立的法律行为（如遗嘱、行政命令等）
	多方行为	由两个或两个以上的多方法律主体意思表示一致而成立的法律行为（如合同行为等）
行为是否需要特定形式或实质要件	要式行为	必须具备某种特定形式或程序才能成立的法律行为
	非要式行为	无须特定形式或程序即能成立的法律行为
主体实际参与行为的状态	自主行为	法律主体在没有其他主体参与的情况下以自己的名义独立从事的法律行为
	代理行为	法律主体根据法律授权或其他主体的委托而以被代理人的名义所从事的法律行为

【例1－3】出纳于某在单位领导的授意下，多开发票金额并入账。分析出纳于某与其单位领导的行为是否构成法律行为。

【答案】出纳于某虚开发票入账的行为和其单位领导授意的行为均构成法律行为，属于违法行为，也属于积极行为（作为）。

四、法的形式和分类

（一）法的形式

法的形式，是指法的具体表现形态，即法是由何种国家机关，依照什么方式或程序创制出来的，并表现为何种形式、具有何种效力等级的

法的形式、立法机构和效力等级

规范性法律文件。

1. 我国法的主要形式

法的形式主要是依据创制法的国家机关不同、创制方式的不同而进行划分的。法的形式的种类、立法机构和法律效力比较如表 1–5 所示。

表 1–5 法的形式的种类、立法机构和法律效力比较

种类	立法机构	约束范围及法律效力
宪法	最高立法机关，即全国人民代表大会	规定国家的基本制度和根本任务、公民的基本权利和义务，具有最高的法律效力，也具有最为严格的制定和修改程序
法律	全国人民代表大会及其常务委员会	规定和调整国家、社会和公民生活中某一方面，具有根本性的社会关系或基本问题。其法律效力和地位仅次于宪法，是制定其他规范性文件的依据
行政法规	国家最高行政机关，即国务院	行政法规的地位次于宪法和法律，高于地方性法规、规章，是一种重要的且数量很大的法的形式。通常冠以条例、办法、规定等名称
地方性法规、自治条例和单行条例	省、自治区、直辖市的人民代表大会及其常务委员会	在不同宪法、法律、行政法规相抵触的前提下，可以制定地方性法规。一般是针对城乡建设与管理、环境保护、历史文化保护等方面的事项制定地方性法规
特别行政区基本法	全国人民代表大会	并不具有普遍的和一般的法律效力，其法律效力只基于特别行政区的具体设立及其制度设计
部门规章	国务院各部、委员会、中国人民银行、审计署和具有行政管理职能的直属机构	部门规章的地位低于宪法、法律、行政法规，不得与它们相抵触。地方政府规章除不得与宪法、法律和行政法规相抵触外，还不得与上级和同级地方性法规相抵触。部门规章之间、部门规章与地方政府规章之间具有同等效力，在各自的权限范围内施行

【例 1–4】 属于国家的根本大法、具有最高法律效力的是(　　)。

A.《中华人民共和国全国人民代表大会组织法》　B.《中华人民共和国立法法》

C.《中华人民共和国宪法》　D.《中华人民共和国刑法》

【答案】 C

【知识点】 法的效力。

【答案解析】《中华人民共和国宪法》是国家的根本大法，具有最高的法律效力。

【例 1–5】 下列属于法的形式之一的是(　　)。

A. 最高人民法院判决书　B. 某学校规章制度

C.《中华人民共和国全国人民代表大会组织法》　D. 仲裁裁决书

【答案】 C

【知识点】 法的形式。

【答案解析】在我国，只有国家机关依照法定权限和程序制定的具有普遍约束力的规范性法律文件才是法的形式。最高人民法院所作的判决书只是一种非规范性法律文件，不能作为法的形式。

2. 适用法的效力原则

居于效力等级上位的，称为上位法；居于效力等级下位的，称为下位法。

法的效力原则主要有：上位法优于下位法；特别法优于一般法；新法优于旧法；自治条例和单行条例的变通规定优先；经济特区法规的变通规定优先。

（二）法的分类

根据不同的标准，可以对法作不同的分类（表1－6）。

表1－6 法的分类

分类标准	类别	含义
创制方式和发布形式	成文法	有权制定法律的国家机关，依照法定程序所制定的具有条文形式的规范性文件
	不成文法	国家机关认可的、不具有条文形式的习惯。不成文法也称习惯法
内容、效力和制定程序	根本法	根本法就是宪法，它规定国家制度和社会制度的基本原则，具有最高的法律效力，是普通法立法的依据
	普通法	泛指宪法以外的所有法律，它根据宪法确认的原则就某个方面或某些方面的问题做出具体规定，效力低于宪法
法的内容	实体法	从实际内容上规定主体的权利和义务的法律（如民法、刑法、劳动法、行政法等）
	程序法	为了保障实体权利和义务的实现而制定的关于程序方面的法律（如刑事诉讼法、民事诉讼法、行政诉讼法等）
空间效力、时间效力或对人的效力	一般法	在一国领域内对一般公民、法人、组织和一般事项都普遍适用，而且它是一种被废除前始终有效的法律（如宪法、民法、刑法、民事诉讼法、刑事诉讼法等）
	特别法	只在一国的特定地域内或只对特定主体或在特定时期内或对特定事项有效的法律
主体、调整对象和渊源	国际法	主体主要是国家，调整的对象主要是国家间的相互关系，渊源主要是国际条约和各国公认的国际惯例，实施则以国家单独或集体的强制措施为保证
	国内法	主体主要是该国的公民和社会组织，调整对象是一国内部的社会关系，渊源主要是制定国立法机关颁布的规范性文件，实施则以该国的强制力加以保证
法律运用目的	公法	以保护公共利益为目的的法律为公法（如宪法、行政法、刑法、诉讼法）
	私法	以保护私人利益为目的的法律为私法（如民法、商法）

【例1－6】 下列对法所作的分类中，属于以法的空间效力、时间效力或者对人的效力为依据进行分类的是(　　)。

A. 成文法和不成文法

B. 根本法和普通法

C. 一般法和特别法

D. 实体法和程序法

【答案】 C

【知识点】 法的分类。

【答案解析】 根据不同的标准可以对法作不同的分类，如根据法的创制方式和发布形式，根据法的内容、效力和制定程序等因素进行分类。

知识拓展

"法"和"律"有什么区别

要说清楚"法"和"律"的差别，就要从这两个汉字的形成说起。

"法"字，其实原来是古代中国的图腾——"灋"，许慎在《说文解字》中说："灋，刑也。平之如水，从水；廌，所以触不直者去之，从去。"由此看来，"灋"字乃由三个部分组成：

(1) 为水，象征平之如水，公平正直（但是也有认为水的原始功能是流放之意）；

(2) 为廌，为传说世代世袭司法事务的图腾，由图腾崇拜演化为氏族禁忌，这种禁忌即为最早的行为规范，是法律的前身；

(3) 为去，意思为"弃去"，象征廌用独角触去不直。

由以上三个部分，即可发现中国古代的"灋"字包含了三个层面：

(1)"灋"是当人们发生纠纷时，由人与"廌"共同主持的一种裁判活动；

(2)"灋"是透过裁判而向人们宣布的一种公平正义的行为准则；

(3)"灋"是具有特殊强制力的行为准则。而"灋"之所以具有强制力，就在于它是一种社会权威机构的衍生物，这个机构被抽象为"廌"这个图腾。

"律"字最初的解释为"律吕之律"，即"律起于黄钟"。它的意思是说，用"手"拿着一根管，管的下面有个发声孔，这个"聿"字的出现使所有的合奏乐器有了统一定音的参照，即"一律"，整齐划一。故"律"者，制裁万物之最严格者，凡平均、正确、固定可为事物之标准者，皆得以"律"名之。《说文解字》说"律，均布也"。因此，"律"具有将不和谐、不规则的事务，规范为协调、统一的意思。

由上看来，"灋"字的创设显然有自然法的含义，即认为世间有一种正义，可以借由廌来判断。而"律"字的产生并无自然法的意味，是纯粹从实证的角度出发，认为世间可以有一套规范的体系，其所重视的并非"正义"本身，而是在于秩序。由此观之，"法律"似乎可以被看作"正义的秩序"。《管子·七臣七主》篇说："夫法者，所以兴功惧暴也；律者，所以定分止争也；令者，所以令人知事也。法律政令者，吏民规矩绳墨也。"这是"法律"二字运用之始，而从其解释来看，也可以说是自然法与实证法的结合。

第二节

经济纠纷的解决途径

教学引例 1－2

因见义勇为引发的经济补偿纠纷

沈必君与李敏系夫妻关系，其子沈亮与被告陈明为同校同学，均就读于北京市房山区某中学。2000 年 5 月 20 日下午 3 时许，沈亮等 5 名同学一起到房山区长沟镇北泉河橡胶坝游泳。因陈明不习水性，故未下水，只是坐在橡胶坝上观望。后其从坝上站起时不慎滑入水中，其余 4 人急忙施救。最后，陈明获救，但沈亮不幸溺水身亡。2002 年 4 月 19 日，中共北京市房山区委、北京市房山区人民政府做出了对沈亮同学进行表彰的决定，并追认其为房山区“见义勇为好少年”。事后，沈李夫妇因爱子身亡，自己在精神上遭受极大痛苦，向被告提出了经济补偿的要求。经房山区长沟镇人民政府综治办调解未达成协议。2003 年 6 月 26 日，沈李夫妇向房山区人民法院提起了诉讼。

法院经审理认为：沈亮的行为虽已获表彰与奖励，但被告陈明及其法定代理人陈国庆作为受益人，对沈亮之死造成的损失，应对沈亮的父母给予适当补偿。补偿标准应参照沈亮的死亡赔偿金，并考虑被告家中的实际负担能力。其中，死亡赔偿金应参照沈亮死亡的上一年本市在岗职工年平均工资计算。综上考虑，原告之请求显属过高，就其过高部分，法院不予支持。遂判决被告补偿原告经济损失 50 000 元。

一、经济纠纷的概念与解决途径

（一）经济纠纷的概念

经济纠纷是指市场经济主体之间因经济权利和经济义务的矛盾而引起的权益争议，包括平等主体之间涉及经济内容的纠纷和公民、法人或者其他组织作为行政管理相对人与行政机关之间因行政管理所发生的涉及经济内容的纠纷。

（二）经济纠纷的解决途径

在我国，解决经济纠纷的途径和方式主要有仲裁、民事诉讼、行政复议、行政诉讼。

仲裁与民事诉讼都是适用于横向关系经济纠纷的解决方式。作为平等民事主体的当事人之间发生的经济纠纷，只能在仲裁或者民事诉讼两种方式中选择一种解决争议。

当公民、法人或者其他组织认为行政机关的具体行政行为侵犯其合法权益时，可采取申请行政复议或者提起行政诉讼的方式解决。行政复议与行政诉讼方式都是针对纵向关系经济纠纷的解决方式，都由行政管理相对人一方提出申请，选择哪种方式则与纠纷的性质有关。

【例1－7】下列争议解决方式中，适用于解决平等民事主体当事人之间发生的经济纠纷的有(　　)。

A. 仲裁　　B. 民事诉讼　　C. 行政复议　　D. 行政诉讼

【答案】AB

【知识点】经济纠纷的解决途径。

【答案解析】行政复议和行政诉讼适用于解决行政机关与行政管理相对人因具体行政行为发生的争议，是对纵向关系经济纠纷的解决方式。

二、仲裁

（一）仲裁的概念和特征

1. 仲裁的概念

仲裁是指由经济纠纷的各方当事人共同选定仲裁机构，对纠纷依法定程序做出具有约束力的裁决的活动。

2. 仲裁的特征

从仲裁的概念可以看出，仲裁具有3个要素或者特征：

（1）仲裁以双方当事人自愿协商为基础。

（2）仲裁由双方当事人自愿选择的中立第三者（仲裁机构）进行裁判。仲裁机构是民间性的组织，不是国家的行政机关或司法机关，对经济纠纷案件没有强制管辖权。

（3）仲裁裁决对双方当事人都具有约束力。

（二）仲裁的适用范围

1. 适用《仲裁法》

平等主体的公民、法人和其他组织之间发生的合同纠纷和其他财产权益纠纷，可以仲裁。

2. 不适用《仲裁法》

下列仲裁不属于《仲裁法》所规定的仲裁范围，而应由别的法律予以调整：

（1）劳动争议的仲裁。

（2）农业集体经济组织内部的农业承包合同纠纷的仲裁。

3. 不能提请仲裁

（1）婚姻、收养、监护、扶养、继承纠纷。

（2）依法应当由行政机关处理的行政争议。

【例1－8】下列纠纷中，可以适用《仲裁法》解决的是(　　)。

A. 甲乙之间的农村土地承包合同纠纷　　B. 甲乙之间的货物买卖合同纠纷

C. 甲乙之间的遗产继承纠纷　　D. 甲乙之间的劳动争议纠纷

【答案】B

【知识点】仲裁的适用范围。

【答案解析】《仲裁法》的适用范围是平等主体的公民、法人和其他组织之间发生的合同纠纷或其他财产纠纷。与人身有关的纠纷不适用仲裁法；劳动争议以及农村土地承包合同发生纠纷不由《仲裁法》调整。

（三）仲裁的基本原则

1. 自愿原则

当事人采用仲裁方式解决纠纷，应当双方自愿，达成仲裁协议。没有仲裁协议，一方申请仲裁的，仲裁委员会不予受理。

2. 依据事实和法律，公平合理地解决纠纷的原则

仲裁要坚持以事实为根据，以法律为准绳的原则，在法律没有规定或者规定不完备的情况下，仲裁庭可以按照公平合理的一般原则来解决纠纷。(应注意：仲裁机构对经济纠纷案件没有强制管辖权)

3. 独立仲裁原则

仲裁机关不依附于任何机关而独立存在，仲裁依法独立进行，不受任何行政机关、社会团体和个人的干涉。

4. 一裁终局原则

仲裁实行一裁终局的制度，即仲裁庭做出的仲裁裁决为终局裁决。裁决做出后，当事人就同一纠纷再申请仲裁或者向人民法院起诉的，仲裁委员会或者人民法院不予受理。

【例1－9】甲、乙公司因合同纠纷向某市仲裁委员会申请仲裁。仲裁庭做出裁决后，甲公司不服，拟再次申请仲裁，或向法院起诉。分析甲公司是否可以再次申请仲裁或向法院起诉。

【答案】仲裁实行一裁终局制度。仲裁庭的裁决为终局裁决。甲、乙公司应执行仲裁庭的裁决。当事人就同一纠纷再申请仲裁或向法院起诉的，仲裁委员会和法院都不会受理。

（四）仲裁机构

仲裁机构主要是指仲裁委员会。仲裁委员会可以在直辖市和省、自治区人民政府所在地的市设立，也可以根据需要在其他设区的市设立，不按行政区划层层设立。仲裁委员会独立于行政机关，与行政机关没有隶属关系。仲裁委员会之间也没有隶属关系。(应注意：仲裁机构不是国家行政机关或司法机关)

仲裁委员会由主任1人、副主任2～4人和委员7～11人组成。仲裁委员会的组成人员中，法律、经济贸易专家不得少于2/3。

【例1－10】根据《仲裁法》的规定，下列关于仲裁委员会的表述中，正确的有(　　)。

A. 仲裁委员会是司法机关　　B. 仲裁委员会不按行政区划层层设立

C. 仲裁委员会独立于行政机关　　D. 仲裁委员会之间没有隶属关系

【答案】 BCD

【知识点】 仲裁委员会。

【答案解析】 仲裁委员会不是国家行政机关或司法机关，只是独立的裁决经济纠纷的民间组织机构。

（五）仲裁协议

1. 仲裁协议的概念

仲裁协议是指双方当事人自愿把他们之间可能发生或者已经发生的经济纠纷提交仲裁机构裁决的书面约定，仲裁协议应当以书面形式订立。口头达成仲裁的意思表示无效。仲裁协议对仲裁事项或者仲裁委员会没有约定或者约定不明确的，当事人可以补充协议；达不成补充协议的，仲裁协议无效。

2. 仲裁协议的效力

仲裁协议一经依法成立，即具有法律约束力。仲裁协议独立存在，合同的变更、解除、终止或者无效，不影响仲裁协议的效力。仲裁庭有权确认合同的效力。当事人对仲裁协议的效力有异议的，可以请求仲裁委员会做出决定或者请求人民法院做出裁定。一方请求仲裁委员会做出决定，另一方请求人民法院做出裁定的，由人民法院裁定。当事人对仲裁协议的效力有异议，应当在仲裁庭首次开庭前提出。

当事人达成仲裁协议，一方向人民法院起诉未声明有仲裁协议，人民法院受理后，另一方在首次开庭前提交仲裁协议的，人民法院应当驳回起诉，但仲裁协议无效的除外；另一方在首次开庭前未对人民法院受理该案提出异议的，视为放弃仲裁协议，人民法院应当继续审理。

【例 1－11】 甲、乙公司因租赁合同发生纠纷，双方在纠纷发生前签订了有效的仲裁协议。甲公司就该纠纷向人民法院提起诉讼，未声明有仲裁协议。法院受理后，乙公司在首次开庭后未提出异议。法院应当如何处理?

【答案】 乙公司在首次开庭前未对人民法院受理该案提出异议，视为放弃仲裁协议，法院应当继续审理。

（六）仲裁裁决

仲裁不公开进行。当事人协议公开的，可以公开进行，但涉及国家秘密的除外。

当事人申请仲裁后，可以自行和解。达成和解协议的，可以请求仲裁庭根据和解协议做出裁决书，也可以撤回仲裁申请。当事人达成和解协议，撤回仲裁申请后反悔的，可以根据仲裁协议申请仲裁。

仲裁庭在做出裁决前，可以先行调解。当事人自愿调解的，仲裁庭应当调解。调解不成的，应当及时做出裁决。调解达成协议的，仲裁庭应当制作调解书或者根据协议的结果制作裁决书。调解书与裁决书具有同等法律效力。

调解书经双方当事人签收后，即发生法律效力。在调解书签收前当事人反悔的，仲裁庭应当及时做出裁决。裁决应当按照多数仲裁员的意见做出，仲裁庭不能形成多数意见时，裁决应当按照首席仲裁员的意见做出。裁决书自做出之日起发生法律效力。

当事人应当履行裁决。一方当事人不履行的，另一方当事人可以依照《民事诉讼法》

的有关规定向人民法院申请执行。受申请的人民法院应当执行。

有关仲裁的相关知识总结如表 1－7 所示。

表 1－7　仲裁的相关知识总结

适用范围	适用《仲裁法》	平等主体、合同纠纷、财产权益纠纷
	不适用《仲裁法》	劳动争议、农业承包合同纠纷
	不能仲裁	婚姻、收养、监护、扶养、继承纠纷；行政争议
基本原则	自愿、公平管理、独立仲裁、一裁终局	
仲裁机构	不按行政区划层层设立，无隶属关系	
仲裁协议	形式	必须为书面形式
	效力	（1）独立存在，不受合同影响； （2）对效力有争议的，应当在仲裁庭首次开庭前提出，一方请求仲裁委员会做出决定，另一方请求法院做出裁定的，由法院裁定； （3）双方签订有效仲裁协议，一方向法院起诉，另一方在首次开庭前未对法院受理该案提出异议的，视为放弃仲裁协议，法院应当继续审理
仲裁裁决	开庭一般不公开；执行回避制度；可以和解亦可以调解但不能违背一裁终局原则；裁决书自做出之日起发生法律效力。 应注意：区分仲裁庭未能形成一致意见和未能形成多数意见的处理措施	

【例 1－12】 甲、乙因合同纠纷达成仲裁协议，甲选定 A 仲裁员，乙选定 B 仲裁员，另由仲裁委员会主任指定 1 名首席仲裁员，3 人组成仲裁庭。仲裁庭在做出裁决时产生了两种不同意见。根据《仲裁法》的规定，仲裁庭应当采取的做法是(　　)。

A. 按多数仲裁员的意见做出裁决　　B. 按首席仲裁员的意见做出裁决

C. 提请仲裁委员会做出裁决　　D. 提请仲裁委员会主任做出裁决

【答案】 A

【知识点】 仲裁裁决。

【答案解析】 仲裁裁决应按多数仲裁员的意见做出。在仲裁庭不能形成多数意见时，裁决应当按首席仲裁员的意见做出。

【应试指南】 仲裁、诉讼和调解的区别。

仲裁和诉讼都是由第三方告诉你谁对谁错。区别在于诉讼的规则是法律规定，仲裁的规则是争议双方自己议定。

调解是有中间人在场的谈判。调解人通常不决定对错。

三、民事诉讼

诉讼是指国家审判机关即人民法院，依照法律规定，在当事人和其他诉讼参与人的参加下，依法解决讼争的活动。平等主体当事人之间发生经济纠纷提起诉讼，适用《民事诉讼法》解决纠纷。

（一）民事诉讼的适用范围

公民之间、法人之间、其他组织之间以及他们相互之间因财产关系和人身关系发生纠纷，可以提起民事诉讼。适用于《民事诉讼法》的案件具体有5类，如表1-8所示。

表1-8 民事诉讼的适用范围

适用于《民事诉讼法》的案件
因《民法》《婚姻法》《收养法》《继承法》等调整的平等主体之间的财产关系和人身关系发生的民事案件（如合同纠纷、房产纠纷、侵害名誉权纠纷等案件）
因《经济法》《劳动法》调整的社会关系发生的争议（如劳动合同纠纷案件等）
特别程序审理的选民资格案件和宣告公民失踪、死亡等非讼案件
按照督促程序解决的债务案件
按照公示催告程序解决的宣告票据和有关事项无效的案件

（二）审判制度

1. 合议制度

合议制度是指由3名以上审判人员组成审判组织，代表法院行使审判权，对案件进行审理并做出裁判的制度。法院审理第一审民事案件，除适用简易程序、特别程序、督促程序、公示催告程序审理的民事案件由审判员一人独任审理外，一律由审判员、陪审员共同组成合议庭或者由审判员组成合议庭。选民资格案件或者重大、疑难的案件，由审判员组成合议庭。法院审理第二审民事案件，由审判员组成合议庭。合议庭的成员，应当是3人以上的单数。

2. 回避制度

回避制度是指参与某案件民事诉讼活动的审判人员、书记员、翻译人员、鉴定人、勘验人是案件的当事人或者当事人、诉讼代理人的近亲属，或者与案件有利害关系，或者与案件当事人、诉讼代理人有其他关系，可能影响对案件公正审理的，应当自行回避，当事人有权用口头或者书面方式申请他们回避。

3. 公开审判制度

公开审判制度是指法院的审判活动依法向社会公开的制度。法律规定，法院审理民事或行政案件，除涉及国家秘密、个人隐私或者法律另有规定的以外，应当公开进行。离婚案件、涉及商业秘密的案件，当事人申请不公开审理的，可以不公开审理。公开审判包括审判过程公开和审判结果公开两项内容。不论案件是否公开审理，一律公开宣告判决。

4. 两审终审制度

两审终审制度是指一个诉讼案件经过两级法院审判后即终结的制度。一个案件经第一审法院审判后，当事人如果不服，有权在法定期限内向上一级法院提起上诉，由该上一级法院进行第二审。

二审法院的判决、裁定是终审的判决、裁定。

根据《民事诉讼法》的规定，两审终审制度的例外有：

（1）适用特别程序、督促程序、公示催告程序和简易程序中的小额诉讼程序审理的案件，实行一审终审。

（2）最高人民法院所作的一审判决、裁定，为终审判决、裁定。

对终审判决、裁定，当事人不得上诉。如果发现终审裁判确有错误，可以通过审判监督程序予以纠正。

【例1－13】甲、乙公司因技术转让合同的履行产生纠纷，甲公司向某人民法院提起诉讼，法院受理该案件。已知该案件涉及商业秘密，下列关于该案件是否公开审理的表述中，正确的是（　　）。

A. 该案件应当公开审理

B. 该案件不应当公开审理

C. 由双方当事人协商后决定是否公开审理

D. 当事人申请不公开审理的，可以不公开审理

【答案】D

【答案解析】离婚案件、涉及商业秘密的案件，当事人申请不公开审理的，可以不公开审理。

（三）诉讼管辖

诉讼管辖是指各级法院之间以及不同地区的同级法院之间，受理第一审民事案件、经济纠纷案件的职权范围和具体分工。管辖可以按照不同标准作多种分类，其中最重要、最常用的是级别管辖和地域管辖。

1. 级别管辖

级别管辖是根据案件性质、案情繁简、影响范围，来确定上、下级法院受理第一审案件的分工和权限。大多数民事案件均归基层人民法院管辖。

2. 地域管辖

地域管辖是按照地域标准也按照法院的辖区和民事案件的隶属关系，确定同级法院之间受理第一审民事案件的分工和权限。地域管辖又分为一般地域管辖、特殊地域管辖和专属管辖等。

地域管辖

（1）一般地域管辖，是指按照当事人所在地与法院辖区的隶属关系来确定案件管辖法院，也叫普通管辖。一般地域管辖，是通常实行“原告就被告”原则，即由被告住所地法院管辖，被告住所地与经常居住地不一致的，由经常居住地人民法院管辖。但对不在中华人民共和国领域内居住的人和对下落不明或者宣告失踪的人提起的有关身份关系的诉讼，对被采取强制性教育措施或者被监禁的人提起的诉讼，由原告住所地人民法院管辖；原告住所地与经常居住地不一致的，由原告经常居住地人民法院管辖。

（2）特殊地域管辖，是以诉讼标的所在地、法律事实所在地为标准确定管辖法院，也称特别管辖。《民事诉讼法》规定了10种属于特殊地域管辖的诉讼，如表1－9所示。

表 1－9 特殊地域管辖的诉讼

诉讼缘由	特殊地域管辖
合同纠纷提起的诉讼	被告住所地或者合同履行地法院管辖
保险合同纠纷提起的诉讼	被告住所地或者保险标的物所在地法院管辖
票据纠纷提起的诉讼	票据支付地或者被告住所地法院管辖
公司设立、确认股东资格、分配利润、解散等纠纷提起的诉讼	公司住所地人民法院管辖
铁路、公路、水上、航空运输和联合运输合同纠纷提起的诉讼	运输始发地、目的地或者被告住所地法院管辖
侵权行为提起的诉讼	侵权行为地（包括侵权行为实施地、侵权结果发生地）或者被告住所地法院管辖
铁路、公路、水上和航空事故请求损害赔偿提起的诉讼	事故发生地或者车辆、船舶最先到达地、航空器最先降落地或者被告住所地法院管辖
因船舶碰撞或者其他海事损害事故请求损害赔偿提起的诉讼	碰撞发生地、碰撞船舶最先到达地、加害船舶被扣留地或者被告住所地法院管辖
海难救助费用提起的诉讼	救助地或者被救助船舶最先到达地法院管辖
共同海损提起的诉讼	船舶最先到达地、共同海损理算地或者航程终止地的法院管辖

（3）专属管辖。专属管辖是指法律强制规定某类案件必须由特定的法院管辖、其他法院无权管辖、当事人也不得协议变更的管辖。专属管辖的案件主要有 3 类，如表 1－10所示。

表 1－10 专属管辖

诉讼缘由	专属管辖
不动产纠纷提起的诉讼	不动产所在地法院管辖
港口作业中发生纠纷提起的诉讼	港口所在地法院管辖
继承遗产纠纷提起的诉讼	被继承人死亡时住所地或者主要遗产所在地法院管辖

【例 1－14】 甲、乙因房屋买卖纠纷欲提起诉讼，则对该案件享有管辖权的法院是（　　）。

A. 甲住所地法院　　B. 乙住所地法院

C. 房屋所在地法院　　D. 甲、乙协议的法院

【答案】 C

【知识点】 专属管辖。

【答案解析】 根据《民事诉讼法》的规定，因不动产纠纷提起的诉讼，由不动产所在地法院管辖。

（四）诉讼时效

1. 诉讼时效的概念

诉讼时效是指权利人在法定期间内不行使权利而失去诉讼保护的制度。诉讼时效期间是指权利人请求法院或仲裁机关保护其民事权利的法定期间。

诉讼时效期间届满，权利人丧失的是胜诉权，即丧失依诉讼程序强制义务人履行义务的权利；权利人的实体权利并不消灭，债务人自愿履行的，不受诉讼时效限制。

关于仲裁时效，法律有规定的，适用法律规定；法律没有规定的，适用诉讼时效的规定。

2. 诉讼时效期间的具体规定

（1）普通诉讼时效期间。普通诉讼时效期间，是指由民事普通法规定的具有普遍意义的诉讼时效期间。根据《民法通则》的规定，除法律另有规定外，一般诉讼时效为2年。

（2）特别诉讼时效期间。特别诉讼时效期间，是指由民事普通法或特别法规定的、仅适用于特定民事法律关系的诉讼时效期间。根据《民法通则》的规定，下列事项的诉讼时效期间为1年：

①身体受到伤害要求赔偿的。

②出售质量不合格的商品未声明的。

③延付或者拒付租金的。

④寄存财物被丢失或者损毁的。

（3）最长诉讼时效期间。诉讼时效期间，均从权利人知道或者应当知道权利被侵害时起计算。但是，从权利被侵害之日起超过20年的，法院不予保护。有特殊情况的，法院可以延长诉讼时效期间。也就是说，对在20年内始终不知道自己权利受侵害的当事人，法律也不再予以诉讼保护。20年就是法律保护的最长期限，故也称绝对时效期间。

3. 诉讼时效期间的中止、中断和延长

（1）诉讼时效期间的中止，是指在诉讼时效期间的最后6个月内，因不可抗力或者其他障碍致使权利人不能行使请求权的，诉讼时效期间暂时停止计算。从中止时效的原因消除之日起，诉讼时效期间继续计算。所谓其他障碍，包括权利被侵害的无民事行为能力人、限制民事行为能力人没有法定代理人，或者法定代理人死亡、丧失代理权，或者法定代理人本人丧失行为能力；也包括继承开始后继承人尚未确定或者非因继承人的原因导致遗产管理人不明确，使继承人不能行使其继承权。

（2）诉讼时效期间的中断，是指在诉讼时效期间，当事人提起诉讼、当事人一方提出要求或者同意履行义务，而使已经过的时效期间全归于无效。从中断时起，诉讼时效期间重新计算。

（3）诉讼时效期间的延长，是指在诉讼时效期间届满后，权利人基于某种正当理由要求法院根据具体情况延长时效期间，经法院审查确认后决定延长的制度。

【例1－15】 2015年1月1日，王某租住赵某的一套住房，约定每3个月支付一次租金，支付日期为1日。2015年7月1日是支付租金的日期，王某拒付租金，赵某忙于工作未主张权利。2015年8月1日，赵某出差遭遇泥石流被困，无法行使请求权的时间为5天。赵某向王某主张权利的最后期限是(　　)。

A. 2017年7月1日　　　　B. 2016年7月1日

C. 2016 年 7 月 6 日　　　　　　　　D. 2017 年 7 月 6 日

【答案】B

【知识点】诉讼时效。

【答案解析】对于拒付租金的诉讼，诉讼时效期间为 1 年。而赵某虽然因不可抗力不能行使请求权，但是并非在诉讼时效期间的最后 6 个月内，因此不适用诉讼时效的中止，诉讼时效应当连续计算。

（五）判决和执行

1. 判决

法院审理民事案件，除涉及国家秘密、个人隐私或法律另有规定的以外，应当公开进行。公开审理案件，应当在开庭前公告当事人姓名、案由和开庭的时间、地点，以便群众旁听。

当事人不服地方人民法院第一审判决的，有权在判决书送达之日起 15 日内向上一级法院提起上诉。最高人民法院的判决，以及依法不准上诉或者超过上诉期没有上诉的判决，是发生法律效力的判决。

第二审人民法院的判决是终审的判决，也就是发生法律效力的判决。

【例 1－16】甲、乙公司因合同纠纷诉至法院。法院经审理判决甲公司败诉，甲公司不服，提起上诉。二审法院判决驳回上诉，维持原判。分析二审法院判决的法律效力有哪些？

【答案】我国民事诉讼实行两审终审制度。二审法院判决后即产生法律效力：甲、乙公司间的合同纠纷消灭；甲公司不履行义务时，乙公司可以申请法院强制执行；非经法定审判监督程序，该判决不得撤销。

2. 执行

发生法律效力的民事判决、裁定，当事人必须履行。一方拒绝履行的，对方当事人可以向人民法院申请执行，也可以由审判员移送执行员执行。

调解书和其他应当由人民法院执行的法律文书，当事人必须履行。一方拒绝履行的，对方当事人可以向人民法院申请执行。

与诉讼相关的知识总结如表 1－11 所示。

表 1－11　诉讼的相关知识总结

诉讼时效	普通	2 年
	特别	1 年
	最长	20 年
	应注意：普通诉讼时效期间及特别诉讼时效期间的起算点为知道或者应当知道之日；最长诉讼时效期间的起算点为权利被侵害之日	
	中止	最后 6 个月内，因不可抗力或其他障碍
	中断	当事人提起诉讼、当事人一方提出要求或者同意履行义务
判决生效	一审	送达之日起 15 日内不上诉生效
	二审	送达之日起生效

【例1－17】根据民事诉讼法律制度的规定，下列关于执行启动方式的表述中，正确的有(　　)。

A. 发生法律效力的民事判决、裁定，一方拒绝履行的，对方当事人可以向人民法院申请执行

B. 发生法律效力的民事判决、裁定，一方拒绝履行的，可以由审判员移送执行员执行

C. 调解书和其他应当由人民法院执行的法律文书，一方拒绝履行的，对方当事人可以向人民法院申请执行

D. 调解书和其他应当由人民法院执行的法律文书，一方拒绝履行的，可以由审判员移送执行员执行

【答案】ABC

【知识点】执行启动方式。

【答案解析】注意区分：发生法律效力的民事判决、裁定可由对方当事人向法院申请执行，也可由审判员移送执行员执行；而调解书和其他应当由人民法院执行的法律文书只能由对方当事人向法院申请执行。

四、行政复议

行政复议是指国家行政机关在依照法律、法规的规定履行对社会的行政管理职责过程中，作为行政管理主体的行政机关一方与作为行政管理相对人的公民、法人或者其他组织一方，对于法律规定范围内的具体行政行为发生争议，由行政管理相对人向作出具体行政行为的行政机关的上一级行政机关或者法律规定的其他行政机关提出申请，由该行政机关对引起争议的具体行政行为进行审查，并做出相应决定的一种行政监督活动。

（一）行政复议范围

公民、法人或者其他组织认为行政机关的具体行政行为侵犯其合法权益，符合《行政复议法》规定范围的，可以申请行政复议。

1. 可以申请行政复议的事项

《行政复议法》规定，有表1－12所列情形之一的，公民、法人或者其他组织可以申请行政复议。

表1－12　可以申请行政复议的事项

可以申请行政复议的事项
对行政机关做出的警告、罚款、没收违法所得、没收非法财物、责令停业、暂扣或者吊销许可证、暂扣或者吊销执照、行政拘留等行政处罚决定不服的
对行政机关做出的限制人身自由或者查封、扣押、冻结财产等行政强制措施决定不服的
对行政机关做出的有关许可证、执照、资质证、资格证等证书变更、中止、撤销的决定不服的
对行政机关做出的关于确认土地、矿藏、水流、森林、山岭、草原、荒地、滩涂、海域等自然资源的所有权或者使用权的决定不服的

续表

可以申请行政复议的事项
认为行政机关侵犯其合法的经营自主权的
认为行政机关变更或者废止农业承包合同，侵犯其合法权益的
认为行政机关违法集资、征收财物、摊派费用或者违法要求履行其他义务的
认为符合法定条件，申请行政机关颁发许可证、执照、资质证、资格证等证书，或者申请行政机关审批、登记有关事项，行政机关没有依法办理的
申请行政机关履行保护人身权利、财产权利、受教育权利的法定职责，行政机关没有依法履行的
申请行政机关依法发放抚恤金、社会保险金或者最低生活保障费，行政机关没有依法发放的
认为行政机关的其他具体行政行为侵犯其合法权益的

公民、法人或者其他组织认为行政机关的具体行政行为所依据的下列规定不合法，在对具体行政行为申请行政复议时，可以一并向行政复议机关提出对该规定的审查申请：

（1）国务院部门的规定。

（2）县级以上地方各级人民政府及其工作部门的规定。

（3）乡、镇人民政府的规定。

前面所列规定不含国务院部、委员会规章和地方人民政府规章。这些规章的审查依照法律、行政法规办理。

2. 行政复议的排除事项

下列事项不能申请行政复议：

（1）不服行政机关作出的行政处分或者其他人事处理决定，可依照有关法律、行政法规的规定提出申诉。

（2）不服行政机关对民事纠纷作出的调解或者其他处理，可依法申请仲裁或者向法院提起诉讼。

【例 1 - 18】根据《行政复议法》规定，下列各项中，不属于行政复议范围的是（　）。

A. 对工商局做出的吊销营业执照决定不服

B. 对工商局做出的罚款决定不服

C. 对财政局做出的吊销会计从业资格证书决定不服

D. 对税务局做出的给予其职工的撤职处分决定不服

【答案】D

【知识点】行政复议范围。

【答案解析】行政复议适用的是行政管理相对人对行政管理机关的具体行政行为不服时可以采取的解决争议的一种方法，不适用于行政管理机关内部的人事管理关系。

（二）行政复议申请和受理

公民、法人或者其他组织认为具体行政行为侵犯其合法权益的，可以自知道该具体行政行为之日起 60 日内提出行政复议申请；但是法律规定的申请期限超过 60 日的除外。因不可抗力或者其他正当理由耽误法定申请期限的，申请期限自障碍消除之日起继续计算。

申请人申请行政复议，可以书面申请，也可以口头申请。人民法院已经依法受理的，不得申请行政复议。行政复议机关受理行政复议申请不得向申请人收取任何费用。行政复议活动所需经费应当列入本机关的行政经费，由本级财政予以保障。

（三）行政复议参加人和行政复议机关

1. 行政复议参加人

行政复议参加人是指具体参加行政复议活动全过程、以保护其合法权益不受非法侵害的人。行政复议参加人包括申请人、被申请人和第三人。

依照《行政复议法》的规定，申请行政复议的公民、法人或者其他组织是申请人，作出具体行政行为的行政机关是被申请人。

同申请行政复议的具体行政行为有利害关系的其他公民、法人或者其他组织，可以作为第三人参加行政复议。

2. 行政复议机关

依照《行政复议法》履行行政复议职责的行政机关是行政复议机关。行政复议机关负责法制工作的机构具体办理行政复议事项，称为行政复议机构。具体包括：

（1）对县级以上地方各级人民政府工作部门的具体行政行为不服的，由申请人选择，可以向该部门的本级人民政府申请行政复议，也可以向上一级主管部门申请行政复议。

（2）对海关、金融、国税、外汇管理等实行垂直领导的行政机关和国家安全机关的具体行政行为不服的，向上一级主管部门申请行政复议。

（3）对地方各级人民政府的具体行政行为不服的，向上一级人民政府申请行政复议。

（4）对省、自治区人民政府依法设立的派出机关所属的县级地方人民政府的具体行政行为不服的，向该派出机关申请行政复议。

（5）对国务院部门或者省、自治区、直辖市人民政府的具体行政行为不服的，向作出该具体行政行为的国务院部门或者省、自治区、直辖市人民政府申请行政复议。

（6）对行政复议决定不服的，可以向人民法院提起行政诉讼；也可以向国务院申请裁决。

（四）行政复议决定

行政复议原则上采取书面审查的方法，但是申请人提出要求或者行政复议机关负责法制工作的机构认为有必要时，可以向有关组织和人员调查情况，听取申请人、被申请人和第三人的意见。行政复议的举证责任，由被申请人承担。

行政复议机关应当自受理申请之日起60日内做出行政复议决定；但是法律规定的行政复议期限少于60日的除外。情况复杂，不能在规定期限内做出行政复议决定的，经行政复议机关的负责人批准，可以适当延长，但延长期限最多不得超过30日。行政复议机构应当对被申请人做出的具体行政行为进行审查，提出意见，经行政复议机关的负责人同意或者集体讨论通过后，做出行政复议决定：

（1）具体行政行为认定事实清楚、证据确凿、适用依据正确、程序合法、内容适当的，决定维持。

（2）被申请人不履行法定职责的，决定其在一定期限内履行。

（3）具体行政行为有下列情形之一的，决定撤销、变更或者确认该具体行政行为违法；决定撤销或者确认该具体行政行为违法的，可以责令被申请人在一定期限内重新作出具体行政行为：

①主要事实不清、证据不足的。

②适用依据错误的。

③违反法定程序的。

④超越或者滥用职权的。

⑤具体行政行为明显不当的。

行政复议书一经送达，即发生法律效力。

行政复议的相关知识总结如表 1－13 所示。

表 1－13　行政复议的相关知识总结

行政复议		
复议范围	复议事项	（1）行政机关做出的具体行政行为； （2）对行政机关做出具体行政行为所依据的规定（不包括规章）可以一并提出附带审查申请
	排除事项	（1）行政处分（内部行为不可议）； （2）对民事纠纷作出的调解（未行使行政权）
复议程序	申请	可以书面申请，也可以口头申请
	复议决定	（1）采用书面审查（不开庭）； （2）举证责任，由被申请人承担； （3）决定种类包括：维持；决定其在一定期限内履行；决定撤销、变更或者确认该具体行政行为违法（可以责令被申请人在一定期限内重新做出具体行政行为）； （4）复议决定书送达即生效

【例 1－19】 甲、乙公司因买卖合同发生纠纷，经北京市西城区工商行政管理局调解，双方对合同的履行达成谅解。后来甲公司越想越觉得调解结果对自己不利，于是向北京市工商行政管理局申请行政复议。分析北京市工商行政管理局应如何处理甲公司的申请。

【答案】 根据《行政复议法》的规定，不服行政机关对民事纠纷作出的调解处理，不属于行政复议范围，当事人可依法申请仲裁或者向法院提起诉讼。甲、乙公司因买卖合同发生纠纷，虽经北京市西城区工商行政管理局调解，但其实质还是甲、乙双方之间的民事纠纷，因而对甲公司行政复议的申请，北京市工商行政管理局不予受理。

五、行政诉讼

行政诉讼是指公民、法人或者其他组织认为行政机关或法律、法规授权的组织的行政行为侵犯其合法权益，依法向人民法院请求司法保护，人民法院通过对被诉行政行为的合法性进行审查，在双方当事人和其他诉讼参与人的参与下，对该行政争议进行审理和裁判的司法活动。

（一）行政诉讼的适用范围

公民、法人或者其他组织认为行政机关和行政机关工作人员的行政行为侵犯了其合法权益的话，就有权向法院提起行政诉讼。此处所称的行政行为，包括法律、法规、规章授权的组织做出的行政行为。

法院受理公民、法人和其他组织提起的表 1－14 所列的行政诉讼。

表 1－14　可以申请行政诉讼的事项

可以申请行政诉讼的事项
对行政拘留、暂扣或吊销许可证和执照、责令停产停业、没收违法所得、没收非法财物、罚款、警告等行政处罚不服的
对限制人身自由或者对财产的查封、扣押、冻结等行政强制措施和行政强制执行不服的
申请行政许可，行政机关拒绝或者在法定期限内不予答复，或者对行政机关做出的有关行政许可的其他决定不服的
对行政机关做出的关于确认土地、矿藏、水流、森林、山岭、草原、荒地、滩涂、海域等自然资源的所有权或者使用权的决定不服的
对征收、征用决定及其补偿决定不服的
申请行政机关履行保护人身权、财产权等合法权益的法定职责，行政机关拒绝履行或者不予答复的
认为行政机关侵犯其经营自主权或者农村土地承包经营权、农村土地经营权的
认为行政机关滥用行政权力排除或者限制竞争的
认为行政机关违法集资、摊派费用或者违法要求履行其他义务的
认为行政机关没有依法支付抚恤金、最低生活保障待遇或者社会保险待遇的
认为行政机关不依法履行、未按照约定履行或者违法变更、解除政府特许经营协议、土地房屋征收补偿协议等协议的
认为行政机关侵犯其他人身权、财产权等合法权益的

法院不受理公民、法人或者其他组织对下列事项提起的诉讼：

（1）国防、外交等国家行为。

（2）行政法规、规章或者行政机关制定、发布的具有普遍约束力的决定、命令。

（3）行政机关对行政机关工作人员奖惩、任免等的决定。

（4）法律规定由行政机关最终裁决的具体行政行为。

【例 1－20】根据《行政诉讼法》的规定，公民、法人或者其他组织对下列事项提出的诉讼中，属于人民法院行政诉讼受理范围的有（　　）。

A. 认为国务院部门制定的规章不合法

B. 对没收违法所得的行政处罚决定不服

C. 申请行政许可，行政机关拒绝

D. 认为行政机关滥用行政权力限制竞争的

【答案】 BCD

【知识点】 行政诉讼适用范围。

【答案解析】 制定行政法规、规章是立法行为，不由法院监督，因此不能对行政法规、规章提起行政诉讼。法院可以应请求对行政行为所依据的国务院部门和地方人民政府及其部门制定的规范性文件（不含规章）进行审查，经审查认为不合法的，可以通过司法建议形式，建议制定机关修改或者废止。选项 D 为《行政诉讼法》2014 年修正后新增加的内容。

（二）起诉和受理

对属于人民法院受案范围的行政案件，公民、法人或者其他组织可以先向行政机关申请复议，对复议决定不服的，再向人民法院提起诉讼，也可以直接向人民法院提起诉讼。

公民、法人或者其他组织申请行政复议，行政复议机关已经依法受理的，或者法律、法规规定应当先向行政复议机关申请行政复议、对行政复议决定不服再向人民法院提起行政诉讼的，在法定行政复议期限内不得向人民法院提起行政诉讼。

法律、法规规定应当先向行政复议机关申请行政复议、对行政复议决定不服再向人民法院提起行政诉讼的，行政复议机关决定不予受理或者受理后超过行政复议期限不作答复的，公民、法人或者其他组织可以自收到不予受理决定书之日起或者行政复议期满之日起 15 日内，依法向人民法院提起行政诉讼。

公民、法人或者其他组织直接向人民法院提起诉讼的，应当自知道或者应当知道做出行政行为之日起 6 个月内提出。法律另有规定的除外。因不动产提起诉讼的案件自行政行为做出之日起超过 20 年，其他案件自行政行为做出之日起超过 5 年提起诉讼的，人民法院不予受理。

公民、法人或者其他组织申请行政机关履行保护其人身权、财产权等合法权益的法定职责，行政机关在接到申请之日起 2 个月内不履行的，公民、法人或者其他组织可以向人民法院提起诉讼。公民、法人或者其他组织在紧急情况下请求行政机关履行保护其人身权、财产权等合法权益的法定职责，行政机关不履行的，提起诉讼不受前款规定期限的限制。

公民、法人或者其他组织因不可抗力或者其他不属于其自身的原因耽误起诉期限的，在障碍消除后 10 日内，可以申请延长期限，是否准许由人民法院决定。

人民法院在接到起诉状时对符合法律规定的起诉条件的，应当登记立案。对当场不能判定是否符合法律规定的起诉条件的，应当接收起诉状，出具注明收到日期的书面凭证，并在 7 日内决定是否立案。不符合起诉条件的，做出不予立案的裁定。裁定书应当载明不予立案的理由。原告对裁定不服的，可以提起上诉。

（三）审理和判决

人民法院公开审理行政案件，但涉及国家秘密、个人隐私和法律另有规定的除外。涉及商业秘密的案件，当事人申请不公开审理的，可以不公开审理。

人民法院审理行政案件，由审判员组成合议庭，或者由审判员、陪审员组成合议庭。合议庭的成员人数，应当是3人以上的单数。

人民法院审理行政案件，不适用调解。但是，行政赔偿、补偿以及行政机关行使法律、法规规定的自由裁量权的案件可以调解。

人民法院审理行政案件，以法律和行政法规、地方性法规为依据。地方性法规适用于本行政区域内发生的行政案件。人民法院审理民族自治地方的行政案件，应以该民族自治地方的自治条例和单行条例为依据。人民法院审理行政案件，参照规章。

人民法院应当在立案之日起6个月内做出第一审判决。有特殊情况需要延长的，由高级人民法院批准，高级人民法院审理第一审案件需要延长的，由最高人民法院批准。当事人不服人民法院第一审判决的，有权在判决书送达之日起15日内向上一级人民法院提起上诉。当事人不服人民法院第一审裁定的，有权在裁定书送达之日起10日内向上一级人民法院提起上诉。逾期不提起上诉的，人民法院的第一审判决或者裁定发生法律效力。

行政诉讼的相关知识总结如表1－15所示。

表1－15　行政诉讼的相关知识总结

行政诉讼		
诉讼范围	受理	行政机关做出的具体行政行为
	不受理	国家行为；抽象行政行为；内部行政行为；行政机关做出的终局裁决。 应注意：行政机关的终局裁决、仲裁一裁终局原则与劳动仲裁的终局裁决不同（劳动仲裁的终局裁决依然可以起诉）
诉讼程序	开庭、公开、合议庭、执行回避制度，不适用调解（赔偿诉讼除外）	

经济纠纷的解决途径

【应试指南】民事诉讼、刑事诉讼和行政诉讼的区别。

在我国，行政诉讼与刑事诉讼、民事诉讼并称为三大诉讼，是国家诉讼制度的基本形式之一。

民事诉讼一般是公民个人之间的纠纷，俗称“民告民”；

刑事诉讼通常是检察院向法院依法审判犯罪的公民或个人，俗称“官告民”；

行政诉讼是企业、事业、社会组织不服从行政机关做出的行政决定，而向法院提起的诉讼，俗称“民告官”。

【例1－21】根据行政诉讼法律制度的规定，下列关于人民法院审理行政案件是否适用调解的表述中，正确的有（　　）。

A. 人民法院审理行政案件，不适用调解，但存在例外情况

B. 人民法院审理行政赔偿的案件，可以调解

C. 人民法院审理行政补偿的案件，可以调解

D. 人民法院审理行政机关行使法律、法规规定的自由裁量权的案件，可以调解

【答案】ABCD

知识拓展

为什么律师会帮罪大恶极的人辩护？律师会有负罪感吗？

律师的存在，是一种“必要的恶”。法官、检察官、律师构成一个互相制衡的三角。如果只有公权力一方强势，那么就成了一种变相的独裁，而律师的存在恰恰是在抵消这种强势，通过法律的攻守，达到一个相对平衡的境况，以供裁决，同时在一定情况下进化法律以适应当下环境。因此法律不得不允许在这种制度下，放过个体的罪大恶极的人，以追求长时间的、整体的正义。

律师追求的是正义吗？一般来讲，不是的。律师本职不是维护正义，法官的本职才是维护正义。律师的本职是最大限度地为委托人争取利益。律师促进公权力进步。每个人都有每个人的职责，也有个人的追求。正义并不是每个人的第一选择。律师维护委托人的所有合法利益，检察官、法官打击嫌疑人的所有非法行为，这才是最为良好的社会境况。

所以，与其说律师在帮“罪大恶极”之人逃脱罪责，不如说是在帮助世界发现真相。

第三节 法律责任

教学引例 1－3

迷失在道德与法律中的大学生

2004 年 12 月 1 日午夜，位于抚顺市新抚区南阳街的某高校学生寝室内发生血案，4 名大一学生持械闯入大三学生寝室，砍伤 2 名学生，其中 1 名四川籍学生至少身中 7 刀。

2006 年 12 月 26 日，在长沙市一家基层法院实习的长沙某高校法律系学生符某，利用实习生身份之便，盗走了某法官放在办公室抽屉内的 2 000 元港币。两天后，符某见无人发现，再次潜入案发办公室盗走 2.6 万元港币和 6 500 元人民币。随后，他将全部

赃款存入银行。

2008年10月28日晚，中国政法大学四年级学生付成励持菜刀将正在教室上课的程春明砍死。

大学生违法犯罪屡见不鲜，追其缘由，是法律意识的淡漠，甚至不清楚什么是不合法行为和犯罪行为。

一、法律责任的概念

法律责任是指法律关系主体由于违反法定的义务而应承受的不利的法律后果。

违法行为是指一切违反现行法律要求的或超出现行法律允许范围的危害社会的活动。

法律制裁是由特定国家机关对违法者依其所应负的法律责任而实施的强制性惩罚措施。

违法行为、法律责任、法律制裁三者中，违法行为是首要因素，它是法律责任和法律制裁的原因和前提。

二、法律责任的种类

根据我国法律的有关规定，可将法律责任分为民事责任、行政责任和刑事责任3种（表1-16）。

法律责任

表1-16　法律责任的种类

法律责任的种类		主要形式
民事责任		停止侵害；排除妨碍；消除危险；返还财产；恢复原状；修理，重作或更换；赔偿损失；支付违约金；消除影响、恢复名誉；赔礼道歉
行政责任	行政处罚	警告；罚款；没收违法所得及没收非法财物；责令停产停业；暂扣或者吊销许可证、暂扣或者吊销执照；行政拘留；法律、行政法规规定的其他行政处罚
	行政处分	警告、记过、记大过、降级、撤职、开除
刑事责任	主刑	管制、拘役、有期徒刑、无期徒刑、死刑
	附加刑	罚金、剥夺政治权利、没收财产、驱逐出境

应注意区分以下几种形式所属的法律责任：罚款与罚金；没收非法所得及没收非法财物与没收财产；行政拘留与拘役。

（一）民事责任

民事责任是指由于民事违法、违约行为或根据法律规定所应承担的不利民事法律后果。根据《民法通则》的规定，承担民事责任的主要形式有以下10种：停止侵害；排除妨碍；消除危险；返还财产；恢复原状；修理，重作或更换；赔偿损失；支付违约金；消除影响、恢复名誉；赔礼道歉。

承担民事责任的方式，可以单独适用，也可以合并适用。人民法院审理民事案件，除适用上述责任方式外，还可以予以训诫、责令悔过、收缴进行非法活动的财物和非法所得，并可以依照法律规定处以罚款、拘留。

（二）行政责任

行政责任是指违反法律法规规定的单位和个人所应承受的、由国家行政机关或国家授权单位对其依行政程序所给予的制裁。行政责任包括行政处罚和行政处分（表 1－16）。

1. 行政处罚

行政处罚是指行政主体对行政相对人违反行政法律规范尚未构成犯罪的行为所给予的法律制裁。行政处罚分为人身自由罚（行政拘留）、行为罚（责令停产停业、吊销暂扣许可证和执照）、财产罚（罚款、没收财物）和声誉罚（警告）等多种形式。

2. 行政处分

行政处分是指对违反法律规定的国家机关工作人员或被授权、委托的执法人员所实施的内部制裁措施，包括：警告、记过、记大过、降级、撤职、开除。

（三）刑事责任

刑事责任是指犯罪人因实施犯罪行为所应承受的、由国家审判机关（法院）依照刑事法律给予的制裁后果，是法律责任中最严厉的责任形式。刑事责任主要通过刑罚来实现，刑罚分为主刑和附加刑两类（表 1－17）。

（1）主刑，是对犯罪分子适用的主要刑罚方法。

（2）附加刑，是补充、辅助主刑适用的刑罚方法。附加刑可以附加于主刑之后作为主刑的补充，同主刑一起适用；也可以独立适用。

表 1－17　刑事责任的主要形式和具体规定

主要形式		具体规定
主刑	管制	对犯罪分子不实行关押，但是限制其一定的自由，交由公安机关管束和监督的刑罚。期限为 3 个月以上 2 年以下
	拘役	剥夺犯罪分子短期的人身自由的刑罚，由公安机关就近执行。期限为 1 个月以上 6 个月以下
	有期徒刑	剥夺犯罪分子一定期限的人身自由，实行劳动改造的刑罚。期限为 6 个月以上 15 年以下
	无期徒刑	剥夺犯罪分子终身自由，实行劳动改造的刑罚
	死刑	剥夺犯罪分子生命的刑罚。死刑如果不是必须立即执行，可以判处死刑同时宣告缓期 2 年执行

续表

主要形式		具体规定
附加刑	罚金	强制犯罪分子或者犯罪的单位向国家缴纳一定数额金钱的刑罚
	剥夺政治权利	剥夺犯罪分子参加国家管理和政治活动权利（选举权和被选举权；言论、出版、集会、结社、游行、示威自由的权利；担任国家机关职务的权利；担任国有公司、企业、事业单位和人民团体领导职务的权利）的刑罚
	没收财产	没收犯罪分子个人所有财产的一部分或者全部，强制无偿地收归国有的刑罚
	驱逐出境	强迫犯罪的外国人离开中国国（边）境的刑罚

一人犯数罪的，除判处死刑和无期徒刑的以外，应当在总和刑期以下、数刑中最高刑期以上，酌情决定执行的刑罚，但是管制最高不能超过3年，拘役最高不能超过1年，有期徒刑总和刑期不满35年的，最高不能超过20年，总和刑期在35年以上的，最高不能超过25年。数罪中有判处有期徒刑和拘役的，执行有期徒刑。数罪中有判处有期徒刑和管制，或者拘役和管制的，有期徒刑、拘役执行完毕后，管制仍须执行。数罪中有判处附加刑的，附加刑仍须执行，其中附加刑种类相同的，合并执行，种类不同的，分别执行。

【例1-22】下列法律责任形式中，属于刑事责任的有(　　)。

A. 罚金　　B. 罚款　　C. 没收财产　　D. 没收违法所得

【答案】AC

【知识点】刑事责任。

【答案解析】罚款和没收违法所得为行政责任形式。

知识拓展

“不违法”可以被称为“合法”吗？

合法与不合法、违法与不违法都是用法律规范对行为做出的评价，很容易混淆。最常见的错误是将合法与违法相对应，以为合法等于不违法。

合法与不合法，是以行为是否适法为标准的；违法与否则是以行为是否违法区分。与法律规范一致的行为才是合法的；相反，藐视法律、违反禁止性规定的行为是违法的。

对于普通的社会成员来讲，是以有无法律明确禁止性规定作为社会活动的前提的。即，无法律则无违法。但是，法律未禁止不代表必然合法，因为合法要求法律有对其合法性的规定作出肯定性评价。如果法律未作规定，就只能把违法之外的行为归结为不违法，而不是合法行为。这种不违法的外延要大于合法。换言之，违法与合法之间至少有两种情形：一种是法律未作规定的情形；另一种是法律有倡导性规定而非禁止性规定的情形。这两种情形可以被视为不违法，但不等于合法。

我们可以将这种层级分为：合法—不合法—非法—违法—犯罪。其区别与联系如表1-18所示。

表 1－18 合法、不合法、非法与违法的联系

一切行为	法律无规定	日常生活的规律、习俗道德等		
	法律有规定	合法		需要法律的授权或确认
		不合法	不合法	
			非法	法律强制要求满足某一条件
			违法	法律强制要求满足某一条件，并对不满足条件的予以惩罚

巩固提高

第二章

劳动合同与社会保险法律制度

考情分析

本章为本书的重点章节，涉及的考试题型主要有单项选择题、多项选择题、判断题，本章也是不定项选择题的出题章节，总分为 10 ~ 15 分（表 2 - 1）。另外，本章内容涉及大量数字，如期限、比例、年份、倍数等，需要准确记忆。

表 2 - 1　近三年题型题量分析

项目		2016 年考题			2015 年考题	2014 年考题
		试卷 1	试卷 2	试卷 3		
单项选择题	题数	4	3	4	3	3
	分数	6	4.5	6	4.5	4.5
多项选择题	题数	3	2	3	3	6
	分数	6	4	6	6	6

续表

项目		2016 年考题			2015 年考题	2014 年考题
		试卷 1	试卷 2	试卷 3		
判断题	题数	—	1	1	1	1
	分数	—	1	1	1	1
不定项选择题	题数	—	—	—	4	—
	分数	—	—	—	8	—
合计	题数	7	6	8	11	10
	分数	12	9.5	13	19.5	11.5

知识导图

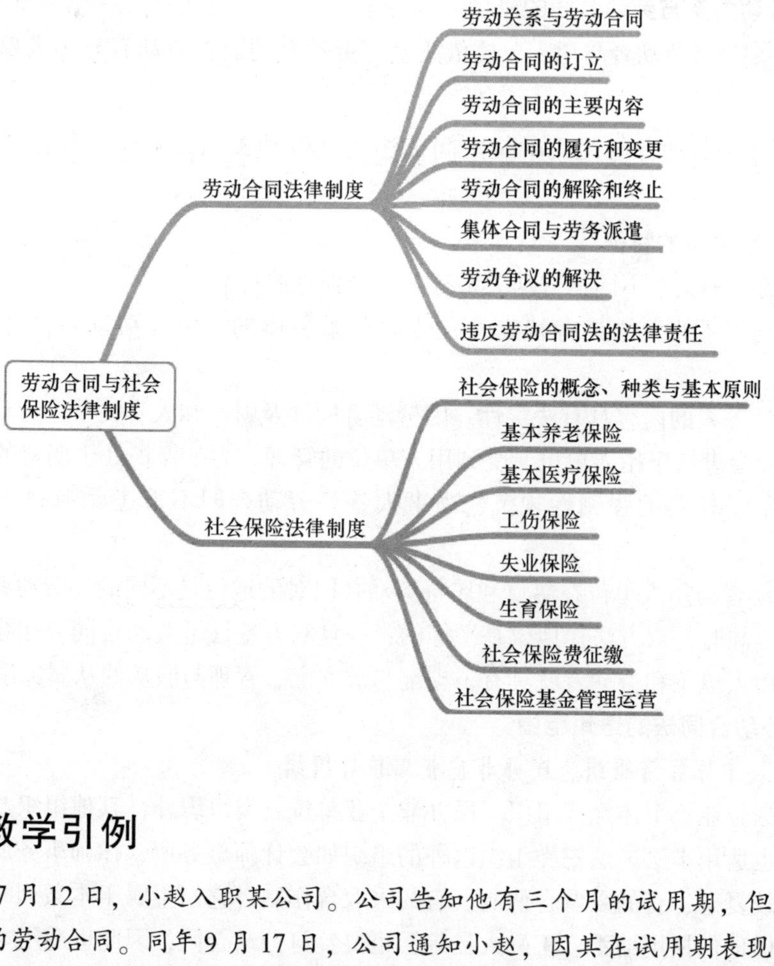

教学引例

2016 年 7 月 12 日，小赵入职某公司。公司告知他有三个月的试用期，但是没有与小赵签订书面的劳动合同。同年 9 月 17 日，公司通知小赵，因其在试用期表现不佳，所以公司决定辞退他。小赵觉得很委屈，因为在试用期内他确实努力工作而且自认为表现很好。在这种情况下，你认为小赵该怎么办呢？

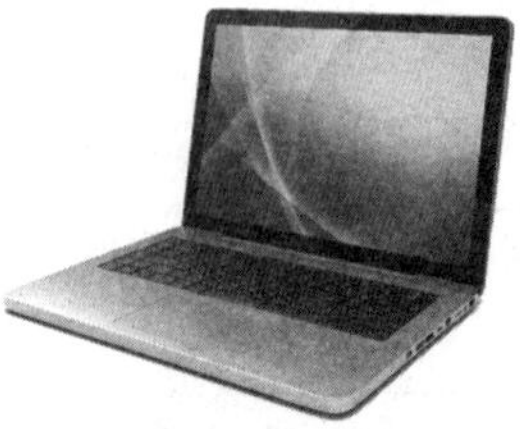

第一节 劳动合同法律制度

一、劳动关系与劳动合同

（一）劳动关系与劳动合同的概念

劳动关系是指劳动者与用人单位依法签订劳动合同而在劳动者与用人单位之间产生的法律关系。

劳动合同是劳动者与用人单位之间依法确立劳动关系，明确双方权利义务的书面协议。

（二）劳动关系的特征

与一般的民事关系不同，劳动关系有其自身独有的特征：

（1）劳动关系的主体具有特定性。劳动关系主体的一方是劳动者，另一方是用人单位。

（2）劳动关系的内容具有法定性。因劳动合同涉及财产和人身关系，劳动者在签订劳动合同后，就会隶属于用人单位，受到用人单位的管理。为了保护处于弱势的劳动者的权益，法律规定了较多的强制性规范，当事人签订劳动合同不得违反强制性规定，否则无效。

（3）劳动者与用人单位在签订和履行劳动合同时的地位是不同的。劳动者与用人单位在签订劳动合同时，双方法律地位是平等的；一旦双方签订了劳动合同，在履行劳动合同的过程中，用人单位和劳动者就具有了支配与被支配、管理与服从的从属关系。

（三）劳动合同法的适用范围

1. 企业、个体经济组织、民办非企业单位等组织

除列举的企业、个体经济组织、民办非企业单位三类组织外，其他组织与劳动者建立劳动关系，也适用本法。这三类组织以外的组织如会计师事务所、律师事务所等，它们的组织形式比较复杂，有的采取合伙制，有的采取合作制，它们不属于本条列举的任何一种组织形式，但他们招用助手、工勤人员等，也要签订劳动合同，因此也适用本法。

2. 国家机关、事业单位和社会团体

（1）国家机关。国家机关录用公务员和聘任制公务员，适用公务员法，不适用本法。国家机关招用工勤人员，需要签订劳动合同，所以要适用劳动合同法。

（2）事业单位。一种是实行企业化管理的事业单位，这类事业单位与职工签订的是劳动合同。还有一种事业单位（如医院、学校、科研机构等），与有的劳动者签订的是聘用合同，也要按照劳动法的相关规定执行。

（3）社会团体。社会团体的情况也比较复杂。如果用人单位与劳动者订立的是劳动合同，就按照劳动法进行调整。

3. 非全日制用工和劳务派遣工

二、劳动合同的订立

（一）劳动合同订立的概念和原则

劳动合同的订立是指劳动者和用人单位经过相互选择与平等协商，就劳动合同的各项条款达成一致意见，并以书面形式明确规定双方权利、义务的内容，从而确立劳动关系的法律行为。

订立劳动合同，应当遵循合法、公平、平等自愿、协商一致、诚实信用的原则。

【例2－1】劳动合同订立的原则有（　　）。

A. 合法原则　　B. 公平原则

C. 平等自愿原则　　D. 协商一致原则

E. 诚实信用原则

【答案】ABCDE

（二）劳动合同订立的主体

劳动合同订立的主体是指谁有权订立劳动合同。具体地说，即劳动者和用人单位。

1. 劳动合同订立主体的资格要求

（1）劳动者有劳动权利能力和行为能力。

根据《劳动法》的规定，我国禁止用人单位招用未满16周岁的公民就业，否则将承担相应的法律责任。对有可能危害未成年人健康、安全或道德的职业或工作，《劳动法》规定劳动者的年龄不应低于18周岁。文艺、体育和特种工艺单位招用未满16周岁的未成年人，必须依照国家有关规定，履行审批手续，并保障其接受义务教育的权利。

劳动者就业，不因民族、种族、性别、宗教信仰不同而受歧视。妇女享有与男子平等的就业权利。在录用职工时，除国家规定的不适合妇女的工种或者岗位外，不得以性别为由拒绝录用妇女或者提高对妇女的录用标准。残疾人、少数民族人员、退役军人的就业，法律法规有特别规定的，从其规定。

（2）用人单位有用人权利能力和行为能力。

用人单位设立的分支机构，依法取得营业执照或者登记证书的，可以作为用人单位与劳动者订立劳动合同；未依法取得营业执照或者登记证书的，受用人单位委托可以与劳动者订立劳动合同。

2. 劳动合同订立主体的义务

（1）用人单位的责任和义务。用人单位招用劳动者时，应当如实告知劳动者工作内容、工作条件、工作地点、职业危害、安全生产状况、劳动报酬，以及劳动者要求了解的其他情况。不得扣押劳动者的居民身份证和其他证件，不得要求劳动者提供担保或者以其他名义向劳动者收取财物。

用人单位违反劳动合同法规定，扣押劳动者居民身份证等证件的，由劳动行政部门责令限期退还劳动者本人，并依照有关法律规定给予处罚。用人单位以担保或者其他名义向劳动者收取财物的，由劳动行政部门责令限期退还劳动者本人，并以每人500元以上2 000元以下的标准处以罚款；给劳动者造成损害的，应当承担赔偿责任。

（2）劳动者的义务。劳动者的义务指劳动者必须履行的义务。最基本的义务是完成劳动任务。再如，提高职业技能、执行劳动安全卫生规程、遵守劳动纪律、遵守职业道德等。用人单位有权了解劳动者与劳动合同直接相关的基本情况，劳动者应当如实说明。

【例2－2】下列对劳动合同订立主体的义务的描述中，错误的是(　　)。

A. 用人单位有权了解劳动者的基本情况，劳动者应当如实说明

B. 用人单位招用劳动者，不得扣押劳动者的居民身份证和其他证件

C. 用人单位招用劳动者时，应当如实告知劳动者要求了解的情况

D. 用人单位招用劳动者时，不得要求劳动者提供担保或者以其他名义向劳动者收取财物

【答案】A

【知识点】劳动合同订立主体的义务。

【答案解析】用人单位有权了解劳动者与劳动合同直接相关的基本情况，劳动者应当如实说明，因此选项A的描述错误。

（三）劳动关系建立的时间

用人单位自"用工"之日起即与劳动者建立了劳动关系。用人单位与劳动者在"用工"前订立劳动合同的，劳动关系自用工之日起建立。根据以上规定，即使用人单位没有与劳动者订立劳动合同，只要用人单位对该劳动者存在用工行为，则双方之间就建立了劳动关系，劳动者就享有劳动法律、法规规定的权利。

劳动关系建立的时间

用人单位应当建立职工名册备查。职工名册应当包括劳动者姓名、性别、居民身份证号码、户籍地址及现住址、联系方式、用工形式、用工起始时间、劳动合同期限等内容。用人单位违反劳动合同法有关建立职工名册规定的，由劳动行政部门责令限期改正；逾期不改正的，由劳动行政部门处2 000元以上2万元以下的罚款。

【例2－3】2016年5月10日，甲公司电话通知面试者李某已被录用；5月15日，李某告知甲公司，决定到甲公司工作；5月20日，甲公司与李某签订书面劳动合同；7月10日，李某开始到甲公司工作。根据规定，甲公司与李某之间的劳动关系自(　　)建立。

A. 2016年5月10日　　B. 2016年5月15日

C. 2016年5月20日　　D. 2016年7月10日

【答案】D

【答案解析】用人单位与劳动者在用工前订立劳动合同的，劳动关系自用工之日起建立。

（四）劳动合同订立的形式

1. 书面形式

实践中，有的用人单位和劳动者虽已建立劳动关系，但迟迟未能订立书面劳动合同，非常不利于劳动关系的法律保护。为此，劳动合同法区分不同情况进行了较为严格的规范，如表 2 -2 所示。

表 2 -2　先建立劳动关系后签订书面劳动合同的处理

情形		用人单位的处理
自用工之日起1个月内	订立书面劳动合同	合法、依法履行劳动合同即可
	经用人单位书面通知，劳动者不与用人单位订立书面合同	用人单位应当书面通知劳动者终止劳动关系；无须向劳动者支付经济补偿；但是应当依法向劳动者支付其实际工作时间的劳动报酬
用工之日起超过1个月不满1年	用人单位与劳动者补订劳动合同	应当向劳动者每月支付 2 倍的工资；起算时间为用工之日起满 1 个月的次日，截止时间为补订劳动合同的前一日
	劳动者不与用人单位订立书面劳动合同	用人单位应当书面通知劳动者终止劳动关系，并支付经济补偿
用工之日起满1年	用人单位未与劳动者订立书面劳动合同	视为自用工之日起满 1 年的当日已经与劳动者订立无固定期限劳动合同，应当立即与劳动者补订书面劳动合同； 自用工之日起满 1 个月的次日至满 1 年的前 1 日应当向劳动者每月支付 2 倍的工资（共计 11 个月）

【例 2 -4】李某 2015 年 5 月 12 日进入甲公司工作，公司按月支付工资 2 000 元。直至 2016 年 4 月 12 日公司尚未与李某签订书面劳动合同。根据劳动合同法律制度的规定，甲公司应依法向李某支付未及时订立书面劳动合同的工资补偿为(　　)元。

A. 22 000　　B. 20 000　　C. 44 000　　D. 19 000

【答案】B

【答案解析】用人单位自用工之日起超过 1 个月不满 1 年未与劳动者订立书面劳动合同的，应当向劳动者每月支付 2 倍的工资。起算时间为自用工之日起满 1 个月的次日，截止时间为补订书面劳动合同的前 1 日，即 2015 年 6 月 13 日至 2016 年 4 月 11 日，共计 10 个月。

2. 口头形式

非全日制用工双方当事人可以订立口头协议。

非全日制用工是指以小时计酬为主，劳动者在同一用人单位一般平均每日工作时间不超过 4 小时、每周工作时间累计不超过 24 小时的用工形式。非全日制用工双方当事人不得约定试用期。

非全日制用工双方当事人任何一方都可以随时通知对方终止用工。终止用工时，用人单位不向劳动者支付经济补偿。

非全日制用工小时计酬标准不得低于用人单位所在地人民政府规定的最低小时工资标准。用人单位可以以小时、日或周为单位结算工资，但非全日制用工劳动报酬结算支付周期最长不得超过 15 日。

【例 2－5】根据劳动合同法律制度的规定，下列情形中，用人单位与劳动者可以不签订书面劳动合同的是(　　)。

A. 非全日制用工　　B. 试用期用工

C. 固定期用工　　D. 无固定期限用工

【答案】A

【答案解析】劳动合同必须采取书面形式，只有非全日制用工可以采取口头形式。

（五）劳动合同的效力

1. 劳动合同的生效

劳动合同由用人单位与劳动者协商一致，并经用人单位与劳动者在劳动合同文本上签字或者盖章生效。

劳动合同的生效时间与劳动关系建立时间不同。劳动关系的建立以实际用工为标志；劳动合同生效后，若没有发生实际用工，则劳动关系并没有建立。双方可以先在劳动合同文本上签字或者盖章，劳动合同相应生效，而后再实际用工，劳动关系于实际用工之日起建立；也可以先实际用工（先建立劳动关系），而后双方再在合同文本上签字或盖章（劳动合同生效）。

2. 劳动合同无效或者部分无效

无效劳动合同是指由用人单位和劳动者签订成立，而国家不予承认其法律效力的劳动合同。劳动合同虽然已经成立，但违反了平等自愿、协商一致、诚实信用、公平等原则和法律、行政法规的强制性规定，可使其全部或者部分条款归于无效。

下列劳动合同无效或者部分无效：

（1）以欺诈、胁迫的手段或者乘人之危，使对方在违背真实意思的情况下订立或者变更劳动合同的。

（2）用人单位免除自己的法定责任、排除劳动者权利的。

（3）违反法律、行政法规强制性规定的。

对劳动合同的无效或者部分无效有争议的，由劳动争议仲裁机构或者人民法院确认。

3. 无效劳动合同的法律后果

（1）无效劳动合同，从订立时起就没有法律约束力；劳动合同部分无效，不影响其他部分效力的，其他部分仍然有效。

（2）劳动合同被确认无效，劳动者已付出劳动的，用人单位应当向劳动者支付劳动报酬。劳动报酬的数额，参照本单位相同或者相近岗位劳动者的劳动报酬确定。

（3）劳动合同被确认无效，给对方造成损害的，有过错的一方应当承担赔偿责任。

【例 2－6】根据劳动合同法律制度的规定，下列关于无效劳动合同法律后果的表述中，不正确的是(　　)。

A. 劳动合同被确认无效，给对方造成损害的，有过错的一方应当承担赔偿责任

B. 无效劳动合同从订立时起就没有法律约束力

C. 劳动合同被确认无效，劳动者已付出劳动的，用人单位无须向劳动者支付劳动报酬

D. 劳动合同部分无效，不影响其他部分效力的，其他部分仍然有效

【答案】C

【答案解析】劳动合同被确认无效，劳动者已付出劳动的，用人单位应当向劳动者支付劳动报酬。

三、劳动合同的主要内容

（一）劳动合同必备条款

劳动合同必备条款是指劳动合同必须具备的内容。劳动合同应当具备以下条款：

1. 用人单位名称、住所、法定代表人或者主要负责人

用人单位名称是指用人单位注册登记时所登记的名称，是代表用人单位的符号。用人单位的住所是用人单位发生法律关系的中心区域。劳动合同文本中要标明用人单位的具体地址。用人单位有两个以上办事机构的，以主要办事机构所在地为住所。具有法人资格的用人单位，要注明单位的法定代表人；不具有法人资格的用人单位，必须在劳动合同中写明该单位的主要负责人。

2. 劳动者的姓名、住址和居民身份证号码或者其他有效身份证件号码

劳动者的姓名以其户籍登记，即身份证上所载为准。劳动者的住址，以其户籍所在的居住地为住址，其经常居住地与户籍所在地不一致的，以经常居住地为住址。居民身份证号码是每个公民唯一的、终身不变的身份代码，由公安机关按照公民身份号码国家标准编制。

3. 劳动合同期限

劳动合同分为固定期限劳动合同、无固定期限劳动合同和以完成一定工作任务为期限的劳动合同，具体概念如表 2－3 所示。

表 2－3　劳动合同期限

劳动合同期限种类	概念
固定期限劳动合同	用人单位与劳动者明确约定合同终止时间的劳动合同。劳动合同期限届满，劳动关系即告终止。如果双方协商一致，还可以续订劳动合同
无固定期限劳动合同	用人单位与劳动者约定无确定终止时间的劳动合同。无确定终止时间，是指劳动合同没有确切的终止时间，劳动合同的期限长短不能确定，只要没有出现法定解除情形或者双方协商一致解除的，双方当事人就要继续履行劳动合同。但并不是没有终止时间，一旦出现了法定情形或者双方协商一致解除的，无固定期限劳动合同同样也能够解除

续表

劳动合同期限种类	概念
以完成一定工作任务为期限的劳动合同	用人单位与劳动者约定以某项工作的完成为合同期限的劳动合同。一般在以下几种情况下，用人单位与劳动者可以签订以完成一定工作任务为期限的劳动合同： （1）以完成单项工作任务为期限的劳动合同； （2）以项目承包方式完成承包任务的劳动合同； （3）因季节原因用工的劳动合同； （4）其他双方约定的、以完成一定工作任务为期限的劳动合同

应当订立无固定期限劳动合同的情形：

（1）劳动者在该用人单位连续工作满10年的。

（2）用人单位初次实行劳动合同制度或者国有企业改制重新订立劳动合同时，劳动者在该用人单位连续工作满10年且距法定退休年龄不足10年的。

（3）劳动者与用人单位已经连续订立2次固定期限劳动合同，且劳动者没有下述情形，续订劳动合同的：

①严重违反用人单位的规章制度的。

②严重失职，营私舞弊，给用人单位造成重大损害的。

③劳动者同时与其他用人单位建立劳动关系，对完成本单位的工作任务造成严重影响，或者经用人单位提出，拒不改正的。

④劳动者以欺诈、胁迫的手段或者乘人之危，使用人单位在违背真实意思的情况下订立或者变更劳动合同，致使劳动合同无效的。

⑤被依法追究刑事责任的。

⑥劳动者患病或者非因工负伤，在规定的医疗期满后不能从事原工作，也不能从事由用人单位另行安排的工作的。

⑦劳动者不能胜任工作，经过培训或者调整工作岗位，仍不能胜任工作的。

连续订立固定期限劳动合同的次数，应当自《劳动合同法》2008年1月1日施行后续订固定期限劳动合同时开始计算。

注意：用人单位自用工之日起满1年不与劳动者订立书面劳动合同的，视为用人单位自用工之日起满1年的当日已经与劳动者订立无固定期限劳动合同。

地方各级人民政府及县级以上地方人民政府有关部门为安置就业困难人员提供的给予岗位补贴和社会保险补贴的公益性岗位，其劳动合同不适用劳动合同法有关无固定期限劳动合同的规定。

4. 工作内容和工作地点

工作内容包括劳动者从事劳动的工种、岗位和劳动定额、产品质量标准的要求等。

工作地点是指劳动者可能从事工作的具体地理位置。

5. 工作时间和休息休假

（1）工作时间。

工作时间通常是指劳动者在一昼夜或一周内从事生产或工作的时间，换言之，是劳动者每天应工作的时数或每周应工作的天数。目前我国实行的工时制度主要有标准工时制、不定时工作制和综合计算工时制三种类型。

标准工时制 也称标准工作日，是指国家法律统一规定的劳动者从事工作或劳动的时间。国家实行劳动者每日工作 8 小时、每周工作 40 小时的标准工时制度。

用人单位由于生产经营需要，经与工会和劳动者协商后可以延长工作时间，一般每日不得超过 1 小时；因特殊原因需要延长工作时间的，在保障劳动者身体健康的前提下延长工作时间，每日不得超过 3 小时，每月不得超过 36 小时。有下列情形之一的，延长工作时间不受上述规定的限制：

①发生自然灾害、事故或者因其他原因，威胁劳动者生命健康和财产安全，需要紧急处理的。

②生产设备、交通运输线路、公共设施发生故障，影响生产和公众利益，必须及时抢修的。

③法律、行政法规规定的其他情形。

不定时工作制 也称无定时工作制、不定时工作日，是指没有固定工作时间限制的工作制度，主要适用于一些因工作性质或工作条件不受标准工作时间限制的工作岗位。

综合计算工时制 也称综合计算工作日，是指用人单位根据生产和工作的特点，分别以周、月、季、年等为周期，综合计算劳动者工作时间，但其平均日工作时间和平均周工作时间仍与法定标准工作时间基本相同的一种工时形式。

（2）休息、休假。

休息 是指劳动者在任职期间，在国家规定的法定工作时间以外，无须履行劳动义务而自行支配的时间，包括工作日内的间歇时间、工作日之间的休息时间和公休假日（即周休息日，是职工工作满一个工作周以后的休息时间）。

休假 是指劳动者无须履行劳动义务且一般有工资保障的法定休息时间。如：

①法定假日，是指由国家法律统一规定的用以开展纪念、庆祝活动的休息时间，包括元旦、春节、清明节、劳动节、端午节、中秋节、国庆节等。

②年休假，是指职工工作满一定年限，每年可享有的保留工作岗位、带薪连续休息的时间。职工在年休假期间享受与正常工作期间相同的工资收入。

为维护职工休息、休假权利，调动职工工作积极性，国务院于 2007 年 12 月 14 日以国务院令第 514 号公布《职工带薪年休假条例》，自 2008 年 1 月 1 日起施行。

该条例规定机关、团体、企业、事业单位、民办非企业单位、有雇工的个体工商户等单位的职工“连续工作”（而非在该单位工作）1 年以上的，享受带薪年休假（简称年休假）。职工累计工作已满 1 年不满 10 年的，年休假 5 天；已满 10 年不满 20 年的，年休假 10 天；已满 20 年的，年休假 15 天。国家法定休假日、休息日不计入年休假的假期。年休假在 1 个年度内可以集中安排，也可以分段安排，一般不跨年度安排。单位因生产、工作特点确有必要跨年度安排职工年休假的，可以跨 1 个年度安排。根据 2008 年 9 月 18 日人力资源和社会保障部令第 1 号《企业职工带薪年休假实施办法》，职工新进用人单位且符合享受带薪年休假条件的，当年度年休假天数按照在本单位剩余日历天数折算确定，折算后不足一整天的部分不享受年休假。

不能享受当年带薪年休假的情形：

①职工依法享受寒暑假，其休假天数多于年休假天数的。

②职工请事假累计 20 天以上且单位按照规定不扣工资的。

③累计工作满 1 年不满 10 年的职工，请病假累计 2 个月以上的。

④累计工作满 10 年不满 20 年的职工，请病假累计 3 个月以上的。

⑤累计工作满 20 年以上的职工，请病假累计 4 个月以上的。

【例 2－7】房某工作已满 15 年，2016 年上半年在 A 公司已用带薪年休假 5 天；下半年调到 B 公司工作，提出补休年休假的申请。B 公司对房某补休年休假的申请符合法律规定的答复是(　　)。

A. 不可以补休年休假　　　　B. 可补休 5 天年休假

C. 可补休 10 天年休假　　　D. 可补休 15 天年休假

【答案】B

【答案解析】根据国务院《职工带薪年休假条例》规定，职工累计工作已满 10 年不满 20 年的，年休假 10 天。房某工作已满 15 年，可享受 10 天的带薪年休假。房某调到 B 公司时，当年在本单位剩余日历天数的比例约为 1/2，房某可以在 B 公司补休的年休假 = 1/2 × 10 = 5（天）。

6. 劳动报酬

（1）劳动报酬与支付。

劳动报酬是指用人单位根据劳动者劳动的数量和质量，以货币形式支付给劳动者的工资。

工资的支付。根据国家有关规定：

①工资应当以法定货币支付，不得以实物及有价证券替代货币支付。

②工资必须在用人单位与劳动者约定的日期支付（如遇节假日或休息日，则应提前在最近的工作日支付）。

节假日工资

③工资至少每月支付一次，实行周、日、小时工资制的可按周、日、小时支付工资。

④对完成一次性临时劳动或某项具体工作的劳动者，用人单位应按有关协议或合同规定在其完成劳动任务后即支付工资。

⑤用人单位拖欠或者未足额支付劳动报酬的，劳动者可以依法向当地人民法院申请支付令，人民法院应当依法发出支付令。

加班工资是指用人单位在劳动者完成劳动定额或规定的工作任务后，根据实际需要安排劳动者在法定标准工作时间以外工作，应当按照下列标准支付高于劳动者正常工作时间工资的工资报酬：

①用人单位依法安排劳动者在日标准工作时间以外延长工作时间的，按照不低于劳动合同规定的劳动者本人小时工资标准的 150% 支付劳动者工资。

②用人单位依法安排劳动者在休息日工作，而又不能安排补休的，按照不低于劳动合

同规定的劳动者本人日或小时工资标准的 200% 支付劳动者工资。

③用人单位依法安排劳动者在法定休息日工作的，按照不低于劳动合同规定的劳动者本人日或小时工资标准的 300% 支付劳动者工资。

实行计件工资的劳动者，在完成计件定额任务后，由用人单位安排延长工作时间的，根据上述原则，分别按照不低于其本人法定工作时间计件单价的 150%、200%、300% 支付其工资。

用人单位安排加班不支付加班费的，由劳动行政部门责令限期支付加班费；逾期不支付的，责令用人单位按应付金额 50% 以上 100% 以下的标准向劳动者加付赔偿金。

劳动者在法定休假日和婚丧假期间以及依法参加社会活动期间，用人单位应当依法支付工资。在部分公民放假的节日期间（如妇女节、青年节），对参加社会活动或单位组织庆祝活动和照常工作的职工，单位应支付工资报酬，但不交付加班工资。如果该节日恰逢星期六、星期日，单位安排职工加班工作，则应当依法支付“休息日”的加班工资（200%）。

加班时间、补休与加班工资标准如表 2－4 所示。

表 2－4　加班时间、补休与加班工资标准

加班时间	是否可以补休作补偿	加班工资标准/%
日标准工作时间以外延长工作时间（如晚上加班）	×	150
休息日工作（如周末加班）	√	200
法定休息日工作（如春节加班）	×	300

【例 2－8】王女士的工作为标准工时制，全月工资 4 000 元，本月法定工作日为 20 天。由于工作需要，本月安排其在三八妇女节照常工作（原本可休半天假）。试分析如果 3 月 8 日为周一或周六，工资该如何发放？

【答案解析】如果 3 月 8 日为周一，单位本月应向王女士发放工资 = 4 000 + 4 000/20 × 0.5 = 4 100（元）。如果 3 月 8 日为周六且单位不能安排补休，单位本月应向王女士发放工资 = 4 000 + 4 000/20 × 1 × 200% = 4 400（元）（根据规定，部分公民放假的节日，如果适逢星期六、星期日，不补休，应当支付加班工资）。

（2）最低工资制度。

最低工资标准是指劳动者在法定工作时间或依法签订的劳动合同约定的工作时间内提供了正常劳动的前提下，用人单位依法应支付的最低劳动报酬。最低工资不包括：延长工作时间的工资报酬，以货币形式支付的住房补贴和用人单位支付的伙食补贴，中班、夜班、高温、低温、井下、有毒、有害等特殊工作环境和劳动条件下的津贴，国家法律、法规、规章规定的社会保险福利待遇。

国家实行最低工资保障制度，以维护劳动者取得劳动报酬的合法权益、保障劳动者个人及其家庭成员的基本生活，保障劳动力市场健康有序地运行。最低工资的具体标准由省、自治区、直辖市人民政府规定，报国务院备案。最低工资标准一般采取月最低工资标准和小时最低工资标准的形式。月最低工资标准适用于全日制就业劳动者，小时最低工资标准适用于非全日制就业劳动者。

因劳动者本人原因给用人单位造成经济损失的，用人单位可按照劳动合同的约定要求其赔偿经济损失。经济损失的赔偿，可从劳动者本人的工资中扣除。但每月扣除的部分不得超过劳动者当月工资的20%。若扣除后的剩余工资部分低于当地月最低工资标准，则按最低工资标准支付（即该劳动者当月工资应当按照当月工资的80%和当地最低工资标准孰高支付）。

【例2－9】公司职工甲因工作疏忽给公司造成经济损失10 000元，已知甲每月收入2 500元，当地月最低工资为1 800元。根据劳动合同法律制度的规定，该公司可从甲每月工资中扣除的最高限额为(　　)元。

A. 500　　B. 700　　C. 800　　D. 1 000

【答案】A

【答案解析】在本题中，$2\,500-2\,500\times20\%=2\,000$（元）$>1\,800$（元），因此，每月扣除最高限额为500元。

7. 社会保险

社会保险包括基本养老保险、基本医疗保险、失业保险、工伤保险、生育保险五项。参加社会保险、缴纳社会保险费是用人单位与劳动者的法定义务，双方都必须履行。具体内容将在本章第二节介绍。

8. 劳动保护、劳动条件和职业危害防护

劳动保护是指用人单位保护劳动者在工作过程中不受伤害的具体措施。

劳动条件是指用人单位为劳动者提供正常工作所必需的条件，包括劳动场所和劳动工具。

职业危害防护是指用人单位对工作过程中可能产生的影响劳动者身体健康的危害的防护措施。

劳动保护、劳动条件和职业危害防护，是劳动合同中保护劳动者身体健康和安全的重要条款。

9. 法律、法规规定应当纳入劳动合同的其他事项

用人单位提供的劳动合同文本未载明劳动合同法规定的劳动合同必备条款或者用人单位未将劳动合同文本交付劳动者的，由劳动行政部门责令改正；给劳动者造成损害的，应当承担赔偿责任。

（二）劳动合同约定条款

劳动合同除规定的必备条款外，用人单位与劳动者可以协商约定试用期、培训、保守商业秘密、补充保险和福利待遇等其他事项。

1. 试用期

试用期是指用人单位和劳动者双方为了相互了解、确定对方是否符合自己的招聘条件或求职意愿而约定的考察期间。试用期属于劳动合同的约定条款，双方可以约定，也可以不约定试用期。

（1）试用期期限。

根据劳动合同法的规定，劳动合同期限3个月以上不满1年的，试用期不得超过1个月；劳动合同期限1年以上不满3年的，试用期不得超过2个月；3年以上固定期限和无固定期限的劳动合同，试用期不得超过6个月。1年以上包括1年，3年以下不包括3年，3年以上包括3年。以完成一定工作任务为期限的劳动合同或者劳动合同期限不满3个月的，不得约定试用期。

用人单位违反规定与劳动者约定试用期的，由劳动行政部门责令改正；违法约定的试用期已经履行的，由用人单位以劳动者试用期满月工资为标准，按已经履行的超过法定试用期的期间向劳动者支付赔偿金。

（2）试用期工资。

劳动者在试用期的工资不得低于本单位相同岗位最低档工资或者劳动合同约定工资的80%，并不得低于用人单位所在地的最低工资标准。劳动合同约定工资，是指该劳动者与用人单位在劳动合同中约定的劳动者试用期满后的工资。

2. 服务期

（1）约定服务期的条件。

劳动合同法规定，用人单位为劳动者提供专项培训费用，对其进行专业技术培训的，可以与该劳动者订立协议，约定服务期。

（2）服务期的特征。

对劳动者提供的是专业技术培训，包括专业知识和职业技能培训；培训的形式可以是脱产的、半脱产的，也可以是不脱产的；培训费用的数额比较大；服务期的年限可以由劳动合同双方当事人协议确定。

（3）劳动者违反服务期约定的违约责任。

劳动者违反服务期约定的，应当按照约定向用人单位支付违约金；违约金的数额不得超过用人单位提供的培训费用；用人单位要求劳动者支付的违约金不得超过服务期尚未履行部分所应分摊的培训费用；如果用人单位没有对劳动者培训出资，则无权要求劳动者按约定承担违约责任；同时，即使用人单位单方面声称已出资，但不能提供相应的支付凭证，则因其缺乏证据，也不能要求劳动者承担违约责任。劳动合同解除与服务期违约金的支付如表2－5所示。

表2－5　劳动合同解除与服务期违约金的支付

情形		是否支付违约金
用人单位提出解除劳动合同	①劳动者严重违反用人单位的规章制度的； ②劳动者严重失职，营私舞弊，给用人单位造成重大损害的； ③劳动者同时与其他用人单位建立劳动关系，对完成本单位的工作任务造成严重影响，或者经用人单位提出，拒不改正的； ④劳动者以欺诈、胁迫的手段或者乘人之危，使用人单位在违背真实意思的情况下订立或者变更劳动合同的； ⑤劳动者被依法追究刑事责任的	√
	劳动者并无法定过错情形	×

续表

	情形	是否支付违约金
劳动者提出解除劳动合同	①用人单位未按照劳动合同约定提供劳动保护或者劳动条件的； ②用人单位未及时足额支付劳动报酬的； ③用人单位未依法为劳动者缴纳社会保险费的； ④用人单位的规章制度违反法律、法规的规定，损害劳动者权益的； ⑤用人单位以欺诈、胁迫的手段或者乘人之危，使劳动者在违背真实意思的情况下订立或者变更劳动合同的； ⑥用人单位在劳动合同中免除自己的法定责任、排除劳动者权利的； ⑦用人单位违反法律、行政法规强制性规定的； ⑧法律、行政法规规定劳动者可以解除劳动合同的其他情形	×
	用人单位并无法定过错情形	√

【例 2-10】 甲公司为员工张某支付培训费用 3 万元，约定服务期 3 年。2 年后，张某以甲公司自其入职之日起从未按照合同约定提供劳动保护为由，向甲公司提出解除劳动合同。根据劳动合同法律制度的规定，下列说法正确的是(　　)。

A. 张某违反了服务期的约定

B. 甲公司可以要求张某支付 3 万元违约金

C. 甲公司可以要求张某支付 1 万元违约金

D. 张某无须支付违约金

【答案】 D

【答案解析】 用人单位与劳动者约定了服务期，如存在"用人单位未按照劳动合同约定提供劳动保护或者劳动条件"等情形，劳动者有权随时通知用人单位解除劳动合同，不属于服务期的约定，用人单位不得要求劳动者支付违约金。

3. 保守商业秘密

商业秘密是指不为公众所知悉、能为权利人带来经济利益，具有实用性并经权利人采取保密措施的技术信息和经营信息，包括非专利技术和经营信息两部分。用人单位与劳动者可以在劳动合同中约定保守用人单位的商业秘密和与知识产权相关的保密事项。

4. 竞业限制

竞业限制又称竞业禁止，是对与权利人有特定关系的义务人的特定竞争行为的禁止，在用人单位和劳动者劳动关系解除和终止后，限制劳动者一定时期的择业权，对因此约定给劳动者造成的损害，用人单位给予劳动者相应的经济补偿。

（1）适用范围。竞业限制的人员限于用人单位的高级管理人员、高级技术人员和其他负有保密义务的人员，而不是所有的劳动者；竞业限制的范围、地域、期限由用人单位与劳动者约定，竞业限制的约定不得违反法律、法规的规定。

（2）竞业限制补偿金。这是用人单位对劳动者履行竞业限制义务的经济补偿，不能包含在工资中，只能在劳动关系结束（终止或解除）后，在竞业限制期内，由用人单位按月支付，数额由双方约定；当事人在劳动合同或保密协议中约定了竞业限制和经济补偿，当事人解除劳动合同时，除另有约定外，用人单位要求劳动者履行竞业限制义务，或者劳动者履行了竞业限制义务后要求用人单位经济补偿的，人民法院应予支持；当事人在劳动合同或者保密协议中约定了竞业限制和经济补偿，劳动合同解除或终止后，因用人单位的原因导致3个月未支付经济补偿，劳动者请求解除竞业限制约定的，人民法院应予支持；在竞业限制期限内，用人单位请求解除竞业限制协议时，人民法院应予支持。在解除竞业限制协议时，劳动者请求用人单位额外支付劳动者3个月的竞业限制经济补偿的，人民法院应予支持。

（3）在解除或者终止劳动合同后，竞业限制人员到与本单位生产或者经营同类产品、从事同类业务的有竞争关系的其他用人单位工作，或者自己开业生产或者经营同类产品、从事同类业务的竞业限制期限，不得超过2年。

【例2－11】根据劳动合同法律制度的规定，下列各项中，用人单位和劳动者不得对此约定违约金的有(　　)。

A. 竞业限制　　B. 休息休假　　C. 工作时间　　D. 试用期

【答案】BCD

【答案解析】禁止用人单位对劳动合同服务期和竞业限制之外的其他事项与劳动者约定由劳动者承担违约金。

四、劳动合同的履行和变更

（一）劳动合同的履行

劳动合同的履行是指劳动合同生效后，当事人双方按照劳动合同的约定，完成各自承担的义务和实现各自享受的权利，使当事人双方订立合同的目的得以实现的法律行为。

1. 用人单位与劳动者应当按照劳动合同的约定全面履行各自的义务

（1）用人单位应当按照劳动合同约定和国家规定，向劳动者及时足额支付劳动报酬。用人单位拖欠或者未足额支付劳动报酬的，劳动者可以依法向当地人民法院申请支付令，人民法院应当依法发出支付令。

用人单位未按照劳动合同的约定或者国家规定及时足额支付劳动者劳动报酬的，由劳动行政部门责令限期支付；逾期不支付的，责令用人单位按应付金额50%以上100%以下的标准向劳动者加付赔偿金。

（2）用人单位应当严格执行劳动定额标准，不得强迫或者变相强迫劳动者加班。用人单位安排加班的，应当按照国家有关规定向劳动者支付加班费。

（3）劳动者拒绝用人单位管理人员违章指挥、强令冒险作业的，不视为违反劳动合同。劳动者对危害生命安全和身体健康的劳动条件，有权对用人单位提出批评、检举和控告。

（4）用人单位变更名称、法定代表人、主要负责人或者投资人等事项，不影响劳动合同的履行。

(5) 用人单位发生合并或者分立等情况，原劳动合同继续有效，劳动合同由承继其权利和义务的用人单位继续履行。

2. 用人单位应当依法建立和完善劳动规章制度，保障劳动者享有劳动权利、履行劳动义务

劳动规章制度是用人单位制定的组织劳动过程和进行劳动管理的规则和制度的总称。主要包括劳动合同管理、工资管理、社会保险福利待遇、工时休假、职工奖惩，以及其他劳动管理规定。合法有效的劳动规章制度是劳动合同的组成部分，对用人单位和劳动者均具有法律约束力。

用人单位在制定、修改或者决定有关劳动报酬、工作时间、休息休假、劳动安全卫生、保险福利、职工培训、劳动纪律以及劳动定额管理等直接涉及劳动者切身利益的规章制度和重大事项时，应当经职工代表大会或者全体职工讨论，提出方案和意见，与工会或者职工代表平等协商确定。实施过程中，工会或者职工认为不适当的，有权向用人单位提出，通过协商予以修改完善。

用人单位应当将直接涉及劳动者切身利益的规章制度和重大事项决定公示，或者告知劳动者。公示或告知可以采用张贴通告、员工手册送达、会议精神传达等方式。

用人单位直接涉及劳动者切身利益的规章制度违反法律、法规规定的，由劳动行政部门责令改正，给予警告；给劳动者造成损害的，应当承担赔偿责任。

（二）劳动合同的变更

用人单位与劳动者协商一致，可以变更劳动合同约定的内容。变更劳动合同，应当采用书面形式。变更后的劳动合同文本由用人单位和劳动者各执一份。变更劳动合同未采用书面形式，但已经实际履行了口头变更的劳动合同超过1个月，且变更后的劳动合同内容不违反法律、行政法规、国家政策以及公序良俗，当事人以未采用书面形式为由主张劳动合同变更无效的，人民法院不予支持。

五、劳动合同的解除和终止

（一）劳动合同的解除

1. 劳动合同解除的概念

劳动合同解除是指在劳动合同订立后，劳动合同期限届满之前，因双方协商提前结束劳动关系，或因出现法定的情形，一方单方通知对方结束劳动关系的法律行为。

2. 劳动合同解除的类型

(1) 协商解除（表2－6）。

表2－6 协商解除

类型	适用情形	是否支持经济补偿金
用人单位提出解除劳动合同	双方平等协商一致	√
劳动者主动辞职		×

（2）法定解除。法定解除是指在出现国家法律、法规或劳动合同规定的可以解除劳动合同的情形时，不需当事人协商一致，一方当事人即可决定解除劳动合同，劳动合同效力可以自然终止或由单方提前终止。在这种情况下，主动解除劳动合同的一方一般负有主动通知对方的义务。

法定解除又可分为劳动者单方解除（表2－7）和用人单位单方解除（表2－8）。

表2－7　劳动者单方解除

类型	适用情形	是否支持经济补偿金
提前通知解除（“不想干”）	①劳动者提前30日以书面形式通知用人单位解除劳动合同； ②劳动者在试用期内提前3日通知用人单位解除劳动合同。 如果劳动者没有履行通知程序，则属于违法解除，因此对用人单位造成损失的，劳动者应对用人单位的损失承担赔偿责任	×
随时通知解除（“没法干”）	①用人单位未按照劳动合同约定提供劳动保护或者劳动条件的； ②用人单位未及时足额支付劳动报酬的； ③用人单位未依法为劳动者缴纳社会保险费的； ④用人单位的规章制度违反法律、法规的规定，损害劳动者权益的； ⑤用人单位以欺诈、胁迫的手段或者乘人之危，使劳动者在违背真实意思的情况下订立或者变更劳动合同的； ⑥用人单位在劳动合同中免除自己的法定责任、排除劳动者权利的； ⑦用人单位违反法律、行政法规强制性规定的； ⑧法律、行政法规规定劳动者可以解除劳动合同的其他情形。 用人单位有上述情形的，劳动者可随时通知用人单位解除劳动合同，无须提前通知用人单位	√
不需事先告知解除（“没法干”）	①用人单位以暴力、威胁或者非法限制人身自由的手段强迫劳动者劳动的； ②用人单位违章指挥、强令冒险作业危及劳动者人身安全的。 用人单位有上述两种情形的，劳动者可以立即解除劳动合同，不需事先告知用人单位	√

表2－8　用人单位单方解除

类型	适用情形	是否支持经济补偿金
随时通知解除（“不能干”）	①劳动者在试用期间被证明不符合录用条件的； ②劳动者严重违反用人单位的规章制度的； ③劳动者严重失职，营私舞弊，给用人单位造成重大损害的； ④劳动者同时与其他用人单位建立劳动关系，对完成本单位的工作任务造成严重影响，或者经用人单位提出，拒不改正的； ⑤劳动者以欺诈、胁迫的手段或者乘人之危，使用人单位在违背真实意思的情况下订立或者变更劳动合同的； ⑥劳动者被依法追究刑事责任的	×

续表

类型	适用情形	是否支持经济补偿金
无过失性辞退（“没法用”）	有下列情形之一的，用人单位“提前 30 日”以“书面”形式通知劳动者本人或者额外支付劳动者“1 个月工资”后，可以解除劳动合同： ①劳动者患病或者非因工负伤，在规定的医疗期满后不能从事原工作，也不能从事由用人单位另行安排的工作的； ②劳动者不能胜任工作，经过培训或者调整工作岗位，仍不能胜任工作的； ③劳动合同订立时所依据的客观情况发生重大变化，致使劳动合同无法履行，经用人单位与劳动者协商，未能就变更劳动合同内容达成协议的	√
经济性裁员（“没办法”）	根据劳动合同法的规定，用人单位有下列情形之一，需要裁减人员 20 人以上或者裁减不足 20 人但占企业职工总数 10% 以上的，用人单位提前 30 日向工会或者全体职工说明情况，听取工会或者职工的意见后，裁减人员方案经向劳动行政部门报告，可以裁减人员： ①依照企业破产法规定进行重整的； ②生产经营发生严重困难的； ③企业转产、重大技术革新或者经营方式调整，经变更劳动合同后，仍需裁减人员的； ④其他因劳动合同订立时所依据的客观经济情况发生重大变化，致使劳动合同无法履行的。 裁减人员时，应当优先留用下列人员： ①与本单位订立较长期限的固定期限劳动合同的； ②与本单位订立无固定期限劳动合同的； ③家庭无其他就业人员，有需要扶养的老人或者未成年人的。用人单位裁减人员后，在 6 个月内重新招用人员的，应当通知被裁减的人员，并在同等条件下优先招用被裁减的人员	√

【例 2－12】根据劳动合同法律制度的规定，劳动者单方面解除劳动合同的下列情形中，不能获得经济补偿金的有（　　）。

A. 劳动者提前 30 日以书面形式通知用人单位解除劳动合同的

B. 劳动者因用人单位未按照劳动合同约定提供劳动保护而解除劳动合同的

C. 劳动者因用人单位未及时足额支付劳动报酬而解除劳动合同的

D. 劳动者在试用期内提前 3 日通知用人单位解除劳动合同

【答案】AD

【答案解析】本题选项 A、B、C、D 均为劳动者单方通知用人单位解除合同的情形：在选项 B、C 中，用人单位出现法定过错是劳动者解除合同的直接原因（“没法干”），用人单位应当支付经济补偿金；在选项 A、D 中，用人单位并未出现法定过错情节，是劳动者自己想离开（“不想干”），用人单位不必支付经济补偿金。

（3）工会在解除劳动合同中的监督作用。用人单位单方解除劳动合同，应当事先将理由通知工会。用人单位违反法律、行政法规规定或者劳动合同约定的，工会有权要求用人单位纠正。用人单位应当研究工会的意见，并将处理结果书面通知工会。

【例 2－13】 劳动者不能胜任工作岗位，用人单位应先经过培训或者调整工作岗位，仍不能胜任工作岗位的，可以按程序与其解除劳动合同吗？

【答案解析】 劳动者不能胜任工作岗位，用人单位应先经过培训或者调整工作岗位，仍不能胜任工作岗位的，用人单位提前 30 日以书面形式通知劳动者本人或者额外支付劳动者 1 个月工资后，可以解除劳动合同。

（二）劳动合同的终止

1. 劳动合同终止的概念

劳动合同终止是指用人单位与劳动者之间的劳动关系因某种法律事实的出现而自动归于消灭，或导致劳动关系的继续履行成为不可能而不得不消灭的情形。劳动合同终止一般不涉及用人单位与劳动者的意思表示，只要法定事实出现，一般情况下都会导致双方劳动关系的消灭。

解除是一方或者双方，“主动”“人为”地提前结束合同；终止是出现法定事由后，“被动”地提前或如期结束合同。

2. 劳动合同终止的情形

劳动合同终止的情形如表 2－9 所示。

表 2－9　劳动合同终止的情形

适用情形		是否支持经济补偿金
劳动合同期满	用人单位维持或提高原条件续订而劳动者拒绝	×
	用人单位决定不续订或降低条件续订（“不留用”）	√
劳动者开始依法享受基本养老保险待遇的		×
劳动者达到法定退休年龄的		×
劳动者死亡，或者被人民法院宣告死亡或者宣告失踪的		×
用人单位被依法宣告破产的（“不营业”）		√
用人单位被吊销营业执照、责令关闭、撤销或者用人单位决定提前解散的（“不营业”）		√

【例 2－14】 根据劳动合同法律制度的规定，下列各项中，不属于劳动合同终止的情形有（　　）。

A. 劳动者达到法定退休年龄的

B. 用人单位被吊销营业执照的

C. 劳动者开始依法享受基本养老保险待遇的

D. 劳动者不能胜任工作的

【答案】 D

【答案解析】 用人单位应考虑能否提前通知“解除”劳动合同。

（三）对劳动合同解除和终止的限制性规定

根据劳动合同法的规定，劳动者有下列情形之一的，用人单位既不得解除劳动合同，也不得终止劳动合同，劳动合同应当续延至相应的情形消失时终止：

（1）从事接触职业病危害作业的劳动者未进行离岗前职业健康检查，或者疑似职业病病人在诊断或者医学观察期间的。

（2）在本单位患职业病或者因工负伤并被确认丧失或者部分丧失劳动能力的。

（3）患病或者非因工负伤，在规定的医疗期内的。

（4）女职工在孕期、产期、哺乳期的。

（5）在本单位连续工作满 15 年，且距法定退休年龄不足 5 年的。

（6）法律、行政法规规定的其他情形。

（四）劳动合同解除和终止的经济补偿

1. 经济补偿的概念

经济补偿金是指按照劳动合同法的规定，在劳动者无过错的情况下，用人单位与劳动者解除或者终止劳动合同时，应给予劳动者的经济上的补助。

注意区分经济补偿金与违约金、赔偿金的不同。

经济补偿金是法定的，主要是针对劳动关系的解除和终止。如果劳动者无过错，用人单位则应给予劳动者一定数额的经济上的补偿。

违约金是约定的，是指劳动者违反了服务期和竞业限制的约定而向用人单位支付的违约补偿。《劳动合同法》第二十五条明确规定，禁止用人单位对劳动合同服务期和竞业限制之外的其他事项与劳动者约定由劳动者承担违约金。

赔偿金是指用人单位和劳动者由于自己的过错给对方造成损害时所应承担的不利的法律后果。

经济补偿金的支付主体只能是用人单位，而违约金的支付主体只能是劳动者，赔偿金的支付主体可能是用人单位，也可能是劳动者。

2. 用人单位应当向劳动者支付经济补偿的情形

（1）劳动者符合随时通知解除和不需事先通知即可解除劳动合同规定情形而解除劳动合同的。

（2）由用人单位提出解除劳动合同并与劳动者协商一致而解除劳动合同的。

（3）用人单位符合提前 30 日以书面形式通知劳动者本人或者额外支付劳动者 1 个月工资后，可以解除劳动合同规定情形而解除劳动合同的。

（4）用人单位符合可裁减人员规定而解除劳动合同的。

（5）除用人单位维持或者提高劳动合同约定条件续订劳动合同，劳动者不同意续订的情形外，劳动合同期满终止固定期限劳动合同的。

（6）用人单位被依法宣告破产或者用人单位被吊销营业执照、责令关闭、撤销或者用人单位决定提前解散而终止劳动合同的。

（7）以完成一定工作任务为期限的劳动合同因任务完成而终止的。

（8）法律、行政法规规定的其他情形。

3. 经济补偿的支付

（1）基本思路。

经济补偿按劳动者在本单位工作的年限，每满 1 年支付 1 个月工资的标准向劳动者支付。6 个月以上不满 1 年的，按 1 年计算；不满 6 个

经济补偿的支付

月的，向劳动者支付半个月工资的经济补偿。

经济补偿金的计算公式为：

$$经济补偿金=\frac{劳动合同解除或终止前劳}{动者在本单位的工作年限}\times 每工作1年应得的经济补偿$$

或者简写为：经济补偿金 = 工作年限 × 月工资

（2）工作年限的确定。

①“零头”的算法。6 个月以上不满 1 年的，按 1 年计算；不满 6 个月的，向劳动者支付半个月工资的经济补偿。

②非因本人原因的工作调动。劳动者“非因本人原因”从原用人单位被安排到新用人单位工作的，劳动者在原用人单位的工作年限合并计入新用人单位的工作年限。原用人单位已经向劳动者支付经济补偿金的，新用人单位在依法解除、终止劳动合同计算支付经济补偿金的工作年限时，不再计算劳动者在原用人单位的工作年限。

（3）月工资的确定。

①月工资是指劳动者在劳动合同解除或者终止前 12 个月的平均工资。月工资按照劳动者应得工资计算，包括计时工资或者计件工资以及奖金、津贴和补贴等货币性收入。劳动者工作不满 12 个月的，按照实际工作的月数计算平均工资。

②劳动者在劳动合同解除或者终止前 12 个月的平均工资低于当地最低工资标准的，按照当地最低工资标准计算。

即：经济补偿金 = 工作年限 × 月最低工资标准

③劳动者月工资高于用人单位所在直辖市、设区的市级人民政府公布的本地区上年度职工月平均工资 3 倍的，向其支付经济补偿的标准按职工月平均工资 3 倍的数额支付，向其支付经济补偿的年限最高不超过 12 年。计算公式为：

经济补偿金 = 工作年限（最高不超过 12 年）× 当地上年度职工月平均工资的 3 倍

【例 2－15】 2011 年 4 月 1 日，张某到甲公司工作。2014 年 7 月 31 日，甲公司向张某提出解除劳动合同。双方协商一致后于 8 月 3 日解除。已知张某在劳动合同解除前 12 个月的月平均工资为 4 000 元（当地最低月工资标准为 3 500 元）。根据劳动合同法律制度的规定，解除劳动合同时，甲公司应依法向张某支付的经济补偿金为(　　)元。

A. 16 000　　B. 14 000　　C. 4 000　　D. 12 000

【答案】 B

【答案解析】 张某的月工资 4 000 元，既不低于当地月工资标准，又不高于当地职工平均工资的 3 倍，按月工资 4 000 元为标准支付经济补偿金。工作时间 3 年 4 个月，工作年限应为 3.5 年。甲公司应当向张某支付的经济补偿金为：3.5 × 4 000 = 14 000（元）。

（五）劳动合同解除和终止的法律后果和双方义务

劳动合同解除和终止后，用人单位和劳动者双方不再履行劳动合同，劳动关系消灭。

1. 手续

（1）劳动合同解除或终止的，用人单位应当在解除或者终止劳动合同时出具解除或者终止劳动合同的证明，并在15日内为劳动者办理档案和社会保险关系转移手续。用人单位出具的解除、终止劳动合同的证明，应当写明劳动合同期限、解除或者终止劳动合同的日期、工作岗位、在本单位的工作年限。

（2）用人单位应当在解除或者终止劳动合同时向劳动者支付经济补偿的，在办结工作交接时支付。解除或者终止劳动合同时，用人单位未依照劳动合同法的规定向劳动者支付经济补偿的，由劳动行政部门责令限期支付经济补偿；逾期不支付的，责令用人单位按应付金额50%以上100%以下的标准向劳动者加付赔偿金。

（3）用人单位对已经解除或者终止的劳动合同的文本，至少保存2年备查。劳动者依法解除或者终止劳动合同后，用人单位扣押劳动者档案或者其他物品的，由劳动行政部门责令限期退还劳动者本人，并以每人500元以上2 000元以下的标准处以罚款；给劳动者造成损害的，应当承担赔偿责任。

2. 违法解除或终止劳动合同的法律责任

用人单位违反规定解除或者终止劳动合同，劳动者要求继续履行劳动合同的，用人单位应当继续履行；用人单位违反规定解除或者终止劳动合同，劳动者不要求继续履行劳动合同或者劳动合同已经不能继续履行的，用人单位应当依照劳动合同法规定的经济补偿标准的2倍向劳动者支付赔偿金，支付了赔偿金的，不再支付经济补偿。赔偿金的计算年限自用工之日起计算。劳动者违反劳动合同法规定解除劳动合同，给用人单位造成损失的，应当承担赔偿责任。

【例2－16】劳动合同期限内，甲公司的职工王某正好处在孕期，但公司要求解除劳动合同。根据劳动合同法律制度的规定，下列表述中，正确的有（　　）。

A. 甲公司不能解除劳动合同

B. 甲公司能解除劳动合同

C. 如果甲公司提出解除劳动合同，王某提出继续履行劳动合同的，应当继续履行

D. 如果甲公司提出解除劳动合同，王某也同意不继续履行劳动合同的，解除劳动合同后，甲公司应当向王某支付经济补偿金

【答案】AC

六、集体合同与劳务派遣

（一）集体合同

集体合同，包括（综合性）集体合同和专项集体合同，在特殊行业、区域，还可以订立行业性集体合同、区域性集体合同。

1. 集体合同的概念和种类

（1）集体合同是工会代表企业职工一方与企业签订的以劳动报酬、工作时间、休息休假、劳动安全卫生、保险福利等为主要内容的书面协议。尚未建立工会的用人单位，可以由上级工会指导劳动者推举的代表与用人单位订立集体合同。

（2）专项集体合同。企业职工一方与用人单位可以订立劳动安全卫生、女职工权益保护、工资调整机制等专项集体合同。

（3）行业性集体合同、区域性集体合同。在县级以下区域内，建筑业、采矿业、餐饮服务业等行业可以由工会与企业方面代表订立行业性集体合同，或者订立区域性集体合同。

2. 集体合同的订立

集体合同内容由用人单位和职工各自派出集体协商代表通过集体协商（会议）的方式协商确定。集体协商双方的代表人数应当对等，每方至少 3 人，并各确定 1 名首席代表。

经双方协商代表协商一致的集体合同草案或专项集体合同草案应当提交职工代表大会或者全体职工讨论。职工代表大会或者全体职工讨论集体合同草案，应当有 2/3 以上职工代表或者职工出席，且须经全体职工代表半数以上或者全体职工半数以上同意，方获通过。集体合同草案或专项集体合同草案经职工代表大会或者职工大会通过后，由集体协商双方首席代表签字。

集体合同订立后，应当报送劳动行政部门；劳动行政部门自收到集体合同文本之日起 15 日内未提出异议的，集体合同即行生效。

3. 各种标准的关系

（1）集体合同中劳动报酬和劳动条件等标准不得低于当地人民政府规定的最低工资标准。

（2）用人单位与劳动者订立的劳动合同中劳动报酬和劳动条件等标准不得低于集体合同规定的标准。

4. 集体合同纠纷和法律救济

用人单位违反集体合同，侵犯职工劳动权益的，工会可以依法要求用人单位承担责任；因履行集体合同发生争议，经协商解决不成的，工会可以依法申请仲裁、提起诉讼。

（二）劳务派遣

1. 劳务派遣的概念和适用范围

（1）劳务派遣是指由劳务派遣单位与劳动者订立劳动合同，与用工单位订立劳务派遣协议，将被派遣劳动者派往用工单位给付劳务。在劳务派遣关系中，劳动合同关系存在于劳务派遣单位与被派遣劳动者之间，但劳动力给付的事实则发生于被派遣员工与用工单位之间，也即劳动力的雇佣与劳动力使用分离，被派遣劳动者不与用工单位签订劳动合同、发生劳动关系，而是与派遣单位存在劳动关系。这是劳务派遣的最显著特征。

（2）劳动合同用工是我国的企业基本用工形式。劳务派遣用工是补充形式，只能在临时性、辅助性或者替代性的工作岗位上实施。所谓临时性工作岗位是指存续时间不超过 6 个月的岗位；辅助性工作岗位是指给主营业务岗位提供服务的非主营业务岗位；替代性工作岗位是指用工单位的劳动者因脱产学习、休假等原因无法工作的一定期间内，可以由其他劳动者替代工作的岗位。

用人单位不得设立劳务派遣单位向本单位或者所属单位派遣劳动者。用工单位不得将被派遣劳动者再派遣到其他用人单位。劳务派遣单位不得以非全日制用工形式招用被派遣劳动者。

用工单位应当严格控制劳务派遣用工数量，使用的被派遣劳动者数量不得超过其用工总量的 10%。该用工总量是指用工单位订立劳动合同人数与使用的被派遣劳动者人数之和。

2. 劳务派遣单位、用工单位与劳动者的权利和义务

劳务派遣单位是劳动合同法所称的用人单位，应当履行用人单位对劳动者的义务。劳务派遣单位与被派遣劳动者订立的劳动合同，除应当载明劳动合同必备的条款外，还应当载明被派遣劳动者的用工单位以及派遣期限、工作岗位等情况。

劳务派遣单位应当与被派遣劳动者订立 2 年以上的固定期限劳动合同，按月支付劳动报酬；被派遣劳动者在无工作期间，劳务派遣单位应当按照所在地人民政府规定的最低工资标准，向其按月支付报酬。

接受以劳务派遣形式用工的单位是用工单位。劳务派遣单位派遣劳动者应当与用工单位订立劳务派遣协议。劳务派遣协议应当约定派遣岗位和人员数量、派遣期限、劳动报酬和社会保险费的数额与支付方式以及违反协议的责任。用工单位应当根据工作岗位的实际需要与劳务派遣单位确定派遣期限，不得将连续用工期限分割订立数个短期劳务派遣协议。

劳务派遣单位应当将劳务派遣协议的内容告知被派遣劳动者，不得克扣用工单位按照劳务派遣协议支付给被派遣劳动者的劳动报酬。劳务派遣单位和用工单位不得向被派遣劳动者收取费用。

被派遣劳动者享有与用工单位的劳动者同工同酬的权利。用工单位应当按照同工同酬原则，对被派遣劳动者与本单位同类岗位的劳动者实行相同的劳动报酬分配办法。

【例 2－17】（判断题）劳务派遣单位应与被派遣劳动者订立 3 年以上的固定期限劳动合同，按月支付劳动报酬。

【答案解析】劳务派遣单位应与被派遣劳动者订立 2 年以上的固定期限劳动合同，按月支付劳动报酬。

七、劳动争议的解决

（一）劳动争议和解决方法

1. 劳动争议的概念及适用范围

劳动争议是指劳动关系当事人之间在执行劳动方面的法律法规和劳动合同、集体合同的过程中，就劳动权利义务发生分歧而引起的争议，也称劳动纠纷、劳资争议。包括：

（1）因确认劳动关系发生的争议。

（2）因订立、履行、变更、解除和终止劳动合同发生的争议。

（3）因除名、辞退和辞职、离职发生的争议。

（4）因工作时间、休息休假、社会保险、福利、培训以及劳动保护发生的争议。

（5）因劳动报酬、工伤医疗费、经济补偿或者赔偿金等发生的争议。

（6）法律、法规规定的其他劳动争议。

2. 劳动争议解决的原则和方法

（1）劳动争议解决的基本原则。

解决劳动争议，应当根据事实，遵循合法、公正、及时、着重调解的原则，依法保护当事人的合法权益。

（2）劳动争议解决的基本方法。

劳动争议解决的方法有协商、劳动调解、劳动仲裁、劳动诉讼、投诉。

协商、劳动调解、劳动仲裁——相互独立。

发生劳动争议，劳动者可以与用人单位协商，也可以请工会或者第三方共同与用人单位协商，达成和解协议；当事人不愿协商、协商不成或者达成和解协议后不履行的，可以向调解组织申请调解；不愿调解、调解不成或者达成调解协议后不履行的，可以向劳动争议仲裁委员会申请仲裁；对仲裁裁决不服的，除劳动争议调解仲裁法另有规定的以外，可以向人民法院提起诉讼。

劳动仲裁、劳动诉讼——先裁后诉。

劳动仲裁是指劳动争议仲裁机构对劳动争议当事人争议的事项，根据劳动方面的法律、法规、规章和政策等的规定，依法做出裁决，从而解决劳动争议的一项劳动法律制度。

（二）劳动调解

1. 劳动争议调解组织

可受理劳动争议的调解组织有：

（1）企业劳动争议调解委员会。

（2）依法设立的基层人民调解组织。

（3）在乡镇、街道设立的具有劳动争议调解职能的组织。

2. 调解员

劳动争议调解组织的调解员应当由公道正派、联系群众、热心调解工作，并具有一定法律知识、政策水平和文化水平的成年公民担任。

3. 劳动调解程序

（1）当事人申请劳动争议调解可以书面申请，也可以口头申请。口头申请的，调解组织应当当场记录申请人基本情况、申请调解的争议事项、理由和时间。

（2）调解劳动争议，应当充分听取双方当事人对事实和理由的陈述，耐心疏导，帮助其达成协议。

（3）经调解达成协议的，应当制作调解协议书。调解协议书由双方当事人签名或者盖章，经调解员签名并加盖调解组织印章后生效，对双方当事人具有约束力，当事人应当履行。自劳动争议调解组织收到调解申请之日起15日内未达成调解协议的，当事人可以依法申请仲裁。

（4）达成调解协议后，一方当事人在协议约定期限内不履行调解协议的，另一方当事人可以依法申请仲裁。因支付拖欠劳动报酬、工伤医疗费、经济补偿或者赔偿金事项达成调解协议，用人单位在协议约定期限内不履行的，劳动者可以持调解协议书依法向人民法院申请支付令。人民法院应当依法发出支付令。

（三）劳动仲裁

1. 劳动仲裁当事人、劳动仲裁机构和劳动仲裁管辖

（1）劳动仲裁当事人。

劳动仲裁当事人是指发生劳动争议的劳动者和用人单位。劳务派遣单位或者用工单位

与劳动者发生劳动争议的，劳务派遣单位和用工单位为共同当事人。劳动者与个人承包经营者发生争议，依法向仲裁委员会申请仲裁的，应当将发包的组织和个人承包经营者作为当事人。发生争议的用人单位被吊销营业执照、责令关闭、撤销以及用人单位决定提前解散、歇业，不能承担相关责任的，依法将其出资人、开办单位或主管部门作为共同当事人。

(2) 劳动仲裁机构。

劳动仲裁机构是劳动争议仲裁委员会。劳动争议仲裁委员会不按行政区划层层设立。劳动争议仲裁委员会由劳动行政部门代表、工会代表和企业方面代表组成。劳动争议仲裁委员会组成人员应当是单数。劳动争议仲裁委员会应当设仲裁员名册。

(3) 劳动争议仲裁案件的管辖。

劳动争议仲裁委员会负责管辖本区域内发生的劳动争议。劳动争议由劳动合同履行地或者用人单位所在地的劳动争议仲裁委员会管辖。双方当事人分别向劳动合同履行地和用人单位所在地的劳动争议仲裁委员会申请仲裁的，由劳动合同履行地的劳动争议仲裁委员会管辖。这里的劳动合同履行地为劳动者实际工作场所地，用人单位所在地为用人单位注册、登记地。用人单位未经注册、登记的，其出资人、开办单位或主管部门所在地为用人单位所在地。

案件受理后，劳动合同履行地和用人单位所在地发生变化的，不改变争议仲裁的管辖。多个仲裁委员会都有管辖权的，由先受理的仲裁委员会管辖。

2. 申请和受理

(1) 仲裁时效。

①劳动争议申请仲裁的时效期间为 1 年。仲裁时效期间从当事人知道或者应当知道其权利被侵害之日起计算。劳动关系存续期间因拖欠劳动报酬发生争议的，劳动者申请仲裁不受 1 年仲裁时效期间的限制；但是，劳动关系终止的，应当自劳动关系终止之日起 1 年内提出。

②仲裁时效的中断。劳动仲裁时效，因当事人一方向对方当事人主张权利（一方当事人可通过协商、申请调解等方式向对方当事人主张权利），或者向有关部门请求权利救济（一方当事人可通过向有关部门投诉，向仲裁委员会申请仲裁，向人民法院起诉或者申请支付令等方式请求权利救济），或者对方当事人同意履行义务而中断。从中断时起（中断事由消除时起），仲裁时效期间重新计算。权利人申请调解，如经调解达不成协议，则应自调解不成之日起重新计算；如达成调解协议，则自义务人应当履行义务的期限届满之日起计算。

③仲裁时效的中止。因无民事行为能力或者限制民事行为能力的劳动者的法定代理人未确定等不可抗力或者有其他正当理由，当事人不能在仲裁时效期间申请仲裁的，仲裁时效中止。从中止时效的原因消除之日起，仲裁时效期间继续计算。

(2) 仲裁申请。

申请人申请仲裁应当提交书面仲裁申请，并按照被申请人人数提交副本。仲裁申请书应当载明下列事项：

①劳动者的姓名、性别、年龄、职业、工作单位和住所，用人单位的名称、住所和法定代表人或者主要负责人的姓名、职务。

②仲裁请求和所根据的事实、理由。

③证据和证据来源，证人姓名和证人住所。

书写仲裁申请确有困难的，可以口头申请，由劳动争议仲裁委员会记入笔录，并告知对方当事人。

（3）仲裁受理。

劳动争议仲裁委员会收到仲裁申请之日起 5 日内，认为符合受理条件的，应当受理，并通知申请人；认为不符合受理条件的，应当书面通知申请人不予受理，并说明理由。

对劳动争议仲裁委员会不予受理或者逾期未做出决定的，申请人可以就该劳动争议事项向人民法院提起诉讼。

劳动争议仲裁委员会受理仲裁申请后，应当在5 日内将仲裁申请书副本送达被申请人。被申请人收到仲裁申请书副本后，应当在10 日内向劳动争议仲裁委员会提交答辩书。劳动争议仲裁委员会收到答辩书后，应当在5 日内将答辩书副本送达申请人。被申请人未提交答辩书的，不影响仲裁程序的进行。

3. 开庭和裁决

（1）基本制度。

仲裁公开原则及例外。劳动争议仲裁公开进行，但当事人协议不公开进行或者涉及国家秘密、商业秘密和个人隐私的除外。劳动仲裁制度主要包括仲裁庭制度和回避制度。

劳动争议仲裁委员会对回避申请应当及时做出决定，并以口头或者书面方式通知当事人。仲裁员私自会见当事人、代理人，或者接受当事人、代理人请客送礼的，或者有索贿受贿、徇私舞弊、枉法裁决行为的，应当依法承担法律责任。劳动争议仲裁委员会应当将其解聘。

仲裁基本制度

（2）开庭程序。

劳动争议仲裁委员会应当在受理仲裁申请之日起5 日内将仲裁庭的组成情况书面通知当事人。仲裁庭应当在开庭 5 日前，将开庭日期、地点书面通知双方当事人。当事人有正当理由的，可以在开庭 3 日前请求延期开庭。是否延期，由劳动争议仲裁委员会决定。

仲裁庭在做出裁决前，应当先行调解。调解达成协议的，仲裁庭应当制作调解书。调解书应当写明仲裁请求和当事人协议的结果。调解书由仲裁员签名，加盖劳动争议仲裁委员会印章，送达双方当事人。调解书经双方当事人签收后，发生法律效力。调解不成或者调解书送达前，一方当事人反悔的，仲裁庭应当及时做出裁决。

（3）裁决。

①裁决的原则。裁决应当按照多数仲裁员的意见做出，少数仲裁员的不同意见应当记入笔录。仲裁庭不能形成多数意见时，裁决应当按照首席仲裁员的意见做出。裁决书应当载明仲裁请求、争议事实、裁决理由、裁决结果和裁决日期。裁决书由仲裁员签名，加盖劳动争议仲裁委员会印章。对裁决持不同意见的仲裁员，可以签名，也可以不

签名。

仲裁庭裁决劳动争议案件时，其中一部分事实已经清楚，可以就该部分先行裁决。

②一裁终局的案件。下列劳动争议，除劳动争议调解仲裁法另有规定的外，仲裁裁决为终局裁决，裁决书自作出之日起发生法律效力：

a. 追索劳动报酬、工伤医疗费、经济补偿或者赔偿金，不超过当地月最低工资标准12 个月金额的争议。

b. 因执行国家的劳动标准在工作时间、休息休假、社会保险等方面发生的争议。

（4）不服仲裁裁决提起诉讼的期限和条件。

劳动者对上述一裁终局的裁决不服的，可以自收到仲裁裁决书之日起 15 日内向人民法院提起诉讼。

用人单位有证据证明上述一裁终局的裁决有下列情形之一的，可以自收到仲裁裁决书之日起 30 日内向劳动争议仲裁委员会所在地的中级人民法院申请撤销裁决：

①适用法律、法规确有错误的。

②劳动争议仲裁委员会无管辖权的。

③违反法定程序的。

④裁决所根据的证据是伪造的。

⑤对方当事人隐瞒了足以影响公正裁决的证据的。

⑥仲裁员在仲裁该案时有索贿受贿、徇私舞弊、枉法裁决行为的。

人民法院经组成合议庭审查核实裁决有上述规定情形之一的，应当裁定撤销。

仲裁裁决被人民法院裁定撤销的，当事人可以自收到裁定书之日起 15 日内就该劳动争议事项向人民法院提起诉讼。

当事人对上述终局裁决情形之外的其他劳动争议案件的仲裁裁决不服的，可以自收到仲裁裁决书之日起 15 日内提起诉讼；期满不起诉的，裁决书发生法律效力。

4. 执行

（1）仲裁庭对追索劳动报酬、工伤医疗费、经济补偿或者赔偿金的案件，根据当事人的申请，可以裁决先予执行，移送人民法院执行。

仲裁庭裁决先予执行的，应当符合下列条件：

①当事人之间权利义务关系明确。

②不先予执行将严重影响申请人的生活。

劳动者申请先予执行的，可以不提供担保。

（2）当事人对发生法律效力的调解书、裁决书，应当依照规定的期限履行。一方当事人逾期不履行的，另一方当事人可以依照民事诉讼法的有关规定向人民法院申请执行。受理申请的人民法院应当依法执行。

（四）劳动诉讼

1. 劳动诉讼申请范围

（1）对劳动争议仲裁委员会不予受理或者逾期未做出决定的，申请人可以就该劳动争议事项向人民法院提起诉讼。

（2）劳动者对劳动争议的终局裁决不服的，可以自收到仲裁裁决书之日起 15 日内向人民法院提起诉讼。

（3）当事人对终局裁决情形之外的其他劳动争议案件的仲裁裁决不服的，可以自收到仲裁裁决书之日起 15 日内提起诉讼。

（4）终局裁决被人民法院裁定撤销的，当事人可以自收到裁定书之日起 15 日内就该劳动争议事项向人民法院提起诉讼。

2. 劳动诉讼程序

劳动诉讼依照民事诉讼法的规定执行。

八、违反劳动合同法的法律责任

（一）用人单位违反劳动合同法的法律责任

1. 用人单位规章制度违法的法律责任

（1）用人单位直接涉及劳动者切身利益的规章制度违反法律、法规规定的，由劳动行政部门责令改正，给予警告；给劳动者造成损害的，应当承担赔偿责任。

（2）用人单位违反劳动合同法有关建立职工名册规定的，由劳动行政部门责令限期改正；逾期不改正的，由劳动行政部门处 2 000 元以上 2 万元以下的罚款。

2. 用人单位订立劳动合同违法的法律责任

（1）用人单位提供的劳动合同文本未载明劳动合同必备条款或者用人单位未将劳动合同文本交付劳动者的，由劳动行政部门责令改正；给劳动者造成损害的，应当承担赔偿责任。

（2）用人单位自用工之日起超过 1 个月不满 1 年未与劳动者订立书面劳动合同的，应当向劳动者每月支付 2 倍的工资。

（3）用人单位违反劳动合同法规定不与劳动者订立无固定期限劳动合同的，自应当订立无固定期限劳动合同之日起向劳动者每月支付 2 倍的工资。

（4）用人单位违反劳动合同法规定与劳动者约定试用期的，由劳动行政部门责令改正；违法约定的试用期已经履行的，由用人单位以劳动者试用期满月工资为标准，按已经履行的超过法定试用期的期间向劳动者支付赔偿金。

（5）用人单位违反劳动合同法规定，扣押劳动者居民身份证等证件的，由劳动行政部门责令限期退还劳动者本人，并依照有关法律规定给予处罚。

（6）用人单位违反劳动合同法规定，以担保或者其他名义向劳动者收取财物的，由劳动行政部门责令限期退还劳动者本人，并以每人 500 元以上 2 000 元以下的标准处以罚款；给劳动者造成损害的，应当承担赔偿责任。

（7）劳动合同依照法律规定被确认无效，给劳动者造成损害的，用人单位应当承担赔偿责任。

3. 用人单位履行劳动合同违法的法律责任

（1）用人单位有下列情形之一的，依法给予行政处罚；构成犯罪的，依法追究刑事责任；给劳动者造成损害的，应当承担赔偿责任：

①以暴力、威胁或者非法限制人身自由的手段强迫劳动的。

②违章指挥或者强令冒险作业危及劳动者人身安全的。

③侮辱、体罚、殴打、非法搜查或者拘禁劳动者的。

④劳动条件恶劣、环境污染严重、给劳动者身心健康造成严重损害的。

（2）用人单位有下列情形之一的，由劳动行政部门责令限期支付劳动报酬、加班费；劳动报酬低于当地最低工资标准的，应当支付其差额部分；逾期不支付的，责令用人单位按应付金额 50% 以上 100% 以下的标准向劳动者加付赔偿金：

①未按照劳动合同的约定或者国家规定及时足额支付劳动者劳动报酬的。

②低于当地最低工资标准支付劳动者工资的。

③安排加班不支付加班费的。

（3）用人单位依照劳动合同法的规定应当向劳动者每月支付 2 倍的工资或者应当向劳动者支付赔偿金而未支付的，劳动行政部门应当责令用人单位支付。

4. 用人单位违法解除和终止劳动合同的法律责任

（1）用人单位违反劳动合同法规定解除或者终止劳动合同的，应当依照劳动合同法规定的经济补偿标准的 2 倍向劳动者支付赔偿金。

（2）用人单位解除或者终止劳动合同，未依照劳动合同法规定向劳动者支付经济补偿的，由劳动行政部门责令限期支付经济补偿；逾期不支付的，责令用人单位按应付金额 50% 以上 100% 以下的标准向劳动者加付赔偿金。

（3）用人单位违反劳动合同法规定未向劳动者出具解除或者终止劳动合同的书面证明，由劳动行政部门责令改正；给劳动者造成损害的，应当承担赔偿责任。

（4）劳动者依法解除或者终止劳动合同，用人单位扣押劳动者档案或者其他物品的，由劳动行政部门责令限期退还劳动者本人，并以每人 500 元以上 2 000 元以下的标准处以罚款；给劳动者造成损害的，应当承担赔偿责任。

5. 其他法律责任

其他法律责任

（二）劳动者违反劳动合同法的法律责任

（1）劳动合同被确认无效，给用人单位造成损失的，有过错的劳动者应当承担赔偿责任。

（2）劳动者违反劳动合同法规定解除劳动合同，给用人单位造成损失的，应当承担赔偿责任。

（3）劳动者违反劳动合同中约定的保密义务或者竞业限制，劳动者应当按照劳动合同的约定，向用人单位支付违约金；给用人单位造成损失的，应当承担赔偿责任。

（4）劳动者违反培训协议，未满服务期解除或者终止劳动合同的，或者因劳动者严重违纪，用人单位与劳动者解除约定服务期的劳动合同的，劳动者应当按照劳动合同的约定，向用人单位支付违约金。

【应试指南】用人单位的义务和责任。

两个不得：不得扣押身份证件；不得向劳动者收取财物。

知识拓展

劳动仲裁当事人的确定：

1. 当事人代表

发生争议的劳动者一方在10人以上，并有共同请求的，劳动者可以推举3～5名代表人参加仲裁活动。

因履行集体合同发生的劳动争议，经协商解决不成的，工会可以依法申请仲裁；尚未建立工会的，由上级工会指导劳动者推举产生的代表依法申请仲裁。

代表人参加仲裁的行为对其所代表的当事人发生效力，但代表人变更、放弃仲裁请求或者承认对方当事人的仲裁请求，进行和解，必须经被代表的当事人同意。

2. 第三人

与劳动争议案件的处理结果有利害关系的第三人，可以申请参加仲裁活动或者由劳动争议仲裁委员会通知其参加仲裁活动。

3. 代理人

当事人可以委托代理人参加仲裁活动。委托他人参加仲裁活动，应当向劳动争议仲裁委员会提交有委托人签名或者盖章的委托书，委托书应当载明委托事项和权限。

丧失或者部分丧失民事行为能力的劳动者，由其法定代理人代为参加仲裁活动；无法定代理人的，由劳动争议仲裁委员会为其指定代理人。劳动者死亡的，由其近亲属或者代理人参加仲裁活动。

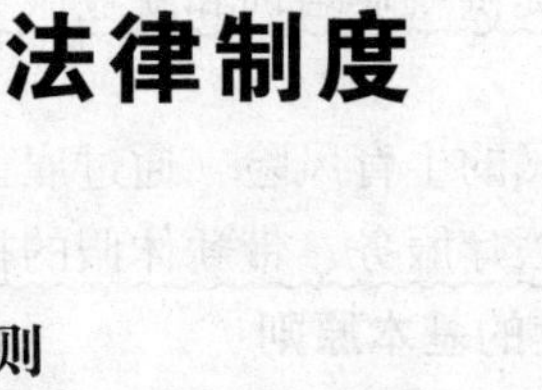

第二节 社会保险法律制度

一、社会保险的概念、种类与基本原则

（一）社会保险的概念

社会保险是指国家为了预防和强制社会多数成员参加的，具有所得重分配功能的非营利性的社会安全制度。社会保险是国家依法建立的，由国家、用人单位和个人共同筹集资金、建立基金，使个人在年老（退休）、患病、工伤（因工伤残或者患职业病）、失业、

生育等情况下获得物质帮助和补偿的一种社会保障制度。

特殊人员参保规定：

（1）无雇工的个体工商户、未在用人单位参加基本养老保险的非全日制从业人员以及其他灵活就业人员可以参加基本养老保险，由个人缴纳基本养老保险费。

（2）对于按照公务员法管理的单位、参照公务员法管理的机关（单位）、事业单位及其编制内的工作人员，实行社会统筹与个人账户相结合的基本养老保险制度，建立职工年金制度。

（3）无雇工的个体工商户、未在用人单位参加基本医疗保险的非全日制从业人员以及其他灵活就业人员可以参加职工基本医疗保险，由个人按照国家规定缴纳基本医疗保险费。

【例2－18】根据社会保险法律制度的规定，无雇工的个体工商户可按国家规定由个人缴费参加基本社会保险。其可以参加的社会保险项目包括（　　）。

A. 生育保险　　　　B. 基本养老保险

C. 基本医疗保险　　　　D. 工伤保险

【答案】BC

（二）社会保险的种类

目前我国的社会保险项目主要有5项，统称为“五险”。

1. 基本养老保险

基本养老保险是针对公民老年风险，通过参保人缴费和政府补贴建立养老保险基金，向达到法定领取年龄的成员支付养老金，保障老年日常支出的社会保障项目。

2. 基本医疗保险

基本医疗保险是针对公民的医疗风险，通过参保人缴费和政府补贴建立医疗保险基金，为成员分担基本医疗费用，保障公民能享受基本医疗服务的社会保障项目。

3. 工伤保险

工伤保险是针对公民的职业风险，通过雇主缴费和政府补贴建立工伤保险基金，向因工伤事故导致伤病、因工作环境导致职业病的成员，提供医疗服务、带薪休假；向伤残的成员及其供养的家庭成员提供伤残抚恤金的社会保障项目。

4. 失业保险

失业保险是针对公民失业风险，通过参保人缴费和政府补贴建立失业保险基金，向非本人原因失业、在失业保险机构登记且具有就业愿望的人员支付失业津贴、医疗补贴等，保障其家庭基本生活，提供就业培训和就业服务的社会保障项目。

5. 生育保险

生育保险是针对公民的生育风险，通过雇主缴费和政府补贴建立生育保险基金，向符合计划生育的成员提供医疗服务、带薪休假的社会保障项目。

（三）社会保险制度的基本原则

1. 社会保险范围“广覆盖”

2. 社会保险“保基本”

3. 社会保险体系“多层次”

4. 社会保险制度运行“可持续”

二、基本养老保险

（一）基本养老保险的含义

基本养老保险是指缴费达到法定期限并且个人达到法定退休年龄后，国家和社会提供物质帮助以保证因年老而退出劳动领域者稳定、可靠的生活来源的社会保险制度。基本养老保险是社会保险体系中最重要、实施最广泛的一项制度。

（二）职工基本养老保险基金的组成和来源

基本养老保险基金由用人单位和个人缴费以及政府补贴等组成。基本养老保险实行社会统筹与个人账户相结合。

基本养老保险社会统筹，是指统收基本养老保险费和统支基本养老金，确保收支平衡的公共财务系统。用人单位应当按照国家规定的本单位职工工资总额的比例缴纳基本养老保险费，记入基本养老保险统筹基金。职工按照国家规定的本人工资的比例缴纳基本养老保险费，记入个人账户。基本养老保险基金出现支付不足时，政府给予补贴。

无雇工的个体工商户、未在用人单位参加基本养老保险的非全日制从业人员以及其他灵活就业人员参加基本养老保险的，应当按照国家规定缴纳基本养老保险费，分别记入基本养老保险统筹基金和个人账户。

个人账户不得提前支取，记账利率不得低于银行定期存款利率，免征利息税。参加职工基本养老保险的个人死亡后，其个人账户中的余额可以全部依法继承。个人账户记账利率的确定主要参考银行的居民定期存款利率、当地上一年度职工平均工资增长率和基本养老保险基金运营的实际收益确定。

个人跨统筹地区就业的，其基本养老保险关系随本人转移，缴费年限累计计算。个人达到法定退休年龄时，基本养老金分段计算、统一支付。

（三）职工基本养老保险费的缴纳

1. 单位缴费

按照现行政策，企业缴费的比例一般不得超过企业工资总额的20%，具体比例由省、自治区、直辖市政府确定。机关事业单位缴纳基本养老保险费的比例为本单位职工工资总额的20%。城镇个体工商户和灵活就业人员的缴费基数为当地上年度在岗职工月平均工资，缴费比例为20%，其中8%记入个人账户。基本养老保险基金由用人单位和个人缴费以及政府补贴等组成，主要组成参考图2-1。

2. 个人缴费

个人养老账户月存储额＝本人月缴费工资×8%

按照现行政策，职工个人按照本人月缴费工资的8%缴费，记入个人账户。缴费工资，也称缴费工资基数，一般为职工本人上一年度月平均工资。月平均工资按照国家统计局规定列入工资总额统计的项目计算，包括工资、奖金、津贴、补贴等收入，不包括用人单位承担或者支付给员工的社会保险费、劳动保护费、福利费、用人单位与员工解除劳动关系时支付的一次性补偿以及计划生育费用等其他不属于工资的费用。新招职工（包括研究生、大学生、大中专毕业生等）以起薪当月工资收入作为缴费工资基数；从第二年起，按上一年实发工资的月平均工资作为缴费工资基数。

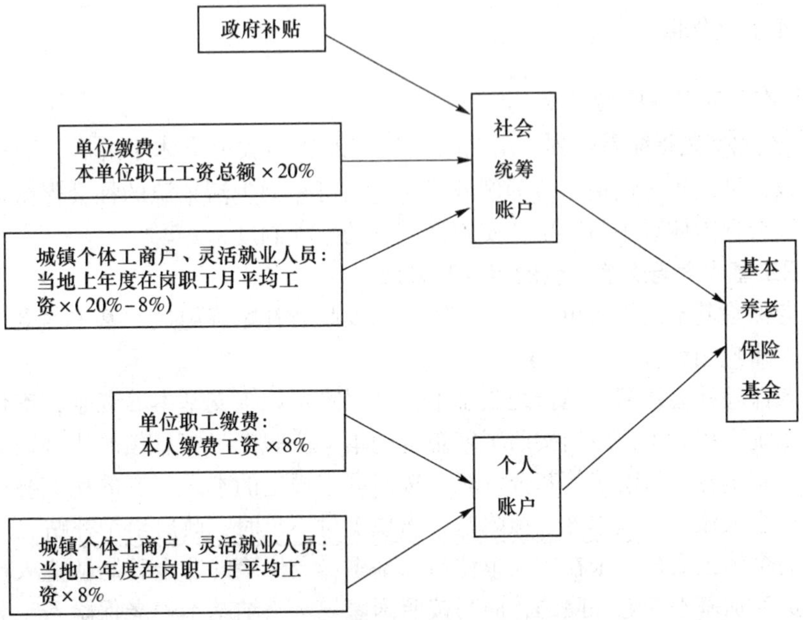

图 2-1　职工基本养老保险费的缴纳

本人月平均工资低于当地职工月平均工资 60% 的，按当地职工月平均工资的 60% 作为缴费基数。本人月平均工资高于当地职工月工资 300% 的，按当地职工月平均工资的 300% 作为缴费基数，超过部分不计入缴费工资基数，也不计入计发基本养老金的基数。

个人缴费不计征个人所得税，在计算个人所得税的应税收入时，应当扣除个人缴纳的基本养老保险费。

【例 2-19】 A 公司员工张某的月工资为 7 500 元，当地职工月平均工资为 2 300 元。计算该员工每月应缴纳的基本养老保险费。

【答案解析】 首先计算当地职工月平均工资的 3 倍，为 6 900 元（2 300×3）。张某每月应缴纳的基本养老保险费数额为 6 900×8% =552（元）。

（四）职工基本养老保险享受条件与待遇

1. 职工基本养老保险享受条件

（1）年龄条件：达到法定退休年龄。

目前国家实行的法定的企业职工退休年龄是男年满 60 周岁，女工人年满 50 周岁，女干部年满 55 周岁；从事井下、高温、高空、特别繁重体力劳动或其他有害身体健康工作的，退休年龄为男年满 55 周岁，女年满 45 周岁；因病或非因工致残，由医院证明并经劳动鉴定委员会确认完全丧失劳动能力的，退休年龄为男年满 50 周岁，女年满 45 周岁。

（2）缴费条件：累计缴费满 15 年。

参加职工基本养老保险的个人，达到法定退休年龄时累计缴费满 15 年的，按月领取基本养老金。

若参保个人达到法定退休年龄时累计缴费不足 15 年，则可以延长缴费至满 15 年，按月领取基本养老金；也可申请转入户籍所在地新型农村社会养老保险或者城镇居民社会养老保险，按照国务院规定享受相应的养老保险待遇。累计缴费不足 15 年（含按规定延长缴费），且未转入新型农村社会养老保险或者城镇居民社会养老保险的，个人可以书面申请终止职工基本养老保险关系。社会保险经办机构收到申请后，应当书面告知其转入新型农村社会养老保险或者城镇居民社会养老保险的权利以及终止职工基本养老保险的后果，经本人书面确认后，终止其职工基本养老关系，并将个人账户储存额一次性支付给本人。

2. 职工基本养老保险待遇

（1）领取职工基本养老金。

基本养老金由统筹养老金和个人账户养老金组成。

基本养老金根据个人累计缴费年限、缴费工资、当地职工平均工资、个人账户金额、城镇人口平均预期寿命等因素确定。职工退休以后年度调整增加的养老金，按职工退休时个人账户养老金和基础养老金各占基本养老金的比例，分别从个人账户储存余额和社会统筹基金中支付。

职工退休后，其个人账户缴费情况停止记录，个人账户在按月支付离退休金（含以后年度调整增加的部分）后的余额部分继续计息。

（2）丧葬补助金和遗属抚恤金。

参加基本养老保险的个人，因病或者非因工死亡的，其遗属可以领取丧葬补助金和抚恤金，所需资金从基本养老保险基金中支付。

但如果个人死亡同时符合领取基本养老保险丧葬补助金、工伤保险丧葬补助金和失业保险丧葬补助金条件的，其遗属只能选择领取其中的一项。

（3）病残津贴。

参加基本养老保险的个人，在未达到法定退休年龄时因病或者非因工致残完全丧失劳动能力的，可以领取病残津贴。所需资金从基本养老保险基金中支付。

三、基本医疗保险

（一）基本医疗保险的含义

基本医疗保险是指按照国家规定缴纳一定比例的医疗保险费，在参保人因患病和意外伤害而就医诊疗时，由医疗保险基金支付其一定医疗费用的社会保险制度。

（二）基本医疗保险的覆盖范围

1. 职工基本医疗保险

职工应当参加职工基本医疗保险，由用人单位和职工按照国家规定共同缴纳基本医疗保险费。职工基本医疗保险费的征缴范围：国有企业、城镇集体企业、外商投资企业、城镇私营企业和其他城镇企业及其职工，国家机关及其工作人员，事业单位及其职工，民办非企业单位及其职工，社会团体及其专职人员。

2. 新型农村合作医疗

新型农村合作医疗，简称新农合，是指由政府组织、引导、支持，农民自愿参加，个人、集体和政府多方筹资，以大病统筹为主的农民医疗互助共济制度。采取个人缴费、集体扶持和政府资助的方式筹集资金。

3. 城镇居民基本医疗保险

城镇居民基本医疗保险实行个人缴费和政府补贴相结合。

不属于职工基本医疗保险制度覆盖范围的中小学阶段的学生（包括职业高中、中专、技校学生）、大学生、少年儿童和其他非从业城镇居民都可自愿参加城镇居民基本医疗保险。灵活就业人员自愿选择参加职工医疗保险或城镇居民医疗保险，参加职工医疗保险有困难的农民工，可以自愿选择参加城镇居民医疗保险或户籍所在地的新型农村合作医疗。享受最低生活保障的人、丧失劳动能力的残疾人、低收入家庭60周岁以上的老年人和未成年人等所需个人缴费部分，由政府给予补贴。

（三）职工基本医疗保险费的缴纳

基本医疗保险也采用“统账结合”模式，即分别设立社会统筹基金和个人账户基金，基本医疗保险基金由统筹基金和个人账户构成。

1. 单位缴费

由统筹地区统一确定适合当地经济发展水平的基本医疗保险单位缴费率，一般为职工工资总额的6%左右。用人单位缴纳的基本医疗保险费分为两部分：一部分用于建立统筹基金；另一部分划入个人账户。

2. 基本医疗保险个人账户的资金来源

（1）个人缴费部分。

由统筹地区统一确定适合当地职工负担水平的基本医疗保险个人缴费率，一般为本人工资收入的2%。

（2）用人单位缴费的划入部分。

由统筹地区根据个人医疗账户的支付范围和职工年龄等因素确定用人单位所缴医疗保险费划入个人医疗账户的具体比例，一般为30%左右。

【例2－20】假定某企业基本医疗保险的单位缴费率为职工工资总额的6%，个人缴纳费率为本人工资收入的2%，单位所缴医疗保险费划入个人医疗账户的具体比例为30%，该企业职工月工资为6 000元，则具体分析如图2－2所示。

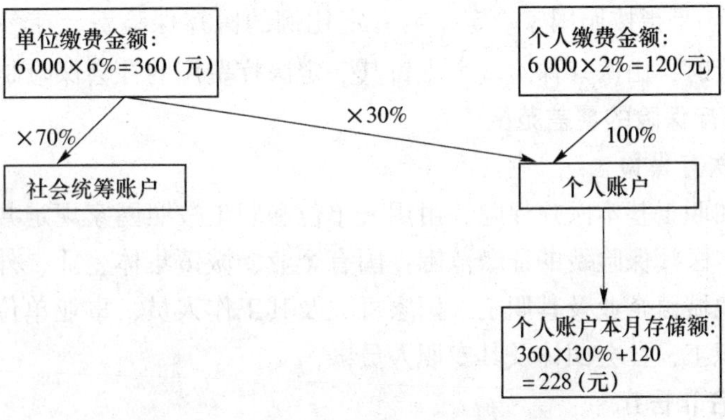

图2－2 职工个人医疗账户资金来源分析

3. 退休人员基本医疗保险费的缴纳

参加职工基本医疗保险的个人，达到法定退休年龄时累计缴费达到国家规定年限的，退休后不再缴纳基本医疗保险费，按照国家规定享受基本医疗保险待遇；未达到国家规定缴费年限的，可以缴费至国家规定年限。目前对最低缴费年限没有全国统一的规定，由各统筹地区根据本地情况确定。

（四）职工基本医疗费用的结算

参保人员必须到基本医疗保险的定点医疗机构就医、购药或定点零售药店购买药品。参保人员在协议医疗机构发生的医疗费用，必须符合基本医疗保险药品目录、诊疗项目、医疗服务设施标准的，按照国家规定从基本医疗保险基金中支付。参保人员确需急诊、抢救的，可以在非协议医疗机构就医；因抢救必须使用的药品可以适当放宽范围。

参保人员符合基本医疗保险支付范围的医疗费用中，在社会医疗统筹基金起付标准以上与最高支付限额以下的费用部分，由社会医疗统筹基金按一定比例支付。

起付标准，又称起付线，一般为当地职工年平均工资的10%左右。最高支付限额，又称封顶线，一般为当地职工年平均工资的6倍左右，支付比例一般为90%。

参保人员符合基本医疗保险支付范围的医疗费用中，在社会医疗统筹基金起付标准以下的费用部分，由个人账户资金支付或个人自付；统筹基金起付线以上至封顶线以下的费用部分，个人也要承担一定比例的费用，一般为10%，可由个人账户支付也可自付。参保人员在封顶线以上的医疗费用部分，可以通过单位补充医疗保险或参加商业保险等途径解决。

下列医疗费用不纳入基本医疗保险基金支付范围：

（1）应当从工伤保险基金中支付的。

（2）应当由第三人负担的。

（3）应当由公共卫生负担的。

（4）在境外就医的。

医疗费用应当由第三人负担，第三人不支付或者无法确定第三人的，由基本医疗保险基金先行支付。基本医疗保险基金先行支付后，有权向第三人追偿。

（五）医疗期

1. 概念

医疗期是指企业职工因患病或非因工负伤停止工作，治病休息，但不得解除劳动合同的期限。

2. 医疗期期间

企业职工因患病或非因工负伤，需要停止工作进行医疗时，根据本人实际参加工作年限和在本单位工作年限，给予3个月到24个月的医疗期。

（1）实际工作年限10年以下的。在本单位工作年限5年以下的为3个月；5年以上的为6个月。

（2）实际工作年限10年以上的。在本单位工作年限5年以下的为6个月；5年以上10年以下的为9个月；10年以上15年以下的为12个月；15年以上20年以下的为18个月；20 年以上的为 24 个月。

3. 医疗期的计算方法

医疗期 3 个月的按 6 个月内累计病休时间计算；6 个月的按 12 个月内累计病休时间计算；9 个月的按 15 个月内累计病休时间计算；12 个月的按 18 个月内累计病休时间计算；18 个月的按 24 个月内累计病休时间计算；24 个月的按 30 个月内累计病休时间计算。医疗期的计算从病休第一天开始，累计计算（表 2－10）。

表 2－10　医疗期的计算方法

实际工作年限	在本单位工作年限	医疗期期间/月	计算方法/月
<10	<5	3	6
	≥5	6	12
≥10	<5		
	5≤Y<10	9	15
	10≤Y<15	12	18
	15≤Y<20	18	24
	≥20	24	30

病休期间，公休、假日和法定节日包括在内。对某些患特殊疾病（如癌症、精神病、瘫痪等）的职工，在 24 个月内尚不能痊愈的，经企业和劳动主管部门批准，可以适当延长医疗期。

4. 医疗期内的待遇

企业职工在医疗期内，其病假工资、疾病救济费和医疗待遇按照有关规定执行。病假工资或疾病救济费可以低于当地最低工资标准支付，但最低不能低于最低工资标准的 80%。医疗期内不得解除劳动合同。如医疗期内遇合同期满，则合同必须续延至医疗期满，职工在此期间仍然享受医疗期内待遇。对医疗期满尚未痊愈者，或者医疗期满后，不能从事原工作，也不能从事用人单位另行安排的工作，被解除劳动合同的，用人单位需按经济补偿规定给予其经济补偿。

四、工伤保险

（一）工伤保险的含义

工伤保险是指劳动者在职业工作中或规定的特殊情况下遭遇意外伤害或职业病，导致暂时或永久丧失劳动能力以及死亡时，劳动者或其遗属能够从国家和社会获得物质帮助的社会保险制度。

（二）工伤保险费的缴纳

职工应当参加工伤保险，由用人单位缴纳工伤保险费，职工不缴纳工伤保险费。中华人民共和国境内的企业、事业单位、社会团体、民办非企业单位、基金会、律师事务所、会计师事务所等组织的职工和个体工商户的雇工，均有依照规定享受工伤保险待遇的权利。

工伤保险费根据以支定收、收支平衡的原则，确定费率。实行行业差别费率和行业内费率档次。用人单位应当按照本单位职工工资总额，根据社会保险经办机构确定的费率按时足额缴纳工伤保险费。

（三）工伤保险基金

工伤保险基金由用人单位缴纳的工伤保险费、工伤保险基金的利息和依法纳入工伤保险基金的其他资金构成。

工伤保险基金存入社会保障基金财政专户，用于《工伤保险条例》规定的工伤保险待遇，劳动能力鉴定，工伤预防的宣传、培训等费用，以及法律、法规规定的用于工伤保险的其他费用的支付。

工伤保险基金应当留有一定比例的储备金，用于统筹地区重大事故的工伤保险待遇支付；储备金不足支付的，由统筹地区的人民政府垫付。储备金占基金总额的具体比例和储备金的使用办法，由省、自治区、直辖市人民政府规定。

（四）工伤认定与劳动能力鉴定

1. 工伤认定

（1）应当认定工伤的情形。

职工有下列情形之一的，应当认定为工伤：

①在工作时间和工作场所内，因工作原因受到事故伤害的。

②工作时间前后在工作场所内，从事与工作有关的预备性或收尾性工作受到事故伤害的。

③在工作时间和工作场所内，因履行工作职责受到暴力等意外伤害的。

④患职业病的。

⑤因工外出期间，由于工作原因受到伤害或者发生事故下落不明的。

⑥在上下班途中，受到非本人主要责任的交通事故或者城市轨道交通、客运轮渡、火车事故伤害的。

⑦法律、行政法规规定应当认定为工伤的其他情形。

（2）视同工伤的情形。

职工有下列情形之一的，视同工伤：

①在工作时间和工作岗位，突发疾病死亡或者在48小时内经抢救无效死亡的。

②在抢险救灾等维护国家利益、公共利益活动中受到伤害的。

③原在军队服役，因战、因公负伤致残，已取得革命伤残军人证，到用人单位后旧伤复发的。

（3）不认定为工伤的情形。

职工因下列情形之一导致本人在工作中伤亡的，不认定为工伤：

①故意犯罪。

②醉酒或者吸毒。

③自残或者自杀。

④法律、行政法规规定的其他情形。

【例2-21】根据社会保险法律制度的规定，职工出现伤亡的下列情形中，应当认定为工伤的是(　　)。

A. 在下班途中受到本人负主要责任交通事故伤害的

B. 因本人故意犯罪导致在工作中伤亡的

C. 在工作时间和工作岗位，突发疾病72小时后死亡的

D. 工作时间前在工作场所内，从事与工作有关的预备性工作受到事故伤害的

【答案】D

【答案解析】选项C，在工作时间和工作岗位，突发疾病死亡或者在48小时内经抢救无效死亡的，视同工伤。

2. 劳动能力鉴定

职工发生工伤，经治疗伤情相对稳定后存在残疾、影响劳动能力的，应当进行劳动能力鉴定（包括劳动功能障碍程度和生活自理障碍程度）。

劳动功能障碍分为10个伤残等级，最重的为1级，最轻的为10级。生活自理障碍分为3个等级：生活完全不能自理、生活大部分不能自理和生活部分不能自理。劳动能力鉴定标准由国务院社会保险行政部门会同国务院卫生行政部门等制定。

自劳动能力鉴定结论作出之日起1年后，工伤职工或者其近亲属、所在单位或者经办机构认为伤残情况发生变化的，可以申请劳动能力复查鉴定。

（五）工伤保险待遇

职工因工作原因受到事故伤害或者患职业病，且经工伤认定的，享受工伤保险待遇；其中，经劳动能力鉴定丧失劳动能力的，享受伤残待遇。

1. 工伤医疗待遇

职工因工作遭受事故伤害或者患职业病进行治疗，享受工伤医疗待遇。主要包括：

（1）治疗工伤的医疗费用（诊疗费、药费、住院费）。

（2）住院伙食补助费、交通食宿费。

（3）康复性治疗费。

（4）停工留薪期工资福利待遇。职工因工作遭受事故伤害或者患职业病需要暂停工作接受工伤医疗的，在停工留薪期内，原工资福利待遇不变，由所在单位按月支付。停工留薪期一般不超过12个月。伤情严重或者情况特殊，经设区的市级劳动能力鉴定委员会确认，可以适当延长，但延长期不得超过12个月。工伤职工评定伤残等级后，停止享受停工留薪期待遇，按照规定享受伤残待遇。工伤职工在停工留薪期满后仍需治疗的，继续享受工伤医疗待遇。生活不能自理的工伤职工在停工留薪期需要护理的，由所在单位负责。

但工伤职工治疗非工伤引发的疾病，不享受工伤医疗待遇，按照基本医疗保险办法处理。

2. 辅助器具装配费

工伤职工因日常生活或者就业需要，经劳动能力鉴定委员会确认，可以安装假肢、矫形器、假眼、假牙和配置轮椅等辅助器具，所需费用按照国家规定的标准从工伤保险基金

支付。

3. 伤残待遇

经劳动能力鉴定委员会鉴定，评定伤残等级的工伤职工，享受伤残待遇。主要包括：

（1）生活护理费。工伤职工已经评定伤残等级并经劳动能力鉴定委员会确认需要生活护理的，从工伤保险基金按月支付生活护理费。生活护理费按照生活完全不能自理、生活大部分不能自理或者生活部分不能自理3个不同等级支付，其标准分别为统筹地区上年度职工月平均工资的50%、40%或30%。

（2）一次性伤残补助金。职工因工致残被鉴定为1~10级伤残的，从工伤保险基金按伤残等级支付一次性伤残补助金。

（3）伤残津贴（表2-11）。职工因工致残被鉴定为1~4级伤残的，保留劳动关系，退出工作岗位，从工伤保险基金中按月支付伤残津贴，伤残津贴实际金额低于当地最低工资标准的，由工伤保险基金补足差额。职工因工致残被鉴定为5~6级伤残的，保留与用人单位的劳动关系，由用人单位安排适当工作。难以安排工作的，由用人单位按月发给伤残津贴。伤残津贴实际金额低于当地最低工资标准的，由用人单位补足差额。

（4）一次性工伤医疗补助金和一次性伤残就业补助金（表2-11）。5~6级伤残，经工伤职工本人提出，可以与用人单位解除或者终止劳动关系；7~10级伤残，劳动、聘用合同期满终止，或者职工本人提出解除劳动、聘用合同的，由工伤保险基金支付一次性工伤医疗补助金，由用人单位支付一次性伤残就业补助金。

表2-11　伤残津贴、一次性工伤医疗补助金、一次性伤残就业补助金

伤残等级	能否解除劳动合同	领取内容
1~4	×	伤残津贴（工伤保险基金负担）
5~6	本人提出：√	（1）一次性工伤医疗补助金（工伤保险基金负担） （2）一次性伤残就业补助金（用人单位负担）
	本人未提出：×	（1）能适当工作：工资 （2）难以安排工作：伤残津贴（用人单位负担）
7~10	劳动合同期满：√ 本人提出：√	（1）一次性工伤医疗补助金（工伤保险基金负担） （2）一次性伤残就业补助金（用人单位负担）
	其他情形：×	正常工作、正常领取工资

4. 工亡待遇

职工因工死亡，或者伤残职工在停工留薪期内因工伤导致死亡的，其近亲属按照规定从工伤保险基金领取丧葬补助金、供养亲属抚恤金和一次性工亡补助金。

（1）丧葬补助金，为6个月的统筹地区上年度职工月平均工资。

（2）供养亲属抚恤金，按照职工本人工资的一定比例发给由因工死亡职工生前提供主要生活来源、无劳动能力的亲属。供养亲属的具体范围由国务院社会保险行政部门规定。

（3）一次性工亡补助金，标准为上一年度全国城镇居民人均可支配收入的20倍。

1~4级伤残职工在停工留薪期满后死亡的，其近亲属可以享受丧葬补助金、供养亲属抚恤金待遇，不享受一次性工亡补助金待遇。

（六）其他特别规定

（1）工伤保险中所称的本人工资，是指工伤职工因工作遭受事故伤害或者患职业病前12个月平均月缴费工资。本人工资高于统筹地区职工平均工资300%的，按照统筹地区职工平均工资的300%计算；本人工资低于统筹地区职工平均工资60%的，按照统筹地区职工平均工资的60%计算。

（2）工伤职工有下列情形之一的，停止享受工伤保险待遇：

①丧失享受待遇条件的。

②拒不接受劳动能力鉴定的。

③拒绝治疗的。

（3）因工致残享受伤残津贴的职工达到退休年龄并办理退休手续后，停发伤残津贴，按照国家有关规定享受基本养老保险待遇。被鉴定为1～4级伤残的职工，基本养老保险待遇低于伤残津贴的，由工伤保险基金补足差额。

（4）职工所在用人单位未依法缴纳工伤保险费，发生工伤事故的，由用人单位支付工伤保险待遇。用人单位不支付的，从工伤保险基金中先行支付，由用人单位偿还。用人单位不偿还的，社会保险经办机构可以追偿。

（5）由于第三人的原因造成工伤，第三人不支付工伤医疗费用或者无法确定第三人的，由工伤保险基金先行支付。工伤保险基金先行支付后，有权向第三人追偿。

（6）职工（包括非全日制从业人员）在两个或者两个以上用人单位同时就业的，各用人单位应当分别为职工缴纳工伤保险费。职工发生工伤，由职工受到伤害时所在工作单位依法承担工伤保险责任。

【例2－22】根据社会保险法律制度的规定，一次性工亡补助金为上一年度全国城镇居民人均可支配收入的（　　）倍。

A. 5　　B. 10　　C. 15　　D. 20

【答案】D

五、失业保险

（一）失业保险的概念

失业是指处于法定劳动年龄阶段的劳动者，有劳动能力和劳动愿望，却没有劳动岗位的一种状态。失业保险是指国家通过立法强制实行的，由社会集中建立基金，保障因失业而暂时中断生活来源的劳动者的基本生活，并通过职业培训、职业介绍等措施促进其再就业的社会保险制度。

失业保险制度的功能：一是保障失业者基本生活；二是促进失业者再就业；三是合理配置劳动力。

（二）失业保险费的缴纳

失业保险费的征缴范围：国有企业、城镇集体企业、外商投资企业、城镇私营企业和其他城镇企业（统称城镇企业）及其职工，事业单位及其职工。

从 2015 年 3 月 1 日起，失业保险费率暂由现行条例规定的本单位工资总额的 3% 降至 2%，单位和个人缴费的具体比例由各省、自治区、直辖市人民政府确定。省、自治区、直辖市人民政府根据本行政区域失业人员数量和失业保险金数额，报经国务院批准，可以适当调整本行政区域失业保险费的费率。

职工跨统筹地区就业的，其失业保险关系随本人转移，缴费年限累计计算。

（三）失业保险待遇

1. 失业保险待遇的享受条件

失业人员符合下列条件的，可以申请领取失业保险金并享受其他失业保险待遇：

（1）失业前用人单位和本人已经缴纳失业保险费满 1 年的。

（2）非因本人意愿中断就业的，包括劳动合同终止；用人单位解除劳动合同；被用人单位开除、除名和辞退；因用人单位过错由劳动者解除劳动合同；法律、法规、规章规定的其他情形。

（3）已经进行失业登记，并有求职要求的。

2. 失业登记

失业人员应当持本单位为其出具的终止或者解除劳动关系的证明，及时到指定的公共就业服务机构办理失业登记；失业人员凭失业登记证明和个人身份证明，到社会保险经办机构办理领取失业保险金的手续；失业保险金领取期限自办理失业登记之日起计算。

3. 失业保险金的领取期限

用人单位应当及时为失业人员出具终止或者解除劳动关系的证明，并将失业人员的名单自终止或者解除劳动关系之日起 15 日内告知社会保险经办机构（表 2－12）。

表 2－12　失业保险金的领取期限

用人单位和本人累计缴费年限	领取失业保险金的最长期限
满 1 年不足 5 年	自办理失业登记之日起 12 个月
满 5 年不足 10 年	自办理失业登记之日起 18 个月
10 年以上	自办理失业登记之日起 24 个月

重新就业后，再次失业的，缴费时间重新计算，领取失业保险金的期限与前次失业应当领取而尚未领取的失业保险金的期限合并计算，最长不超过 24 个月。

【例 2－23】2015 年 1 月 1 日，李某与 A 公司解除劳动合同，此后，李某一直没有找到合适的工作，于 2015 年 6 月 1 日办理了失业登记。假定李某及其用人单位累计缴纳社会失业保险费的时间为 5 年，其领取失业保险金的最长期限是多少？

【答案】自 2015 年 6 月 1 日起至 2016 年 12 月 1 日共 18 个月。

4. 失业保险待遇及失业保险金的发放标准

（1）领取失业保险金。

（2）领取失业保险金期间享受基本医疗保险待遇。

失业人员在领取失业保险金期间，参加职工基本医疗保险，享受基本医疗保险待遇。失业人员应当缴纳的基本医疗保险费从失业保险基金中支付，个人不缴纳基本医疗保险费。

（3）领取失业保险金期间的死亡补助。

失业人员在领取失业保险金期间死亡的，参照当地对在职职工死亡的规定，向其遗属发给一次性丧葬补助金和抚恤金，所需资金从失业保险基金中支付。

个人死亡同时符合领取基本养老保险丧葬补助金、工伤保险丧葬补助金和失业保险丧葬补助金条件的，其遗属只能选择领取其中的一项。

（4）职业介绍与职业培训补贴。

失业人员在领取失业保险金期间，应当积极求职，接受职业介绍和职业培训。

失业人员接受职业介绍、职业培训的补贴由失业保险基金按照规定支付。补贴的办法和标准由省、自治区、直辖市人民政府规定。

（5）国务院规定或者批准的与失业保险有关的其他费用。

失业保险金的标准，不得低于城市居民最低生活保障标准。一般也不高于当地最低工资标准，具体数额由省、自治区、直辖市人民政府确定。

（四）停止领取失业保险金的情形

失业人员在领取失业保险金期间有下列情形之一的，停止领取失业保险金，并同时停止享受其他失业保险待遇：

（1）重新就业的。

（2）应征服兵役的。

（3）移居境外的。

（4）享受基本养老保险待遇的。

（5）无正当理由，拒不接受当地人民政府指定部门或者机构介绍的适当工作或者提供的培训的。

六、生育保险

（一）生育保险的含义

生育保险是国家维护女职工的合法权益，保障她们在生育期间得到必要的经济补偿和医疗保健，均衡用人单位生育保险费用的负担而设立的社会保险制度。

（二）生育保险费的缴纳

根据《社会保险法》的规定，职工应当参加生育保险，由用人单位按照国家规定缴纳生育保险费，职工不缴纳生育保险费。

根据《企业职工生育保险试行办法》（劳部发〔1994〕504 号）的规定，生育保险目前适用于城镇企业及其职工。由企业按照其工资总额的一定比例（但最高不得超过工资总额的 1%）向社会保险经办机构缴纳生育保险费，建立生育保险基金。

（三）生育保险待遇

用人单位已经缴纳生育保险费的，其职工享受生育保险待遇；职工未就业配偶按照国家规定享受生育医疗费用待遇。生育保险待遇包括生育医疗费用和生育津贴。

1. 生育医疗费用

（1）生育的医疗费用。包括生育的检查费、接生费、手术费、住院费、药费。

超出规定的医疗服务费和药费由职工个人负担。

（2）计划生育的医疗费用。包括因实行计划生育需要，实施放置（取出）宫内节育器、流产术、引产术、绝育及复通手术发生的医疗费用，以及由于计划生育引起的疾病的医疗费用。

（3）法律、法规规定的其他项目费用。

女职工生育出院后，因生育引起疾病的医疗费，由生育保险基金支付；其他疾病的医疗费，按照医疗保险待遇的规定办理。女职工产假期满后，因病需要休息治疗的，按照有关病假待遇和医疗保险待遇规定办理。

2. 生育津贴

生育津贴是指女职工因生育离开工作岗位期间支付的生活费用，也称带薪假期。《社会保险法》规定，生育津贴按照职工所在用人单位上年度职工月平均工资计发。职工有下列情形之一的，可以按照国家规定享受生育津贴：

（1）女职工生育享受产假。

（2）享受计划生育手术休假。

（3）法律、法规规定的其他情形。

七、社会保险费征缴

（一）社会保险登记

1. 用人单位的社会保险登记

用人单位应当自成立之日起 30 日内凭营业执照、登记证书或者单位印章，向当地社会保险经办机构申请办理社会保险登记。社会保险经办机构应当自收到申请之日起 15 日内予以审核，发给社会保险登记证件。

用人单位的社会保险登记事项发生变更或者用人单位依法终止的，应当自变更或者终止之日起 30 日内，到社会保险经办机构办理变更或者注销社会保险登记。

2. 个人的社会保险登记

用人单位应当自用工之日起 30 日内为其职工向社会保险经办机构申请办理社会保险登记。未办理社会保险登记的，由社会保险经办机构核定其应当缴纳的社会保险费。

自愿参加社会保险的无雇工的个体工商户、未在用人单位参加社会保险的非全日制从业人员以及其他灵活就业人员，应当向社会保险经办机构申请办理社会保险登记。

（二）社会保险费缴纳

1. 用人单位缴纳义务

用人单位应当自行申报、按时足额缴纳社会保险费，非因不可抗力等法定事由不得缓缴、减免。

职工应当缴纳的社会保险费由用人单位代扣代缴，用人单位应当按月将缴纳社会保险费的明细情况告知本人。

无雇工的个体工商户、未在用人单位参加社会保险的非全日制从业人员以及其他灵活就业人员，可以直接向社会保险费征收机构缴纳社会保险费。社会保险缴费比例如表2－13所示。

表2－13　社会保险缴费比例汇总

项目	单位缴纳	个人缴纳
职工基本养老保险	本单位职工工资总额×题目给定比例（一般为20%）	个人养老账户月储存额＝本人月缴费工资×8%
职工基本医疗保险	本单位职工工资总额×题目给定比例（一般为6%）	个人医疗保险账户月储存额＝单位缴费数额×题目给定的强制划入比例（一般为30%）＋本人月工资×题目给定比例（一般为2%）
工伤保险	本单位职工工资总额×题目给定的缴费率	不缴纳
失业保险	本单位职工工资总额×题目给定的单位缴费率	本人工资×(2%－题目给定的单位缴费率)
生育保险	本单位职工工资总额×题目给定比例	不缴纳

2. 社会保险费征收机构的权利义务

社会保险费征收机构应当依法按时足额征收社会保险费，并将缴费情况定期告知用人单位和个人。用人单位未按规定申报应当缴纳的社会保险费数额的，按照该单位上月缴费额的110%确定应当缴纳数额；缴费单位补办申报手续后，由社会保险费征收机构按照规定结算。

【例2－24】根据社会保险法律制度的规定，下列各项中，需要劳动者缴纳社会保险费的有(　　)。

A. 基本养老保险　　B. 基本医疗保险

C. 失业保险　　D. 生育保险

【答案】ABC

八、社会保险基金管理运营

社会保险基金按照社会保险险种分别建账，分账核算，执行国家统一的会计制度。社会保险基金专款专用，任何组织和个人不得侵占或者挪用。

社会保险基金存入财政专户，按照统筹层次设立预算，通过预算实现收支平衡。社会保险基金预算按照社会保险项目分别编制。县级以上人民政府在社会保险基金出现支付不足时，给予补贴。社会保险经办机构应当定期向社会公布参加社会保险情况以及社会保险基金的收入、支出、结余和收益情况。

社会保险基金在保证安全的前提下，按照国务院规定投资运营实现保值增值。不得违规投资运营，不得用于平衡其他政府预算，不得用于兴建、改建办公场所和支付人员经费、运行费用、管理费用，或者违反法律、行政法规规定挪作其他用途。

国家设立全国社会保障基金，由中央财政预算拨款以及国务院批准的其他方式筹集的资金构成，用于社会保障支出的补充、调剂。全国社会保障基金由全国社会保障基金管理运营机构负责管理运营，在保证安全的前提下实现保值增值。

【例2-25】根据社会保险法律制度的规定，关于社会保险基金管理运营的下列表述中正确的是(　　)。

A. 社会保险基金专款专用

B. 按照社会保险险种分别建账，分账核算

C. 社会保险基金存入财政专户，通过预算实现收支平衡

D. 基本养老保险基金逐步实行全国统筹，其他社会保险基金逐步实行省级统筹。

【答案】ABC

【答案解析】基本养老保险基金逐步实行全国统筹，其他社会保险基金逐步实行省级统筹。

知识拓展

违反社会保险法的法律责任

（一）用人单位违反社会保险法的法律责任

1. 用人单位不办理社会保险登记的，由社会保险行政部门责令限期改正；逾期不改正的，对用人单位处应缴社会保险费数额1倍以上3倍以下的罚款，对其直接负责的主管人员和其他直接责任人员处500元以上3 000元以下的罚款。

2. 用人单位未按时足额缴纳社会保险费的，由社会保险费征收机构责令限期缴纳或者补足，并自欠缴之日起，按日加收0.05%的滞纳金；逾期仍不缴纳的，由有关行政部门处欠缴数额1倍以上3倍以下的罚款。

3. 用人单位拒不出具终止或者解除劳动关系证明的，由劳动行政部门责令改正；给劳动者造成损害的，应当承担赔偿责任。

（二）骗保行为的法律责任

1. 以欺诈、伪造证明材料或者其他手段骗取社会保险待遇的，由社会保险行政部门责令退回骗取的社会保险金，处骗取金额2倍以上5倍以下的罚款。

2. 社会保险经办机构以及医疗机构、药品经营单位等社会保险服务机构以欺诈、伪造证明材料或者其他手段骗取社会保险基金支出的，由社会保险行政部门责令退回骗取的社会保险金，处骗取金额2倍以上5倍以下的罚款；属于社会保险服务机构的，解除服务协议；直接负责的主管人员和其他直接责任人员有执业资格的，依法吊销其执业资格。

（三）社会保险经办机构、社会保险费征收机构、社会保险服务机构等机构的法律责任

1. 社会保险经办机构及其工作人员有下列行为之一的，由社会保险行政部门责令改正；给社会保险基金、用人单位或者个人造成损失的，依法承担赔偿责任；对直接负责的主管人员和其他直接责任人员依法给予处分：

（1）未履行社会保险法定职责的。

（2）未将社会保险基金存入财政专户的。

（3）克扣或者拒不按时支付社会保险待遇的。

（4）丢失或者篡改缴费记录、享受社会保险待遇记录等社会保险数据、个人权益记录的。

（5）有违反社会保险法律、法规的其他行为的。

2. 社会保险费征收机构擅自更改社会保险费缴费基数、费率，导致少收或者多收社会保险费的，由有关行政部门责令其追缴应当缴纳的社会保险费或者退还不应当缴纳的社会保险费；对直接负责的主管人员和其他直接责任人员依法给予处分。

3. 违反社会保险法规定，隐匿、转移、侵占、挪用社会保险基金或者违规投资运营的，由社会保险行政部门、财政部门、审计机关责令追回；有违法所得的，没收违法所得；对直接负责的主管人员和其他直接责任人员依法给予处分。

4. 社会保险行政部门和其他有关行政部门、社会保险经办机构、社会保险费征收机构及其工作人员泄露用人单位和个人信息的，对直接负责的主管人员和其他直接责任人员依法给予处分；给用人单位或者个人造成损失的，应当承担赔偿责任。

5. 国家工作人员在社会保险管理、监督工作中滥用职权、玩忽职守、徇私舞弊的，依法给予处分。

6. 违反社会保险法规定，构成犯罪的，依法追究刑事责任。

巩固提高

第三章

支付结算法律制度

考情分析

本章的主要内容是支付结算法律制度，根据历年考题，本章的考查重点为银行结算账户、办理支付结算的基本要求、票据的一般规定等。本章涉及的考试题型有单项选择题、多项选择题、判断题、不定项选择题（表3－1），总分为10～15分。

表3－1　近三年题型题量分析

项目		2016年考题			2015年考题	2014年考题
		试卷1	试卷2	试卷3		
单项选择题	题数	1	1	6	3	3
	分数	1.5	1.5	9	4.5	4.5
多项选择题	题数	1	2	1	2	2
	分数	2	4	2	4	4
判断题	题数	1	1	1	1	1
	分数	1	1	1	1	1
不定项选择题	题数	4	4	4	—	4
	分数	8	8	8		8
合计	题数	7	8	12	6	10
	分数	12.5	14.5	20	9.5	17.5

知识导图

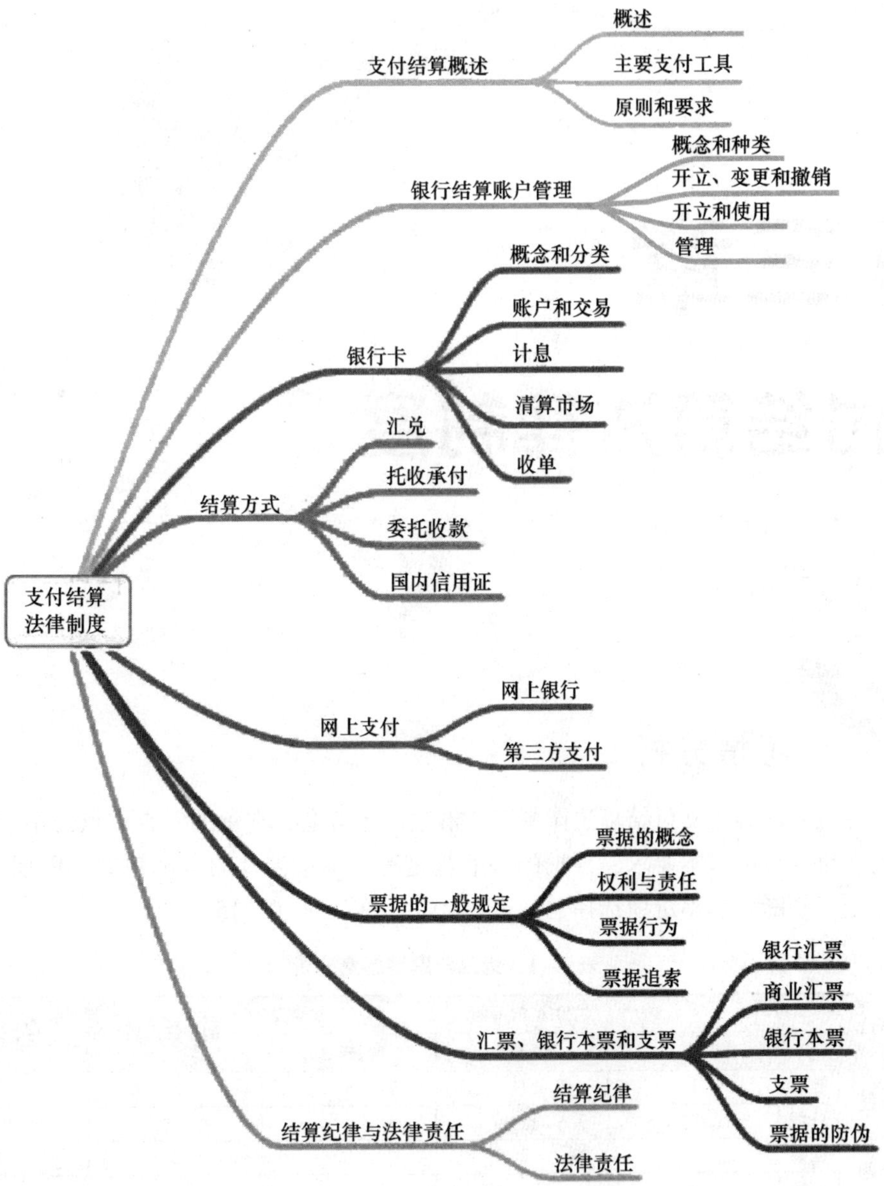
支付结算
法律制度
支付结算概述
概述
主要支付工具
原则和要求
银行结算账户管理
概念和种类
开立、变更和撤销
开立和使用
管理
银行卡
概念和分类
账户和交易
计息
清算市场
收单
结算方式
汇兑
托收承付
委托收款
国内信用证
网上支付
网上银行
第三方支付
票据的一般规定
票据的概念
权利与责任
票据行为
票据追索
汇票、银行本票和支票
银行汇票
商业汇票
银行本票
支票
票据的防伪
结算纪律与法律责任
结算纪律
法律责任

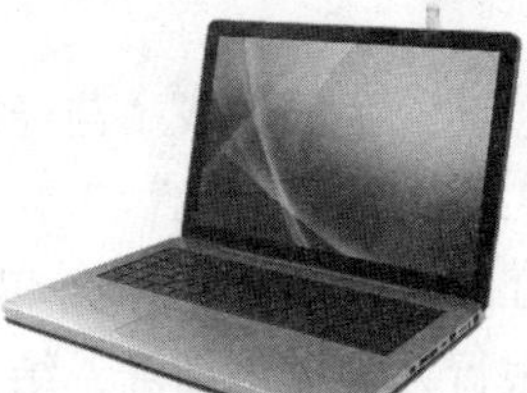

第一节 支付结算概述

教学引例 3－1

2014 年 12 月 9 日，宏达公司（开户银行为甲银行）向昌盛公司购买了一批原材料，货款金额为 30 000 元，采用支票付款。昌盛公司向本公司开户银行乙银行提交支票时，开户银行乙银行的工作人员受理了该支票，并做了认真审查，发现支票上宏达公司的签章为“发票专用章”和宏达公司财务负责人“赵涛”的个人名章，遂建议昌盛公司要求宏达公司重新签发支票，否则其向宏达公司开户银行甲银行提示付款时将被拒绝，并作退票处理。

【问题】请分析开户银行乙银行工作人员的做法是否正确。

一、支付结算的概述

支付结算是指单位、个人在社会经济活动中使用票据、银行卡和汇兑、托收承付、委托收款等结算方式进行货币给付及其资金清算的行为。

银行（含城乡信用合作社，下同）以及单位（含个体工商户，下同）和个人是办理支付结算的主体。其中，银行是支付结算和资金清算的中介机构。未经中国人民银行批准的非银行金融机构和其他单位不得作为中介机构办理支付结算业务。

二、办理支付结算使用的主要支付工具

我国目前使用的人民币非现金支付工具主要包括“三票一卡”和结算方式。“三票一卡”是指三种票据（汇票、本票和支票）和银行卡，结算方式包括汇兑、托收承付和委托收款。近年来，随着互联网技术的纵深发展，网上银行、第三方支付等电子化支付方式产生并得到快速发展。我国已形成了以票据和银行卡为主体，以电子支付为发展方向的非现金支付工具体系。

三、办理支付结算的原则

经过多年的实践与总结，我国形成了与经济活动相适应的以下支付结算原则。

（一）恪守信用，履约付款原则

这是支付结算应遵守的最基本原则。各单位之间、单位与个人之间应在遵守相关法律、法规的前提下通过银行办理支付结算，结算双方应自觉遵守信用原则，依照合同和法律约定的要求依法承担义务和行使权利。特别是付款方，更应严格遵守信用，按照约定的时间和金额进行支付。

（二）谁的钱进谁的账，由谁支配原则

《支付结算办法》规定“银行依法为单位、个人在银行开立的基本存款账户、一般存款账户、专用存款账户和临时存款账户的存款保密，维护其资金的自主支配权。对单位、个人在银行开立上述存款账户的存款，除国家法律、行政法规另有规定外，银行不得为任何单位或者个人查询；除国家法律另有规定外，银行不代任何单位或者个人冻结、扣款，不得停止单位、个人存款的正常支付。”这一原则体现了存款人对资金的所有权，除国家另有规定，存款人的资金必须由其自主支配。

（三）银行不垫款原则

银行是办理支付结算业务的中介机构，应按照付款人的委托，将资金支付给付款人指定的收款人，或者按照收款人的委托，将归收款人所有的资金转账收入到收款人的账户中。银行在办理支付结算业务过程中，只负责办理结算当事人之间的款项划拨，无义务垫付任何款项。

【例3－1】下列各项中，属于办理支付结算应遵循的原则有（　　）。

A. 恪守信用，履约付款　　　　B. 谁的钱进谁的账，由谁支配

C. 银行不垫款　　　　D. 一个基本存款账户

【答案】ABC

【知识点】支付结算的原则。

【答案解析】一个基本存款账户是银行账户管理的原则。

四、办理支付结算的基本要求

办理支付结算的基本要求

（1）单位、个人和银行办理支付结算，必须使用按中国人民银行统一规定印制的票据凭证和结算凭证。票据和结算凭证是办理支付结算的工具。未使用按中国人民银行统一规定印制的票据，票据无效；未使用中国人民银行统一规定格式的结算凭证，银行不予受理。

（2）单位、个人和银行应当按照《人民币银行结算账户管理办法》的规定开立、使用账户。在银行开立存款账户的单位和个人办理支付结算，账户内须有足够的资金保证支付。银行依法为单位、个人在银行开立的存款账户内的存款保密，维护其资金的自主支配权。除国家法律、行政法规另有规定外，银行不得为任何单位或者个人查询账户情况，不

得为任何单位或者个人冻结、扣划款项，不得停止单位、个人存款的正常支付。

（3）票据和结算凭证上的签章和其他记载事项应当真实，不得伪造、变造。所谓伪造，是指无权限人假冒他人或虚构他人名义签章的行为，如伪造出票签章、背书签章、承兑签章和保证签章等。所谓变造，是指无权更改票据内容的人，对票据上签章以外的记载事项加以改变的行为。变造票据的方法多是在合法票据的基础上，对票据加以剪接、挖补、覆盖、涂改，从而非法改变票据的记载事项。伪造、变造票据属于欺诈行为，应追究其刑事责任。

出票金额、出票日期、收款人名称不得更改，更改的票据无效；更改的结算凭证，银行不予受理。对票据和结算凭证上的其他记载事项，原记载人可以更改，更改时应当由原记载人在更改处签章证明。票据和结算凭证上的签章，为签名、盖章或者签名加盖章。单位、银行在票据上的签章和单位在结算凭证上的签章，为该单位、银行的盖章加其法定代表人或其授权的代理人的签名或盖章。个人在票据和结算凭证上的签章，应为该个人本人的签名或盖章。

【教学引例 3－1 解析】乙银行工作人员的做法正确。

按照规定，单位在票据上的签章，应为该单位的财务专用章或者公章加其法定代表人或其授权的代理人的签名或者盖章。支票的出票人在票据上的签章，应为其预留银行的签章。本例中，出票人宏达公司所签发支票的签章是该公司的“发票专用章”，不是该公司的“财务专用章”或者“公章”，因此，该签章不具有《票据法》规定的效力。昌盛公司应按照开户银行乙银行工作人员的建议要求宏达公司重新按规定签发支票。

（4）填写各种票据和结算凭证应当规范。

填写票据和结算凭证，必须做到要素齐全、数字正确、字迹清晰、不错漏、不潦草，防止涂改。规范填写票据和结算凭证时应注意以下事项：

①关于收款人名称。单位和银行的名称应当记载全称或者规范化简称。规范化简称应当具有排他性，与全称在实质上具有同一性。例如，“中国银行业监督管理委员会”的规范化简称为“银监会”。

②关于出票日期。票据的出票日期必须使用中文大写。为防止变造票据的出票日期，在填写月、日时，月为“壹”“贰”和“壹拾”的，日为“壹”至“玖”和“壹拾”“贰拾”“叁拾”的，应在其前加“零”；日为“拾壹”至“拾玖”的，应在其前加“壹”。例如，2 月 17 日应写成“零贰月壹拾柒日”；再如，10 月 30 日应写成“零壹拾月零叁拾日”。

③关于金额。票据和结算凭证金额以中文大写和阿拉伯数码同时记载，二者必须一致，二者不一致的票据无效；二者不一致的结算凭证，银行不予受理。

【例 3－2】下列说法中，正确的有（　　）。

A. 对票据和结算凭证上可更改的记载事项，原记载人可以更改，但更改时应由原记载人视情况在更改处签章证明

B. 票据和结算凭证金额以中文大写和阿拉伯数码同时记载，二者必须一致

C. 票据和结算凭证上的签章和其他记载事项应当真实，不得伪造、变造

D. 单位、个人和银行办理支付结算，必须使用按中国人民银行统一规定印制的票据凭证和结算凭证

【答案】BCD

【知识点】票据和结算凭证的书写。

【答案解析】对于票据和结算凭证上可以更改的记载事项，如若更改，应由原记载人签章证明，而不是“视情况”签章证明，故选项 A 不正确。

【例 3－3】下列关于票据的出票日期的书写中，正确的有(　　)。

A. 1 月 15 日写为“零壹月拾伍日”

B. 2 月 20 日写为“零贰月贰拾日”

C. 1 月 8 日写为“零壹月零捌日”

D. 5 月 20 日写为“伍月零贰拾日”

【答案】CD

【知识点】票据出票日期的大写书写。

【答案解析】1 月 15 日应写为“零壹月壹拾伍日”、2 月 20 日应写为“零贰月零贰拾日”。

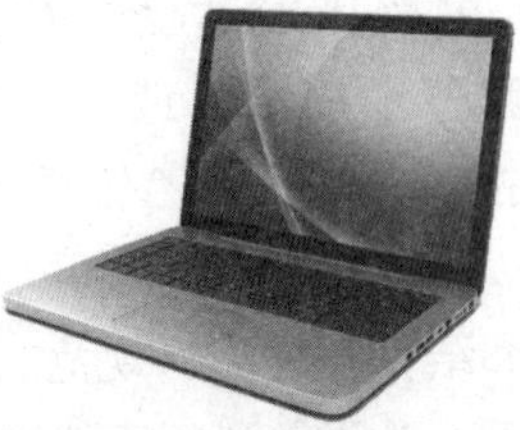

第二节 银行结算账户管理

教学引例 3－2

20××年 5 月 28 日，A 企业的财务科长持有关证件到甲银行营业部办理基本存款账户开立手续，甲银行工作人员审查了相关证明文件，办理了基本存款账户开户手续。同日，该财务科长持以上证件和乙银行的贷款合同到乙银行开立了一个一般存款账户。5 月 29 日，该财务科长携带该企业的印鉴到甲银行营业部购买了转账支票一本，并当场签发了金额为 25 000 元的转账支票，填写了进账单。支票和进账单的收款人为在甲银行开户的 B 企业，甲银行的工作人员审查完毕后当场办理了该支票的转账手续。

【问题】甲银行的工作人员审查完毕后当场办理了该支票的转账手续是否符合法律规定？

一、银行结算账户的概念和种类

银行结算账户是指银行为存款人开立的办理资金收付结算的活期存款账户。其中，“银行”是指在中国境内经批准经营支付结算业务的银行业金融机构；“存款人”是指在中国境内开立银行结算账户的机关、团体、部队、企业、事业单位、其他组织（以下统称单位）、个体工商户和自然人。

银行结算账户按存款人不同分为单位银行结算账户和个人银行结算账户。存款人以单位名称开立的银行结算账户为单位银行结算账户。单位银行结算账户按用途分为基本存款账户、一般存款账户、专用存款账户、临时存款账户。个体工商户凭营业执照以字号或经营者姓名开立的银行结算账户纳入单位银行结算账户管理。存款人凭个人身份证件以自然人名称开立的银行结算账户为个人银行结算账户。

财政部门为实行财政国库集中支付的预算单位在商业银行开设的零余额账户按基本存款账户或专用存款账户管理。预算单位未开立基本存款账户，或者原基本存款账户在国库集中支付改革后已按照财政部门的要求撤销的，经同级财政部门批准，预算单位零余额账户作为基本存款账户管理。除上述情况外，预算单位零余额账户作为专用存款账户管理。

二、银行结算账户的开立、变更和撤销

（一）银行结算账户的开立

存款人应在注册地或住所地开立银行结算账户。符合异地（跨省、市、县）开户条件的，也可以在异地开立银行结算账户。

存款人申请开立银行结算账户时，应填制开立银行结算账户申请书。开立单位银行结算账户时，应填写“开立单位银行结算账户申请书”，并加盖单位公章和法定代表人（单位负责人）或其授权代理人的签名或者盖章。

银行应对存款人的开户申请书填写的事项和相关证明文件的真实性、完整性、合规性进行认真审查。开户申请书填写的事项齐全，符合开立核准类账户条件的，银行应将存款人的开户申请书、相关的证明文件和银行审核意见等开户资料报送中国人民银行当地分支行，经其核准并核发开户许可证后办理开户手续。需要中国人民银行核准的账户包括基本存款账户、临时存款账户（因注册验资和增资验资开立的除外）、预算单位专用存款账户和合格境外机构投资者在境内从事证券投资开立的人民币特殊账户和人民币结算资金账户（以下简称 QFII 专用存款账户）。

符合开立一般存款账户、其他专用存款账户和个人银行结算账户条件的，银行应办理开户手续，并于开户之日起 5 个工作日内向中国人民银行当地分支行备案。上述结算账户统称备案类结算账户，备案类结算账户的变更和撤销也应于 2 个工作日内通过账户管理系统向中国人民银行当地分支行报备。中国人民银行当地分支行应于 2 个工作日内对开户银行报送的核准类账户的开户资料的合规性予以审核，符合开户条件的，予以核准，颁发基本（或临时或专用）存款账户开户许可证。不符合开户条件的，应在开户申请书上签署意

见，连同有关证明文件一并退回报送银行，由报送银行转送存款人。

开户许可证是中国人民银行依法准予申请人在银行开立核准类银行结算账户的行政许可证件，是核准类银行结算账户合法性的有效证明。开户许可证有正本和副本之分，正本由申请人保管，副本由申请人开户银行留存。开户许可证的记载事项包括“开户许可证”字样、开户许可证编号、开户核准号、中国人民银行当地分支行账户管理专用章、核准日期、存款人名称、存款人的法定代表人或单位负责人姓名、开户银行名称、账户性质、账号；临时存款账户开户许可证还应注明临时存款账户的有效期限。

开立银行结算账户时，银行应与存款人签订银行结算账户管理协议，明确双方的权利与义务。银行应建立存款人预留签章卡片，并将签章式样和有关证明文件的原件或复印件留存归档。存款人为单位的，其预留签章为该单位的公章或财务专用章加其法定代表人（单位负责人）或其授权的代理人的签名或者盖章。存款人为个人的，其预留签章为该个人的签名或者盖章。

存款人在申请开立单位银行结算账户时，其申请开立的银行结算账户的账户名称、出具的开户证明文件上记载的存款人名称以及预留银行签章中公章或财务专用章的名称应保持一致，但下列情况除外：

（1）因注册验资开立的临时存款账户，其账户名称为工商行政管理部门核发的“企业名称预先核准通知书”或政府有关部门批文中注明的名称，其预留银行签章中公章或财务专用章的名称应是存款人与银行在银行结算账户管理协议中约定的出资人名称。

（2）预留银行签章中公章或财务专用章的名称依法可使用简称的，账户名称应与其保持一致。

（3）没有字号的个体工商户开立的银行结算账户，其预留签章中公章或财务专用章应是“个体户”字样加营业执照上载明的经营者的签字或盖章。

存款人开立单位银行结算账户，自正式开立之日起3个工作日后，方可使用该账户办理付款业务，但注册验资的临时存款账户转为基本存款账户和因借款转存开立的一般存款账户除外。对于核准类银行结算账户，“正式开立之日”为中国人民银行当地分支行的核准日期；对于非核准类银行结算账户，“正式开立之日”为开户银行为存款人办理开户手续的日期。

【教学引例3－2解析】

存款人开立单位银行结算账户，自正式开立之日起3个工作日后，方可使用该账户办理付款业务。因此，A企业5月28日申请开立基本存款账户，甲银行的工作人员在5月29日审查完毕后当场办理了该支票的转账手续不符合法律规定。

（二）银行结算账户的变更

银行结算账户的变更是指存款人的账户信息资料发生变化或改变。根据账户管理的要求，存款人变更账户名称、单位的法定代表人或主要负责人、地址等其他开户资料后，应及时向开户银行办理变更手续，填写变更银行结算账户申请书。属于申请变更单位银行结算账户的，应加盖单位公章和法定代表人（单位负责人）或其授权代理人的签名或者盖章；属于申请变更个人银行结算账户的，应加其个人签章。

存款人更改名称，但不改变开户银行及账号的，应于5个工作日内向开户银行提出银行结算账户的变更申请，并出具有关部门的证明文件；单位的法定代表人或主要负责人、住址以及其他开户资料发生变更时，应于5个工作日内书面通知开户银行并提供有关证明；属于变更开户许可证记载事项的，存款人办理变更手续时，应交回开户许可证，由中国人民银行当地分支行换发新的开户许可证。

（三）银行结算账户的撤销

银行结算账户的撤销是指存款人因开户资格或其他原因终止银行结算账户使用的行为。存款人申请撤销银行结算账户时，应填写撤销银行结算账户申请书。属于申请撤销单位银行结算账户的，应加盖单位公章和法定代表人（单位负责人）或其授权代理人的签名或者盖章；属于申请撤销个人银行结算账户的，应加其个人签章。银行在收到存款人撤销银行结算账户的申请后，对于符合销户条件的，应在2个工作日内办理撤销手续。

存款人撤销银行结算账户，必须与开户银行核对银行结算账户存款余额，交回各种重要空白票据及结算凭证和开户许可证，银行核对无误后方可办理销户手续。

有下列情形之一的，存款人应向开户银行提出撤销银行结算账户申请：

（1）被撤并、解散、宣告破产或关闭的。

（2）注销、被吊销营业执照的。

（3）因迁址需要变更开户银行的。

（4）其他原因需要撤销银行结算账户的。

存款人有以上第（1）项、第（2）项情形的，应于5个工作日内向开户银行提出撤销银行结算账户的申请。撤销银行结算账户时，应先撤销一般存款账户、专用存款账户、临时存款账户，将账户资金转入基本存款账户后，方可办理基本存款账户的撤销。银行得知存款人有第（1）项、第（2）项情形的，存款人超过规定期限未主动办理撤销银行结算账户手续的，银行有权停止其银行结算账户的对外支付。存款人因以上第（3）项、第（4）项情形撤销基本存款账户后，需要重新开立基本存款账户的，应在撤销其原基本存款账户后10日内申请重新开立基本存款账户。

存款人尚未清偿其开户银行债务的，不得申请撤销该银行结算账户。对于按照账户管理规定应撤销而未办理销户手续的单位银行结算账户，银行通知该单位银行结算账户的存款人自发出通知之日起30日内办理销户手续，逾期视同自愿销户，未划转款项列入久悬未取专户管理。存款人撤销核准类银行结算账户时，应交回开户许可证。

三、各类具体银行结算账户的开立和使用

银行结算账户的概念与分类

（一）基本存款账户

1. 基本存款账户的概念

基本存款账户是存款人因办理日常转账结算和现金收付需要开立的银行结算账户。

下列存款人，可以申请开立基本存款账户：企业法人；非法人企业；机关、事业单

位；团级（含）以上军队、武警部队及分散执勤的支（分）队；社会团体；民办非企业组织；异地常设机构；外国驻华机构；个体工商户；居民委员会、村民委员会、社区委员会；单位设立的独立核算的附属机构，包括食堂、招待所、幼儿园；其他组织，即按照现行的法律、行政法规规定可以成立的组织，如业主委员会、村民小组等组织。

2. 开户证明文件

（1）企业法人，应出具企业法人营业执照正本。

（2）非法人企业，应出具企业营业执照正本。

（3）机关和实行预算管理的事业单位，应出具政府人事部门或编制委员会的批文或登记证书和财政部门同意其开户的证明。

（4）军队、武警团级（含）以上单位以及有关边防、分散执勤的支（分）队，应出具军队军级以上单位财务部门、武警总队财务部门的开户证明。

（5）社会团体，应出具社会团体登记证书，宗教组织还应出具宗教事务管理部门的批文或证明。

（6）民办非企业组织，应出具民办非企业登记证书。

（7）外地常设机构，应出具其驻在地政府主管部门的批文。对于已经取消对外地常设机构审批的省（市），应出具派出地政府部门的证明文件。

（8）外国驻华机构，应出具国家有关主管部门的批文或证明；外资企业驻华代表处、办事处，应出具国家登记机关颁发的登记证。

（9）个体工商户，应出具个体工商户营业执照正本。

（10）居民委员会、村民委员会、社区委员会，应出具其主管部门的批文或证明。

（11）单位附属独立核算的食堂、招待所、幼儿园，应出具其主管部门的基本存款账户开户许可证和批文。

（12）按照现行法律法规规定可以成立的业主委员会、村民小组等组织，应出具政府主管部门的批文或证明。

上述存款人如果为从事生产、经营活动纳税人的，还应出具税务部门颁发的税务登记证。

3. 基本存款账户的使用

基本存款账户是存款人的主办账户，一个单位只能开立一个基本存款账户。基本存款账户主要办理存款人日常经营活动的资金收付及其工资、奖金和现金的支取。

（二）一般存款账户

1. 一般存款账户的概念

一般存款账户是存款人因借款或其他结算需要，在基本存款账户开户银行以外的银行营业机构开立的银行结算账户。

2. 开户证明文件

存款人申请开立一般存款账户，应向银行出具其开立基本存款账户规定的证明文件、基本存款账户开户许可证和下列证明文件：

（1）存款人因向银行借款需要，应出具借款合同。

（2）存款人因其他结算需要，应出具有关证明。

3. 一般存款账户的使用

一般存款账户用于办理存款人借款转存、借款归还和其他结算的资金收付，可以办理现金缴存，但不得办理现金支取。

【例3－4】某机械制造企业在A开户银行开有基本存款账户。20××年1月5日，该公司因贷款需要又在B银行开立了一般存款账户（账号：998123668989）。同日，该公司财务人员签发了一张现金支票（支票上的出票人账号：998123668989），并向B银行提示付款，要求提取现金3万元。B银行工作人员对支票审查后，拒绝为该公司办理现金支取业务。

【问题】请分析B银行工作人员的做法是否正确。

【答案解析】一般存款账户是因借款转存、借款归还和其他结算需要开立的银行结算账户。本例中，该公司在B银行开立了一个一般存款账户。按照我国现行账户管理规定，该一般存款账户可以办理现金缴存，但不得办理现金支取。B银行工作人员严格执行账户管理规定，不予办理现金支取的做法是正确的。

（三）专用存款账户

1. 专用存款账户的概念

专用存款账户是存款人按照法律、行政法规和规章，对其特定用途资金进行专项管理和使用而开立的银行结算账户。

2. 适用范围

（1）基本建设资金。

（2）更新改造资金。

（3）财政预算外资金。

（4）粮、棉、油收购资金。

（5）证券交易结算资金。

（6）期货交易保证金。

（7）信托基金。

（8）金融机构存放同业资金。

（9）政策性房地产开发资金。

（10）单位银行卡备用金。

（11）住房基金。

（12）社会保障基金。

（13）收入汇缴资金和业务支出资金。

（14）党、团、工会设在单位的组织机构经费。

（15）其他需要专项管理和使用的资金。

3. 开户证明文件

存款人申请开立专用存款账户，应向银行出具其开立基本存款账户规定的证明文件、基本存款账户开户许可证和下列证明文件：

（1）基本建设资金、更新改造资金、政策性房地产开发资金、住房基金、社会保障基金，应出具主管部门批文。

(2) 财政预算外资金，应出具财政部门的证明。

(3) 粮、棉、油收购资金，应出具主管部门批文。

(4) 单位银行卡备用金，应按照中国人民银行批准的银行卡章程的规定出具有关证明和资料。

(5) 证券交易结算资金，应出具证券公司或证券管理部门的证明。

(6) 期货交易保证金，应出具期货公司或期货管理部门的证明。

(7) 金融机构存放同业资金，应出具其证明。

(8) 收入汇缴资金和业务支出资金，应出具基本存款账户存款人有关的证明。

(9) 党、团、工会设在单位的组织机构经费，应出具该单位或有关部门的批文或证明。

(10) 其他按规定需要专项管理和使用的资金，应出具有关法规、规章或政府部门的有关文件。

对于合格境外机构投资者在境内从事证券投资开立的人民币特殊账户和人民币结算资金账户，均纳入专用存款账户管理。其开立人民币特殊账户时应出具国家外汇管理部门的批复文件；开立人民币结算资金账户时，应出具证券管理部门的证券投资业务许可证。

4. 专用存款账户的使用

(1) 单位银行卡账户的资金（备用金）必须由其基本存款账户转账存入。该账户不得办理现金收付业务。

(2) 财政预算外资金、证券交易结算资金、期货交易保证金和信托基金专用存款账户不得支取现金。

(3) 基本建设资金、更新改造资金、政策性房地产开发资金、金融机构存放同业资金账户需要支取现金的，应在开户时报中国人民银行当地分支行批准。

(4) 粮、棉、油收购资金，社会保障基金，住房基金和党、团、工会经费等专用存款账户支取现金应按照国家现金管理的规定办理。银行应按照国家对粮、棉、油收购资金使用管理的规定加强监督，不得办理不符合规定的资金收付和现金支取。

(5) 收入汇缴资金和业务支出资金，是指基本存款账户存款人附属的非独立核算单位或派出机构发生的收入和支出的资金。收入汇缴账户除向其基本存款账户或预算外资金财政专用存款户划缴款项外，只收不付，不得支取现金。业务支出账户除从其基本存款账户拨入款项外，只付不收，其现金支取也必须按照国家现金管理的规定办理。

（四）预算单位零余额账户

(1) 预算单位使用财政性资金，应当按照规定的程序和要求，向财政部门提出设立零余额账户的申请，财政部门同意预算单位开设零余额账户后通知代理银行。

(2) 代理银行根据《人民币银行结算账户管理办法》的规定，具体办理开设预算单位零余额账户业务，并将所开账户的开户银行名称、账号等详细情况书面报告财政部门和中国人民银行，并由财政部门通知一级预算单位。

(3) 预算单位根据财政部门的开户通知，具体办理预留印鉴手续。印鉴卡内容如有变动，预算单位应及时通过一级预算单位向财政部门提出变更申请，办理印鉴卡更换手续。

（4）一个基层预算单位开设一个零余额账户。

（5）预算单位零余额账户用于财政授权支付，可以办理转账、提取现金等结算业务，可以向本单位按账户管理规定保留的相应账户划拨工会经费、住房公积金及提租补贴，以及财政部门批准的特殊款项，不得违反规定向本单位其他账户和上级主管单位、所属下级单位账户划拨资金。

（五）临时存款账户

1. 临时存款账户的概念

临时存款账户是指存款人因临时需要并在规定期限内使用而开立的银行结算账户。

2. 适用范围

（1）设立临时机构，如工程指挥部、筹备领导小组、摄制组等。

（2）异地临时经营活动，如建筑施工及安装单位等在异地的临时经营活动。

（3）注册验资、增资。

（4）军队、武警单位承担基本建设或者异地执行作战、演习、抢险救灾、应对突发事件等临时任务。

3. 开户证明文件

（1）临时机构，应出具其驻在地主管部门同意设立临时机构的批文。

（2）异地建筑施工及安装单位，应出具其营业执照正本或其隶属单位的营业执照正本，以及施工及安装地建设主管部门核发的许可证或建筑施工及安装合同。外国及我国港、澳、台建筑施工及安装单位，应出具行业主管部门核发的资质准入证明。

（3）异地从事临时经营活动的单位，应出具其营业执照正本以及临时经营地工商行政管理部门的批文。

（4）境内单位在异地从事临时活动的，应出具政府有关部门批准其从事该项活动的证明文件。

（5）境外（含港、澳、台地区）机构在境内从事经营活动的，应出具政府有关部门批准其从事该项活动的证明文件。

（6）军队、武警单位因执行作战、演习、抢险救灾、应对突发事件等任务需要开立银行账户时，开户银行应当凭军队、武警团级以上单位后勤（联勤）部门出具的批件或证明，先予开户并同时启用，后补办相关手续。

（7）注册验资资金，应出具工商行政管理部门核发的企业名称预先核准通知书或有关部门的批文。

（8）增资验资资金，应出具股东会或董事会决议等证明文件。

上述第（2）、（3）、（4）、（8）项还应出具基本存款账户开户许可证，外国及我国港、澳、台地区建筑施工及安装单位除外。

4. 临时存款账户的使用

临时存款账户用于办理临时机构以及存款人临时经营活动发生的资金收付。临时存款账户应根据有关开户证明文件确定的期限或存款人的需要确定其有效期限，最长不得超过2年。临时存款账户支取现金，应按照国家现金管理的规定办理。注册验资的临时存款账户在验资期间只收不付。

【例3-5】 单位银行结算账户包括(　　)。

A. 基本存款账户　　　　B. 一般存款账户

C. 专用存款账户　　　　D. 临时存款账户

【答案】 ABCD

【知识点】 银行结算账户的分类。

【例3-6】（判断题）开户单位可以根据实际需要开具多个银行存款账户。

【答案】 错误

【知识点】 基本存款账户的使用。

【答案解析】 一个单位只能开立一个基本存款账户。

【例3-7】（判断题）一般存款账户是企业的主办账户，既能存入现金又可以支取现金。

【答案】 错误

【知识点】 基本存款账户与一般存款账户的使用。

【答案解析】 基本存款账户是单位的主办账户；一般存款账户可以办理现金缴存，但不得办理现金支取。

（六）个人银行结算账户

1. 个人银行结算账户的概念

个人银行结算账户是指存款人因投资、消费、结算等需要而凭个人身份证件以自然人名称开立的银行结算账户。邮政储蓄机构办理银行卡业务开立的账户纳入个人银行结算账户管理。自然人可根据需要申请开立个人银行结算账户，也可以在已开立的储蓄账户中选择并向开户银行申请确认为个人银行结算账户。储蓄账户仅限于办理现金存取业务，不得办理转账结算。

2. 适用范围

使用支票、信用卡等信用支付工具的，办理汇兑、定期借记、定期贷记、借记卡等结算业务的，可以申请开立个人银行结算账户。

3. 开户证明文件

存款人申请开立个人银行结算账户，应向银行出具下列证明文件：

(1) 中国居民，应出具居民身份证或临时身份证或户口簿或护照。

(2) 中国人民解放军军人，应出具军人身份证件。

(3) 中国人民武装警察，应出具武警身份证件。

(4) 军队（武装警察）离退休干部以及在解放军军事院校学习的现役军人，可出具离休干部荣誉证、军官退休证、文职干部退休证或军事院校学员证。

(5) 中国香港、澳门特别行政区居民，应出具港澳居民往来内地通行证；中国台湾地区居民，应出具中国台湾居民来往大陆通行证或者其他有效旅行证件。居住在境内或境外的中国籍的华侨，可出具中国护照。

（6）外国公民，应出具护照。获得在中国永久居留资格的外国人，可出具外国人永久居留证。

（7）外国边民在我国边境地区的银行开立个人银行账户，可出具所在国制发的《边民出入境通行证》。

（8）法律、法规和国家有关文件规定的其他有效证件。

4. 个人银行结算账户的使用

个人银行结算账户用于办理个人转账收付和现金存取。下列款项可以转入个人银行结算账户：

（1）工资、奖金收入。

（2）稿费、演出费等劳务收入。

（3）债券、期货、信托等投资的本金和收益。

（4）个人债权或产权转让收益。

（5）个人贷款转存。

（6）证券交易结算资金和期货交易保证金。

（7）继承、赠与款项。

（8）保险理赔、保费退还等款项。

（9）纳税退还。

（10）农、副、矿产品销售收入。

（11）其他合法款项。

单位从其银行结算账户支付给个人银行结算账户的款项，每笔超过 5 万元（不包含 5 万元）的，应向其开户银行提供下列付款依据：

（1）代发工资协议和收款人清单。

（2）奖励证明。

（3）新闻出版、演出主办等单位与收款人签订的劳务合同或支付给个人款项的证明。

（4）证券公司、期货公司、信托投资公司、奖券发行或承销部门支付或退还给自然人款项的证明。

（5）债权或产权转让协议。

（6）借款合同。

（7）保险公司的证明。

（8）税收征管部门的证明。

（9）农、副、矿产品购销合同。

（10）其他合法款项的证明。

从单位银行结算账户支付给个人银行结算账户的款项应纳税的，税收代扣单位付款时应向其开户银行提供完税证明。

当个人持出票人为单位的支票向开户银行委托收款，将款项转入其个人银行结算账户的，或个人持申请人为单位的银行汇票和银行本票向开户银行提示付款，将款项转入其个人银行结算账户的，个人应出具上述第（1）~（10）项中规定的有关收款依据。存款人应对其提供的收款依据或付款依据的真实性、合法性负责。从单位银行结算账户向个人银行结算账户支付款项单笔超过 5 万元人民币时，付款单位若在付款用途栏或备注栏注明事由，可不再另行出具付款依据，但付款单位应对支付款项事由的真实性、合法性负责。

（七）异地银行结算账户

1. 异地银行结算账户的概念

异地银行结算账户，是存款人在其注册地或住所地行政区域之外（跨省、市、县）开立的银行结算账户。

2. 适用范围

（1）营业执照注册地与经营地不在同一行政区域（跨省、市、县）需要开立基本存款账户的。

（2）办理异地借款和其他结算需要开立一般存款账户的。

（3）存款人因附属的非独立核算单位或派出机构发生的收入汇缴或业务支出需要开立专用存款账户的。

（4）异地临时经营活动需要开立临时存款账户的。

（5）自然人根据需要在异地开立个人银行结算账户的。

3. 开户证明文件

存款人需要在异地开立单位银行结算账户，除出具开立基本存款账户、一般存款账户、专用存款账户和临时存款账户规定的有关证明文件和基本存款账户开户许可证外，还应出具下列相应的证明文件：

（1）异地借款的存款人在异地开立一般存款账户的，应出具在异地取得贷款的借款合同。

（2）因经营需要在异地办理收入汇缴和业务支出的存款人在异地开立专用存款账户的，应出具隶属单位的证明。

存款人需要在异地开立个人银行结算账户的，应出具在住所地开立账户所需的证明文件。

四、银行结算账户的管理

（一）银行结算账户的实名制管理

（1）存款人应以实名开立银行结算账户，并对其出具的开户（变更、撤销）申请资料实质内容的真实性负责，法律、行政法规另有规定的除外。

（2）存款人应按照账户管理规定使用银行结算账户办理结算业务，不得出租、出借银行结算账户，不得利用银行结算账户套取银行信用或进行洗钱活动。

（二）银行结算账户变更事项的管理

存款人申请临时存款账户展期，变更、撤销单位银行结算账户以及补（换）发开户许可证时，可由法定代表人或单位负责人直接办理，也可授权他人办理。由法定代表人或单位负责人直接办理的，除出具相应的证明文件外，还应出具法定代表人或单位负责人的身份证件；授权他人办理的，除出具相应的证明文件外，还应出具法定代表人或单位负责人的身份证件及其出具的授权书，以及被授权人的身份证件。

（三）存款人预留银行签章的管理

（1）单位遗失预留公章或财务专用章的，应向开户银行出具书面申请、开户许可证、营业执照等相关证明文件；更换预留公章或财务专用章时，应向开户银行出具书面申请、原预留公章或财务专用章等相关证明文件。

（2）个人遗失或更换预留个人印章或更换签字人时，应向开户银行出具经签名确认的书面申请，以及原预留印章或签字人的个人身份证件。银行应留存相应的复印件，并凭此办理预留银行签章的变更。

（四）银行结算账户的对账管理

银行结算账户的存款人应与银行按规定核对账务。存款人收到对账单或对账信息后，应及时核对账务并在规定期限内向银行发出对账回单或确认信息。

【例3－8】下列说法中，正确的有（　　）。

A. 个人银行卡账户可以出租、出借

B. 临时存款账户的有效期限最长不得超过2年

C. 单位银行卡账户的资金必须由其基本存款账户转账存入，该账户不得办理现金收付业务

D. 基本存款账户既可以存入现金又可以支取现金；一般存款账户只可存入现金，不得支取现金

【答案】BCD

【知识点】银行结算账户的相关规定。

【答案解析】结算账户不得出租、出借，个人银行卡账户属于个人银行结算账户的范畴，因此也不能出租、出借，故选项A错误。

第三节 银行卡

教学引例3－3

甲公司会计人员于20××年1月6日在其开户银行A银行为单位开立了一个单位人民币借记卡账户，并从基本存款账户转入款项60万元。20××年12月3日，异地乙公司

业务人员随身携带现金4万元与甲公司洽谈生意。洽谈结束后，乙公司按照洽谈意见，需要预付货款5万元。乙公司业务人员交付携带的4万元现金后，甲公司授意其将剩余的1万元从乙公司的异地账户直接汇入甲公司银行卡账户。

20××年12月10日，甲公司银行卡账户中收到乙公司的1万元预付货款，同日甲公司会计人员到开户银行A银行将银行卡账户中的2万元转入该公司总经理在B银行开立的个人银行卡账户。

【问题】请分析甲公司会计人员的以上做法中哪些违反了信用卡业务管理的有关规定。

一、银行卡的概念和分类

（一）银行卡的概念

银行卡是指经批准由商业银行（含邮政金融机构）向社会发行的具有消费信用、转账结算、存取现金等全部或部分功能的信用支付工具。

（二）银行卡的分类

银行卡按不同标准，可以分为以下几类。

（1）按是否具有透支功能分为信用卡和借记卡。前者可以透支，后者不具备透支功能。信用卡按是否向发卡银行交存备用金分为贷记卡、准贷记卡两类。

（2）按币种不同分为人民币卡、外币卡。外币卡是持卡人与发卡银行以除人民币以外的货币作为清算货币的银行卡。目前国内商户可受理VISA（维萨）、MasterCard（万事达）、American Express（美国运通）、DinersClub（大来）等信用卡组织发行的外卡。

（3）按发行对象不同分为单位卡（商务卡）、个人卡。

（4）按信息载体不同分为磁条卡、芯片（IC）卡。芯片（IC）卡既可应用于单一的银行卡品种，又可应用于组合的银行卡品种。

二、银行卡账户和交易

（一）银行卡申领、注销和丧失

单位或个人申领信用卡，应按规定填制申请表，连同有关资料一并送交发卡银行。发卡银行可根据申请人的资信程度，要求其提供担保。担保的方式可采用保证、抵押或质押。凡在中国境内金融机构开立基本存款账户的单位，应当凭中国人民银行核发的开户许可证申领单位卡；个人申领银行卡（储值卡除外），应当向发卡银行提供公安部门规定的本人有效身份证件，经发卡银行审查合格后，为其开立记名账户。银行卡及其账户只限经发卡银行批准的持卡人本人使用，不得出租和转借。

单位人民币卡账户的资金一律从其基本存款账户转账存入，不得存取现金，不得将销货收入存入单位卡账户。单位外币卡账户的资金应从其单位的外汇账户转账存入，不得在境内存取外币现钞。个人人民币卡账户的资金以其持有的现金存入或以其工资性款项、属于个人的合法的劳务报酬、投资回报等收入转账存入，个人外币卡账户的资金以其个人持有的外币现钞存入或从其外汇账户（含外钞账户）转账存入，该外汇账户及存款应符合国家外汇管理局的有关规定。严禁将单位的款项转入个人卡账户存储。

持卡人在还清全部交易款项、透支本息和有关费用后，可申请办理销户。销户时，单位人民币卡账户的资金应当转入其基本存款账户，单位外币卡账户的资金应当转回相应的外汇账户，不得提取现金。对于持卡人因死亡等原因而需办理的注销和清户，应按照我国的继承法和公证法等法规办理。发卡行受理注销之日起 45 天后，被注销信用卡账户方能清户。

持卡人丧失银行卡，应立即持本人身份证件或其他有效证明，并按规定提供有关情况，向发卡银行或代办银行申请挂失，发卡银行或代办银行审核后办理挂失手续。

【教学引例 3－3 解析】

（1）单位的销货收入不得转入单位银行卡账户。《银行卡业务管理办法》规定，单位人民币卡账户的资金一律从其基本存款账户转账存入，不得存取现金，不得将销货收入存入单位卡账户。本例中，预付款是乙公司总货款的一部分，是甲公司尚未实现的销售收入，销售收入实现后这 1 万元将成为其中的一部分。乙公司将 1 万元预付货款从其账户中汇入甲公司银行卡中，违背了上述规定。

（2）单位的银行卡资金不得转入个人银行账户。《银行卡业务管理办法》规定，个人人民币卡账户的资金以其持有的现金存入或以其工资性款项、属于个人的合法的劳务报酬、投资回报等收入转账存入。《支付结算办法》规定，严禁将单位的款项存入个人卡账户。本例中，甲公司会计人员将其银行卡账户中的 2 万元转入该公司总经理在 B 银行开立的个人银行卡账户，属于公款私存，应按规定追究其责任；A 银行工作人员对明知的公款私存行为没有认真审查，属于失职行为，也应追究有关责任。

（二）银行卡交易的基本规定

（1）单位人民币卡可办理商品交易和劳务供应款项的结算，但不得透支。单位卡不得支取现金。

（2）发卡银行对贷记卡的取现应当每笔授权，每卡每日累计取现不得超过 2 000 元人民币。发卡银行应当对借记卡持卡人在自动柜员机（ATM 机）取款设定交易上限，每卡每日累计提款不得超过 2 万元人民币。储值卡的面值或卡内币值不得超过 1 000 元人民币。

（3）准贷记卡的透支期限最长为 60 天。贷记卡的首月最低还款额不得低于其当月透支余额的 10%。

（4）发卡银行通过下列途径追偿透支款项和诈骗款项：扣减持卡人保证金、依法处理抵押物和质物；向保证人追索透支款项；通过司法机关的诉讼程序进行追偿。

三、银行卡计息

发卡银行对准贷记卡及借记卡（不含储值卡）账户内的存款，按照中国人民银行规定的同期同档次存款利率及计息办法计付利息。发卡银行对贷记卡账户的存款、储值卡（含 IC 卡的电子钱包）内的币值不计付利息。

四、银行卡清算市场

自 2015 年 6 月 1 日起，我国放开银行卡清算市场，符合条件的内外资企业，均可申请在中国境内设立银行卡清算机构。在中国境内从事银行卡清算业务，境外支付机构、第三方支付机构、银行等符合条件的机构应当向中国人民银行提出申请，经中国人民银行征求中国银行业监督管理委员会同意后予以批准，依法取得“银行卡清算业务许可证”，申请成为银行卡清算机构的，注册资本不得低于 10 亿元人民币。

五、银行卡收单

（一）银行卡收单业务概念

银行卡收单业务，是指收单机构与特约商户签订银行卡受理协议，在特约商户按约定受理银行卡并与持卡人达成交易后，为特约商户提供交易资金结算服务的行为。通俗地讲，就是持卡人在银行签约商户处刷卡消费，银行将持卡人刷卡消费的资金在规定周期内结算给商户，并从中扣取一定比例的手续费。

银行卡收单机构，包括从事银行卡收单业务的银行业金融机构，获得银行卡收单业务许可、为实体特约商户提供银行卡受理并完成资金结算服务的支付机构，以及获得网络支付业务许可、为网络特约商户提供银行卡受理并完成资金结算服务的支付机构。

特约商户，是指与收单机构签订银行卡受理协议、按约定受理银行卡并委托收单机构为其完成交易资金结算的企事业单位、个体工商户或其他组织，以及按照国家工商行政管理机关有关规定，开展网络商品交易等经营活动的自然人。实体特约商户，是指通过实体经营场所提供商品或服务的特约商户。网络特约商户，是指基于公共网络信息系统提供商品或服务的特约商户。

（二）银行卡收单业务管理规定

1. 特约商户管理

收单机构拓展特约商户，应遵循“了解你的客户”原则，对特约商户实行实名制管理。收单机构应严格审核特约商户的营业执照等证明文件，以及法定代表人或负责人有效身份证件等申请材料。特约商户为自然人的，收单机构应当审核其有效身份证件。特约商户使用单位银行结算账户作为收单银行结算账户的，收单机构还应当审核其合法拥有该账户的证明文件。

收单机构应当与特约商户签订银行卡受理协议，就可受理的银行卡种类、开通的交易类型、收单银行结算账户的设置和变更、资金结算周期、结算手续费标准、差错和纠纷处置等事项，明确双方的权利、义务和违约责任。特约商户的收单银行结算账户应当为其同名单位银行结算账户，或其指定的、与其存在合法资金管理关系的单位银行结算账户。特约商户为个体工商户和自然人的，可使用其同名个人银行结算账户作为收单银行结算账户。

收单机构应当对实体特约商户收单业务进行本地化经营和管理，通过在特约商户及其分支机构所在省（自治区、直辖市）域内的收单机构或其分支机构提供收单服务，不得跨省（自治区、直辖市）域开展收单业务。对于连锁式经营或集团化管理的特约商户，收单机构或经其授权的特约商户所在地的分支机构可与特约商户签订总对总银行卡受理协议，并严格落实本地化服务和管理责任。

2. 业务与风险管理

收单机构应当强化业务和风险管理措施，建立特约商户检查制度、资金结算风险管理制度、收单交易风险监测系统以及特约商户收单银行结算账户设置和变更审核制度等。建立对实体特约商户、网络特约商户分别进行风险评级制度，对于风险等级较高的特约商户，收单机构应当对其开通的受理卡种和交易类型进行限制，并采取强化交易监测、设置交易限额、延迟结算、增加检查频率、建立特约商户风险准备金等措施。

收单机构应按协议约定及时将交易资金结算到特约商户的收单银行结算账户，资金结算时限最迟不得超过持卡人确认可直接向特约商户付款的支付指令生效日后 30 个自然日，因涉嫌违法违规等风险交易需延迟结算的除外。收单机构应当根据交易发生时的原交易信息发起银行卡交易差错处理、退货交易，将资金退至持卡人原银行卡账户。若持卡人原银行卡账户已撤销，则应当退至持卡人指定的本人其他银行账户。

收单机构发现特约商户发生疑似银行卡套现、洗钱、欺诈、移机、留存或泄露持卡人账户信息等风险事件的，应当对特约商户采取延迟资金结算、暂停银行卡交易或收回受理终端（关闭网络支付接口）等措施，并承担因未采取措施导致的风险损失责任；涉嫌违法犯罪活动的，应当及时向公安机关报案。

（三）银行卡 POS 收单业务交易及结算流程

POS（英文全称：point of sale，中文名称：多功能终端）是安装在特约商户内，为持卡人提供授权、消费、结算等服务的专用电子支付设备，也是能够保证银行交易处理信息安全的实体支付终端。目前国内银行卡 POS 交易的转接和资金清算由中国银联负责。境外银行卡 POS 交易的转接和转接清算由国际发卡组织负责（如 VISA、MasterCard 等）。

银行卡 POS 收单业务交易及结算流程如图 3－1 所示。

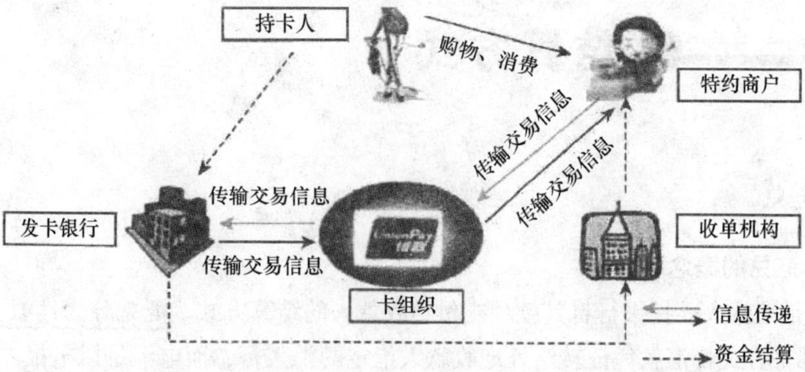

图 3－1　银行卡 POS 收单业务交易及结算流程

（1）收银员审查银行卡，刷卡输入交易金额。

（2）持卡人确认消费金额并输入交易密码。

（3）交易信息通过中国银联输送至发卡机构。

（4）发卡机构系统检查卡片有效性、验证密码和账户余额，并发送交易处理结果信息（通过检查和验证后扣减持卡人账户资金并发送成功信息，如未通过则发送失败信息）。

(5) 中国银联把交易处理结果信息返回给受理机具。

(6) 若交易成功，受理机具打印单据。

(7) 持卡人在消费单据上签名，收银员保管好交易单据。

(8) 中国银联每日 23:00 进行日终处理，按成员机构代号进行轧差清算，次日通过现代化支付系统直接拨收成员机构清算资金。

(9) 成员机构次日从中国银联下载商户交易明细，对商户进行资金入账（已扣减交易手续费）并向特约商户提供交易明细。

（四）结算收费

2012 年 11 月 19 日，中国人民银行做出银行刷卡手续费标准调整规定，我国境内商业银行办理银行卡收单业务应当按下列标准向商户收取结算手续费：餐饮、宾馆、娱乐、珠宝金饰、工艺美术品、房地产及汽车销售等行业为交易金额的 1.25%，其中，房地产、汽车销售封顶为每笔 80 元；百货、批发、社会培训、中介服务、旅行社及景区门票等一般类行业为交易金额的 0.78%，其中批发类为每笔 26 元；超市、大型仓储式卖场、水电煤气缴费、加油、交通运输售票等民生类行业为交易金额的 0.38%；公立医院和公立学校等公益类行业按照服务成本收取费用。

第四节 结算方式

一、汇兑

（一）汇兑的概念和种类

汇兑是汇款人委托银行将其款项支付给收款人的结算方式。汇兑分为信汇、电汇两种，信汇是以邮寄方式将汇款凭证转给外地收款人指定的汇入行，而电汇是以电报方式将汇款凭证转发给收款人指定的汇入行。信汇、电汇由汇款人选择使用。随着网络化进程的推进，目前主要的汇兑方式是电汇。单位和个人的各种款项的结算，均可使用汇兑结算方式。

（二）办理汇兑的程序

1. 签发汇兑凭证

签发汇兑凭证必须记载下列事项：表明“信汇”或“电汇”的字样；无条件支付的委托；确定的金额；收款人名称；汇款人名称；汇入地点、汇入行名称；汇出地点、汇出行名称；委托日期；汇款人签章。汇兑凭证记载的汇款人、收款人在银行开立存款账户的，必须记载其账号。汇款人和收款人均为个人，需要在汇入银行支取现金的，应在信汇、电汇凭证的“汇款金额”大写栏内，先填写“现金”字样，后填写汇款金额。

2. 银行受理

汇出银行受理汇款人签发的汇兑凭证，经审查无误后，应及时向汇入银行办理汇款，并向汇款人签发汇款回单。汇款回单只能作为汇出银行受理汇款的依据，不能作为该笔汇款已转入收款人账户的证明。

3. 汇入处理

汇入银行对开立存款账户的收款人，应将汇入的款项直接转入收款人账户，并向其发出收账通知。收账通知是银行将款项确已转入收款人账户的凭据。支取现金的，信汇、电汇凭证上必须有按规定填明的“现金”字样，才能办理。未填明“现金”字样需要支取现金的，由汇入银行按照国家现金管理规定审查支付。转账支付的，应由原收款人填制支款凭证，并由本人向银行交验其身份证件办理支付款项。

上述办理汇兑结算流程如图 3－2 所示。

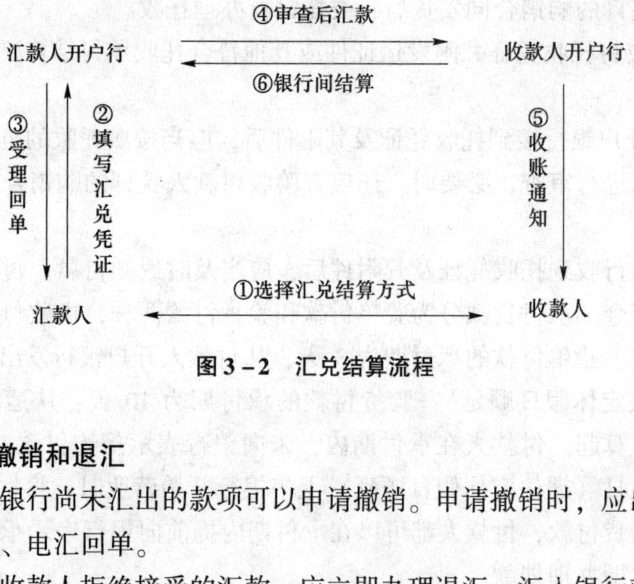

图 3－2　汇兑结算流程

（三）汇兑的撤销和退汇

汇款人对汇出银行尚未汇出的款项可以申请撤销。申请撤销时，应出具正式函件或本人身份证件及原信、电汇回单。

汇入银行对于收款人拒绝接受的汇款，应立即办理退汇。汇入银行对于向收款人发出取款通知，经过 2 个月无法交付的汇款，应主动办理退汇。

二、托收承付

（一）托收承付的概念和适用范围

托收承付是根据购销合同由收款人发货后委托银行向异地付款人收取款项，由付款人向银行承认付款的结算方式。托收承付结算每笔的金额起点为1 万元。新华书店系统每笔的金额起点为1 000 元。办理托收承付结算的款项，必须是商品交易以及因商品交易而产生的劳务供应的款项。代销、寄销、赊销商品的款项，不得办理托收承付结算。使用托收承付结算方式的收款单位和付款单位，必须是国有企业、供销合作社以及经营管理较好并经开户银行审查同意的城乡集体所有制工业企业。

收付双方使用托收承付结算必须签有符合《合同法》规定的购销合同，并在合同上订明使用托收承付结算方式。收付双方办理托收承付结算，必须重合同、守信用。收款人对同一付款人发货托收累计 3 次收不回货款的，收款人开户银行应暂停收款人向该付款人办理托收；付款人累计 3 次提出无理拒付的，付款人开户银行应暂停其向外办理托收。收款人办理托收，必须具有商品确已发运的证件，包括铁路、航运、公路等运输部门签发的运单、运单副本和邮局包裹回执等。

（二）办理托收承付的程序

1. 签发托收凭证

签发托收凭证必须记载下列事项：表明“托收”的字样；确定的金额；付款人名称及账号；收款人名称及账号；付款人开户银行名称；收款人开户银行名称；托收附寄单证张数或册数；合同名称、号码；委托日期；收款人签章。

2. 托收

收款人按照签订的购销合同发货后，委托银行办理托收。

（1）收款人应将托收凭证并附发运证件或其他符合托收承付结算要求的有关证明和交易单证送交银行。

（2）收款人开户银行接到托收凭证及其附件后，应当按照托收的范围、条件和托收凭证记载的要求认真进行审查，必要时，还应查验收付款人签订的购销合同。

3. 承付

付款人开户银行收到托收凭证及其附件后，应当及时通知付款。付款人应在承付期内审查核对，安排资金。承付货款分为验单付款和验货付款两种，由收付双方商量选用，并在合同中明确规定。验单付款的承付期为 3 天，从付款人开户银行发出承付通知的次日算起（承付期内遇法定休假日顺延）；验货付款的承付期为 10 天，从运输部门向付款人发出提货通知的次日算起。付款人在承付期内，未向银行表示拒绝付款，银行即视作承付，并在承付期满的次日（遇法定休假日顺延）上午银行开始营业时，将款项划给收款人。不论验单付款还是验货付款，付款人都可以在承付期内提前向银行表示承付，并通知银行提前付款，银行应立即办理划款。

4. 逾期付款

付款人在承付期满日银行营业终了时，如无足够资金支付，其不足部分，即为逾期未付款项，按逾期付款处理。

5. 拒绝付款

对下列情况，付款人在承付期内可向银行提出全部或部分拒绝付款：

（1）没有签订购销合同或购销合同未订明托收承付结算方式的款项。

（2）未经双方事先达成协议，收款人提前交货，或因逾期交货，付款人不再需要该项货物的款项。

（3）未按合同规定的到货地址发货的款项。

（4）代销、寄销、赊销商品的款项。

（5）验单付款，发现所列货物的品种、规格、数量、价格与合同规定不符，或货物已到，经查验货物与合同规定或发货清单不符的款项。

（6）验货付款，经查验货物与合同规定或与发货清单不符的款项。

（7）货款已经支付或计算有错误的款项。

6. 重办托收

收款人对被无理拒绝付款的托收款项，在收到退回的结算凭证及其所附单证后，需要委托银行重办托收。经开户银行审查，确属无理拒绝付款，可以重办托收。

三、委托收款

（一）委托收款的概念和适用范围

委托收款是收款人委托银行向付款人收取款项的结算方式。单位和个人凭已承兑商业汇票、债券、存单等付款人债务证明办理款项的结算，均可以使用委托收款结算方式。委托收款在同城、异地均可以使用。

（二）办理委托收款的程序

1. 签发托收凭证

签发托收凭证必须记载下列事项：表明“托收”的字样；确定的金额；付款人名称；收款人名称；委托收款凭据名称及附寄单证张数；委托日期；收款人签章。委托收款以银行以外的单位为付款人的，委托收款凭证必须记载付款人开户银行名称；以银行以外的单位或在银行开立存款账户的个人为收款人的，委托收款凭证必须记载收款人开户银行名称；未在银行开立存款账户的个人为收款人的，委托收款凭证必须记载被委托银行名称。

2. 委托

收款人办理委托收款应向银行提交委托收款凭证和有关的债务证明。

3. 付款

银行接到寄来的委托收款凭证及债务证明，审查无误后办理付款。

（1）以银行为付款人的，银行应当在当日将款项主动支付给收款人。

（2）以单位为付款人的，银行应及时通知付款人，需要将有关债务证明交给付款人的应交给付款人。付款人应于接到通知的当日书面通知银行付款。付款人未在接到通知日的次日起 3 日内通知银行付款的，视同付款人同意付款，银行应于付款人接到通知日的次日起第 4 日上午开始营业时，将款项划给收款人。银行在办理划款时，付款人存款账户不足支付的，应通过被委托银行向收款人发出未付款项通知书。

（3）拒绝付款。付款人审查有关债务证明后，对收款人委托收取的款项需要拒绝付款的，可以办理拒绝付款。以银行为付款人的，应自收到委托收款及债务证明的次日起 3 日内出具拒绝证明，连同有关债务证明、凭证寄给被委托银行，转交收款人；以单位为付款人的，应在付款人接到通知日的次日起 3 日内出具拒绝证明，持有债务证明的，应将其送交开户银行。银行应将拒绝证明、债务证明和有关凭证一并寄给被委托银行，转交收款人。

四、国内信用证

（一）国内信用证的概念和适用范围

信用证

国内信用证（以下简称：信用证），是指开证银行依照申请人（购货方）的申请向受益人（销货方）开出的有一定金额、在一定期限内凭信用证规定的单据支付款项的书面承诺。我国信用证为不可撤销、不可转让的跟单信用证。不可撤销信用证，是指信用证开具后在有效期内，非经信用证各有关当事人（即开证银行、开证申请人和受益人）的同意，开证银行不得修改或者撤销的信用证；不可转让信用证，是指受益人不能将信用证的权利转让给他人的信用证。信用证结算方式只适用于国内企业之间商品交易产生的货款结算，并且只能用于转账结算，不得支取现金。

（二）国内办理信用证的基本程序

1. 开证

（1）开证申请。开证申请人使用信用证时，应委托其开户银行办理开证业务。开证申请人申请办理开证业务时，应当填具开证申请书、信用证申请人承诺书并提交有关购销合同。

（2）受理开证。开证行根据申请人提交的开证申请书、信用证申请人承诺书及购销合同决定是否受理开证业务。开证行在决定受理该项业务时，应向申请人收取不低于开证金额 20% 的保证金，并可根据申请人资信情况要求其提供抵押、质押或由其他金融机构出具保函。信用证的基本条款包括：开证行名称及地址；开证日期；信用证编号；不可撤销、不可转让信用证；开证申请人名称及地址；受益人名称及地址（受益人为有权收取信用证款项的人，一般为购销合同的供方）；通知行名称（通知行为受开证行委托向受益人通知信用证的银行）；信用证有效期及有效地点（信用证有效期为受益人向银行提交单据的最迟期限，最长不得超过 6 个月；信用证的有效地点为信用证指定的单据提交地点，即议付行或开证行所在地）；交单期（交单期为提交运输单据的信用证所注明的货物装运后必须交单的特定日期）；信用证金额；付款方式（即期付款、延期付款或议付）；运输条款；货物描述（包括货物名称、数量、价格等）；单据条款（必须注明据以付款或议付的单据，至少包括发票、运输单据或货物收据）；其他条款；开证行保证文句。

2. 通知

通知行收到信用证，应认真审核；无误的，应填制信用证通知书，连同信用证交付受益人。

3. 议付

议付是指信用证指定的议付行在单证相符条件下，扣除议付利息后向受益人给付对价的行为。议付行必须是开证行指定的受益人开户行。议付仅限于延期付款信用证。受益人可以在交单期或信用证有效期内向议付行提示单据、信用证正本及信用证通知书，并填制信用证议付/委托收款申请书和议付凭证，请求议付。议付行审核受益人提示的单据后，同意议付的，办理议付。实付议付金额按议付金额扣除议付日至信用证付款到期日前一日的利息计算，议付利率比照贴现利率。拒绝议付的，应及时作出书面拒绝议付通知，注明拒绝议付理由，通知受益人。议付行可以根据受益人的要求不作议付，仅为其办理委托收款。议付行议付后，应通过委托收款将单据寄开证行索偿资金。议付行议付信用证后，对受益人具有追索权。到期不获付款的，议付行可从受益人账户收取议付金额。

4. 付款

受益人在交单期或信用证有效期内向开证行交单收款，应向开户银行填制委托收款凭证和信用证议付、委托收款申请书，并出具单据和信用证正本。开户银行收到凭证和单证审查齐全后，应及时为其向开证行办理交单和收款。开证行在收到议付行寄交的委托收款凭证、单据及寄单通知书或受益人开户行寄交的委托收款凭证、信用证正本单据及信用证议付、委托收款申请书的次日起 5 个营业日内，及时核对单据表面与信用证条款是否相符。无误后，对即期付款信用证，从申请人账户收取款项支付给受益人；对延期付款信用证，应向议付行或受益人发出到期付款确认书，并于到期日从申请人账户收取款项支付给议付行或受益人。申请人交存的保证金和其存款账户余额不足支付的，开证行仍应在规定的付款时间内进行付款。对不足支付的部分作逾期贷款处理。对申请人提供抵押、质押、保函等担保的，按《中华人民共和国担保法》的有关规定索偿。

第五节 网上支付

网上支付是电子支付的一种形式，它是指电子交易的当事人，包括消费者、厂商和金融机构，使用电子支付手段通过网络进行的货币或资金流转。网上支付的主要方式有网上银行和第三方支付。

一、网上银行

（一）网上银行的概念

网上银行（Online Banking Service）包含两个层次的含义：一个是机构概念，指通过信息网络开办业务的银行；另一个是业务概念，指银行通过信息网络提供的金融服务，包括传统银行业务和因信息技术应用带来的新兴业务。在日常生活和工作中，网上银行多指网上银行服务的概念。

简单地说，网上银行就是银行在互联网上设立虚拟银行柜台，使传统的银行服务不再通过物理的银行分支机构来实现，而是借助于网络与信息技术手段在互联网上实现，因此网上银行也称网络银行。网上银行又被称为“3A 银行”，因为它不受时间、空间限制，能够在任何时间（Anytime）、任何地点（Anywhere），以任何方式（Anyway）为客户提供金融服务。

（二）网上银行的分类

按照不同的标准，网上银行可以分为不同的类型。

1. 按主要服务对象分为企业网上银行和个人网上银行

企业网上银行主要适应于企事业单位，企事业单位可以通过企业网络银行适时了解财务运作情况，及时调度资金，轻松处理大批量的网络支付和工资发放业务并可以处理信用证相关业务。个人网上银行主要适用于个人与家庭，个人可以通过个人网络银行实时查询、转账、网络支付和汇款功能。

2. 按经营组织分为分支型网上银行和纯网上银行

分支型网上银行是指现有的传统银行利用互联网作为新的服务手段，建立银行站点，提供在线服务而设立的网上银行。纯网上银行本身就是一家银行，是专门为提供在线银行服务而成立的，因而也被称为只有一个站点的银行。

3. 按业务种类分为零售银行和批发银行

（三）网上银行的主要功能

目前，网上银行利用 Internet 和 HTML 技术，能够为客户提供综合、统一、安全、实时的银行服务，包括提供对私、对公的全方位银行业务，还可以为客户提供跨国的支付与清算等其他贸易和非贸易的银行业务服务。

1. 企业网上银行子系统

企业网上银行子系统目前能够支持所有的对公企业客户，能够为客户提供网上账务信息服务、资金划拨、网上 B2B 支付和批量支付等服务，使集团公司总部能对其分支机构的财务活动进行实时监控，随时获得其账户的动态情况，同时还能为客户提供网上 B2B 网上支付。其主要业务功能包括：

（1）账户信息查询。能够为企业客户提供账户信息的网上在线查询、网上下载和电子邮件发送账务信息等服务，包括账户的昨日余额、当前余额、当日明细和历史明细等。

（2）支付指令。支付指令业务能够为客户提供集团、企业内部各分支机构之间的账务往来，同时也能提供集团、企业之间的账务往来，并且支持集团、企业向他行账户进行付款。

（3）B2B（Business to Business）网上支付。B2B，商业机构之间的商业往来活动，指的是企业与企业之间进行的电子商务活动。B2B 网上支付能够为客户提供网上 B2B 支付平台。

（4）批量支付。能够为企业客户提供批量付款（包括同城、异地及跨行转账业务）、代发工资、一付多收等批量支付功能。企业客户负责按银行要求的格式生成数据文件，通过安全通道传送给银行，银行负责系统安全及业务处理，并将处理结果反馈给客户。

2. 个人网上银行子系统

个人网上银行子系统主要提供银行卡、本外币活期一本通客户账务管理、信息管理、网上支付等功能，是网上银行对个人客户服务的窗口。其具体业务功能包括：

账户信息查询、人民币转账业务、银证转账业务、外汇买卖业务、账户管理业务、B2C（Business to Customer）网上支付。

【例 3-9】 个人网上银行具体业务功能包括(　　)。

A. 账户信息查询　　B. 人民币转账业务
C. 外汇买卖业务　　D. B2B 网上支付

【答案】 ABC

【知识点】 个人网上银行业务功能。

【答案解析】 B2B 指的是企业与企业之间进行的电子商务活动，B2B 网上支付是企业网上银行的具体业务功能，故选项 D 不属于个人网上银行具体业务功能。

二、第三方支付

（一）第三方支付的业务定义

从狭义上讲，第三方支付是指具备一定实力和信誉保障的非银行机构，借助通信、计算机和信息安全技术，采用与各大银行签约的方式，在用户与银行支付结算系统间建立连接的电子支付模式。在手机端进行的互联网支付，又称为移动支付。第三方支付的特点是独立于商户和银行，为客户提供支付结算服务，具有方便快捷、安全可靠、开放创新的优势。

从广义上讲，第三方支付是指非金融机构作为收、付款人的支付中介所提供的网络支付、预付卡发行与受理、银行卡收单以及中国人民银行确定的其他支付服务。第三方支付不仅是互联网支付工具，还是一个集线上、线下于一体，提供移动支付、电话支付、预付卡支付的综合支付服务工具。

（二）第三方支付方式种类

1. 线上支付方式

线上支付是指通过互联网实现的用户和商户、商户和商户之间在线货币支付、资金清算、查询统计等过程。网上支付完成了使用者信息传递和资金转移的过程。

广义的线上支付包括直接使用网上银行进行的支付和通过第三方支付平台间接使用网上银行进行的支付。狭义的线上支付仅指通过第三方支付平台实现的互联网在线支付，包括网上支付和移动支付中的远程支付。

2. 线下支付方式

线下支付区别于网上银行等线上支付，是指通过非互联网线上的方式对购买商品或服务所产生的费用进行的资金支付行为。其中，订单的产生可能通过互联网线上完成。新兴线下支付的具体表现形式，包括 POS 机刷卡支付、拉卡拉等自助终端支付、电话支付、手机近端支付、电视支付等。

（三）第三方支付行业分类及主流品牌

1. 行业分类

（1）金融型支付企业。这是以银联商务、快钱、易宝支付、汇付天下、拉卡拉等为典型代表的独立第三方支付模式，其不负有担保功能，仅仅为用户提供支付产品和支付系统解决方案，侧重行业需求和开拓行业应用，是立足于企业端的金融型支付企业。

（2）互联网型支付企业。这是以支付宝、财付通等为典型代表的依托于自有的电子商务网站并提供担保功能的第三方支付模式，以在线支付为主，是立足于个人消费者端的互联网型支付企业。

2. 主流品牌

第三方支付机构是最近几年出现的新的支付清算组织，它是为银行业金融机构或其他机构及个人提供电子支付指令交换和计算的法人组织。截至 2014 年年底，全国共有 269 家支付机构获得了由中国人民银行颁发的支付业务许可证。目前，国内的第三方支付品牌，在支付市场互联网转接交易规模前三位的分别是支付宝、银联商务和财付通。

（四）第三方支付交易流程

在第三方支付模式下，支付者必须在第三方支付机构平台上开立账户，向第三方支付机构平台提供信用卡信息或账户信息，在账户中“充值”，通过支付平台将该账户中的虚拟资金划转到收款人的账户，完成支付行为。收款人可以在需要时将账户中的资金兑成实体的银行存款。第三方平台结算支付模式的资金划拨是在平台内部进行的，此时划拨的是虚拟的资金。真正的实体资金还需要通过实际支付层来完成。

【例 3－10】 能提供担保功能的第三方支付品牌包括(　　)。

A. 支付宝　　B. 财付通　　C. 银联商务　　D. 快钱

【答案】 AB

【知识点】 第三方支付品牌。

【答案解析】 银联商务、快钱为独立第三方支付模式，不负有担保功能，仅仅为用户提供支付产品和支付系统解决方案。支付宝、财付通是依托于自有的电子商务网站并提供担保功能的第三方支付模式，故答案为选项 A、B。

第六节

票据的一般规定

教学引例 3－4

20××年 10 月 20 日，G 市甲公司签发了一张银行承兑汇票，该汇票经 G 市 A 银行承兑，收款人为 H 市乙公司，乙公司获得承兑汇票后背书转让给了丙公司。丙公司因购买生产原料未背书即将汇票交付丁公司。之后，丁公司又将汇票背书转让给了 H 市戊公司。2014 年 8 月 26 日汇票到期后，戊公司填写了委托收款凭证并附上承兑汇票，经 H 市其开户银行 B 银行向 G 市 A 银行发出委托收款。G 市 A 银行收到委托收款凭证和银行承兑汇票后，以“该承兑汇票背书不连续”为由予以退票。

【问题】请分析A银行的做法是否正确。

一、票据的概念

票据的概念与票据当事人

（一）票据的含义和种类

票据的概念有广义和狭义之分。广义上的票据包括各种有价证券和凭证，如股票、企业债券、发票、提单等；狭义上的票据，即我国《票据法》中规定的“票据”，包括汇票、银行本票和支票，是指由出票人签发的、约定自己或者委托付款人在见票时或指定的日期向收款人或持票人无条件支付一定金额的有价证券。

（二）票据当事人

票据当事人是指在票据法律关系中，享有票据权利、承担票据义务的主体。票据当事人分为基本当事人和非基本当事人。票据基本当事人是指在票据作成和交付时就已经存在的当事人，包括出票人、付款人和收款人三种。汇票和支票的基本当事人有出票人、收款人与付款人；本票的基本当事人有出票人与收款人。

1. 基本当事人

（1）出票人，是指依法定方式签发票据并将票据交付给收款人的人。银行汇票的出票人为银行；商业汇票的出票人为银行以外的企业和其他组织；银行本票的出票人为出票银行；支票的出票人，为在银行开立支票存款账户的企业、其他组织和个人。

（2）收款人，是指票据正面记载的到期后有权收取票据所载金额的人。

（3）付款人，是指由出票人委托付款或自行承担付款责任的人。商业承兑汇票的付款人是合同中应给付款项的一方当事人，也是该汇票的承兑人；银行承兑汇票的付款人是承兑银行；支票的付款人是出票人的开户银行；本票的付款人是出票人。

2. 非基本当事人

非基本当事人是指在票据作成并交付后，通过一定的票据行为加入票据关系而享有一定权利、承担一定义务的当事人，包括承兑人、背书人、被背书人、保证人等。

（1）承兑人，是指接受汇票出票人的付款委托，同意承担支付票款义务的人，是汇票主债务人。

（2）背书人与被背书人。背书人，是指在转让票据时，在票据背面或粘单上签字或盖章，并将该票据交付给受让人的票据收款人或持有人。被背书人，是指被记名受让票据或接受票据转让的人。背书后，被背书人成为票据新的持有人，享有票据的所有权利。

（3）保证人，是指为票据债务提供担保的人，由票据债务人以外的第三人担当。保证人在被保证人不能履行票据付款责任时，以自己的金钱履行票据付款义务，然后取得持票人的权利，向票据债务人追索。

【例3－11】下列不属于票据的基本当事人的是（　　）。

A. 出票人　　B. 背书人　　C. 承兑人　　D. 保证人

【答案】BCD

【知识点】票据的基本当事人与非基本当事人。

【答案解析】票据基本当事人是指在票据作成和交付时就已经存在的当事人，包括出票人、付款人和收款人三种。

（三）票据的特征和功能

1. 票据的特征

（1）票据是"完全有价证券"，即票据权利完全证券化，票据权利与票据本身融为一体、不可分离，也就是说，票据权利的产生、行使、转让和消灭都离不开票据。

（2）票据是"文义证券"，即票据上的一切票据权利义务必须严格依照票据记载的文义而定，文义之外的任何理由、事项均不得作为根据，即使文义记载有错，也不得用票据之外的其他证明方法变更或补充。

（3）票据是"无因证券"，即票据如果符合《票据法》规定的条件，票据权利就成立，持票人不必证明取得票据的原因，仅以票据文义请求履行票据权利。但当票据债务人根据《票据法》第十二条的规定，认为持票人是以欺诈、偷盗或者胁迫等手段取得票据，或者明知有上述情形，出于恶意取得票据，或者因为重大过失取得票据，持票人应当对自己持票的合法性负责举证。

（4）票据是"金钱债权证券"，即票据上体现的权利性质是财产权而不是其他权利，财产权的内容是请求支付一定的金钱而不是物品。

（5）票据是"要式证券"，即票据的制作、形式、文义都有规定的格式和要求，必须符合《票据法》的规定。

（6）票据是"流通证券"，即票据可以流通转让，只有流通转让，票据的功能才能充分发挥，衔接企业的产供销活动，畅通经济金融运行，因此，票据贵在流通。与一般财产权相比，票据权利的转让灵活简便，无须通知债务人，通过背书行为直接转让。

2. 票据的功能

票据的功能有支付功能、汇兑功能、信用功能、结算功能、融资功能。

二、票据权利与责任

（一）票据权利的概念和分类

票据权利是指票据持票人向票据债务人请求支付票据金额的权利，包括付款请求权和追索权。

付款请求权是指持票人向汇票的承兑人、本票的出票人、支票的付款人出示票据要求付款的权利，是第一顺序权利。行使付款请求权的持票人可以是票据记载的收款人或最后的被背书人；担负付款请求权付款义务的主要是主债务人。

追索权是指票据当事人行使付款请求权遭到拒绝或有其他法定原因存在时，向其前手请求偿还票据金额及其他法定费用的权利，是第二顺序权利。行使追索权的当事人除票据记载的收款人和最后被背书人外，还可能是代为清偿票据债务的保证人、背书人。

持票人可以不按照票据债务人的先后顺序，对其中任何一人、数人或者全体行使追索权。持票人对票据债务人中的一人或者数人已经进行追索的，对其他票据债务人仍可以行使追索权。被追索人清偿债务后，与持票人享有同一权利。

【例3-12】票据权利包括(　　)。

A. 付款请求权　　B. 利益返还请求权

C. 追索权　　D. 票据返还请求权

【答案】AC

【知识点】票据权利。

【例3-13】下列各项中，可以行使票据的追索权的是(　　)。

A. 票据的收款人　　B. 代为清偿票据债务的保证人

C. 最后被背书人　　D. 代为清偿票据债务的背书人

【答案】ABCD

【知识点】票据的追索权。

【答案解析】行使追索权的当事人除票据记载的收款人和最后被背书人外，还可能是代为清偿票据债务的保证人、背书人。

（二）票据权利的取得

1. 基本规定

签发、取得和转让票据，应当遵守诚实信用的原则，具有真实的交易关系和债权债务关系。票据的取得，必须给付对价，即应当给付票据双方当事人认可的相对应的代价。但也有例外的情形，即如果是因为税收、继承、赠与可以依法无偿取得票据的，则不受给付对价的限制，但是所享有的票据权利不得优于其前手的权利。

2. 取得票据享有票据权利的情形

（1）依法接受出票人签发的票据。

（2）依法接受背书转让的票据。

（3）因税收、继承、赠与可以依法无偿取得票据。

3. 取得票据不享有票据权利的情形

（1）以欺诈、偷盗或者胁迫等手段取得票据的，或者明知有上述情形，出于恶意取得票据的。

（2）持票人因重大过失取得不符合《票据法》规定的票据的。

【例3-14】下列情况下取得的票据，享有票据权利的有(　　)。

A. 赵某明知张某偷来一张支票，张某向其转让，赵某欣然接受

B. A公司以支票形式向地震灾区某小学捐款，该小学接受该支票

C. 作为收款人，李某依法接受一张银行本票

D. 作为最后持票人，王某持有一张银行汇票且背书连续

【答案】BCD

【知识点】票据权利。

【答案解析】属于“以欺诈、偷盗或者胁迫等手段取得票据的，或者明知有前列情形，出于恶意取得票据的”的情形，不享有票据权利，因此选项 A 中赵某不享有票据权利。

（三）票据权利的行使与保全

票据权利的行使是指持票人请求票据的付款人支付票据金额的行为，例如行使付款请求权以获得票款，行使追索权以请求清偿法定的金额和费用等。票据权利的保全是指持票人为了防止票据权利的丧失而采取的措施。例如，依据《票据法》规定的期限提示承兑、要求承兑人或付款人提供拒绝承兑或拒绝付款的证明以保全追索权等。

票据权利的保全行为大都又是票据权利的行使行为，所以一般票据法都将二者一并进行规定。票据权利行使和保全的方法通常包括“按期提示”和“依法证明”两种。

“按期提示”是指要按照规定的期限向票据债务人提示票据，包括提示承兑或提示付款，以及时保全或行使追索权。例如，《票据法》第四十条规定，“汇票未按照规定期限提示承兑的，持票人丧失对其前手的追索权”；第七十九条规定，“本票的持票人未按照规定期限提示见票的，丧失对出票人以外的前手的追索权”。

“依法证明”是指持票人为了证明自己曾经依法行使票据权利而遭拒绝或者根本无法行使票据权利而以法律规定的时间和方式取得相关的证据。例如，《票据法》第六十五条规定：“持票人不能出示拒绝证明、退票理由书或者未按照规定期限提供其他合法证明的，丧失对其前手的追索权。”

（四）票据权利丧失补救

票据丧失是指票据因灭失（如不慎被烧毁）、遗失（如不慎丢失）、被盗等原因而使票据权利人脱离其对票据的占有。票据一旦丧失，票据的债权人不采取措施补救就不能阻止债务人向拾获者履行义务，从而造成正当票据权利人经济上的损失。因此，需要进行票据丧失的补救。票据丧失后，可以采取挂失止付、公示催告和普通诉讼三种形式进行补救。

1. 挂失止付

挂失止付是指失票人将丧失票据的情况通知付款人或代理付款人，由接受通知的付款人或代理付款人审查后暂停支付的一种方式。只有确定付款人或代理付款人的票据丧失时才可进行挂失止付，具体包括已承兑的商业汇票、支票、填明“现金”字样和代理付款人的银行汇票以及填明“现金”字样的银行本票四种。挂失止付并不是票据丧失后采取的必经措施，而只是一种暂时的预防措施，最终要通过申请公示催告或提起普通诉讼来补救票据权利。具体程序为：

（1）申请。失票人需要挂失止付的，应填写挂失止付通知书并签章。挂失止付通知书应当记载下列事项：票据丧失的时间、地点、原因，票据的种类、号码、金额、出票日期、付款日期、付款人名称、收款人名称，挂失止付人的姓名、营业场所或者住所以及联系方式。

欠缺上述记载事项之一的，银行不予受理。

（2）受理。付款人或者代理付款人收到挂失止付通知书后，查明挂失票据确未付款时，应立即暂停支付。付款人或者代理付款人自收到挂失止付通知书之日起 12 日内没有收到人民法院的止付通知书的，自第 13 日起，不再承担止付责任，持票人提示付款即依法向持票人付款。付款人或者代理付款人在收到挂失止付通知书之前，已经向持票人付款的，不再承担责任。但是，付款人或者代理付款人以恶意或者重大过失付款的除外。

2. 公示催告

公示催告是指在票据丧失后由失票人向人民法院提出申请，请求人民法院以公告方式通知不确定的利害关系人限期申报权利，逾期未申报者，则权利失效，而由法院通过除权判决宣告所丧失的票据无效的制度或程序。根据《票据法》的规定，失票人应当在通知挂失止付后的 3 日内，也可以在票据丧失后，依法向票据支付地人民法院申请公示催告。申请公示催告的主体必须是可以背书转让的票据的最后持票人。

3. 普通诉讼

普通诉讼是指丧失票据的人为原告，以承兑人或出票人为被告，请求法院判决其向失票人付款的诉讼活动。如果与票据上的权利有利害关系的人是明确的，无须公示催告，可按一般的票据纠纷向法院提起诉讼。

【例 3-15】 下列表述中，正确的是(　　)。

A. 申请公示催告必须先申请挂失止付

B. 办理挂失止付应有确定的“付款人”，因此未填明代理付款人的银行汇票不得挂失止付

C. 银行网点营业时间终止后，因为紧急情况可以到该银行网点负责人的家中提示付款

D. 公示催告可以在当地晚报上刊发

【答案】 B

【知识点】 票据权利丧失补救。

【答案解析】 挂失止付不是公示催告的必经程序，因此选项 A 错误；行使和保全票据权利，应当在票据当事人的营业场所和营业时间内进行，故选项 C 不正确；公示催告应在全国性的报刊上刊登，故选项 D 不正确。

【例 3-16】 下列票据中，在丧失后可以挂失止付的有(　　)。

A. 银行承兑汇票　　B. 支票

C. 商业承兑汇票　　D. 未填明“现金”字样的银行本票

【答案】 ABC

【知识点】 挂失止付。

【答案解析】 只有确定付款人或代理付款人的票据丧失时才可进行挂失止付，具体包括已承兑的商业汇票、支票、填明“现金”字样和代理付款人的银行汇票以及填明“现金”字样的银行本票四种。未填明“现金”字样和代理付款人的银行汇票以及未填明“现金”字样的银行本票丧失，不得挂失止付。

（五）票据权利时效

票据权利时效是指票据权利在时效期间内不行使，即引起票据权利丧失。《票据法》

根据不同情况，将票据权利时效划分为2年、6个月、3个月，具体内容如表3－2所示。

《票据法》规定，票据权利在下列期限内不行使而消灭：

（1）持票人对票据的出票人和承兑人的权利自票据到期日起2年。见票即付的汇票、本票自出票日起2年。

（2）持票人对支票出票人的权利，自出票日起6个月。在这里，持票人对出票人和承兑人的权利，包括付款请求权和追索权。之所以规定支票的权利时效短于其他票据，是因为支票主要是一种短期支付工具，其权利的行使以迅速为宜，规定较短的时效，可以督促权利人及时行使票据权利。

（3）持票人对前手的追索权，在被拒绝承兑或者被拒绝付款之日起6个月。

（4）持票人对前手的再追索权，自清偿日或者被提起诉讼之日起3个月。追索权的行使以获得拒绝付款证明或退票理由书等有关证明为前提。为了督促持票人及时获得这些证明，尽可能地在短期内结清因拒绝承兑或拒绝付款而产生的债务关系，从速实现持票人的票据权利，加快债权债务关系的清偿速度，促进社会经济关系的稳定，追索权的行使应当迅速及时，因此，《票据法》对于追索权规定了较短的时效。

如果持票人因超票据权利时效（表3－2）或者因票据记载事项欠缺而丧失票据权利的，《票据法》为了保护持票人的合法权益，规定其仍享有民事权利，可以请求出票人或者承兑人返还其与未支付的票据款金额相当的利益。

表3－2　票据权利时效

票据类型	行使对象	起算日	时效
商业汇票	出票人、承兑人	到期日	2年
银行汇票、本票	出票人	出票日	2年
支票	出票人	出票日	6个月
追索权	前手	被拒绝承兑或者被拒绝付款之日	6个月
再追索权	前手	清偿日或者被提起诉讼之日	3个月

（六）票据责任

票据责任是指票据债务人向持票人支付票据金额的义务。实务中，票据债务人承担票据义务一般有四种情况：一是汇票承兑人因承兑而应承担付款义务；二是本票出票人因出票而承担自己付款的义务；三是支票付款人在与出票人有资金关系时承担付款义务；四是汇票、本票、支票的背书人，汇票、支票的出票人、保证人，在票据不获承兑或不获付款时的付款清偿义务。

1. 提示付款

持票人应当按照下列期限提示付款：

（1）见票即付的票据，自出票日起1个月内向付款人提示付款。

（2）定日付款、出票后定期付款或者见票后定期付款的票据，自到期日起 10 日内向承兑人提示付款。持票人未按照规定期限提示付款的，在作出说明后，承兑人或者付款人仍应当继续对持票人承担付款责任。

通过委托收款银行或者通过票据交换系统向付款人提示付款的，视同持票人提示付款。

2. 付款人付款

持票人依照规定提示付款的，付款人必须在当日足额付款。付款人及其代理付款人付款时，应当审查票据背书的连续，并审查提示付款人合法身份证明或者有效证件。票据金额为外币的，按照付款日的市场汇价，以人民币支付。票据当事人对票据支付的货币种类另有约定的，从其约定。

3. 拒绝付款

如果存在背书不连续等合理事由，票据债务人可以对票据债权人拒绝履行义务，这就是所谓的票据“抗辩”。票据债务人可以对不履行约定义务的与自己有直接债权债务关系的持票人，进行抗辩。但不得以自己与出票人或者与持票人的前手之间的抗辩事由，对抗持票人。当然，若持票人明知存在抗辩事由而取得票据的除外。

4. 获得付款

持票人获得付款的，应当在票据上签收，并将票据交给付款人。

持票人委托银行收款的，受委托的银行将代收的票据金额转账收入持票人账户，视同签收。电子商业汇票的持票人可委托本行代为发出提示付款、逾期提示付款行为申请。

5. 相关银行的责任

持票人委托的收款银行的责任，限于按照票据上记载事项将票据金额转入持票人账户。付款人委托的付款银行的责任，限于按照票据上记载事项从付款人账户支付票据金额。付款人及其代理付款人以恶意或者有重大过失付款的，应当自行承担责任。对定日付款、出票后定期付款或者见票后定期付款的票据，付款人在到期日前付款的，由付款人自行承担所产生的责任。

6. 票据责任解除

付款人依法足额付款后，全体票据债务人的责任解除。

【例 3－17】下列说法中，正确的是(　　)。

A. 票据债务人不得以自己与出票人或者与持票人的前手之间的抗辩事由，对抗持票人

B. 持票人委托的收款银行的责任，限于按照票据上记载事项将票据金额转入持票人账户

C. 持票人未按照规定期限提示付款的，付款人的票据责任解除

D. 付款人委托的付款银行的责任，限于按照票据上记载事项从付款人账户支付票据金额，不必审查背书连续

【答案】AB

【知识点】票据责任。

【答案解析】票据债务人不得以自己与出票人或者与持票人的前手之间的抗辩事由，对抗持票人，故选项 A 正确；持票人未按照规定期限提示付款的，在作出相关说明后，付款人仍应当承担付款责任，而不能因此解除付款责任，故选项 C 错误；付款银行付款，应按照规定审查背书是否连续，背书不连续，持票人不享有票据权利，因此不应予以付款，因此选项 D 错误。

三、票据行为

票据行为是指票据当事人以发生票据债务为目的的、以在票据上签名或盖章为权利义务成立要件的法律行为。票据行为包括出票、背书、承兑和保证。

（一）出票

票据行为——出票

1. 出票的概念

出票是指出票人签发票据并将其交付给收款人的票据行为。出票包括两个行为：一是出票人依照《票据法》的规定作成票据，即在原始票据上记载法定事项并签章；二是交付票据，即将作成的票据交付给他人占有。这两者缺一不可。

2. 出票的基本要求

出票人必须与付款人具有真实的委托付款关系，并且具有支付票据金额的可靠资金来源，不得签发无对价的票据用以骗取银行或者其他票据当事人的资金。

3. 票据的记载事项

票据的记载事项是指依法在票据上记载的票据相关内容。票据记载事项一般分为必须记载事项、相对记载事项、任意记载事项和不产生法律效力的记载事项等。

（1）必须记载事项，也称必要记载事项或绝对记载事项，是指《票据法》明文规定必须记载的，如不记载，票据行为即为无效的事项。

（2）相对记载事项是指除了必须记载事项外，《票据法》规定的其他应记载的事项，这些事项如果未记载，由法律另作相应规定予以明确，并不影响票据的效力。

（3）任意记载事项是指《票据法》不强制当事人必须记载而允许当事人自行选择，不记载时不影响票据效力，记载时则产生票据效力的事项。

（4）不产生法律效力的记载事项是指除了绝对记载事项、相对记载事项、任意记载事项外，票据上还可以记载其他一些事项，但这些事项不具有票据效力，银行不负审查责任。

4. 出票的效力

票据出票人制作票据，应当按照法定条件在票据上签章，并按照所记载的事项承担票据责任。出票人签发票据后，即承担该票据承兑或付款的责任。

【例 3－18】下列票据记载事项中，属于绝对记载事项的有（　　）。

A. 出票地　　B. 付款地　　C. 付款日期　　D. 出票人签章

【答案】D

【知识点】票据记载事项。

【答案解析】出票地、付款地、付款日期属于相对记载事项。

（二）背书

票据行为——背书

1. 概念和种类

背书是在票据背面或者粘单上记载有关事项并签章的行为。以背书的目的为标准，将背书分为转让背书和非转让背书。

转让背书是指以转让票据权利为目的的背书；非转让背书是指以授予他人行使一定的票据权利为目的的背书。非转让背书包括委托收款背书和质押背书。

委托收款背书是背书人委托被背书人行使票据权利的背书。委托收款背书的被背书人有权代背书人行使被委托的票据权利。但是，被背书人不得再以背书转让票据权利。质押背书是以担保债务而在票据上设定质权为目的的背书。被背书人依法实现其质权时，可以行使票据权利。

2. 背书记载事项

背书由背书人签章并记载背书日期。背书未记载日期的，视为在票据到期日前背书。以背书转让或者以背书将一定的票据权利授予他人行使时，必须记载被背书人名称。背书人未记载被背书人名称即将票据交付他人的，持票人在票据被背书人栏内记载自己的名称与背书人记载具有同等法律效力。

委托收款背书应记载“委托收款”字样、被背书人和背书人签章。质押背书应记载“质押”字样、质权人和出质人签章。

票据凭证不能满足背书人记载事项的需要，可以加附粘单，粘附于票据凭证上。粘单上的第一记载人，应当在票据和粘单的粘接处签章。

3. 背书连续及其效力

背书连续是指在票据转让中，转让票据的背书人与受让票据的被背书人在票据上的签章依次前后衔接。具体来说，第一背书人为票据收款人，最后持票人为最后背书的被背书人，中间的背书人为前手背书的被背书人。背书的连续性如图 3－3 所示。背书人在票据上的签章不符合《票据法》等规定的，其签章无效，但不影响其前手符合规定签章的效力。

以背书转让的票据，背书应当连续。持票人以背书的连续，证明其票据权利；非经背书转让，而以其他合法方式取得票据的，依法举证，证明其票据权利。

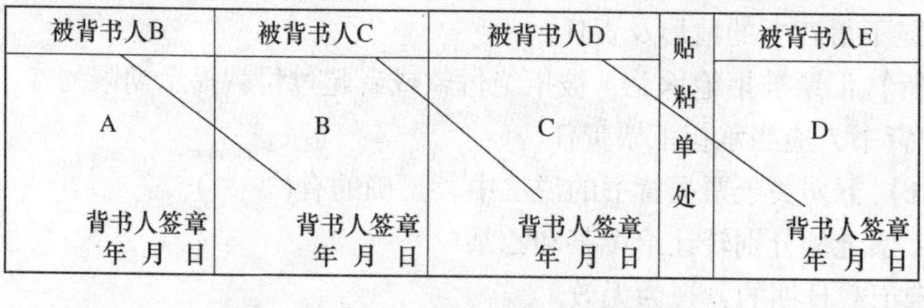

图 3－3　背书、粘单及背书的连续性

4. 不得进行的背书

不得进行背书的情形包括条件背书、部分背书、限制背书和期后背书。

(1) 条件背书是指背书不得附有条件，背书时附有条件的，所附条件不具有票据上的效力。

(2) 部分背书是指将票据金额的一部分转让的背书或者将票据金额分别转让给两人以上的背书，部分背书属于无效背书。

(3) 限制背书是指背书内容为“不得转让”，此时票据不得转让，例如，出票人记载“不得转让”的，票据不得背书转让；背书人在票据上记载“不得转让”字样，其后手再背书转让的，原背书人对后手的被背书人不承担保证责任。

(4) 期后背书是指票据被拒绝承兑、被拒绝付款或者超过付款提示期限的，不得背书转让；背书转让的，背书人应当承担票据责任。

5. 背书效力

背书人以背书转让票据，即承担保证其后手所持票据承兑和付款责任。

【例 3－19】 下列关于票据背书的说法中，正确的有(　　)。

A. 出票人在汇票上记载“不得转让”字样的，该汇票不得转让

B. 背书未记载日期的，视为无效

C. 汇票以背书转让时应记载被背书人名称

D. 如果背书人不愿意对其后手以后的当事人承担票据责任，即可在背书时记载禁止背书

【答案】 ACD

【知识点】 票据背书。

【答案解析】 根据规定，背书未记载日期的，视为在汇票到期日前背书，所以选项 B 错误。

【例 3－20】 持票人甲将付款提示期限已经过期的汇票背书转让给乙。次日，乙向付款银行提示付款，银行以超过付款提示期限为由拒绝。根据《票据法》的规定，下列各项中，正确的是(　　)。

A. 甲不得将超过付款提示期限的汇票背书转让

B. 甲可以将该汇票背书转让，且不承担票据责任

C. 汇票已转让故应由乙独立承担汇票责任

D. 甲应当向持票人乙承担汇票责任

【答案】 AD

【知识点】 不得背书的情形及责任。

【答案解析】 汇票被拒绝承兑、被拒绝付款或者超过付款提示期限的，不得背书转让；背书转让的，背书人应当承担汇票责任。

【例 3－21】 下列关于票据背书的说法中，正确的有(　　)。

A. 可将汇票金额分别转让给甲某和乙某

B. 背书未记载日期的，视为无效

C. 汇票以背书转让时应记载被背书人名称

D. 背书人背书时，必须在票据上签章，背书才能成立

【答案】CD

【知识点】票据背书。

【答案解析】将汇票金额的一部分转让或者将汇票金额分别转让给两人以上的背书无效。背书未记载日期的，视为在汇票到期日前背书。

【教学引例 3－4 解析】

A 银行的做法正确。根据《票据法》的规定，以背书转让的汇票，背书应当连续。持票人以背书的连续证明其汇票权利。背书连续是指在票据转让中，转让汇票的背书人与受让汇票的被背书人在汇票上的签章依次前后衔接，即第一次背书的背书人为票据的收款人；第二次背书的背书人为第一次背书的被背书人，依次类推。只要票据背书在形式上是连续的，票据付款人就应无条件付款；反之，付款人可以拒绝付款。在本例中，丙公司未进行背书就将汇票交付丁公司，故导致了票据背面签章不衔接，形成背书不连续；戊公司接受票据时，未进行背书连续的审查，所以在票据到期日遭到拒付。

（三）承兑

1. 承兑的概念

承兑是指汇票付款人承诺在汇票到期日支付汇票金额并签章的行为，仅适用于商业汇票。

票据行为——承兑

2. 承兑程序包括提示承兑、受理承兑、记载承兑事项等

（1）提示承兑是指持票人向付款人出示汇票，并要求付款人承诺付款的行为。

对定日付款或者出票后定期付款的汇票，持票人应当在汇票到期日前向付款人提示承兑。对见票后定期付款的汇票，持票人应当自出票日起 1 个月内向付款人提示承兑。汇票未按照规定期限提示承兑的，持票人丧失对其前手的追索权。

（2）受理承兑。付款人收到持票人提示承兑的汇票时，应当向持票人签发收到汇票的回单。回单上应当记明汇票提示承兑日期并签章。付款人对向其提示承兑的汇票，应当自收到提示承兑的汇票之日起 3 日内承兑或者拒绝承兑。

（3）记载承兑事项。付款人承兑汇票的，应当在汇票正面记载“承兑”字样和承兑日期并签章；见票后定期付款的汇票，应当在承兑时记载付款日期。汇票上未记载承兑日期的，应当以收到提示承兑的汇票之日起 3 日内的最后一日为承兑日期。

（4）承兑效力。付款人承兑汇票，不得附有条件；承兑附有条件的，视为拒绝承兑。付款人承兑汇票后，应当承担到期付款的责任。

（四）保证

1. 保证的概念

保证是指票据债务人以外的人，为担保特定债务人履行票据债务而在票据上记载有关事项并签章的行为。

票据行为——保证

国家机关、以公益为目的的事业单位、社会团体、企业法人的分支机构和职能部门作为票据保证人的，票据保证无效，但经国务院批准为使用外国政府或者

国际经济组织贷款进行转贷，国家机关提供票据保证的，以及企业法人的分支机构在法人书面授权范围内提供票据保证的除外。

2. 保证的记载事项

保证人必须在票据或者粘单上记载下列事项：表明“保证”的字样；保证人名称和住所；被保证人的名称；保证日期；保证人签章。保证人在票据或者粘单上未记载“被保证人名称”的，已承兑的票据，承兑人为被保证人；未承兑的票据，出票人为被保证人。保证人在票据或者粘单上未记载“保证日期”的，出票日期为保证日期。

保证人未在票据或者粘单上记载“保证”字样而另行签订保证合同或者保证条款的，不属于票据保证。

3. 保证责任的承担

被保证的票据，保证人应当与被保证人对持票人承担连带责任。票据到期后得不到付款的，持票人有权向保证人请求付款，保证人应当足额付款。保证人为两人以上的，保证人之间承担连带责任。

4. 保证效力

保证人对合法取得票据的持票人所享有的票据权利，承担保证责任。但是，被保证人的债务因票据记载事项欠缺而无效的除外。保证不得附有条件；附有条件的，不影响对票据的保证责任。保证人清偿票据债务后，可以行使持票人对被保证人及其前手的追索权。

【例3-22】下列各项中，属于票据行为的有(　　)。

A. 出票　　B. 背书　　C. 承兑　　D. 保证

【答案】ABCD

【知识点】票据行为。

【例3-23】下列主体中，不能作为票据保证人的有(　　)。

A. 国家机关

B. 在法人书面授权范围内提供票据保证的企业法人的分支机构

C. 以公益为目的的事业单位

D. 企业法人的职能部门

【答案】ACD

【知识点】票据保证人。

【答案解析】国家机关，以公益为目的的事业单位、社会团体、企业法人的分支机构和职能部门作为票据保证人的，票据保证无效，但经国务院批准为使用外国政府或者国际经济组织贷款进行转贷，国家机关提供票据保证的，以及企业法人的分支机构在法人书面授权范围内提供票据保证的除外。

四、票据追索

（一）票据追索适用的情形

票据追索适用于两种情形，分别为到期后追索和到期前追索。到期后追索，是指票据到期被拒绝付款的，持票人对背书人、出票人以及票据的其他债务人行使的追索。

到期前追索，是指票据到期日前，持票人对下列情形之一行使的追索：

（1）汇票被拒绝承兑的。

（2）承兑人或者付款人死亡、逃匿的。

（3）承兑人或者付款人被依法宣告破产的或者因违法被责令终止业务活动的。

（二）被追索人的确定

票据的出票人、背书人、承兑人和保证人对持票人承担连带责任。持票人行使追索权，可以不按照票据债务人的先后顺序，对其中任何一人、数人或者全体行使追索权。持票人对票据债务人中的一人或者数人已经进行追索的，对其他票据债务人仍可以行使追索权。

（三）追索的内容

持票人行使追索权，可以请求被追索人支付下列金额和费用：

（1）被拒绝付款的票据金额。

（2）票据金额自到期日或者提示付款日起至清偿日止，按照中国人民银行规定的利率计算的利息。

（3）取得有关拒绝证明和发出通知书的费用。

被追索人清偿债务时，持票人应当交出票据和有关拒绝证明，并出具所收到利息和费用的收据。

被追索人依照前条规定清偿后，可以向其他票据债务人行使再追索权，请求其他票据债务人支付下列金额和费用：

（1）已清偿的全部金额。

（2）前项金额自清偿日起至再追索清偿日止，按照中国人民银行规定的利率计算的利息。

（3）发出通知书的费用。行使再追索权的被追索人获得清偿时，应当交出汇票和有关拒绝证明，并出具所收到利息和费用的收据。

（四）追索权的行使

1. 获得有关证明

持票人行使追索权时，应当提供被拒绝承兑或者拒绝付款的有关证明。持票人提示承兑或者提示付款被拒绝的，承兑人或者付款人必须出具拒绝证明，或者出具退票理由书。未出具拒绝证明或者退票理由书的，应当承担由此产生的民事责任。“拒绝证明”应当包括下列事项：

（1）被拒绝承兑、付款的票据的种类及其主要记载事项。

（2）拒绝承兑、付款的事实依据和法律依据。

（3）拒绝承兑、付款的时间。

（4）拒绝承兑人、拒绝付款人的签章。

“退票理由书”应当包括下列事项：

（1）所退票据的种类。

（2）退票的事实依据和法律依据。

（3）退票时间。

（4）退票人签章。

持票人因承兑人或者付款人死亡、逃匿或者其他原因，不能取得拒绝证明的，可以依法取得其他有关证明，包括医院或者有关单位出具的承兑人、付款人死亡的证明；司法机关出具的承兑人、付款人逃匿的证明；公证机关出具的具有拒绝证明效力的文书。

承兑人或者付款人被人民法院依法宣告破产的，人民法院的有关司法文书具有拒绝证明的效力。承兑人或者付款人因违法被责令终止业务活动的，有关行政主管部门的处罚决定具有拒绝证明的效力。持票人不能出示拒绝证明、退票理由书或者未按照规定期限提供其他合法证明的，丧失对其前手的追索权。但是，承兑人或者付款人仍应当对持票人承担责任。

2. 行使追索

持票人应当自收到被拒绝承兑或者被拒绝付款的有关证明之日起3日内，将被拒绝事由书面通知其前手；其前手应当自收到通知之日起3日内书面通知其再前手。持票人也可以同时向各票据债务人发出书面通知，该书面通知应当记明汇票的主要记载事项，并说明该汇票已被退票。未按照规定期限通知的，持票人仍可以行使追索权。因延期通知给其前手或者出票人造成损失的，由没有按照规定期限通知的票据当事人承担对该损失的赔偿责任，但是所赔偿的金额以汇票金额为限。在规定期限内将通知按照法定地址或者约定的地址邮寄的，视为已经发出通知。

（五）追索的效力

被追索人依照规定清偿债务后，其责任解除，与持票人享有同一权利。

【例3－24】下列关于票据追索的说法中，正确的有（　　）。

A. 票据追索可以要求偿还票据金额、票据金额的利息和取得证明或发出通知的相关费用

B. 持票人不能出示拒绝证明、退票理由书或者未按照规定期限提供其他合法证明的，丧失对其前手的追索权

C. 票据的出票人、背书人、承兑人和保证人对持票人承担连带责任，都有可能成为追索对象

D. 发出通知没有时间要求

【答案】ABC

【知识点】票据追索。

【答案解析】持票人应当自收到被拒绝承兑或者被拒绝付款的有关证明之日起3日内，将被拒绝事由书面通知其前手；其前手应当自收到通知之日起3日内书面通知其再前手，因此发出追索通知有明确的时间要求，故选项D错误。

第七节 汇票、银行本票和支票

教学引例 3－5

20××年12月12日，A市甲公司经办人员将本单位转账支票一张交给办公用品供货商某商场供货人员，并授权其补记支票金额。12月13日，该供货人员将办公用品以及商场开具的办公用品商业发票交给甲公司经办人员，甲公司经办人员根据商业发票在转账支票存根联填写相关内容。

20××年12月24日，甲公司财会人员在与开户银行对账时发现，其20××年12月12日签发的支票，银行实际付款金额为47 000元，与该商场出具的商业发票存根相差17 000元。经调查，此系商场财会人员擅自扩大了支票补记金额所致。于是甲公司决定诉至人民法院，要求商场退还多收部分款项，并要求开户银行承担利息损失。

【问题】请分析甲公司的主张是否正确。

一、银行汇票

（一）银行汇票的概念和适用范围

银行汇票是出票银行签发的，由其在见票时按照实际结算金额无条件支付给收款人或者持票人的票据。出票银行为银行汇票的付款人。银行汇票可以用于转账，填明“现金”字样的银行汇票也可以用于支取现金。单位和个人各种款项结算，均可使用银行汇票。

（二）银行汇票的出票

1. 申请

申请人使用银行汇票，应向出票银行填写“银行汇票申请书”，填明收款人名称、汇票金额、申请人名称、申请日期等事项并签章，签章为其预留银行的签章。申请人和收款人均为个人，需要使用银行汇票向代理付款人支取现金的，申请人须在“银行汇票申请书”上填明代理付款人名称，在“出票金额”栏先填写“现金”字样，后填写汇票金额。申请人或者收款人为单位的，不得在“银行汇票申请书”上填明“现金”字样。

2. 签发并交付

出票银行受理银行汇票申请书，收妥款项后签发银行汇票，并将银行汇票和解讫通知一并交给申请人。签发银行汇票必须记载下列事项：表明“银行汇票”的字样；无条件支付的承诺；出票金额；付款人名称；收款人名称；出票日期；出票人签章。欠缺记载上列事项之一的，银行汇票无效。

签发现金银行汇票，申请人和收款人必须均为个人，收妥申请人交存的现金后，在银行汇票“出票金额”栏先填写“现金”字样，后填写出票金额，并填写代理付款人名称。申请人或者收款人为单位的，银行不得为其签发现金银行汇票。

申请人应将银行汇票和解讫通知一并交付给汇票上记明的收款人。收款人受理银行汇票时，应审查下列事项：

（1）银行汇票和解讫通知是否齐全、汇票号码和记载的内容是否一致。

（2）收款人是否确为本单位或本人。

（3）银行汇票是否在提示付款期限内。

（4）必须记载的事项是否齐全。

（5）出票人签章是否符合规定，大小写出票金额是否一致。

（6）出票金额、出票日期、收款人名称是否更改，更改的其他记载事项是否由原记载人签章证明。

（三）填写实际结算金额

收款人受理申请人交付的银行汇票时，应在出票金额以内，根据实际需要的款项办理结算，并将实际结算金额和多余金额准确、清晰地填入银行汇票和解讫通知的有关栏内。银行汇票的实际结算金额低于出票金额的，其多余金额由出票银行退交申请人。未填明实际结算金额和多余金额或实际结算金额超过出票金额的，银行不予受理。银行汇票的实际结算金额一经填写不得更改，更改实际结算金额的银行汇票无效。

（四）银行汇票背书

被背书人受理银行汇票时，除按照收款人接受银行汇票进行相应的审查外，还应审查下列事项：

（1）银行汇票是否记载实际结算金额，有无更改，其金额是否超过出票金额。

（2）背书是否连续，背书人签章是否符合规定，背书使用粘单的是否按规定签章。

（3）背书人为个人的身份证件。

银行汇票的背书转让以不超过出票金额的实际结算金额为准。未填写实际结算金额或实际结算金额超过出票金额的银行汇票不得背书转让。

（五）银行汇票提示付款

银行汇票的提示付款期限自出票日起1个月。持票人超过付款期限提示付款的，代理付款人不予受理。持票人向银行提示付款时，须同时提交银行汇票和解讫通知，若缺少任何一联，则银行不予受理。持票人超过期限向代理付款银行提示付款不获付款的，须在票据权利时效内向出票银行作出说明，并提供本人身份证件或单位证明，持银行汇票和解讫通知向出票银行请求付款。

在银行开立存款账户的持票人向开户银行提示付款时，应在汇票背面“持票人向银行提示付款签章”处签章，签章须与预留银行签章相同，并将银行汇票和解讫通知、进账单送交开户银行。未在银行开立存款账户的个人持票人，可以向任何一家银行机构提示付款。提示付款时，应在汇票背面“持票人向银行提示付款签章”处签章，并填明本人身份证件名称、号码及发证机关，由其本人向银行提交身份证件及其复印件。

（六）银行汇票退款和丧失

申请人因银行汇票超过付款提示期限或其他原因要求退款时，应将银行汇票和解讫通知同时提交到出票银行。申请人为单位的，应出具该单位的证明；申请人为个人的，应出具该本人的身份证件。对于代理付款银行查询的要求退款的银行汇票，应在汇票提示付款期满后方能办理退款。出票银行对于转账银行汇票的退款，只能转入原申请人账户；对于符合规定填明“现金”字样银行汇票的退款，能够退付现金。申请人缺少解讫通知要求退款的，出票银行应于银行汇票提示付款期满 1 个月后办理。

银行汇票丧失，失票人可以凭人民法院出具的其享有票据权利的证明，向出票银行请求付款或退款。

【例 3－25】 下列关于银行汇票的表述中，正确的有（　　）。

A. 银行汇票的实际结算金额不得更改，且不得超过出票金额

B. 持票人向银行提示付款时，须同时提交银行汇票和解讫通知

C. 银行汇票的提示付款期限自出票日起 2 个月

D. 申请人或者收款人为单位的，可以申请使用现金银行汇票

【答案】 AB

【知识点】 银行汇票。

【答案解析】 银行汇票的提示付款期限自出票日起 1 个月；申请人或收款人为单位的，银行不得为其签发现金银行汇票，因此选项 C、D 错误。

二、商业汇票

（一）商业汇票的概念、种类和适用范围

商业汇票是出票人签发的，委托付款人在指定日期无条件支付确定的金额给收款人或者持票人的票据。商业汇票按照承兑人的不同分为商业承兑汇票和银行承兑汇票。商业汇票的付款人为承兑人。在银行开立存款账户的法人以及其他组织之间，必须具有真实的交易关系或债权债务关系才能使用商业汇票。

（二）商业汇票的出票

1. 出票人的资格条件

商业承兑汇票的出票人，为在银行开立存款账户的法人以及其他组织，并与付款人具有真实的委托付款关系，具有支付汇票金额的可靠资金来源。银行承兑汇票的出票人必须是在承兑银行开立存款账户的法人以及其他组织，并与承兑银行具有真实的委托付款关系，资信状况良好，具有支付汇票金额的可靠资金来源。出票人办理电子商业汇票业务，还应同时具备签约开办对公业务的企业网银等电子服务渠道、与银行签订《电子商业汇票

业务服务协议》。办理电子商业汇票业务的银行机构应开办对公业务、拥有大额支付系统行号、具有组织机构代码及中国人民银行等规定的其他条件。

2. 出票人的确定

商业承兑汇票可以由付款人签发并承兑，也可以由收款人签发交由付款人承兑。银行承兑汇票应由在承兑银行开立存款账户的存款人签发。

3. 出票的记载事项

签发商业汇票必须记载下列事项：表明“商业承兑汇票”或“银行承兑汇票”的字样；无条件支付的委托；确定的金额；付款人名称；收款人名称；出票日期；出票人签章。欠缺记载上述事项之一的，商业汇票无效。其中，“出票人签章”为该单位的财务专用章或者公章加其法定代表人或其授权的代理人的签名或者盖章。

商业汇票的付款期限记载有三种形式：定日付款的汇票付款期限自出票日起计算，并在汇票上记载具体的到期日；出票后定期付款的汇票付款期限自出票日起按月计算，并在汇票上记载；见票后定期付款的汇票付款期限自承兑或拒绝承兑日起按月计算，并在汇票上记载。电子商业汇票的出票日是指出票人记载在电子商业汇票上的出票日期。

纸质商业汇票的付款期限，最长不得超过6个月。电子承兑汇票期限自出票日至到期日不超过1年。

（三）商业汇票的承兑

银行承兑汇票由银行承兑，商业承兑汇票由银行以外的付款人承兑。电子银行承兑汇票由银行业金融机构、财务公司承兑；电子商业承兑汇票由金融机构以外的法人或其他组织承兑。商业汇票可以在出票时向付款人提示承兑后使用，也可以在出票后先使用再向付款人提示承兑。付款人拒绝承兑的，必须出具拒绝承兑的证明。付款人承兑汇票后，应当承担到期付款的责任。

银行承兑汇票的出票人或持票人向银行提示承兑时，银行的信贷部门负责按照有关规定和审批程序，对出票人的资格、资信、购销合同和汇票记载的内容进行认真审查，必要时可由出票人提供担保。符合规定和承兑条件的，与出票人签订承兑协议。银行承兑汇票的承兑银行，应按票面金额向出票人收取0.5‰的手续费。

（四）商业汇票的付款

1. 提示付款

商业汇票的提示付款期限，自汇票到期日起10日。持票人应在提示付款期限内通过开户银行委托收款或直接向付款人提示付款。对异地委托收款的，持票人可匡算邮程，提前通过开户银行委托收款。持票人超过提示付款期限提示付款的，持票人开户银行不予受理，但在作出说明后，承兑人或者付款人仍应当继续对持票人承担付款责任。电子商业汇票的提示付款日是指提示付款申请的指令进入人民银行电子商业汇票系统的日期。

持票人依照规定提示付款的，付款人必须在当日足额付款。

2. 办理付款或拒绝付款

（1）商业承兑汇票的付款。商业承兑汇票的付款人开户银行收到通过委托收款寄来的商业承兑汇票，将商业承兑汇票留存，并及时通知付款人。付款人收到开户银行的付款通知，应在当日通知银行付款。付款人在接到通知日的次日起 3 日内（遇法定休假日顺延，下同）未通知银行付款的，视同付款人承诺付款。付款人提前收到由其承兑的商业汇票，应通知银行于汇票到期日付款。银行应于汇票到期日将票款划给持票人。

电子商业汇票的拒绝付款日是指驳回提示付款申请的指令进入人民银行电子商业汇票系统的日期。电子商业汇票的追索行为的发生日是指追索通知的指令进入人民银行电子商业汇票系统的日期。电子商业汇票的承兑、背书、保证、质押解除、付款和追索清偿行为的发生日是指相应的签收指令进入人民银行电子商业汇票系统的日期。

付款人存在合法抗辩事由拒绝支付的，应自接到通知的次日起 3 日内，作成拒绝付款证明送交开户银行，银行将拒绝付款证明和商业承兑汇票邮寄持票人开户银行转交持票人。

上述商业承兑汇票的流转程序如图 3－4 所示。

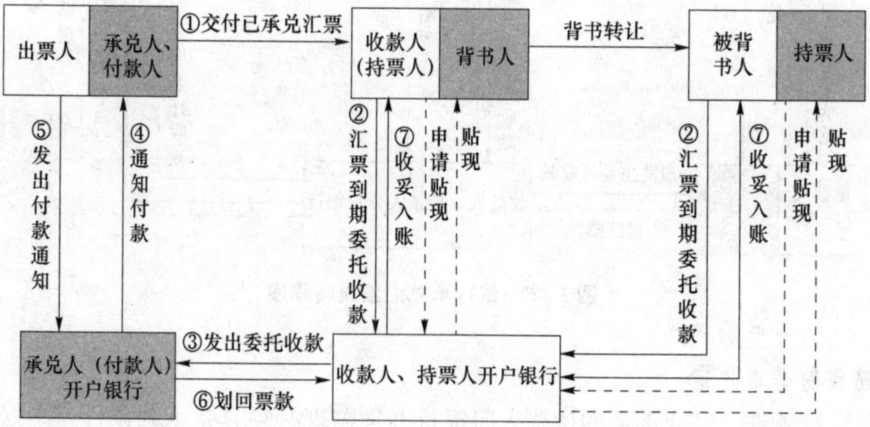

图 3－4　商业承兑汇票流转程序

（2）银行承兑汇票的付款。银行承兑汇票的出票人应于汇票到期前将票款足额交存其开户银行。承兑银行应在汇票到期日或到期日后的见票当日支付票款。承兑银行存在合法抗辩事由拒绝支付的，应自接到商业汇票的次日起 3 日内，作成拒绝付款证明，连同银行承兑汇票邮寄持票人开户银行转交持票人。

银行承兑汇票的出票人于汇票到期日未能足额交存票款时，承兑银行除凭票向持票人无条件付款外，对出票人尚未支付的汇票金额按照每天 0.5‰计收利息。银行承兑汇票的付款人存在合法抗辩事由拒绝支付的，应自接到汇票的次日起 3 日内，作成拒绝付款证明，连同银行承兑汇票邮寄持票人开户银行转交持票人。

电子银行承兑汇票承兑后，出票人可以通过渠道发出提示收票申请，在票据提示付款期截止前将票据交付收款人。

（五）商业汇票的贴现、转贴现、再贴现

1. 贴现的概念

贴现是指票据持票人在票据未到期前为获得现金向银行贴付一定利息而发生的票据转让行为。转贴现是指持有票据的金融机构在票据到期日前将票据权利背书转让给其他金

融机构，由其扣除一定利息后，将约定金额支付给持票人的票据行为。再贴现是指持有票据的金融机构在票据到期日前，将票据权利背书转让给中国人民银行，由其扣除一定利息后，将约定金额支付给持票行的票据行为。通过贴现、转贴现、再贴现，贴现银行获得票据的所有权。贴现、转贴现和再贴现按照交易方式，分为买断式和回购式。电子商业汇票贴现、转贴现和再贴现业务中转让票据权利的票据当事人为贴出人，受让票据权利的票据当事人为贴入人。

有关银行承兑汇票的流转程序如图 3－5 所示。

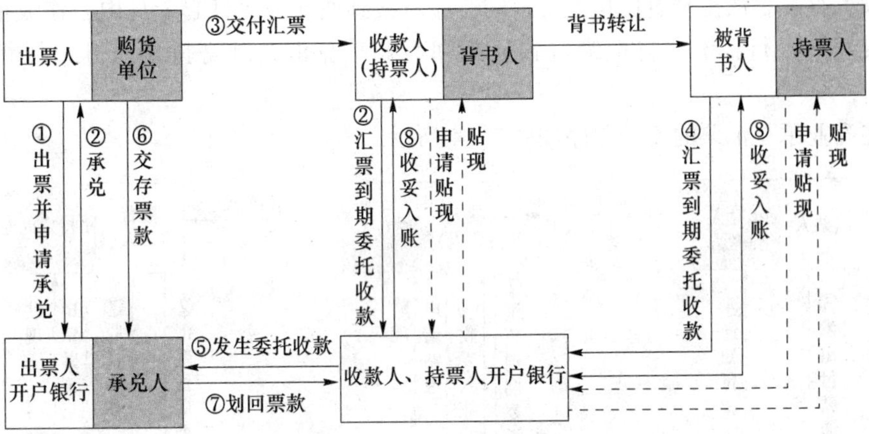

图 3－5　银行承兑汇票流转程序

2. 贴现的基本规定

（1）贴现条件。商业汇票的持票人向银行办理贴现必须具备下列条件：票据未到期；票据未记载“不得转让”事项；在银行开立存款账户的企业法人以及其他组织；与出票人或者直接前手之间具有真实的商品交易关系；提供与其直接前手之间进行商品交易的增值税发票和商品发运单据复印件。

电子商业汇票贴现、转贴现和再贴现必须记载：贴出人名称；贴入人名称；贴现、转贴现或再贴现日期；贴现、转贴现或再贴现类型；贴现、转贴现或再贴现利率；实付金额；贴出人签章。

电子商业汇票回购式贴现、回购式转贴现和回购式再贴现赎回应作成背书，并记载原贴出人名称、原贴入人名称、赎回日期、赎回利率、赎回金额、原贴入人签章。

（2）贴现利息的计算。贴现的期限从其贴现之日起至汇票到期日止。实付贴现金额按票面金额扣除贴现日至汇票到期前 1 日的利息计算。承兑人在异地的纸质商业汇票，贴现的期限以及贴现利息的计算应另加 3 天的划款日期。

（3）贴现的收款。贴现到期，贴现银行应向付款人收取票款。不获付款的，贴现银行应向其前手追索票款。贴现银行追索票款时可从申请人的存款账户直接收取票款。办理电子商业汇票贴现、转贴现、再贴现以及提示付款业务，可选择票款对付方式或同城票据交换、通存通兑、汇兑等方式清算票据资金。

电子商业汇票当事人在办理回购式贴现、回购式转贴现和回购式再贴现业务时，应明确赎回开放日、赎回截止日。

【例3-26】 20××年10月10日，某J公司接受了本市某水泥厂转让的一张银行承兑汇票，金额为2万元；建筑公司因为与自然人郝某的债权债务关系，遂将该汇票转让给了李某。李某因为家庭装修欠某广告公司装修费用2万元，由此又将该汇票转让给了广告公司。请分析该广告公司能否接受该汇票。

【答案解析】 不能接受。银行承兑汇票是我国商业汇票的一种，而商业汇票的使用主体，目前在我国仅限于在银行开立存款账户的法人以及其他组织，自然人不能使用商业汇票。本例中，李某作为自然人接受并转让了银行承兑汇票，不符合上述关于商业汇票使用主体的规定，因此广告公司不宜接受该银行承兑汇票。

三、银行本票

（一）本票的概念和适用范围

本票是指出票人签发的，承诺自己在见票时无条件支付确定的金额给收款人或者持票人的票据。在我国，本票仅限于银行本票，即银行出票、银行付款。银行本票可以用于转账，注明“现金”字样的银行本票可以用于支取现金。单位和个人在同一票据交换区域需要支付各种款项，均可使用银行本票。

（二）银行本票的出票

1. 申请

申请人使用银行本票，应向银行填写“银行本票申请书”，填明收款人名称、申请人名称、支付金额、申请日期等事项并签章。申请人和收款人均为个人需要支取现金的，应在“金额”栏先填写“现金”字样，后填写支付金额。申请人或收款人为单位的，不得申请签发现金银行本票。

2. 受理

出票银行受理“银行本票申请书”，收妥款项，签发银行本票。签发银行本票必须记载下列事项：表明“银行本票”的字样；无条件支付的承诺；确定的金额；收款人名称；出票日期；出票人签章。欠缺记载上列事项之一的，银行本票无效。

用于转账的，在银行本票上划去“现金”字样；申请人和收款人均为个人需要支取现金的，在银行本票上划去“转账”字样。出票银行在银行本票上签章后交给申请人。申请人或收款人为单位的，银行不得为其签发现金银行本票。

出票银行必须具有支付本票金额的可靠资金来源，并保证支付。

3. 交付

申请人应将银行本票交付给本票上记明的收款人。收款人受理银行本票时，应审查下列事项：收款人是否确为本单位或本人；银行本票是否在提示付款期限内；必须记载的事项是否齐全；出票人签章是否符合规定，大小写出票金额是否一致；出票金额、出票日期、收款人名称是否更改，更改的其他记载事项是否由原记载人签章证明。

收款人可以将银行本票背书转让给被背书人。被背书人受理银行本票时，除进行上述审查外，还应审查下列事项：背书是否连续，背书人签章是否符合规定，背书使用粘单的是否按规定签章；背书人个人的身份证件。

（三）银行本票的付款

提示付款。银行本票见票即付。银行本票的提示付款期限自出票日起最长不得超过2个月。本票的出票人在持票人提示见票时，必须承担付款的责任。持票人超过提示付款期限不获付款的，在票据权利时效内向出票银行作出说明，并提供本人身份证件或单位证明，可持银行本票向出票银行请求付款。

在银行开立存款账户的持票人向开户银行提示付款时，应在银行本票背面“持票人向银行提示付款签章”处签章，签章须与预留银行签章相同，并将银行本票、进账单送交开户银行。银行审查无误后办理转账。

未在银行开立存款账户的个人持票人，凭注明“现金”字样的银行本票向出票银行支取现金的，应在银行本票背面签章，记载本人身份证件名称、号码及发证机关，并交验本人身份证件及其复印件。

（四）银行本票的退款和丧失

申请人因银行本票超过提示付款期限或其他原因要求退款时，应将银行本票提交到出票银行。申请人为单位的，应出具该单位的证明；申请人为个人的，应出具该本人的身份证件。出票银行对于在本行开立存款账户的申请人，只能将款项转入原申请人账户；对于现金银行本票和未在本行开立存款账户的申请人，才能退付现金。

银行本票丧失，失票人可以凭人民法院出具的其享有票据权利的证明，向出票银行请求付款或退款。

【例3-27】下列关于银行本票的说法中，正确的有（　　）。

A. 银行本票的提示付款期限自出票日起最长不得超过1个月

B. 申请人或收款人为单位的，银行不得为其签发现金银行本票

C. 银行本票见票即付

D. 单位存款人向自己的开户银行提示付款时，应在银行本票背面“持票人向银行提示付款签章”处签章，签章须与预留银行签章相同

【答案】BCD

【知识点】银行本票。

【答案解析】银行本票的提示付款期限自出票日起最长不得超过2个月，因此选项A错误。

四、支票

支票

（一）支票的概念、分类和适用范围

1. 概念

支票是指出票人签发的、委托办理支票存款业务的银行在见票时无条件支付确定的金额给收款人或者持票人的票据。

支票的基本当事人包括出票人、付款人和收款人。出票人即存款人，是在批准办理支

票业务的银行机构开立可以使用支票的存款账户的单位和个人；付款人是出票人的开户银行；持票人是票面上填明的收款人，也可以是经背书转让的被背书人。

2. 分类

支票分为现金支票、转账支票和普通支票三种。三种支票的特点及适用范围如表3－3所示。

表3－3　支票种类、特点及适用范围比较

种类	特点	适用范围	备注
现金支票	印有“现金”字样	只能用于支取现金	—
转账支票	印有“转账”字样	只能用于办理转账结算	—
普通支票	未印有“现金”“转账”字样	既可用于支取现金又可以办理转账结算	左上角划有两条平行线的为划线支票，划线支票只能用于转账，不得支取现金

3. 适用范围

单位和个人在同一票据交换区域的各种款项结算，均可以使用支票。全国支票影像系统支持全国使用。

（二）支票的出票

1. 开立支票存款账户

开立支票存款账户，申请人必须使用本名，提交证明其身份的合法证件，并应当预留其本名的签名式样和印鉴。开立支票存款账户和领用支票，应当有可靠的资信。

2. 出票

（1）支票的记载事项。签发支票必须记载下列事项：表明“支票”的字样；无条件支付的委托；确定的金额；付款人名称；出票日期；出票人签章。支票上未记载前款规定事项之一的，支票无效。其中，支票的“付款人”为支票上记载的出票人开户银行。

支票的金额、收款人名称，可以由出票人授权补记，补记前不得背书转让和提示付款。支票上未记载付款地的，付款人的营业场所为付款地。支票上未记载出票地的，出票人的营业场所、住所或者经常居住地为出票地。出票人可以在支票上记载自己为收款人。

（2）签发支票的注意事项。支票的出票人所签发的支票金额不得超过其付款时在付款人处实有的存款金额。出票人签发的支票金额超过其付款时在付款人处实有的存款金额的，为空头支票。禁止签发空头支票。支票的出票人不得签发与其预留本名的签名式样或者印鉴不符的支票。

支票上的出票人的签章，出票人为单位的，为与该单位在银行预留签章一致的财务专用章或者公章加其法定代表人或者其授权的代理人的签名或者盖章；出票人为个人的，为与该个人在银行预留签章一致的签名或者盖章。支票的出票人预留银行签章是银行审核支票付款的依据。出票人不得签发与其预留银行签章不符的支票。

（三）支票付款

1. 提示付款

支票的提示付款期限自出票日起 10 日。持票人可以委托开户银行收款或直接向付款人提示付款。用于支取现金的支票仅限于收款人向付款人提示付款。

持票人委托开户银行收款时，应作委托收款背书，在支票背面"背书人签章"栏签章、记载"委托收款"字样、背书日期，在"被背书人"栏记载开户银行名称，并将支票和填制的进账单送交开户银行。持票人持用于转账的支票向付款人提示付款时，应在支票背面"背书人签章"栏签章，并将支票和填制的进账单送交出票人开户银行。收款人持用于支取现金的支票向付款人提示付款时，应在支票背面"收款人签章"处签章，持票人为个人的，还需交验本人身份证件，并在支票背面注明证件名称、号码及发证机关。

上述支票流转程序如图 3－6 所示。

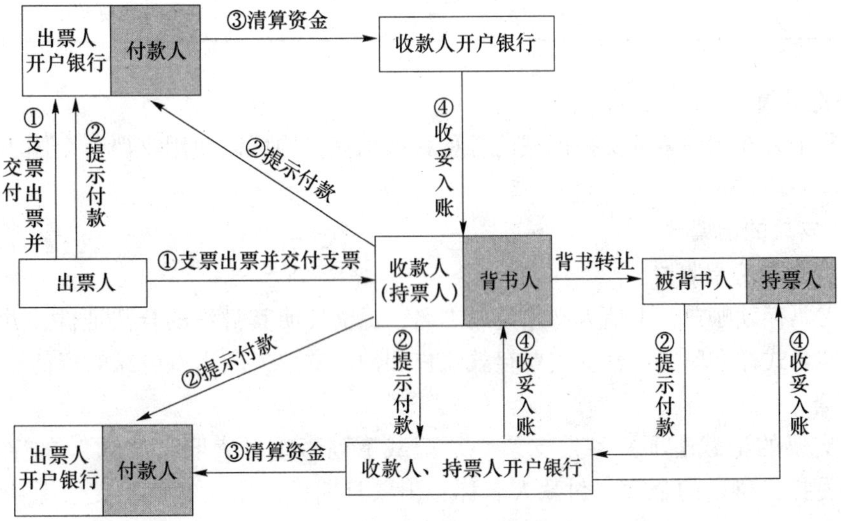

图 3－6 支票流转程序

2. 付款

出票人必须按照签发的支票金额承担保证向该持票人付款的责任。出票人在付款人处的存款足以支付支票金额时，付款人应当在见票当日足额付款。付款人依法支付支票金额的，对出票人不再承担受委托付款的责任，对持票人不再承担付款的责任。但付款人以恶意或者有重大过失付款的除外。

【例 3－28】下列关于支票的说法中，正确的有（　　）。

A. 支票的提示付款期限自出票日起 10 日

B. 支票的出票人预留银行签章是银行审核支票付款的依据，出票人不得签发与其预留银行签章不符的支票

C. 支票的金额、收款人名称，可以由出票人授权补记

D. 出票人签发的支票金额超过其签发时在付款人处实有的存款金额的，为空头支票

【答案】 ABC

【知识点】 支票。

【答案解析】 出票人签发的支票金额超过其付款时在付款人处实有的存款金额的，为空头支票，因此选项 D 错误。

【教学引例 3－5 解析】

甲公司的主张不正确。根据《支付结算办法》的规定，支票的金额、收款人名称，可以由出票人授权补记。补记前不得背书转让和提示付款。

根据上述规定，授权补记金额的支票在被授权人补记完整前，不得使用；一旦补记完整，就成为记载事项齐全的票据，可以流通转让或提示付款。本例中，付款银行根据出票人的委托办理付款，无法判别该支票金额是否超越授权补记权限，因此不应承担甲公司主张的利息损失，利息损失应由商场承担。被授权人超出授权范围，擅自增大补记金额：一是不讲信用的体现；二是所得多余款项属于不当得利，应无条件返还出票人，并应承担自付款日起至返还日止按照规定利率计算的利息。

授权补记的支票存在一定的风险，除非交易双方存在可靠的商业信赖关系，否则应谨慎签发。

五、票据的防伪

随着票据使用范围的不断扩大，犯罪分子通过各种手段伪造、变造票据进行诈骗的案件不断发生，开户单位和银行的资金安全受到严重威胁。中国人民银行为提高票据凭证的防伪性能，保证票据的流通和安全使用，多次对票据进行换版。目前使用的票据为 2010 版票据，于 2011 年 3 月 1 日启用。

（一）2010 版票据特征

1. 票据号码

票据号码调整为 16 位，分上、下两排。上排 8 位数字所赋信息相对固定，采用特殊防伪油墨印刷，其中前 3 位为银行机构代码，第 4 位为预留号（暂定为 0），第 5、6 位为省别地区代码（采用全国行政区划代码前两位），第 7 位为票据种类（1 为现金支票，2 为转账支票，3 为清分机支票，4 为银行汇票，5 为银行承兑汇票，6 为商业承兑汇票，7 为非清分机票，8 为清分机本票），第 8 位为印制厂家的识别码；下排 8 位数字为票据流水号，采用渗透性油墨印刷。

2. 支票

统一支票底纹颜色，不再按行别分色；现金支票的主题图案为梅花，转账支票、清分机支票的主题图案为竹；支票号码前不再冠地名；现金支票上的“现金支票”字样改为黑色印刷。

3. 汇票

统一汇票（含华东三省一市银行汇票）底纹颜色，银行汇票、银行承兑汇票不再按行别分色；汇票主题图案为兰花；银行汇票号码前一律不再冠地名；银行承兑汇票左上角不再加印各行行徽；取消银行汇票、银行承兑汇票左上角无色荧光暗记。

4. 本票

本票主题图案为菊花；行名前不再加印统一徽记；号码前不再冠地名。清分机本票无水印和安全线。

5. 其他特征

所有票据小写金额栏分隔线由实线改为虚线。

【例3－29】转账支票的主题图案为(　　)。

A. 梅花　　B. 兰花　　C. 竹　　D. 菊花

【答案】C

【知识点】票据防伪。

（二）票据防伪措施

2010版票据的防伪措施主要体现在纸张、油墨和印刷等方面。

1. 纸张

制作票据的纸张为专用特种纸张，原料以长纤维的棉麻为主。纸张坚韧，挺括感好，经久耐用、耐折，不起毛，不断裂。紫外光下纸张无荧光反应。普通纸张光滑，无韧性，含有杂质，紫外光下观察纸张会有反白现象。现金支票、转账支票、汇票、非清分机本票纸张使用新型专用水印纸，清分机支票、清分机本票纸张使用新型专用清分机纸张。

2. 水印

2010版银行汇票、银行承兑汇票、商业承兑汇票、银行本票水印为满版由梅花、古钱币和波浪线组成的多色调水印，古钱币的中间方孔为字母“P”，外圆的右侧有水平短线和一缺口，代表字母“J”，“PJ”是“票据”二字的汉语拼音的首位字母。2010版支票水印为满版“ZP”字母白水印和人民币符号“¥”黑水印，无荧光水印。

3. 纤维丝

2010版票据上采用的新型无色荧光纤维在白光下肉眼观察不可见，在紫外光下有红、蓝两种荧光色彩。红外侧光下可见纤维丝实物凸起痕迹。

4. 油墨

2010版票据大写金额栏的十条水平底线在紫外光下发出橘红色荧光，涂改后的红水线表面会发生变化；票据号码的下层部分正面为棕黑色，背面有红色渗透效果。

5. 微缩文字

2010版票据上的微缩文字清晰、字体风格独特、间距相等，有直线排、斜线排和波浪线排三种。

6. 变形曲线

2010版票据底纹密而不乱，纹线放大观察时显得杂乱无章，肉眼远观时反倒有规律可循，可以起到防复印和被涂改的作用。

7. 凸版印刷

2010版票据的号码正面号码凹入，背面号码凸起，放大观察数字边缘紧凑，有明显油墨挤压效果。

8. 安全线

2010版汇票、非清分机本票的安全线是新加入的防伪特征，属于全埋式金属安全线，但又可看见安全线的深浅在纸张上的不同；安全线里浅色部分有微缩字母“PJ”，系“票据”二字汉语拼音的第一个字母。

（三）鉴别票据真伪的简单方法

一看二摸三鉴别，识别票据真伪。一看，看票面要素有无变造痕迹，重点查看大小写金额、票据号码；票面是否整洁，有无涂改、变色、粘贴痕迹；票据大小尺寸，底纹颜色有无色偏，图案是否清晰。二摸，抖动票据听到的响声是否清脆，触摸水印是否有凹凸感。三鉴别，采用专用票据鉴别仪对票据各个防伪要素进行鉴别。

第八节 结算纪律与法律责任

教学引例 3－6

甲公司向乙公司开出面值15 000元的支票支付货款，但甲公司账面无款支付。

【问题】甲公司的行为属于什么行为？如能确定甲公司不是以骗取财物为目的，人民银行应当对甲公司处以的罚款额为多少？乙公司是否有权要求甲公司进行赔偿？

一、结算纪律

结算纪律是银行、单位和个人办理支付结算业务所应遵守的基本规定。《支付结算办法》规定，单位和个人办理支付结算，不准签发没有资金保证的票据或远期支票，套取银行信用；不准签发、取得和转让没有真实交易和债权债务的票据，套取银行和他人资金；不准无理拒绝付款，任意占用他人资金；不准违反规定开立和使用账户。

银行办理支付结算，不准以任何理由压票、任意退票、截留挪用客户和他行资金；不准无理拒绝支付应由银行支付的票据款项；不准受理无理拒付、不扣少扣滞纳金；不准违章签发、承兑、贴现票据，套取银行资金；不准签发空头银行汇票、银行本票和办理空头汇款；不准在支付结算制度之外规定附加条件，影响汇路畅通；不准违反规定为单位和个人开立账户；不准拒绝受理、代理他行正常结算业务。

二、法律责任

银行、单位和个人违反结算纪律，要分别承担相应的法律责任。根据目前的法律、法规和规章的规定，对于下列行为，应依法分别承担民事、行政和刑事责任：

（一）签发空头支票、印章与预留印鉴不符支票，未构成犯罪行为的法律责任

单位或个人签发空头支票或者签发与其预留的签章不符、使用支付密码但支付密码错误的支票，不以骗取财物为目的的，由中国人民银行处以票面金额5%但不低于1 000元的罚款；持票人有权要求出票人赔偿支票金额2%的赔偿金。屡次签发空头支票的，银行有权停止为其办理支票或全部支付结算业务。根据《中华人民共和国行政处罚法》和《票据管理实施办法》的规定，中国人民银行是空头支票的处罚主体，银行机构发现空头支票行为时，应积极向中国人民银行分支机构举报，并协助送达相应的行政处罚法律文书。

【教学引例3－6解析】

甲公司属于签发空头支票的违法行为。出票人签发空头支票，不以骗取财物为目的的，中国人民银行处以票面金额5%但不低于1 000元的罚款；持票人有权要求出票人赔偿支票金额2%的赔偿金。因此，甲公司需要支付1 000元的罚款；乙公司可以要求甲公司支付赔偿金，金额为300元。

（二）无理拒付，占用他人资金行为的法律责任

商业承兑汇票的付款人对见票即付或者到期的票据，故意压票、退票、拖延支付的，按照规定处以压票、拖延支付期间内每日票据金额0.7‰的罚款。银行机构违反票据承兑等结算业务规定，不予兑现，不予收付入账，压单、压票或者违反规定退票的，由国务院银行业监督管理机构责令其改正，有违法所得的，没收违法所得，违法所得5万元以上的，并处违法所得1倍以上5倍以下罚款；没有违法所得或者违法所得不足5万元的，处5万元以上50万元以下罚款。

（三）违反账户规定行为的法律责任

1. 存款人违反规定开立、撤销银行结算账户

（1）违反规定开立银行结算账户。

（2）伪造、变造证明文件欺骗银行开立银行结算账户。

（3）违反规定不及时撤销银行结算账户。

属于非经营性存款人的，给予警告并处以1 000元的罚款；属于经营性存款人的，给予警告并处以1万元以上3万元以下的罚款；构成犯罪的，移交司法机关依法追究刑事责任。

2. 存款人违反规定使用银行结算账户

（1）违反规定将单位款项转入个人银行结算账户。

（2）违反规定支取现金。

（3）利用开立银行结算账户逃废银行债务。

（4）出租、出借银行结算账户。

（5）从基本存款账户之外的银行结算账户转账存入、将销货收入存入或现金存入单位信用卡账户。

（6）法定代表人或主要负责人、存款人地址以及其他开户资料的变更事项未在规定期限内通知银行。

非经营性的存款人有上述第（1）~（5）项行为的，给予警告并处以1 000元罚款；经营性的存款人有上述第（1）~（5）项行为的，给予警告并处以5 000元以上3万元以下罚款；存款人有上述所列第（6）项行为的，给予警告并处以1 000元的罚款。

3. 存款人伪造、变造、私自印制开户许可证

伪造、变造、私自印制开户许可证的存款人，属非经营性的处以1 000元罚款；属经营性的处以1万元以上3万元以下的罚款；构成犯罪的，移交司法机关依法追究刑事责任。

（四）票据欺诈等行为的法律责任

（1）伪造、变造票据、托收凭证、汇款凭证、信用证，伪造信用卡等。

（2）故意使用伪造、变造的票据的。

（3）签发空头支票或者故意签发与其预留的本名签名式样或者印鉴不符的支票，骗取财物的。

（4）签发无可靠资金来源的汇票、本票，骗取资金的。

（5）汇票、本票的出票人在出票时作虚假记载，骗取财物的。

（6）冒用他人的票据，或者故意使用过期或者作废的票据，骗取财物的。

（7）付款人同出票人、持票人恶意串通，实施前6项所列行为之一的，依法追究刑事责任。

其中，伪造、变造票据、托收凭证、汇款凭证、信用证，伪造信用卡的，处5年以下有期徒刑或者拘役，并处或者单处2万元以上20万元以下罚金；情节严重的，处5年以上10年以下有期徒刑，并处5万元以上50万元以下罚金；情节特别严重的，处10年以上有期徒刑或者无期徒刑，并处5万元以上50万元以下罚金或者没收财产。单位犯上述罪行的，对单位判处罚金，并对其直接负责的主管人员和其他责任人员，依照上述规定处罚。

有下列情形之一，妨害信用卡管理的，处3年以下有期徒刑或者拘役，并处或者单处1万元以上10万元以下罚金；数量巨大或者有其他严重情节的，处3年以上10年以下有期徒刑，并处2万元以上20万元以下罚金：

（1）明知是伪造的信用卡而持有、运输的，或者明知是伪造的空白信用卡而持有、运输，数量较大的。

（2）非法持有他人信用卡，数量较大的。

（3）使用虚假的身份证明骗领信用卡的。

（4）出售、购买、为他人提供伪造的信用卡或者以虚假的身份证明骗领信用卡的。

（5）窃取、收买或者非法提供他人信用卡信息资料的。

有下列情形之一，进行信用卡诈骗活动，数额较大的，处5年以下有期徒刑或者拘役，并处2万元以上20万元以下罚金；数额巨大或者有其他严重情节的，处5年以上10年以下有期徒刑，并处5万元以上50万元以下罚金；数额特别巨大或者有其他特别严重情节的，处10年以上有期徒刑或者无期徒刑，并处5万元以上50万元以下罚金或者没收财产：

（1）使用伪造的信用卡，或者使用以虚假的身份证明骗领的信用卡的。

（2）使用作废的信用卡的。

（3）冒用他人信用卡的。

（4）恶意透支的。

【应试指南】

1. 票据记载事项易混考点

票据记载事项易混考点如表3－4所示。

表3－4 汇票、本票、支票记载事项比较

记载事项	内容	汇票	本票	支票
绝对（必须）记载事项	表明“××”的字样	√	√	√
	无条件支付的委托	√	√	√
	确定的金额	√	√	√
	付款人名称	√	×	√
	收款人名称	√	√	×
	出票日期	√	√	√
	出票人签章	√	√	√
相对记载事项	付款日期	√	×	×
	付款地	√	√	√
	出票地	√	√	√
备注	（1）出票金额、出票日期、收款人名称不得更改，更改的票据无效；更改的结算凭证，银行不予受理； （2）对票据和结算凭证上的其他记载事项，原记载人可以更改，更改时应当由原记载人在更改处签章证明； （3）支票的金额、收款人名称，可以由出票人授权补记，未补记前不得背书转让和提示付款			

2. 票据行为的特殊规定

票据行为的特殊规定如表3－5所示。

表3－5 票据行为考点汇总

票据行为	特殊规定
承兑	（1）付款人对向其提示承兑的汇票，应当自收到提示承兑的汇票之日起3日内承兑或者拒绝承兑； （2）付款人承兑汇票，不得附有条件；承兑附有条件的，视为拒绝承兑

续表

票据行为	特殊规定
背书	（1）背书不得附有条件，背书时附有条件的，所附条件不具有票据上的效力（条件无效，背书有效）——条件背书； （2）将票据金额的一部分转让的背书或者将票据金额分别转让给两人以上的背书，部分背书属于无效背书（背书无效，票据有效）——部分背书； （3）记载了“不得转让”，此时票据不得转让。例如，出票人记载“不得转让”的，票据不得背书转让；背书人在票据上记载“不得转让”字样，其后手再背书转让的，原背书人对后手的被背书人不承担保证责任——限制背书； （4）票据被拒绝承兑、被拒绝付款或者超过付款提示期限的，不得背书转让；背书转让的，背书人应当承担票据责任——期后背书
保证	（1）保证不得附有条件；附有条件的，不影响对票据的保证责任（条件无效、保证有效）； （2）保证人为两人以上的，保证人之间承担连带责任

3. 票据相关期限考点

票据相关期限考点如3－6所示。

表3－6　票据期限考点汇总

票据种类		提示承兑期限	提示付款期限	票据权利的消灭时效
汇票	见票即付	无须提示承兑	出票日起1个月	出票日起2年
	定日付款	到期日前提示承兑	到期日起10日	到期日起2年
	出票后定期付款			
	见票后定期付款	出票日起1个月		
本票（见票即付）			自出票日起，付款期限不得超过2个月	出票日起2年
支票（见票即付）			自出票日起10日	出票日起6个月

4. 银行结算账户考点

银行结算账户考点如表3－7所示。

表3－7　银行结算账户考点汇总

账户类型	开立是否需要中国人民银行核准	能否存入现金	能否支取现金
基本存款账户	核准	可以	可以
一般存款账户	备案	可以	不能
专用存款账户	（1）预算单位专用存款账户和QFII专用存款账户：核准； （2）其他：备案	不同账户规定不同	不同账户规定不同

续表

账户类型	开立是否需要中国人民银行核准	能否存入现金	能否支取现金
临时存款账户	核准	可以	可以
个人银行账户	备案	可以	可以

知识拓展

票据理财互联网化 机遇与风险并存

对于采用互联网进行票据理财的投资者来说，盲目的理财投资做法是当前很不可取的，尤其是忽视票据理财的风险来进行盲目理财投资。养成好的理财投资习惯，多在投资理财上进行规划理财，对于我们这些理财投资者而言会有更大的帮助，实现更好的理财投资。下面我们通过一则故事来解释P2P理财的风险与收益。

一天，杨白劳为了豆腐厂的扩大经营，来向黄世仁借钱。

黄世仁："不借！如果到时候你不还我钱该怎么办？"

杨白劳："那我们通过贷款平台公司（P2P公司）来借钱，这样有贷款平台公司对我有的资产和收入进行详细的调查，审核通过了才让你借给我钱，你放心了吧？"

黄世仁："那到时候你没钱还怎么办？"

杨白劳："那我找个有实力的人做担保人，平台贷款公司为了保证您的利益也会严格审核担保人，如果我不能还款就由担保人来负责还款。现在我请村主任做我的担保人，这你应该放心了吧？"。

黄世仁："那到时候你和村主任都跑了，我找谁啊？"

杨白劳："那你就找贷款平台公司，贷款平台公司承诺如果我和喜儿都不能还款，那就由贷款平台公司先行还款，确保你的资金安全，这下你总该放心了吧？"

黄世仁想了想："我的投资有三重保障。首先找你杨白劳，你不还款就找你的担保人（村主任），如果你们都不还款就找平台贷款公司。"于是黄世仁答应了借钱，不过是通过平台贷款公司把钱借给了杨白劳。

在这则故事里，贷款平台公司就是P2P公司。那么P2P公司怎么样保证投资者的收益呢？主要是通过三个方面。第一，P2P公司严格审核贷款人（杨白劳），确保贷款人（杨白劳）有还款能力和还款意愿。第二，P2P公司会严格审核担保人（村主任），确保在贷款人（杨白劳）不能还款的情况下担保人有实力还款。第三，如果贷款人和担保人都不能还款，就首先由P2P公司先行还款，确保投资者（黄世仁）的投资收益。通过以上三个方面的保障，投资者（黄世仁）可以获得安全稳健的投资收益。

巩固提高

第四章

增值税、消费税法律制度

考情分析

本章的主要内容是增值税和消费税法律制度，根据历年考题，本章的考查重点在于征税范围、纳税人、税额计算等。从分值来看，本章所占分值相对较高且相对稳定，总分为15～30分。本章的考试题型涉及单项选择题、多项选择题、判断题、不定项选择题（表4－1）。

表4－1　近三年题型题量分析

项目		2016年考题			2015年考题	2014年考题
		试卷1	试卷2	试卷3		
单项选择题	题数	9	3	5	4	4
	分数	13.5	4.5	7.5	6	6
多项选择题	题数	2	1	2	2	2
	分数	4	2	4	4	4
判断题	题数	2	1	2	2	2
	分数	2	1	2	2	2
不定项选择题	题数	4	4	4	4	4
	分数	8	8	8	8	8
合计	题数	17	9	13	12	12
	分数	27.5	15.5	21.5	20	20

知识导图

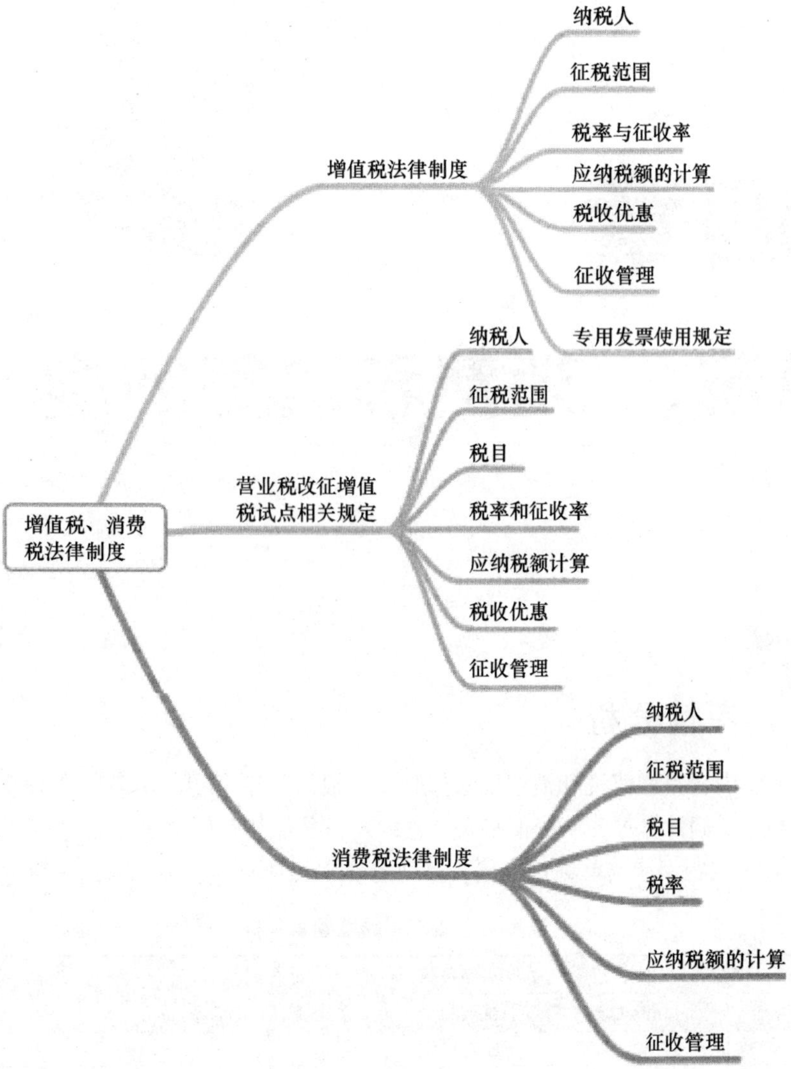
增值税、消费税法律制度
增值税法律制度
纳税人
征税范围
税率与征收率
应纳税额的计算
税收优惠
征收管理
专用发票使用规定
营业税改征增值税试点相关规定
纳税人
征税范围
税目
税率和征收率
应纳税额计算
税收优惠
征收管理
消费税法律制度
纳税人
征税范围
税目
税率
应纳税额的计算
征收管理

第一节 增值税法律制度

教学引例 4－1

红星金属材料有限公司的经营范围包括钢材销售、建筑用脚手架租赁，属于增值税一般纳税人，适用一般计税方法计税。20××年6月销售200 t螺纹钢给B公司，不含税售价2 200元/t，货物由A公司车辆运输至B公司，运费129.87元/t；出租脚手架给C建筑公司取得含税收入50 000元；出租公司店面给D公司取得含税收入10 000元。

【问题】 红星公司取得的各项收入是否属于混合销售与兼营行为？应该如何计税，理论依据是什么？

一、增值税纳税人

增值税是对销售货物或者提供劳务过程中实现的增值额征收的一种税。

增值税的纳税人及分类

（一）纳税人

根据《增值税暂行条例》及其实施细则的规定，在中华人民共和国境内销售货物或者提供加工、修理修配劳务以及进口货物的单位和个人，为增值税的纳税人。

在中国境内销售货物或者提供加工、修理修配劳务，是指：

（1）销售货物的起运地或者所在地在境内。

（2）提供的应税劳务发生地在境内。

单位，是指企业、行政单位、事业单位、军事单位、社会团体及其他单位。个人，是指个体工商户和其他个人。

单位租赁或者承包给其他单位或者个人经营的，以承租人或者承包人为纳税人。

（二）纳税人的分类

根据纳税人的经营规模以及会计核算健全程度的不同，可将增值税的纳税人划分为小规模纳税人和一般纳税人。

1. 小规模纳税人

根据《增值税暂行条例》及其实施细则的规定，小规模纳税人标准是：

（1）从事货物生产或者提供应税劳务的纳税人，以及以从事货物生产或者提供应税劳务为主，并兼营货物批发或者零售的纳税人，年应征增值税销售额（以下简称应税销售额）在50万元以下（含本数，下同）的。

以从事货物生产或者提供应税劳务为主，是指纳税人的年货物生产或者提供应税劳务的销售额占年应税销售额的比重在50%以上。

（2）对上述规定以外的纳税人，年应税销售额在80万元以下的。

小规模纳税人会计核算健全，能够提供准确税务资料的，可以向主管税务机关申请认定为一般纳税人，不作为小规模纳税人。会计核算健全，是指能够按照国家统一的会计制度规定设置账簿，根据合法、有效凭证核算。

小规模纳税人实行简易征税办法，并且一般不使用增值税专用发票，可以到税务机关申请代开增值税专用发票。

2. 一般纳税人

一般纳税人，是指年应税销售额超过《增值税暂行条例实施细则》规定的小规模纳税人标准的企业和企业性单位（以下简称：企业）。

下列纳税人不属于一般纳税人：

（1）年应税销售额未超过小规模纳税人标准的企业。

（2）个人（除个体经营者以外的其他个人）。

（3）不经常发生增值税应税行为的企业和非企业性单位。

增值税一般纳税人资格实行登记制，登记事项由增值税纳税人向其主管税务机关办理。纳税人年应税销售额超过财政部、国家税务总局规定标准，且符合有关政策规定，选择按小规模纳税人纳税的，应当向主管税务机关提交书面说明。

除国家税务总局另有规定外，纳税人一经认定为一般纳税人后，不得转为小规模纳税人。

（三）扣缴义务人

中华人民共和国境外的单位或者个人在境内提供应税劳务，在境内未设有经营机构的，以其境内代理人为扣缴义务人；在境内没有代理人的，以购买方为扣缴义务人。

【例4－1】下列纳税人中，不属于增值税一般纳税人的是（　　）。

A. 年销售额为80万元的从事货物生产的个体经营者

B. 年销售额为100万元的从事货物批发的其他个人

C. 年销售额为60万元的从事货物生产的企业

D. 年销售额为100万元的从事货物批发零售的企业

【答案】B

【知识点】一般纳税人的认定。

【答案解析】根据增值税法律制度的规定，除个体经营者以外的其他个人，不属于增值税一般纳税人，应按小规模纳税人纳税。

二、增值税征税范围

根据《增值税暂行条例》及其实施细则的规定，增值税的征税范围包括在中国境内销售货物，提供加工、修理修配劳务和进口货物。

（一）一般规定

增值税的征税范围——一般规定

1. 销售货物

销售货物，是指有偿转让货物的所有权。有偿，是指从购买方取得货币、货物或者其他经济利益。货物，指有形动产，包括电力、热力、气体在内。

2. 提供加工、修理修配劳务

提供加工、修理修配劳务（以下简称：应税劳务），是指有偿提供加工、修理修配劳务。单位或者个体工商户聘用的员工为本单位或者雇主提供加工、修理修配劳务不包括在内。

加工，是指受托加工货物，即委托方提供原料及主要材料，受托方按照委托方的要求，制造货物并收取加工费的业务；修理修配，是指受托对损伤和丧失功能的货物进行修复，使其恢复原状和功能的业务。

3. 进口货物

进口货物，是指申报进入中国海关境内的货物。我国增值税法规定，只要是报关进口的应税货物，均属于增值税的征税范围，除享受免税政策外，在进口环节缴纳增值税。

（二）特殊行为与规定

增值税的征税范围——视同销售

1. 视同销售货物行为

单位或者个体工商户的下列行为，视同销售货物：

（1）将货物交付其他单位或者个人代销。

（2）销售代销货物。

（3）设有两个以上机构并实行统一核算的纳税人，将货物从一个机构移送至其他机构用于销售，但相关机构设在同一县（市）的除外。

（4）将自产、委托加工的货物用于集体福利或者个人消费。

（5）将自产、委托加工或者购进的货物作为投资，提供给其他单位或者个体工商户。

（6）将自产、委托加工或者购进的货物分配给股东或者投资者。

（7）将自产、委托加工或者购进的货物无偿赠送其他单位或者个人。

【例4－2】下列行为中，应视同销售货物征收增值税的有（　　）。

A. 将外购货物分配给股东　　B. 将外购货物用于个人消费

C. 将自产货物无偿赠送他人　　D. 将外购货物用于免税项目

【答案】AC

【知识点】视同销售行为。

【答案解析】根据增值税法律制度的规定，将外购货物用于个人消费、免税项目，其购进货物的进项税额不允许抵扣，不属于增值税视同销售货物的情形。

2. 混合销售行为

根据《增值税暂行条例实施细则》的规定，一项销售行为如果既涉及服务，又涉及货物，为混合销售。

混合销售行为具有以下特征：一是在同一次交易中发生；二是涉及的是同一个纳税人（销售方）；三是涉及的是同一个消费者；四是交易的内容既涉及货物，又涉及服务。

增值税的征税范围——混合销售与兼营行为

从事货物的生产、批发或者零售的单位和个体工商户的混合销售行为，按照销售货物缴纳增值税；其他单位和个体工商户的混合销售行为，按照销售服务缴纳增值税。

上述从事货物的生产、批发或者零售的单位和个体工商户，包括以从事货物的生产、批发或者零售为主，并兼营销售服务的单位和个体工商户在内。

3. 兼营行为

兼营指纳税人的经营范围既包括销售货物和提供加工、修理修配劳务，又包括销售服务、无形资产或者不动产，且未发生在同一销售行为中。

按照适用不同税率或者征收率的不同税目分别核算销售额，分别计税；未分开核算的统一按照最高税率或者征收率计税。

兼营行为与混合销售行为的关系。联系：纳税人在生产经营活动中都涉及销售货物和服务两类业务。区别：混合销售行为是在同一项（次）销售业务中同时涉及销售货物和服务，货物销售款和服务价款同时从同一个客户处收取，这两种款项在财务上难以分别核算。兼营行为是纳税人兼有销售货物和服务两类业务，并且这种经营活动并不发生在同一项（次）业务中，收取的两种款项在财务上可以分别核算。

【教学引例4－1解析】

案例中，红星金属材料有限公司的经营范围本身包括钢材销售、建筑用脚手架租赁、店面租赁，属于既销售货物又销售服务的兼营行为。向B公司销售螺纹钢的同时负责货物运输并收取运输费，属于既涉及服务又涉及货物的混合销售行为。因此，销售200 t螺纹钢给B公司、出租脚手架给C建筑公司、出租公司店面给D公司应分别计税，其中向B公司销售螺纹钢并收取运费按照销售螺纹钢计税。

【例4－3】下列各项中，属于增值税混合销售行为的有（　　）。

A. 家电商城向消费者销售空调的同时负责安装

B. 餐饮公司既提供餐饮服务又销售烟酒

C. 建材商店在销售木质地板的同时还提供安装服务

D. KTV在向同一消费者提供K歌服务的同时向其销售烟酒饮料

【答案】ACD

【知识点】增值税的兼营与混合销售行为。

【答案解析】选项B中，餐饮公司的经营范围既包括销售货物，又包括销售服务，因此该行为为增值税的兼营行为。

4. 征税范围的特殊规定

（1）货物期货（包括商品期货和贵金属期货），应当征收增值税，在期货的实物交割环节纳税，其中：交割时采取由期货交易所开具发票的，以期货交易所为纳税人。期货交易所增值税按次计算，其进项税额为该货物交割时供货会员单位开具的增值税专用发票上注明的销项税额，期货交易所本身发生的各种进项税额不得抵扣。交割时采取由供货的会员单位直接将发票开给购货会员单位的，以供货会员单位为纳税人。

（2）银行销售金银的业务，应当征收增值税。

（3）典当业的死当物品销售业务和寄售业代委托人销售寄售物品的业务，均应征收增值税。

（4）缝纫业务，应征收增值税。

（5）基本建设单位和从事建筑安装业务的企业附设的工厂、车间生产的水泥预制构件、其他构件或建筑材料，用于本单位或本企业建筑工程的，在移送使用时，征收增值税。

（6）电力公司向发电企业收取的过网费，应当征收增值税。

（7）纳税人在资产重组过程中，通过合并、分立、出售、置换等方式，将全部或者部分实物资产以及与其相关联的债权、负债和劳动力一并转让给其他单位和个人，不属于增值税的征税范围，其中涉及的货物转让，不征收增值税。

（8）旅店业和饮食业纳税人销售非现场消费的食品应当缴纳增值税。

（9）纳税人提供的矿产资源开采、挖掘、切割、破碎、分拣、洗选等劳务，属于增值税应税劳务，应当缴纳增值税。

三、增值税税率和征收率

我国增值税采用比例税率，分为基本税率、低税率和零税率三档，适用于一般纳税人；小规模纳税人按照征收率适用简易办法征税。

（一）税率

1. 基本税率

增值税的基本税率为17%，适用的具体范围为：

（1）纳税人销售或者进口货物，除《增值税暂行条例》列举的外，税率均为17%；

（2）纳税人提供加工、修理修配劳务，税率为17%。

2. 低税率

增值税的低税率为11%。一般纳税人销售或者进口下列货物，按低税率计征增值税：

（1）粮食、食用植物油。

粮食包括稻谷、大米、大豆、小麦、杂粮、鲜山芋、山芋干、山芋粉以及经过加工的面粉（各种花式面粉除外）。

（2）自来水、暖气、冷气、热水、煤气、石油液化气、天然气、沼气、居民用煤炭制品。

（3）图书、报纸、杂志。

（4）饲料、化肥、农药、农机、农膜。

（5）农产品。

农产品，是指种植业、养殖业、林业、牧业、水产业生产的各种植物、动物的初级产品。其中：玉米胚芽属于初级农产品，玉米浆、玉米皮、玉米纤维（又称喷浆玉米皮）和玉米蛋白粉不属于初级农产品；淀粉不属于农产品的范围。

（6）音像制品。

音像制品，是指正式出版的录有内容的录音带、录像带、唱片、激光唱盘和激光视盘。

（7）电子出版物。

电子出版物，是指以数字代码方式，使用计算机应用程序，将图、文、声、像等内容信息编辑加工后存储在具有确定的物理形态的磁、光、电等介质上，通过内嵌在计算机、手机、电子阅读设备、电子显示设备数字音视频播放设备、电子游戏机、导航仪以及其他具有类似功能的设备上读取使用，具有交互功能，用以表达思想、普及知识和积累文化的大众传播媒体。

（8）二甲醚。

二甲醚，是一种常温常压下具有轻微醚香味，易燃、无毒、无腐蚀性的气体。

（9）食用盐。

食用盐的范围包括符合《食用盐》（GB 5461—2000）和《食用盐卫生标准》（GB 2721—2003）两项国家标准的食用盐。

3. 零税率

纳税人出口货物，适用零税率，但是，国务院另有规定的除外。

零税率不同于免税。出口货物免税仅指在出口环节不征收增值税，而零税率是指对出口货物除了在出口环节不征收增值税外，还要对该产品在出口前已经缴纳的增值税进行退税，使该出口产品在出口时完全不含增值税税款，从而以无税产品进入国际市场。

（二）征收率

小规模纳税人采用简易办法征收增值税，征收率为3%。一般纳税人在特殊情况下，也按简易办法计算缴纳增值税。经国务院批准，自2014年7月1日起，决定简并和统一增值税征收率，将增值税征收率统一调整为3%。具体的适用范围为：

（1）一般纳税人销售自己使用过的属于《增值税暂行条例》第十条规定不得抵扣且未抵扣进项税额的固定资产，按照简易办法依照3%征收率减按2%征收增值税。

（2）一般纳税人销售自己使用过的其他固定资产（以下简称：已使用过的固定资产）应区分不同情形征收增值税：

①销售自己使用过的2009年1月1日以后购进或者自制的固定资产，按照适用税率征收增值税。

②2008年12月31日以前未纳入扩大增值税抵扣范围试点的纳税人，销售自己使用过的2008年12月31日以前购进或者自制的固定资产，按照简易办法依照3%征收率减按2%征收增值税。

③2008 年 12 月 31 日以前已纳入扩大增值税抵扣范围试点的纳税人，销售自己使用过的在本地区扩大增值税抵扣范围试点以前购进或者自制的固定资产，按照简易办法依照 3% 征收率减按 2% 征收增值税；销售自己使用过的在本地区扩大增值税抵扣范围试点以后购进或者自制的固定资产，按照适用税率征收增值税。

（3）一般纳税人销售自己使用过的除固定资产以外的物品，应当按照适用税率征收增值税。

（4）小规模纳税人（除其他个人外，下同）销售自己使用过的固定资产，减按 2% 征收率征收增值税。

小规模纳税人销售自己使用过的除固定资产以外的物品，应按 3% 的征收率征收增值税。

（5）纳税人销售旧货，按照简易办法依照 3% 征收率减按 2% 征收增值税。

旧货，是指进入二次流通的具有部分使用价值的货物（含旧汽车、旧摩托车和旧游艇），但不包括自己使用过的物品。

（6）一般纳税人销售自产的下列货物，可选择按照简易办法依照 3% 征收率计算缴纳增值税，选择简易办法计算缴纳增值税后，36 个月内不得变更，具体适用范围为：

①县级及县级以下小型水力发电单位生产的电力。小型水力发电单位，是指各类投资主体建设的装机容量为 50 000 kW 以下（含 50 000 kW）的小型水力发电单位。

②建筑用和生产建筑材料所用的砂、土、石料。

③以自己采掘的砂、土、石料或其他矿物连续生产的砖、瓦、石灰（不含黏土实心砖、瓦）。

④用微生物、微生物代谢产物、动物毒素、人或动物的血液或组织制成的生物制品。

⑤自来水（对属于一般纳税人的自来水公司销售自来水按照简易办法依照 3% 征收率征收增值税，不得抵扣其购进自来水取得增值税扣税凭证上注明的增值税税款）。

⑥商品混凝土（仅限于以水泥为原料生产的水泥混凝土）。

（7）一般纳税人销售货物属于下列情形之一的，暂按照简易办法依照 3% 征收率计算缴纳增值税：

①寄售商店代销寄售物品（包括居民个人寄售的物品在内）。

②典当业销售死当物品。

【例 4－4】一般纳税人销售的下列货物中，适用 17% 税率的有（　　）。

A. 蚊香　　B. 杂粮　　C. 农机　　D. 食用盐

【答案】A

【知识点】增值税的税率。

【答案解析】根据增值税法律制度的规定，杂粮、农机、食用盐均适用于 11% 的低税率；蚊香应当按照 17% 税率征收增值税。

四、增值税应纳税额的计算

（一）一般纳税人应纳税额的计算

一般纳税人销售货物或者提供应税劳务，采取扣税法计算应纳增值税额。其计算公式为：

应纳税额 = 当期销项税额 - 当期进项税额

当期销项税额小于当期进项税额不足抵扣时，其不足部分可以结转下期继续抵扣。

当期应纳税额 = 当期销项税额 - 当期进项税额 - 上期留抵税额

销项税额是指纳税人销售货物或者提供应税劳务，按照销售额和适用税率计算并向购买方收取的增值税税款，其计算公式为：

销项税额 = 销售额 × 适用税率

1. 销售额的概念

（1）销售额的确定。

根据《增值税暂行条例》及其实施细则的规定，销售额是指纳税人销售货物或者提供应税劳务向购买方收取的全部价款和价外费用，但是不包括收取的销项税额。价外费用，包括价外向购买方收取的手续费、补贴、基金、集资费、返还利润、奖励费、违约金、滞纳金、延期付款利息、赔偿金、代收款项、代垫款项、包装费、包装物租金、储备费、优质费、运输装卸费以及其他各种性质的价外收费。

上述价外费用无论其会计制度如何核算，均应并入销售额计算销项税额。但下列项目不包括在销售额内：

①受托加工应征消费税的消费品所代收代缴的消费税。

②同时符合以下条件代为收取的政府性基金或者行政事业性收费：由国务院或者财政部批准设立的政府性基金，由国务院或者省级人民政府及其财政、价格主管部门批准设立的行政事业性收费；收取时开具省级以上财政部门印制的财政票据；所收款项全额上缴财政。

③销售货物的同时代办保险等而向购买方收取的保险费，以及向购买方收取的代购买方缴纳的车辆购置税、车辆牌照费。

（2）含税销售额的换算。

增值税属于价外税，计算销项税额时，如果销售额中包含了增值税款即销项税额，则应将含税销售额换算成不含税销售额。计算公式为：

不含税销售额 = 含税销售额 ÷（1 + 增值税税率）

（3）核定销售额。

纳税人发生视同销售或者计税价格明显偏低又无正当理由时，主管税务机关有权按照下列顺序核定其销售额：

①按纳税人最近时期同类货物的平均销售价格确定。

②按其他纳税人最近时期同类货物的平均销售价格确定。

③按组成计税价格确定。

其计算公式为：

组成计税价格 = 成本 ×（1 + 成本利润率）

属于应税消费品的，其组成计税价格中应包含消费税税额。计算公式为：

组成计税价格 = 成本 ×（1 + 成本利润率）+ 消费税税额

（4）混合销售行为销售额的确定。

混合销售行为的销售额为货物的销售额与服务销售额的合计金额。从事货物的生产、批发或者零售的单位和个体工商户的混合销售行为，按照销售货物缴纳增值税；其他单位和个体工商户的混合销售行为，按照销售服务缴纳增值税。

（5）兼营行为销售额的确定。

依照《营业税改征增值税试点实施办法》及相关规定，纳税人兼营不同税率的货物、劳务、服务、无形资产或不动产，应当分别核算不同税率或者征收率的销售额；未分别核算销售额的，从高适用税率。

（6）特殊销售方式下销售额的确定。

①折扣销售（商业折扣）。折扣销售是指销货方在销售货物或应税劳务时，因购货方购货数量较大等原因而给予购货方的价格优惠。纳税人采取折扣方式销售货物，如果销售额和折扣额开在同一张发票上，可以按折扣后的销售额征收增值税；如果将折扣额另开发票，不论其在财务上如何处理，均不得从销售额中减除折扣额。

一般纳税人商业折扣与现金折扣销项税额计算

②销售折扣（现金折扣）。销售折扣是指为鼓励购买方及早偿还货款而给予的价格优惠。该折扣只有在收到货款时才能确定，销售时折扣额不得从销售额中扣除。

【例 4-5】某商场为增值税一般纳税人，20××年 5 月 1 日批发销售给 A 企业空调 100 台，每台标价（不含税）1 800 元，由于购买数量较大，给予购买方 7 折优惠，并将折扣额与销售额开在一张专用发票上。同时约定付款条件“5/10，2/20，n/30”。当月 10 日收到 A 企业支付的全部货款。

【问题】计算商场上述销售业务应申报的增值税销项税额。

【答案解析】销项税额 = 100 × 1 800 × 70% × 17% = 21 420（元）

③以旧换新方式销售。以旧换新销售是指纳税人在销售货物时，折价收回同类旧货物，并以折价款部分冲减新货物价款的一种销售方式。纳税人采取以旧换新方式销售除金银首饰以外的货物的，应按新货物的同期销售价格确定销售额，不得扣减旧货物的收购价格。但是对金银首饰以旧换新业务，可以按销售方实际收取的不含增值税的全部价款征收增值税。

一般纳税人以旧换新销项税额计算

【例 4-6】某商场 20××年 5 月采取“以旧换新”方式销售电器商品，共取得现金收入 5 850 万元，旧货抵价金额为 2 340 万元。（上述价款均为含税价）

【问题】计算上述业务应申报的增值税销项税额。

【答案解析】销项税额 = （5 850 + 2 340）÷（1 + 17%）× 17% = 1 170（万元）

④还本销售方式销售。还本销售是指纳税人在销售货物后，到一定期限将货款一次或分次退还给购货方全部或部分价款的一种销售方式。这种方式实际上是一种筹资，是以货物换取资金的使用价值，到期还本不付息的方法。纳税人采取还本销售方式销售货物，其销售额就是货物的销售价格，不得从销售额中减除还本支出。

⑤以物易物方式销售。以物易物是指购销双方不是以货币结算，而是以同等价款的

货物相互结算，实现货物购销的一种方式。以物易物双方都应作购销处理，以各自发出的货物核算销售额并计算销项税额，以各自收到的货物按规定核算购货额并计算进项税额。

⑥直销方式销售。直销企业先将货物销售给直销员，直销员再将货物销售给消费者的，直销企业的销售额为其向直销员收取的全部价款和价外费用。直销员将货物销售给消费者时，应按照现行规定缴纳增值税；直销企业通过直销员向消费者销售货物，直接向消费者收取货款，直销企业的销售额为其向消费者收取的全部价款和价外费用。

（7）包装物押金。

包装物是指纳税人包装本单位货物的各种物品。一般情况下，销货方向购货方收取包装物押金，购货方在规定时间内返还包装物，销货方再将收取的包装物押金返还。纳税人为销售货物而出租、出借包装物收取的押金，单独记账核算的，且时间在 1 年以内，又未过期的，不并入销售额征税；但对因逾期未收回包装物不再退还的押金，应按所包装货物的适用税率计算增值税税款。

①“逾期”是指按合同约定实际逾期或以 1 年为期限，对收取 1 年以上的押金，无论是否返还均并入销售额征税。

②包装物押金属于含税收入，在并入销售额征税时，需要先将该押金换算为不含税收入，再计算应纳增值税税款。

③包装物押金不同于包装物租金，包装物租金属于价外费用，在销售货物时随同货款一并计算增值税税款。

④从 1995 年 6 月 1 日起，对销售除啤酒、黄酒外的其他酒类产品收取的包装物押金，无论是否返还以及会计上如何核算，均应并入当期销售额征收增值税。

【例 4－7】 某酒厂为增值税一般纳税人，2016 年 2 月销售散装白酒 20 t，并向购买方开具了增值税专用发票，注明价款 100 000 元。随同白酒销售收取包装物押金 3 510 元，开具收款收据并单独入账核算。

【问题】 该厂上述业务应申报的增值税销项税额。

【答案解析】 包装物押金销项税额 = 3 510 ÷（1 + 17%）× 17% = 510（元）

销售白酒销项税额 = 100 000 × 17% = 17 000（元）

该厂上述业务合计应申报增值税销项税额 = 510 + 17 000 = 17 510（元）

（8）销售退回或折让。

一般纳税人因销售货物退回或者折让而退还给购买方的增值税额，应从发生货物退回或者折让当期的销项税额中扣减。

一般纳税人销售货物或者应税劳务，开具增值税专用发票后，发生销售货物退回或者折让、开票有误等情形，应按国家税务总局的规定开具红字增值税专用发票。未按规定开具红字增值税专用发票的，增值税额不得从销项税额中扣减。

（9）外币销售额的折算。

纳税人按人民币以外的货币结算销售额的，其销售额的人民币折合率可以选择销售额发生的当天或者当月 1 日的人民币外汇中间价。纳税人应在事先确定采用何种折合率，确定后在 1 年内不得变更。

【例4－8】下列各项中，不属于增值税价外费用的有(　　)。

A. 销项税额　　B. 违约金

C. 包装物租金　　D. 受托加工应征消费税的消费品所代收代缴的消费税

【答案】AD

【知识点】增值税的计税依据（销售额）。

【答案解析】根据增值税法律制度的规定，违约金和包装物租金属于增值税价外费用，应当缴纳增值税，销项税额和受托加工应征消费税的消费品所代收代缴的消费税不属于价外费用，不缴纳增值税。

2. 进项税额的确定

进项税额是指纳税人购进货物或者接受应税劳务支付或者负担的增值税额。

（1）准予从销项税额中抵扣的进项税额。

根据《增值税暂行条例》的规定，准予从销项税额中抵扣的进项税额，限于下列增值税扣税凭证上注明的增值税税额和按规定的扣除率计算的进项税额。

①从销售方取得的增值税专用发票上注明的增值税额。

②从海关取得的海关进口增值税专用缴款上注明的增值税额。

③购进农产品，除取得增值税专用发票或者海关进口增值税专用缴款书外，按照农产品收购发票或者销售发票上注明的农产品买价和11%的扣除率计算的进项税额。其计算公式为：进项税额＝买价×扣除率

买价包括纳税人购进农产品在农产品收购发票或者销售发票上注明的价款和按规定缴纳的烟叶税。

④纳税人购进服务、无形资产或者不动产取得的增值税专用发票上注明的增值税进项税额，准予从销项税额中抵扣。

2016年5月1日后取得并在会计制度上按照固定资产核算的不动产或者2016年5月1日后取得的不动产在建工程，其进项税额应自取得之日起分2年从销项税额中抵扣，第1年抵扣比例为60%，第2年抵扣比例为40%。融资租入的不动产以及在施工现场修建的临时建筑物、构筑物，其进项税额不适用上述分2年抵扣的规定。

⑤纳税人自用的应征消费税的摩托车、汽车、游艇，其进项税额准予从销项税额中抵扣。

⑥纳税人从境外单位或者个人购进服务、无形资产或者不动产，按照规定应当扣缴增值税的，准予从销项税额中抵扣的进项税额为自税务机关或者扣缴义务人取得的解缴税款的完税凭证上注明的增值税额。

（2）不得从销项税额中抵扣的进项税额。

根据《增值税暂行条例》及其实施细则、《营业税改征增值税试点实施办法》的规定，下列项目的进项税额不得从销项税额中抵扣：

①用于简易计税方法的计税项目，免征增值税项目，集体福利或者个人消费的购进货物，加工、修理修配劳务，服务，无形资产和不动产。

其中涉及的固定资产、无形资产、不动产，仅指专门用于上述项目的固定资产、

无形资产（不包括其他权益性无形资产）、不动产。纳税人的交际应酬消费属于个人消费。

②非正常损失的购进货物及相关的加工、修理修配劳务和交通运输服务。

③非正常损失的在产品、产成品所耗用的购进货物（不包括固定资产）、加工修理修配劳务和交通运输服务。

④非正常损失的不动产，以及该不动产所耗用的购进货物、设计服务和建筑服务。

⑤非正常损失的不动产在建工程所耗用的购进货物、设计服务和建筑服务。

非正常损失，是指因管理不善造成被盗、丢失、霉烂变质的损失，以及被执法部门依法没收或者强令自行销毁的货物。

纳税人新建、改建、扩建、修缮、装饰不动产，均属于不动产在建工程。

⑥购进的旅客运输服务、贷款服务、餐饮服务、居民日常服务和娱乐服务。

⑦纳税人接受贷款服务向贷款方支付的与该笔贷款直接相关的投融资顾问费、手续费、咨询费等费用。

⑧国务院财政、税务主管部门规定的纳税人自用消费品。

上述第④、⑤项所称货物，是指构成不动产实体的材料和设备，包括装饰材料和给排水、采暖、卫生、通风、照明、通信、煤气、消防、中央空调、电梯、电气、智能化楼宇设备及配套设施。

不动产、无形资产的具体范围，按照《销售服务、无形资产或者不动产注释》执行。

固定资产，是指使用期限超过 12 个月的机器、机械、运输工具以及其他与生产经营有关的设备、工具、器具等。

（3）一般纳税人按照简易办法征收增值税的，不得抵扣进项税额。

（4）一般纳税人兼营简易计税方法计税项目、免税项目而无法划分不得抵扣的进项税额的，按下列公式计算不得抵扣的进项税额：

不得抵扣的进项税额 = 当月无法划分的全部进项税额 ×（当期简易计税方法计税项目销售额 + 免征增值税项目销售额）÷ 当月全部销售额

（5）有下列情形之一者，应按销售额和增值税税率计算应纳税额，不得抵扣进项税额，也不得使用增值税专用发票：

①一般纳税人会计核算不健全，或者不能够提供准确税务资料的。

②应当办理一般纳税人资格登记而未办理的。

（6）扣减进项税额的规定。

①已抵扣的进项税额的购进货物（不含固定资产）、劳务、服务，发生《增值税暂行条例》及其实施细则、《营业税改征增值税试点实施办法》规定的不得从销项税额中抵扣情形（简易计税方法计税项目、免征增值税项目除外）的，应将该进项税额从当期进项税额中扣减；无法确定该进项税额的，按照当期实际成本计算应扣减的进项税额。

②已抵扣进项税额的固定资产、无形资产或者不动产，发生《增值税暂行条例》及其实施细则、《营业税改征增值税试点实施办法》规定的不得从销项税额中抵扣情形的，按

照下列公式计算不得抵扣的进项税额：

不得抵扣的进项税额 = 固定资产、无形资产或者不动产净值 × 适用税率

固定资产、无形资产或者不动产净值，是指纳税人根据财务会计制度计提折旧或摊销后的余额。

③进货退出或折让。纳税人适用一般计税方法计税的，因销售折让、中止或者退回而退还给购买方的增值税税额，应当从当期的销项税额中扣减；因销售折让、中止或者退回而收回的增值税税额，应当从当期的进项税额中扣减。

（7）转增进项税额的规定。

根据《营业税改征增值税试点实施办法》及相关规定，不得抵扣且未抵扣进项税额的固定资产、无形资产、不动产，发生用途改变，用于允许抵扣进项税额的应税项目，可在用途改变的次月按照下列公式，依据合法有效的增值税扣税凭证，计算可以抵扣的进项税额：

可以抵扣的进项税额 = 固定资产、无形资产、不动产净值 ÷ (1 + 适用税率) × 适用税率

（8）进项税额抵扣期限的规定。

①增值税一般纳税人取得2010年1月1日以后开具的增值税专用发票、公路内河货物运输业统一发票和机动车销售统一发票，应在开具之日起180日内到税务机关办理认证，并在认证通过的次月申报期内，向主管税务机关申报抵扣进项税额。

增值税一般纳税人取得2010年1月1日以后开具的增值税专用发票、公路内河货物运输业统一发票、机动车销售统一发票以及海关缴款书，未在规定期限内到税务机关办理从证、申报抵扣或者申请稽核比对的，不得作为合法的增值税扣税凭证，不得计算进项税额抵扣。

②实行海关进口增值税专用缴款书（以下简称海关缴款书）“先比对后抵扣”管理办法的增值税一般纳税人，取得2010年1月1日以后开具的海关缴款书，应在开具之日起180日内向主管税务机关报送《海关完税凭证抵扣清单》（包括纸质资料和电子数据）申请稽核比对。

未实行海关缴款书“先比对后抵扣”管理办法的增值税一般纳税人，取得2010年1月1日以后开具的海关缴款书，应在开具之日起180日后的第1个纳税申报期结束以前，向主管税务机关申报抵扣进项税额。

（9）增值税期末留抵税额。

原增值税一般纳税人兼有销售服务、无形资产或者不动产的，截至纳税人“营改增”试点之日前的增值税期末留抵税额，不得从销售服务、无形资产或者不动产的销项税额中抵扣。

【例4－9】 下列各项中，不得从销项税额中抵扣进项税额的有（　　）。

A. 购进生产用燃料所支付的增值税款

B. 不合格产品耗用材料所支付的增值税款

C. 因管理不善被盗材料所支付的增值税款

D. 购进不动产耗用装修材料所支付的增值税款

【答案】C

【知识点】不得抵扣进项税情形。

【答案解析】根据增值税法律制度的规定，因管理不善造成被盗、丢失、霉烂变质的损失以及被执法部门依法没收或者强令自行销毁的货物的增值税款不允许从销项税额中抵扣。

【例4－10】某五金制造企业为一般纳税人，2015年5月发生以下经济业务：

（1）购进原材料一批，取得增值税专用发票注明的金额为50万元，增值税税额为8.5万元。支付运费，取得增值税专用发票注明的金额为2万元，增值税税额为0.22万元。

（2）接受其他企业投资转入材料一批，取得增值税专用发票注明的金额为100万元，增值税税额为17万元。

（3）购进低值易耗品，取得增值税普通发票注明的价税合计金额为7.02万元。

（4）销售产品一批，取得不含税销售额200万元，另外收取包装物租金1.17万元。

（5）采取以旧换新方式销售产品，新产品含税售价8.19万元，旧产品作价2万元。

（6）因仓库管理不善，上月购进的一批工具被盗，该批工具的采购成本为8万元（进项税额已抵扣）。

已知：该企业取得增值税专用发票均符合规定，并已认证；购进和销售产品适用的增值税税率为17%。计算该企业当月应纳增值税税额。

【答案解析】根据增值税法律制度的规定：

（1）购进材料、支付运费取得增值税专用发票上注明的进项税额允许抵扣。

（2）接受投资的材料取得增值税专用发票的进项税额允许抵扣。

（3）购进低值易耗品取得增值税普通发票注明的进项税额不允许抵扣。

（4）包装物租金属于价外费用，应当按照含税价计算增值税销项税。

（5）以旧换新销售五金产品应当按照新产品的价格计算增值税销项税额。

（6）购进工具因管理不善被盗，不得抵扣进项税，按照规定应将进项税额转出。

进项税额 $=8.5+0.22+17=25.72$（万元）

销项税额 $=200\times17\%+1.17\div(1+17\%)\times17\%+8.19\div(1+17\%)\times17\%$
$=34+0.17+1.19=35.36$（万元）

进项税转出 $=8\times17\%=1.36$（万元）

应纳增值税税额 $=35.36-(25.72-1.36)=11$（万元）

（二）小规模纳税人应纳税额的计算

1. 应纳税额的计算

小规模纳税人销售货物或者应税劳务，实行按销售额和征收率计算应纳税额的简易办法，不得抵扣进项税额。其应纳税额计算公式为：

应纳税额＝销售额×征收率

小规模纳税人取得的销售额与一般纳税人的销售额所包含的内容是一致的，都是销售货物或提供应税劳务向购买方收取的全部价款和价外费用，但是不包括从买方收取的增值税税额。

小规模纳税人应纳税额的计算

2. 含税销售额的换算

对小规模纳税人销售货物或者提供应税劳务采取销售额和增值税款合并定价的，必须将取得的含税销售额换算为不含税销售额，其计算公式为：

$$不含税销售额 = 含税销售额 \div (1 + 征收率)$$

【例 4－11】 某便民商店为增值税小规模纳税人，20×× 年第一季度销售商品，取得含税收入 10 300 元；将外购的一批商品无偿捐赠给某福利院，该批商品的含税价格为 20 600元；购进商品，取得增值税专用发票注明价税合计金额为 11 700 元。已知征收率为 3%。

【问题】 计算该商店当月应纳增值税税额。

【答案解析】 根据增值税法律制度的规定，小规模纳税人在计算应纳税额时适用简易计税办法不得抵扣进项税；将含增值税销售额换算为不含增值税销售额；同时将外购商品无偿捐赠给某福利院视同销售货物计征增值税。

$$应纳增值税税额 = (10\,300 + 20\,600) \div (1 + 3\%) \times 3\% = 900(元)$$

（三）进口货物应纳税额的计算

纳税人进口货物，应按照组成计税价格和规定的税率或征收率计算应纳税额，不允许抵扣发生在境外的税款。其计算公式为：

$$应纳税额 = \underline{组成计税价格} \times 税率$$

进口货物应纳税额的计算

（1）进口货物为非应税消费品，则上述公式中组成计税价格的计算公式为：

$$组成计税价格 = 关税完税价格 + 关税$$

（2）如果进口货物为应税消费品，则上述公式中组成计税价格的计算公式为：

$$组成计税价格 = 关税完税价格 + 关税 + 消费税$$

一般贸易下进口货物的关税完税价格以海关审定的成交价格为基础的到岸价格作为完税价格。成交价格是一般贸易项下进口货物的买方为购买该项货物向卖方实际支付或应当支付的价格；到岸价格，包括货价，加上货物运抵我国关境内输入地点起卸前的包装费、运费、保险费和其他劳务费等费用构成的一种价格。

【例 4－12】 某企业进口五金建材一批，支付给国外的买价 220 万元，支付运抵我国海关前的运费 20 万元、装卸费 10 万元；支付从海关地再运往该公司的运费 7 万元，装卸费和保险费共计 5 万元。关税税率为 20%。

【问题】 计算该企业进口货物应纳的增值税。

【答案解析】 进口环节应纳关税税额 $= (220 + 20 + 10) \times 20\% = 50$（万元）

进口环节应纳增值税税额 $= (220 + 20 + 10 + 50) \times 17\% = 51$（万元）

五、增值税税收优惠

1.《增值税暂行条例》及其实施细则规定的免税项目

（1）农业生产者销售的自产农产品。

农业，是指种植业、养殖业、林业、牧业、水产业。农业生产者，包括从事农业生产的单位和个人。农业生产者销售的自产农产品，是指直接从事植物的种植、收割和动物的饲养、捕捞的单位和个人销售的自产农产品。农产品是指初级农产品，具体范围由财政部、国家税务总局确定。

（2）避孕药品和用具。

（3）古旧图书。古旧图书，是指向社会收购的古书和旧书。

（4）直接用于科学研究、科学试验和教学的进口仪器、设备。

（5）外国政府、国际组织无偿援助的进口物资和设备。

（6）由残疾人的组织直接进口供残疾人专用的物品。

（7）销售自己使用过的物品。自己使用过的物品，是指其他个人自己使用过的物品。

除上述规定外，增值税的免税、减税项目由国务院规定。任何地区、部门均不得规定免税、减税项目。

2. 起征点的规定

增值税起征点的适用范围仅限于按照小规模纳税人纳税的个体工商户和其他个人。纳税人销售额未达到起征点的，免征增值税；达到起征点的，全额计算缴纳增值税。增值税起征点的幅度规定如下：

（1）按期纳税的，为月销售额 5 000～20 000 元；

（2）按次纳税的，为每次（日）销售额 300～500 元。

省、自治区、直辖市财政厅（局）和国家税务局应在规定的幅度内，根据实际情况确定本地区适用的起征点，并报财政部、国家税务总局备案。

3. 小微企业免税规定

（1）增值税小规模纳税人，月销售额不超过 3 万元（含 3 万元，下同）的，免征增值税。其中，以 1 个季度为纳税期限的增值税小规模纳税人，季度销售额不超过 9 万元的，免征增值税。

（2）增值税小规模纳税人月销售额不超过 3 万元（按季纳税 9 万元）的，当期因代开增值税专用发票（含货物运输业增值税专用发票）已经缴纳的税款，在专用发票全部联次追回或者按规定开具红字专用发票后，可以向主管税务机关申请退还。

4. 其他减免税规定

（1）纳税人兼营免税、减税项目的，应当分别核算免税、减税项目的销售额；未分别核算销售额的，不得免税、减税。

（2）纳税人销售货物或者应税劳务适用免税规定的，可以放弃免税，依照《增值税暂行条例》的规定缴纳增值税。放弃免税后，36 个月内不得再申请免税。

六、增值税征收管理

（一）纳税义务发生时间

（1）纳税人销售货物或者应税劳务，其纳税义务发生时间为收讫销售款项或者取得索取销售款项凭据的当天；先开具发票的，为开具发票

增值税纳税义务发生时间

的当天。按销售结算方式的不同，具体分为：

①采取直接收款方式销售货物，不论货物是否发出，均为收到销售款或者取得索取销售款凭据的当天。

纳税人生产经营活动中采取直接收款方式销售货物，已将货物移送对方并暂估销售收入入账，但既未取得销售款或取得索取销售款凭据也未开具销售发票的，其纳税义务发生时间为取得销售款或取得索取销售款凭据的当天；先开具发票的，为开具发票的当天。

②采取托收承付和委托银行收款方式销售货物，为发出货物并办妥托收手续的当天。

③采取赊销和分期收款方式销售货物，为书面合同约定的收款日期的当天，无书面合同的或者书面合同没有约定收款日期的，为货物发出的当天。

④采取预收货款方式销售货物，为货物发出的当天，但生产销售生产工期超过 12 个月的大型机械设备、船舶、飞机等货物，为收到预收款或者书面合同约定的收款日期的当天。

⑤委托其他纳税人代销货物，为收到代销单位的代销清单或者收到全部或部分货款的当天。未收到代销清单及货款的为发出代销货物满 180 天的当天。

⑥销售应税劳务，为提供劳务同时收讫销售款或者取得索取销售款的凭据的当天。

⑦纳税人发生相关视同销售货物行为，为货物移送的当天。

（2）纳税人进口货物，其纳税义务发生时间为报关进口的当天。

（3）增值税扣缴义务发生时间为纳税人增值税纳税义务发生的当天。

（二）纳税地点

（1）固定业户应当向其机构所在地的主管税务机关申报纳税。总机构和分支机构不在同一县（市）的，应当分别向各自所在地的主管税务机关申报纳税；经国务院财政、税务主管部门或者其授权的财政、税务机关批准，可以由总机构汇总向总机构所在地的主管税务机关申报纳税。

固定业户到外县（市）销售货物或者应税劳务，应当向其机构所在地的主管税务机关申请开具外出经营活动税收管理证明，并向其机构所在地的主管税务机关申报纳税；未开具证明的，应当向销售地或者劳务发生地的主管税务机关申报纳税；未向销售地或者劳务发生地的主管税务机关申报纳税的，由其机构所在地的主管税务机关补征税款。

（2）非固定业户销售货物或者应税劳务，应当向销售地或者劳务发生地的主管税务机关申报纳税；未向销售地或者劳务发生地的主管税务机关申报纳税的，由其机构所在地或者居住地的主管税务机关补征税款。

（3）进口货物，应当向报关地海关申报纳税。

（4）扣缴义务人应当向其机构所在地或者居住地的主管税务机关申报缴纳其扣缴的税款。

（三）纳税期限

根据《增值税暂行条例》及其实施细则的规定，增值税的纳税期限分别为 1 日、3 日、5 日、10 日、15 日、1 个月或者 1 个季度。

纳税人的具体纳税期限，由主管税务机关根据纳税人应纳税额的大小分别核定；不能按照固定期限纳税的，可以按次纳税。以 1 个季度为纳税期限的规定仅适用于小规模纳税人。小规模纳税人的具体纳税期限，由主管税务机关根据其应纳税额的大小分别核定。

纳税人以 1 个月或者 1 个季度为 1 个纳税期的，自期满之日起 15 日内申报纳税；以 1 日、3 日、5 日、10 日或者 15 日为 1 个纳税期的，自期满之日起 5 日内预缴税款，于次月 1 日起 15 日内申报纳税并结清上月应纳税款。

扣缴义务人解缴税款的期限，依照上述规定执行。

纳税人进口货物，应当自海关填发进口增值税专用缴款书之日起 15 日内缴纳税款。

【例 4－13】 下列关于增值税纳税义务发生时间的表述，不正确的是(　　)。

A. 纳税人发生视同销售货物行为，为货物移送的当天

B. 销售应税劳务，为提供劳务同时收讫销售款或者取得索取销售款的凭据的当天

C. 纳税人进口货物，为从海关提货的当天

D. 采取托收承付方式销售货物，为发出货物的当天

【答案】 CD

【知识点】 纳税义务发生时间。

【答案解析】 根据增值税法律制度的规定，纳税人进口货物，为报关进口的当天。采取托收承付方式销售货物，为发出货物并办妥托收手续的当天。

七、增值税专用发票使用规定

增值税专用发票，是增值税一般纳税人销售货物、提供应税劳务和应税服务开具的发票，是购买方支付增值税额并可按照增值税有关规定据以抵扣增值税进项税额的凭证。

一般纳税人应通过增值税防伪税控系统使用专用发票。使用，包括领购、开具、缴销、认证、稽核比对专用发票及其相应的数据电文。

（一）专用发票的联次及用途

专用发票由基本联次或者基本联次附加其他联次构成，基本联次为 3 联，分别为：

（1）发票联，作为购买方核算采购成本和增值税进项税额的记账凭证。

（2）抵扣联，作为购买方报送主管税务机关认证和留存备查的扣税凭证。

（3）记账联，作为销售方核算销售收入和增值税销项税额的记账凭证。

其他联次用途，由一般纳税人自行确定。

（二）专用发票的领购

一般纳税人领购专用设备后，凭《最高开票限额申请表》《发票领购簿》到主管税务机关办理初始发行。初始发行，是指主管税务机关将一般纳税人的企业名称、税务登记代码、开票限额、购票限量、购票人员姓名、密码、开票机数量、国家税务总局规定的其他信息等载入空白金税盘和 IC 卡的行为。一般纳税人凭《发票领购簿》、金税盘（或 IC 卡）和经办人身份证明领购专用发票。

一般纳税人有下列情形之一的，不得领购开具专用发票：

（1）会计核算不健全，不能向税务机关准确提供增值税销项税额、进项税额、应纳税额数据及其他有关增值税税务资料的。

（2）有《税收征管法》规定的税收违法行为，拒不接受税务机关处理的。

（3）有下列行为之一，经税务机关责令限期改正而仍未改正的：

①虚开增值税专用发票。

②私自印制专用发票。

③向税务机关以外的单位和个人买取专用发票。

④借用他人专用发票。

⑤未按规定开具专用发票。

⑥未按规定保管专用发票和专用设备。

⑦未按规定申请办理防伪税控系统变更发行。

⑧未按规定接受税务机关检查。

有上列情形的，如已领购专用发票，主管税务机关应暂扣其结存的专用发票和IC卡。

（三）专用发票的使用管理

1. 专用发票开票限额

专用发票实行最高开票限额管理。最高开票限额，是指单份专用发票开具的销售额合计数不得达到的上限额度。

最高开票限额由一般纳税人申请，税务机关依法审批。最高开票限额为10万元及以下的，由区（县）级税务机关审批；最高开票限额为100万元的，由地市级税务机关审批；最高开票限额为1 000万元及以上的，由省级税务机关审批。防伪税控系统的具体发行工作由区县级税务机关负责。

2. 专用发票开具范围

一般纳税人销售货物、提供应税劳务和应税服务，应向购买方开具专用发票。

属于下列情形之一的，不得开具增值税专用发票：

（1）商业企业一般纳税人零售烟、酒、食品、服装、鞋帽（不包括劳保专用部分）、化妆品等消费品的。

（2）销售货物、提供应税劳务和应税服务适用免税规定的（法律、法规及国家税务总局另有规定的除外）。

（3）向消费者个人销售货物、提供应税劳务和应税服务的。

（4）小规模纳税人销售货物、提供应税劳务和应税服务的（需要开具专用发票的，可向主管税务机关申请代开）。

3. 专用发票开具要求

（1）项目齐全，与实际交易相符。

（2）字迹清楚，不得压线、错格。

（3）发票联和抵扣联加盖财务专用章或者发票专用章。

（4）按照增值税纳税义务的发生时间开具。

【例4－14】下列业务，一般纳税人允许开具增值税专用发票的是（　　）。

A. 向个人提供修理修配服务

B. 向个体经营者零售烟酒、食品

C. 向一般纳税人销售货物

D. 农业生产合作社销售社员自产农产品

【答案】C

【知识点】专用发票的开具范围。

第二节 营业税改征增值税试点相关规定

一、纳税人

（一）纳税人

根据《营业税改征增值税试点实施办法》的规定，在中华人民共和国境内销售服务、无形资产和不动产的单位和个人，为增值税的纳税人。

单位，是指企业、行政单位、事业单位、军事单位、社会团体及其他单位。个人，是指个体工商户和其他个人。

单位以承包、承租、挂靠方式经营的，承包人、承租人、挂靠人（以下称承包人）以发包人、出租人、被挂靠人（以下称发包人）名义对外经营并由发包人承担相关法律责任的，以该发包人为纳税人。否则，以承包人为纳税人。

（二）纳税人分类及认定标准

纳税人按照应税服务年销售额大小的不同，划分为一般纳税人和小规模纳税人。

一般纳税人和小规模纳税人认定标准：年应税销售额超过500 万元的纳税人为一般纳税人；年应税销售额未超过 500 万元的纳税人为小规模纳税人。

年应税销售额超过 500 万元的其他个人不属于一般纳税人。年应税销售额超过 500 万元但不经常发生应税行为的单位和个体工商户可选择按照小规模纳税人纳税。

年应税销售额未超过规定标准的纳税人，会计核算健全，能够提供准确税务资料的，可以向主管税务机关办理一般纳税人资格登记，成为一般纳税人。

除国家税务总局另有规定外，一经登记为一般纳税人后，不得转为小规模纳税人。

（三）扣缴义务人

中华人民共和国境外的单位或者个人在境内提供应税服务，在境内未设有经营机构的，以购买方为增值税扣缴义务人。财政部和国家税务总局另有规定的除外。

（四）合并纳税

两个或者两个以上的纳税人，经财政部和国家税务总局批准可以视为一个纳税人合并纳税。具体办法由财政部和国家税务总局另行制定。

（五）会计核算规定

纳税人应当按照国家统一的会计制度进行增值税会计核算。

二、征税范围

根据《营业税改征增值税试点实施办法》及相关规定，应税行为包括在中华人民共和国境内销售应税服务、无形资产和不动产。具体征税范围按照《销售服务、无形资产和不动产注释》执行。

1. 销售服务、无形资产或者不动产

销售服务、无形资产或者不动产，是指有偿提供服务、有偿转让无形资产或者不动产。有偿，是指取得货币、货物或者其他经济利益。但下列情形除外：

（1）行政单位收取的同时满足以下条件的政府性基金或者行政事业性收费。

①由国务院或者财政部批准设立的政府性基金，由国务院或者省级人民政府及其财政、价格主管部门批准设立的行政事业性收费。

②收取时开具省级以上（含省级）财政部门监（印）制的财政票据。

③所收款项全额上缴财政。

（2）单位或者个体工商户聘用的员工为本单位或者雇主提供取得工资的服务。

（3）单位或者个体工商户为聘用的员工提供服务。

（4）财政部和国家税务总局规定的其他情形。

2. 在境内销售服务、无形资产或者不动产

（1）服务（租赁不动产除外）或者无形资产（自然资源使用权除外）的销售方或者购买方在境内。

（2）所销售或者租赁的不动产在境内。

（3）所销售自然资源使用权的自然资源在境内。

（4）财政部和国家税务总局规定的其他情形。

3. 下列情形不属于在境内销售服务或者无形资产

（1）境外单位或者个人向境内单位或者个人销售完全在境外发生的服务。

（2）境外单位或者个人向境内单位或者个人销售完全在境外使用的无形资产。

（3）境外单位或者个人向境内单位或者个人出租完全在境外使用的有形动产。

（4）财政部和国家税务总局规定的其他情形。

4. 下列情形视同销售服务、无形资产或者不动产

（1）单位或者个体工商户向其他单位或者个人无偿提供服务，但用于公益事业或者以社会公众为对象的除外。

（2）单位或者个体工商户向其他单位或者个人无偿转让无形资产或者不动产，但用于公益事业或者以社会公众为对象的除外。

(3) 财政部和国家税务总局规定的其他情形。

5. 不征收增值税项目

(1) 根据国家指令无偿提供铁路运输服务、航空运输服务，属于《营业税改征增值税试点实施办法》规定的用于公益事业的服务。

(2) 存款利息。

(3) 被保险人获得的保险赔付。

(4) 房地产主管部门或者其指定机构、公积金管理中心、开发企业以及物业管理单位代收的住宅专项维修资金。

(5) 在资产重组过程中，通过合并、分立、出售、置换等方式，将全部或者部分实物资产以及与其相关联的债权、负债和劳动力一并转让给其他单位和个人，其中涉及的不动产、土地使用权转让行为。

三、税目

(一) 销售服务

销售服务，是指交通运输服务、邮政服务、电信服务、建筑服务、金融服务、现代服务、生活服务。

1. 交通运输服务

交通运输服务，是指利用运输工具将货物或者旅客送达目的地，使其空间位置得到转移的业务活动，包括陆路运输服务、水路运输服务、航空运输服务和管道运输服务。

(1) 陆路运输服务，是指通过陆路（地上或者地下）运送货物或者旅客的运输业务活动，包括铁路运输和其他陆路运输。

出租车公司向使用本公司自有出租车的出租车司机收取的管理费用，按照陆路运输服务缴纳增值税。

(2) 水路运输服务，是指通过江、河、湖、川等天然、人工水道或者海洋航道运送货物或者旅客的运输业务活动。

远洋运输的程租、期租业务，属于水路运输服务。

(3) 航空运输服务，是指通过空中航线运送货物或者旅客的运输业务活动。航空运输的湿租业务，属于航空运输服务。

航天运输服务，按照航空运输服务缴纳增值税。航天运输服务，是指利用火箭等载体将卫星、空间探测器等空间飞行器发射到空间轨道的业务活动。

(4) 管道运输服务，是指通过管道设施输送气体、液体、固体物质的运输业务活动。

无运输工具承运业务，按照交通运输服务缴纳增值税。

无运输工具承运业务，是指经营者以承运人身份与托运人签订运输服务合同，收取运费并承担承运人责任，然后委托实际承运人完成运输服务的经营活动。

2. 邮政服务

邮政服务，是指中国邮政集团公司及其所属邮政企业提供邮件寄递、邮政汇兑、机要通信和邮政代理等邮政基本服务的业务活动，包括邮政普遍服务、邮政特殊服务和其他邮政服务。

（1）邮政普遍服务，是指函件、包裹等邮件寄递，以及邮票发行、报刊发行和邮政汇兑等业务活动。

（2）邮政特殊服务，是指义务兵平常信函、机要通信、盲人读物和革命烈士遗物的寄递等业务活动。

（3）其他邮政服务，是指邮册等邮品销售、邮政代理等业务活动。

3. 电信服务

电信业，是指利用有线、无线的电磁系统或者光电系统等各种通信网络资源，提供语音通话服务，传送、发射、接收或者应用图像、短信等电子数据和信息的业务活动，包括基础电信服务和增值电信服务。

（1）基础电信服务，是指利用固网、移动网、卫星、互联网，提供语音通话服务的业务活动，以及出租或者出售带宽、波长等网络元素的业务活动。

（2）增值电信服务，是指利用固网、移动网、卫星、互联网、有线电视网络，提供短信和彩信服务、电子数据和信息的传输及应用服务、互联网接入服务等业务活动。卫星电视信号落地转接服务，按照增值电信服务计算缴纳增值税。

4. 建筑服务

建筑服务，是指各类建筑物、构筑物及其附属设施的建造、修缮、装饰，线路、管道、设备、设施等的安装以及其他工程作业的业务活动。包括工程服务、安装服务、修缮服务、装饰服务和其他建筑服务。

（1）工程服务，是指新建、改建各种建筑物、构筑物的工程作业，包括与建筑物相连的各种设备或者支柱、操作平台的安装或者装设工程作业，以及各种窑炉和金属结构工程作业。

（2）安装服务，是指生产设备、动力设备、起重设备、运输设备、传动设备、医疗实验设备以及其他各种设备、设施的装配、安置工程作业，包括与被安装设备相连的工作台、梯子、栏杆的装设工程作业，以及被安装设备的绝缘、防腐、保温、油漆等工程作业。

固定电话、有线电视、宽带、水、电、燃气、暖气等经营者向用户收取的安装费、初装费、开户费、扩容费以及类似收费，按照安装服务缴纳增值税。

（3）修缮服务，是指对建筑物、构筑物进行修补、加固、养护、改善，使之恢复原来的使用价值或者延长其使用期限的工程作业。

（4）装饰服务，是指对建筑物、构筑物进行修饰装修，使之美观或者具有特定用途的工程作业。

（5）其他建筑服务，是指上述（1）~（4）类工程作业之外的各种工程作业服务，如钻井（打井）、拆除建筑物或者构筑物、平整土地、园林绿化、疏浚（不包括航道疏浚）、建筑物平移、搭脚手架、爆破、矿山穿孔、表面附着物（包括岩层、土层、沙层等）剥离和清理等工程作业。

5. 金融服务

金融服务，是指经营金融保险的业务活动，包括贷款服务、直接收费金融服务、保险服务和金融商品转让。

(1) 贷款服务，是指将资金贷与他人使用而取得利息收入的业务活动。

各种占用、拆借资金取得的收入，包括金融商品持有期间（含到期）利息（保本收益、报酬、资金占用费、补偿金等）收入、信用卡透支利息收入、买入返售金融商品利息收入、融资融券收取的利息收入，以及融资性售后回租、押汇、罚息、票据贴现、转贷等业务取得的利息及利息性质的收入，按照贷款服务缴纳增值税。

融资性售后回租，是指承租方以融资为目的，将资产出售给从事融资性售后回租业务的企业后，从事融资性售后回租业务的企业将该资产出租给承租方的业务活动。

以货币资金投资收取的固定利润或者保底利润，按照贷款服务缴纳增值税。

(2) 直接收费金融服务，是指为货币资金融通及其他金融业务提供相关服务并且收取费用的业务活动，包括提供货币兑换、账户管理、电子银行、信用卡、信用证、财务担保、资产管理、信托管理、基金管理、金融交易场所（平台）管理、资金结算、资金清算、金融支付等服务。

(3) 保险服务，是指投保人根据合同约定，向保险人支付保险费，保险人对于合同约定的可能发生的事故因其发生所造成的财产损失承担赔偿保险金责任，或者当被保险人死亡、伤残、疾病或者达到合同约定的年龄、期限等条件时承担给付保险金责任的商业保险行为。保险服务包括人身保险服务和财产保险服务。

(4) 金融商品转让，是指转让外汇、有价证券、非货物期货和其他金融商品所有权的业务活动。

其他金融商品转让包括基金、信托、理财产品等各类资产管理产品和各种金融衍生品的转让。

6. 现代服务

现代服务，是指围绕制造业、文化产业、现代物流产业等提供技术性、知识性服务的业务活动，包括研发和技术服务、信息技术服务、文化创意服务、物流辅助服务、租赁服务、鉴证咨询服务、广播影视服务、商务辅助服务和其他现代服务。

(1) 研发和技术服务，包括研发服务、合同能源管理服务、工程勘察勘探服务、专业技术服务。

研发服务，也称技术开发服务，是指就新技术、新产品、新工艺或者新材料及其系统进行研究与试验开发的业务活动。

合同能源管理服务，是指节能服务公司与用能单位以契约形式约定节能目标，节能服务公司提供必要的服务，用能单位以节能效果支付节能服务公司投入及其合理报酬的业务活动。

工程勘察勘探服务，是指在采矿、工程施工前后，对地形、地质构造、地下资源蕴藏情况进行实地调查的业务活动。

专业技术服务，是指气象服务、地震服务、海洋服务、测绘服务、城市规划、环境与生态监测服务等专项技术服务。

(2) 信息技术服务，是指利用计算机、通信网络等技术对信息进行生产、收集、处理、加工、存储、运输、检索和利用，并提供信息服务的业务活动，包括软件服务、电路设计及测试服务、信息系统服务、业务流程管理服务和信息系统增值服务。

软件服务，是指提供软件开发服务、软件维护服务、软件测试服务的业务活动。

电路设计及测试服务，是指提供集成电路和电子电路产品设计、测试及相关技术支持服务的业务活动。

信息系统服务，是指提供信息系统集成、网络管理、网站内容维护、桌面管理与维护、信息系统应用、基础信息技术管理平台整合、信息技术基础设施管理、数据中心、托管中心、信息安全服务、在线杀毒、虚拟主机等业务活动，包括网站对非自有的网络游戏提供的网络运营服务。

业务流程管理服务，是指依托信息技术提供的人力资源管理、财务经济管理、审计管理、税务管理、物流信息管理、经营信息管理和呼叫中心等服务的活动。

信息系统增值服务，是指利用信息系统资源为用户附加提供的信息技术服务，包括数据处理、分析和整合、数据库管理、数据备份、数据存储、容灾服务、电子商务平台等。

(3) 文化创意服务，包括设计服务、知识产权服务、广告服务和会议展览服务。

设计服务，是指把计划、规划、设想通过文字、语言、图画、声音、视觉等形式传递出来的业务活动，包括工业设计、内部管理设计、业务运作设计、供应链设计、造型设计、服装设计、环境设计、平面设计、包装设计、动漫设计、网游设计、展示设计、网站设计、机械设计、工程设计、广告设计、创意策划、文印晒图等。

知识产权服务，是指处理知识产权事务的业务活动，包括对专利、商标、著作权、软件、集成电路布图设计的登记、鉴定、评估、认证、检索服务。

广告服务，是指利用图书、报纸、杂志、广播、电视、电影、幻灯、路牌、招贴、橱窗、霓虹灯、灯箱、互联网等各种形式为客户的商品、经营服务项目、文体节目或者通告、声明等委托事项进行宣传和提供相关服务的业务活动，包括广告代理和广告的发布、播映、宣传、展示等。

会议展览服务，是指为商品流通、促销、展示、经贸洽谈、民间交流、企业沟通、国际往来等举办或者组织安排的各类展览和会议的业务活动。

(4) 物流辅助服务，包括航空服务、港口码头服务、货运客运场站服务、打捞救助服务、装卸搬运服务、仓储服务和收派服务。

航空服务，包括航空地面服务和通用航空服务。航空地面服务，是指航空公司、飞机场、民航管理局、航站等向在境内航行或者在境内机场停留的境内外飞机或者其他飞行器提供的导航等劳务性地面服务的业务活动，包括旅客安全检查服务、停机坪管理服务、机场候机厅管理服务、飞机清洗消毒服务、空中飞行管理服务、飞机起降服务、飞行通信服务、地面信号服务、飞机安全服务、飞机跑道管理服务、空中交通管理服务等。通用航空服务，是指为专业工作提供飞行服务的业务活动，包括航空摄影、航空培训、航空测量、航空勘探、航空护林、航空吊挂播洒、航空降雨、航空气象探测、航空海洋监测、航空科学实验等。

港口码头服务，是指港务船舶调度服务、船舶通信服务、航道管理服务、航道疏浚服务、灯塔管理服务、航标管理服务、船舶引航服务、理货服务、系解缆服务、停泊和移泊服务、海上船舶溢油清除服务、水上交通管理服务、船只专业清洗消毒检测服务和防止船只漏油服务等为船只提供服务的业务活动。港口设施经营人收取的港口设施保安费按照港口码头服务缴纳增值税。

货运客运场站服务，是指货运客运场站提供货物配载服务、运输组织服务、中转换乘服务、车辆调度服务、票务服务、货物打包整理、铁路线路使用服务、加挂铁路客车服务、铁路行包专列发送服务、铁路到达和中转服务、铁路车辆编解服务、车辆挂运服务、铁路接触网服务、铁路机车牵引服务等业务活动。

打捞救助服务，是指提供船舶人员救助、船舶财产救助、水上救助和沉船沉物打捞服务的业务活动。

装卸搬运服务，是指使用装卸搬运工具或者人力、畜力将货物在运输工具之间、装卸现场之间或者运输工具与装卸现场之间进行装卸和搬运的业务活动。

仓储服务，是指利用仓库、货场或者其他场所代客贮放、保管货物的业务活动。

收派服务，是指接受寄件人委托，在承诺的时限内完成函件和包裹的收件、分拣、派送服务的业务活动。

收件服务，是指从寄件人收取函件和包裹，并运送到服务提供方同城的集散中心的业务活动。

分拣服务，是指服务提供方在其集散中心对函件和包裹进行归类、分发的业务活动。

派送服务，是指服务提供方从其集散中心将函件和包裹送达同城的收件人的业务活动。

(5) 租赁服务，包括融资租赁服务和经营租赁服务。

融资租赁服务，是指具有融资性质和所有权转移特点的租赁活动。即出租人根据承租人所要求的规格、型号、性能等条件购入有形动产或者不动产租赁给承租人，合同期内租赁物所有权属于出租人，承租人只拥有使用权，合同期满付清租金后，承租人有权按照残值购入租赁物，以拥有其所有权。不论出租人是否将租赁物销售给承租人，均属于融资租赁。

按照标的物的不同，融资租赁服务可分为有形动产融资租赁服务和不动产融资租赁服务。

融资性售后回租不按照本税目缴纳增值税。

经营租赁服务，是指在约定时间内将有形动产或者不动产转让他人使用且租赁物所有权不变更的业务活动。

按照标的物的不同，经营租赁服务可分为有形动产经营租赁服务和不动产经营租赁服务。

将建筑物、构筑物等不动产或者飞机、车辆等有形动产的广告位出租给其他单位或者个人用于发布广告，按照经营租赁服务缴纳增值税。

车辆停放服务、道路通行服务（包括过路费、过桥费、过闸费等）等按照不动产经营租赁服务缴纳增值税。

水路运输的光租业务、航空运输的干租业务，属于经营租赁。

光租业务，是指运输企业将船舶在约定的时间内出租给他人使用，不配备操作人员，不承担运输过程中发生的各项费用，只收取固定租赁费的业务活动。

干租业务，是指航空运输企业将飞机在约定的时间内出租给他人使用，不配备机组人员，不承担运输过程中发生的各项费用，只收取固定租赁费的业务活动。

（6）鉴证咨询服务，包括认证服务、鉴证服务和咨询服务。

认证服务，是指具有专业资质的单位利用检测、检验、计量等技术，证明产品、服务、管理体系符合相关技术规范、相关技术规范的强制性要求或者标准的业务活动。

鉴证服务，是指具有专业资质的单位受托对相关事项进行鉴证，发表具有证明力的意见的业务活动，包括会计鉴证、税务鉴证、法律鉴证、职业技能鉴定、工程造价鉴证、工程监理、资产评估、环境评估、房地产土地评估、建筑图纸审核、医疗事故鉴定等。

咨询服务，是指提供信息、建议、策划、顾问等服务的活动，包括金融、软件、技术、财务、税收、法律、内部管理、业务运作、流程管理、健康等方面的咨询。

翻译服务和市场调查服务按照咨询服务缴纳增值税。

（7）广播影视服务，包括广播影视节目（作品）的制作服务、发行服务和播映（含放映，下同）服务。

广播影视节目（作品）制作服务，是指进行专题（特别节目）、专栏、综艺、体育、动画片、广播剧、电视剧、电影等广播影视节目和作品制作的服务，具体包括与广播影视节目和作品相关的策划、采编、拍摄、录音、音视频文字图片素材制作、场景布置、后期的剪辑、翻译（编译）、字幕制作、片头、片尾、片花制作、特效制作、影片修复、编目和确权等业务活动。

广播影视节目（作品）发行服务，是指以分账、买断、委托等方式，向影院、电台、电视台、网站等单位和个人发行广播影视节目（作品）以及转让体育赛事等活动的报道及播映权的业务活动。

广播影视节目（作品）播映服务，是指在影院、剧院、录像厅及其他场所播映广播影视节目（作品），以及通过电台、电视台、卫星通信、互联网、有线电视等无线或者有线装置播映广播影视节目（作品）的业务活动。

（8）商务辅助服务，包括企业管理服务、经纪代理服务、货物运输代理服务、代理报关服务、人力资源服务、安全保护服务。

企业管理服务，是指提供总部管理、投资与资产管理、市场管理、物业管理、日常综合管理等服务的业务活动。

经纪代理服务，是指各类经纪、中介、代理服务。包括金融代理、知识产权代理、货物运输代理、代理报关、法律代理、房地产中介、职业中介、婚姻中介、代理记账、拍卖等。

货物运输代理服务，是指接受货物收货人、发货人、船舶所有人、船舶承租人或者船舶经营人的委托，以委托人的名义，为委托人办理货物运输、装卸、仓储和船舶进出港口、引航、靠泊等相关手续的业务活动。

代理报关服务，是指接受进出口货物的收、发货人委托，代为办理报关手续的业务活动。

人力资源服务，是指提供公共就业、劳务派遣、人才委托招聘、劳动力外包等服务的业务活动。

安全保护服务，是指提供保护人身安全和财产安全，维护社会治安等的业务活动。包括场所住宅保安、特种保安、安全系统监控以及其他安保服务。

(9) 其他现代服务，是指除研发和技术服务、信息技术服务、文化创意服务、物流辅助服务、租赁服务、鉴证咨询服务、广播影视服务和商务辅助服务以外的现代服务。

7. 生活服务

生活服务，是指为满足城乡居民日常生活需求提供的各类服务活动，包括文化体育服务、教育医疗服务、旅游娱乐服务、餐饮住宿服务、居民日常服务和其他生活服务。

(1) 文化体育服务，包括文化服务和体育服务。

文化服务，是指为满足社会公众文化生活需求提供的各种服务。包括：文艺创作、文艺表演、文化比赛，图书馆的图书和资料借阅，档案馆的档案管理，文物及非物质遗产保护，组织举办宗教活动、科技活动、文化活动，提供游览场所。

体育服务，是指组织举办体育比赛、体育表演、体育活动，以及提供体育训练、体育指导、体育管理的业务活动。

(2) 教育医疗服务，包括教育服务和医疗服务。

教育服务，是指提供学历教育服务、非学历教育服务、教育辅助服务的业务活动。学历教育服务，是指根据教育行政管理部门确定或者认可的招生和教学计划组织教学，并颁发相应学历证书的业务活动，包括初等教育、初级中等教育、高级中等教育、高等教育等。非学历教育服务，包括学前教育、各类培训、演讲、讲座、报告会等。教育辅助服务，包括教育测评、考试、招生等服务。

医疗服务，是指提供医学检查、诊断、治疗、康复、预防、保健、接生、计划生育、防疫服务等方面的服务，以及与这些服务有关的提供药品、医用材料器具、救护车、病房住宿和伙食的业务。

(3) 旅游娱乐服务，包括旅游服务和娱乐服务。

旅游服务，是指根据旅游者的要求，组织安排交通、游览、住宿、餐饮、购物、文娱、商务等服务的业务活动。

娱乐服务，是指为娱乐活动同时提供场所和服务的业务。具体包括：歌厅、舞厅、夜总会、酒吧、台球、高尔夫球、保龄球、游艺（包括射击、狩猎、跑马、游戏机、蹦极、卡丁车、热气球、动力伞、射箭、飞镖）。

(4) 餐饮住宿服务，包括餐饮服务和住宿服务。

餐饮服务，是指通过同时提供饮食和饮食场所的方式为消费者提供饮食消费服务的业务活动。

住宿服务，是指提供住宿场所及配套服务等的活动，包括宾馆、旅馆、旅社、度假村和其他经营性住宿场所提供的住宿服务。

(5) 居民日常服务，是指主要为满足居民个人及其家庭日常生活需求提供的服务，包括市容市政管理、家政、婚庆、养老、殡葬、照料和护理、救助救济、美容美发、按摩、桑拿、氧吧、足疗、沐浴、洗染、摄影扩印等服务。

(6) 其他生活服务，是指除文化体育服务、教育医疗服务、旅游娱乐服务、餐饮住宿服务和居民日常服务之外的生活服务。

(二) 销售无形资产

销售无形资产，是指转让无形资产所有权或者使用权的业务活动。无形资产，是指不具实物形态，但能带来经济利益的资产，包括技术、商标、著作权、商誉、自然资源使用权和其他权益性无形资产。

技术，包括专利技术和非专利技术。

自然资源使用权，包括土地使用权、海域使用权、探矿权、采矿权、取水权和其他自然资源使用权。

其他权益性无形资产，包括基础设施资产经营权、公共事业特许权、配额、经营权（包括特许经营权、连锁经营权、其他经营权）、经销权、分销权、代理权、会员权、席位权、网络游戏虚拟道具、域名、名称权、肖像权、冠名权、转会费等。

(三) 销售不动产

销售不动产，是指转让不动产所有权的业务活动。不动产，是指不能移动或者移动后会引起性质、形状改变的财产，包括建筑物、构筑物等。

建筑物，包括住宅、商业营业用房、办公楼等可供居住、工作或者进行其他活动的建造物。

构筑物，包括道路、桥梁、隧道、水坝等建造物。

转让建筑物有限产权或者永久使用权的，转让在建的建筑物或者构筑物所有权的，以及在转让建筑物或者构筑物时一并转让其所占土地的使用权的，按照销售不动产缴纳增值税。

【例 4－15】 下列项目中，属于“营改增”征税范围的是(　　)。

A. 广告设计　　B. 会议展览　　C. 技术咨询　　D. 有形动产租赁

【答案】 ABCD

【知识点】 “营改增”征税范围。

四、税率和征收率

(一) 税率

(1) 提供增值电信服务、金融服务、现代服务（除有形动产租赁服务和不动产租赁服务外)、生活服务，销售无形资产（除转让土地使用权外)，税率为 6%。

(2) 提供交通运输业服务、邮政服务、基础电信服务、建筑服务、不动产租赁服务，销售不动产，转让土地使用权，税率为 11%。

(3) 提供有形动产租赁服务，税率为17%。

(4) 境内单位和个人发生的跨境应税行为，税率为零。具体范围由财政部和国家税务总局另行规定。

(二) 征收率

征收率为3%，财政部和国家税务总局另有规定的除外（销售房地产征收率为5%）。

五、应纳税额计算

(一) 一般性规定

增值税的计税方法，包括一般计税方法和简易计税方法。一般纳税人发生应税行为适用一般计税方法计税。

一般纳税人发生财政部和国家税务总局规定的特定应税行为，可以选择适用简易计税方法计税，但一经选择，36个月内不得变更。小规模纳税人发生应税行为适用简易计税方法计税。

境外单位或者个人在境内发生应税行为，在境内未设有经营机构的，扣缴义务人按照下列公式计算的应扣缴税额：

应扣缴税额 = 购买方支付的价款 ÷ (1 + 税率) × 税率

(二) 一般计税方法

1. 应纳税额

一般计税方法的应纳税额，是指当期销项税额抵扣当期进项税额后的余额。应纳税额计算公式：

应纳税额 = 当期销项税额 − 当期进项税额

当期销项税额小于当期进项税额不足抵扣时，其不足部分可以结转下期继续抵扣。

销项税额，是指纳税人发生应税行为按照销售额和增值税税率计算并收取的增值税额。销项税额的计算公式：

销项税额 = 销售额 × 税率

一般计税方法的销售额不包括销项税额，纳税人采用销售额和销项税额合并定价方法的，按照下列公式计算销售额：

销售额 = 含税销售额 ÷ (1 + 税率)

2. 销售额的确定

(1) 销售额，是指纳税人发生应税行为取得的全部价款和价外费用，财政部和国家税务总局另有规定的除外。

价外费用，是指价外收取的各种性质的收费，但不包括以下项目：代为收取并符合本办法第十条规定的政府性基金或者行政事业性收费；以委托方名义开具发票代委托方收取的款项。

纳税人按照人民币以外的货币结算销售额的，应当折合成人民币计算，折合率可以选择销售额发生的当天或者当月1日的人民币汇率中间价。纳税人应当在事先确定采用何种折合率，确定后12个月内不得变更。

（2）有关行业销售额的特殊规定。

①贷款服务，以提供贷款服务取得的全部利息及利息性质的收入为销售额。

②直接收费金融服务，以提供直接收费金融服务收取的手续费、佣金、酬金、管理费、服务费、经手费、开户费、过户费、结算费、转托管费等各类费用为销售额。

③金融商品转让，按照卖出价扣除买入价后的余额为销售额。转让金融商品出现的正负差，按盈亏相抵后的余额为销售额。若相抵后出现负差，可结转下一纳税期与下期转让金融商品销售额相抵，但年末时仍出现负差的，不得转入下一个会计年度。金融商品的买入价，可以选择按照加权平均法或者移动加权平均法进行核算，选择后 36 个月内不得变更。金融商品转让，不得开具增值税专用发票。

④经纪代理服务，以取得的全部价款和价外费用，扣除向委托方收取并代为支付的政府性基金或者行政事业性收费后的余额为销售额。向委托方收取的政府性基金或者行政事业性收费，不得开具增值税专用发票。

⑤航空运输企业的销售额，不包括代收的机场建设费和代售其他航空运输企业客票而代收转付的价款。

⑥客运场站服务，试点纳税人中的一般纳税人（以下称一般纳税人）提供客运场站服务，以其取得的全部价款和价外费用，扣除支付给承运方运费后的余额为销售额。

⑦试点纳税人提供旅游服务，可以选择以取得的全部价款和价外费用，扣除向旅游服务购买方收取并支付给其他单位或者个人的住宿费、餐饮费、交通费、签证费、门票费和支付给其他接团旅游企业的旅游费用后的余额为销售额。选择上述办法计算销售额的试点纳税人，向旅游服务购买方收取并支付的上述费用，不得开具增值税专用发票，可以开具普通发票。

⑧试点纳税人提供建筑服务适用简易计税方法的，以取得的全部价款和价外费用扣除支付的分包款后的余额为销售额。

⑨房地产开发企业中的一般纳税人销售其开发的房地产项目（选择简易计税方法的房地产老项目除外），以取得的全部价款和价外费用，扣除受让土地时向政府部门支付的土地价款后的余额为销售额。房地产老项目，是指《建筑工程施工许可证》注明的合同开工日期在 2016 年 4 月 30 日前的房地产项目。

（3）其他规定。

①红字专用发票规定。纳税人发生应税行为，开具增值税专用发票后，发生开票有误或者销售折让、中止、退回等情形的，应当按照国家税务总局的规定开具红字增值税专用发票；未按照规定开具红字增值税专用发票的，不得按照本办法第三十二条和第三十六条的规定扣减销项税额或者销售额。

②折扣额开具发票的规定。纳税人发生应税行为，将价款和折扣额在同一张发票上分别注明的，以折扣后的价款为销售额；未在同一张发票上分别注明的，以价款为销售额，不得扣减折扣额。

③核定销售额规定。纳税人发生应税行为价格明显偏低或者偏高且不具有合理商业目的的，或者发生本办法第十四条所列行为而无销售额的，主管税务机关有权按照下列顺序

确定销售额：按照纳税人最近时期销售同类服务、无形资产或者不动产的平均价格确定；按照其他纳税人最近时期销售同类服务、无形资产或者不动产的平均价格确定；按照组成计税价格确定。组成计税价格的公式为：

$$组成计税价格 = 成本 \times (1 + 成本利润率)$$

成本利润率由国家税务总局确定。

不具有合理商业目的，是指以谋取税收利益为主要目的，通过人为安排，减少、免除、推迟缴纳增值税税款，或者增加退还增值税税款。

【例4－16】下列关于计税销售额的表述中，正确的是(　　)。

A. 贷款服务，以提供贷款服务取得的全部利息及利息性质的收入为销售额

B. 金融商品转让，按照卖出价扣除买入价后的余额为销售额

C. 试点纳税人提供旅游服务，可以选择以取得的全部价款和价外费用，扣除向旅游服务购买方收取并支付给其他单位或者个人的住宿费、餐饮费、交通费、签证费、门票费和支付给其他接团旅游企业的旅游费用后的余额为销售额

D. 房地产开发企业中的一般纳税人销售其开发的房地产项目（选择简易计税方法的房地产老项目除外），以取得的全部价款和价外费用，扣除受让土地时向政府部门支付的土地价款后的余额为销售额

【答案】ABCD

【知识点】销售额的确定。

3. 进项税额的确定

进项税额，是指纳税人购进货物、加工和修理修配劳务、服务、无形资产或者不动产，支付或者负担的增值税额。除从销售方取得的增值税专用发票（含税控机动车销售统一发票，下同）、从海关取得的海关进口增值税专用缴款书上注明的增值税税额，购进农产品按照农产品收购发票或者销售发票上注明的农产品买价和11%的扣除率计算的进项税额允许抵扣以外，从境外单位或者个人购进服务、无形资产或者不动产，自税务机关或者扣缴义务人取得的解缴税款的完税凭证上注明的增值税额也可以从销项税额中抵扣。

（1）不得抵扣进项税额的规定同本章第一节的规定。

（2）纳税人适用一般计税方法计税的，因销售折让、中止或者退回而退还给购买方的增值税额，应当从当期的销项税额中扣减；因销售折让、中止或者退回而收回的增值税额，应当从当期的进项税额中扣减。

（3）适用一般计税方法的试点纳税人，2016 年 5 月 1 日后取得并在会计制度上按照固定资产核算的不动产或者 2016 年 5 月 1 日后取得的不动产在建工程，其进项税额应自取得之日起分两年从销项税额中抵扣，第一年抵扣比例为60%，第二年抵扣比例为40%。

取得不动产，包括直接购买、接受捐赠、接受投资入股、自建以及抵债等各种形式取得不动产，不包括房地产开发企业自行开发的房地产项目。融资租入的不动产以及在施工现场修建的临时建筑物、构筑物，其进项税额不适用上述分 2 年抵扣的规定。

（4）一般纳税人发生下列应税行为可以选择适用简易计税方法计税：

①公共交通运输服务，包括轮客渡、公交客运、地铁、城市轻轨、出租车、长途客

运、班车。

②经认定的动漫企业为开发动漫产品提供的动漫脚本编撰、形象设计、背景设计、动画设计、分镜、动画制作、摄制、描线、上色、画面合成、配音、配乐、音效合成、剪辑、字幕制作、压缩转码（面向网络动漫、手机动漫格式适配）服务，以及在境内转让动漫版权（包括动漫品牌、形象或者内容的授权及再授权）。

③电影放映服务、仓储服务、装卸搬运服务、收派服务和文化体育服务。

④以纳入"营改增"试点之日前取得的有形动产为标的物提供的经营租赁服务。

⑤在纳入"营改增"试点之日前签订的尚未执行完毕的有形动产租赁合同。

【例 4－17】一般纳税人在 2016 年 5 月 1 日后购进的不动产，其进项税额抵扣的规定是(　　)。

A. 第一年抵扣比例为 30%，第二年抵扣比例为 70%

B. 第一年抵扣比例为 40%，第二年抵扣比例为 60%

C. 第一年抵扣比例为 50%，第二年抵扣比例为 50%

D. 第一年抵扣比例为 60%，第二年抵扣比例为 40%

【答案】D

【知识点】一般纳税人购进不动产进项税额的抵扣。

（三）简易计税方法

简易计税方法的应纳税额，是指按照销售额和增值税征收率计算的增值税税额。适用简易计税方法计税时，不得抵扣进项税税额。应纳税额的计算公式：

$$应纳税额 = 含税销售额 \div (1 + 征收率)$$

纳税人适用简易计税方法计税的，因销售折让、中止或者退回而退还给购买方的销售额，应当从当期销售额中扣减。扣减当期销售额后仍有余额造成多缴的税款，可以从以后的应纳税额中扣减。

1. 适用 5% 征收率的情况

（1）小规模纳税人销售自建或者取得的不动产。

（2）一般纳税人选择简易计税方法计税的不动产销售。

（3）房地产开发企业中的纳税人，销售自行开发的房地产项目。

（4）其他个人销售其取得（不含自建）的不动产（不含其购买的住房）。

（5）一般纳税人选择简易计税方法计税的不动产经营租赁。

（6）小规模纳税人出租（经营租赁）其取得的不动产（不含个人出租住房）。

（7）其他个人出租（经营租赁）其取得的不动产（不含住房）。

（8）个人出租住房，应按照 5% 的征收率减按 1.5% 计算应纳税额。

（9）一般纳税人和小规模纳税人提供劳务派遣服务选择差额纳税的。

（10）一般纳税人在 2016 年 4 月 30 日前签订的不动产融资租赁合同，或以 2016 年 4 月 30 日前取得的不动产提供的融资租赁服务，选择适用简易计税方法的。

（11）一般纳税人收取试点前开工的一级公路、二级公路、桥、闸通行费，选择适用简易计税方法的。

（12）一般纳税人提供人力资源外包服务，选择适用简易计税方法的。

（13）纳税人转让2016年4月30日前取得的土地使用权，选择适用简易计税方法的。

2. 其他

除上述适用5%征收率以外的纳税人选择简易计税方法销售货物、提供应税劳务、发生应税行为均为3%。

六、"营改增"税收优惠

"营改增"试点过渡政策的免税规定如下。

（一）下列项目免征增值税

（1）托儿所、幼儿园提供的保育和教育服务。

托儿所、幼儿园，是指经县级以上教育部门审批成立、取得办园许可证的实施0～6岁学前教育的机构，包括公办和民办的托儿所、幼儿园、学前班、幼儿班、保育院、幼儿院。

公办托儿所、幼儿园免征增值税的收入，是指在省级财政部门和价格主管部门审核报省级人民政府批准的收费标准以内收取的教育费、保育费。

民办托儿所、幼儿园免征增值税的收入，是指在报经当地有关部门备案并公示的收费标准范围内收取的教育费、保育费。

超过规定收费标准的收费，是指以开办实验班、特色班和兴趣班等为由另外收取的费用以及与幼儿入园挂钩的赞助费、支教费等超过规定范围的收入，不属于免征增值税的收入。

（2）养老机构提供的养老服务。

养老机构，是指依照民政部《养老机构设立许可办法》（民政部令第48号）设立并依法办理登记的为老年人提供集中居住和照料服务的各类养老机构；养老服务，是指上述养老机构按照民政部《养老机构管理办法》（民政部令第49号）的规定，为收住的老年人提供的生活照料、康复护理、精神慰藉、文化娱乐等服务。

（3）残疾人福利机构提供的育养服务。

（4）婚姻介绍服务。

（5）殡葬服务。

（6）残疾人员本人为社会提供的服务。

（7）医疗机构提供的医疗服务。

医疗机构，是指依据国务院《医疗机构管理条例》（国务院令第149号）及卫生部《医疗机构管理条例实施细则》（卫生部令第35号）的规定，经登记取得《医疗机构执业许可证》的机构，以及军队、武警部队各级各类医疗机构。具体包括：各级各类医院、门诊部（所）、社区卫生服务中心（站）、急救中心（站）、城乡卫生院、护理院（所）、疗养院、临床检验中心，各级政府及有关部门举办的卫生防疫站（疾病控制中心）、各种专科疾病防治站（所），各级政府举办的妇幼保健所（站）、母婴保健机构、儿童保健机构，各级政府举办的血站（血液中心）等医疗机构。

本项所称的医疗服务，是指医疗机构按照不高于地（市）级以上价格主管部门会同同级卫生主管部门及其他相关部门制定的医疗服务指导价格（包括政府指导价和按照规定由供需双方协商确定的价格等）为就医者提供《全国医疗服务价格项目规范》所列的各项服务，以及医疗机构向社会提供卫生防疫、卫生检疫的服务。

（8）从事学历教育的学校提供的教育服务。

①学历教育，是指受教育者经过国家教育考试或者国家规定的其他入学方式，进入国家有关部门批准的学校或者其他教育机构学习，获得国家承认的学历证书的教育形式。具体包括：

a. 初等教育：普通小学、成人小学。

b. 初级中等教育：普通初中、职业初中、成人初中。

高级中等教育：普通高中、成人高中和中等职业学校（包括普通中专、成人中专、职业高中、技工学校）。

c. 高等教育：普通本专科、成人本专科、网络本专科、研究生（博士、硕士）、高等教育自学考试、高等教育学历文凭考试。

②从事学历教育的学校，是指：

a. 普通学校。

b. 经地（市）级以上人民政府或者同级政府的教育行政部门批准成立、国家承认其学员学历的各类学校。

c. 经省级及以上人力资源社会保障行政部门批准成立的技工学校、高级技工学校。

d. 经省级人民政府批准成立的技师学院。

上述学校均包括符合规定的从事学历教育的民办学校，但不包括职业培训机构等国家不承认学历的教育机构。

③提供教育服务免征增值税的收入，是指对列入规定招生计划的在籍学生提供学历教育服务取得的收入，具体包括：经有关部门审核批准并按规定标准收取的学费、住宿费、课本费、作业本费、考试报名费收入，以及学校食堂提供餐饮服务取得的伙食费收入。除此之外的收入，包括学校以各种名义收取的赞助费、择校费等，不属于免征增值税的范围。

学校食堂是指依照《学校食堂与学生集体用餐卫生管理规定》（教育部令第14号）管理的学校食堂。

（9）学生勤工俭学提供的服务。

（10）农业机耕、排灌、病虫害防治、植物保护、农牧保险以及相关技术培训业务，家禽、牲畜、水生动物的配种和疾病防治。

农业机耕，是指在农业、林业、牧业中使用农业机械进行耕作（包括耕耘、种植、收割、脱粒、植物保护等）的业务；排灌，是指对农田进行灌溉或者排涝的业务；病虫害防治，是指从事农业、林业、牧业、渔业的病虫害测报和防治的业务；农牧保险，是指为种植业、养殖业、牧业种植和饲养的动植物提供保险的业务；相关技术培训，是指与农业机耕、排灌、病虫害防治、植物保护业务相关以及为使农民获得农牧保险知识的技术培训业务；家禽、牲畜、水生动物的配种和疾病防治业务的免税范围，包括与该项服务有关的提供药品和医疗用具的业务。

（11）纪念馆、博物馆、文化馆、文物保护单位管理机构、美术馆、展览馆、书画院、图书馆在自己的场所提供文化体育服务取得的第一道门票收入。

（12）寺院、宫观、清真寺和教堂举办文化、宗教活动的门票收入。

（13）行政单位之外的其他单位收取的符合《营业税改征增值税试点实施办法》第十条规定条件的政府性基金和行政事业性收费。

（14）个人转让著作权。

（15）个人销售自建自用住房。

（16）2018 年 12 月 31 日前，公共租赁住房经营管理单位出租公共租赁住房。

（17）台湾航运公司、航空公司从事海峡两岸海上直航、空中直航业务在大陆取得的运输收入。

（18）纳税人提供的直接或者间接国际货物运输代理服务。

（19）符合规定条件的贷款、债券和利息收入。

（20）被撤销金融机构以货物、不动产、无形资产、有价证券、票据等财产清偿债务。

（21）保险公司开办的一年期以上人身保险产品取得的保费收入。

（22）符合规定条件的金融商品转让收入。

（23）金融同业往来利息收入。

（24）同时符合规定条件的担保机构从事中小企业信用担保或者再担保业务取得的收入（不含信用评级、咨询、培训等收入）3 年内免征增值税。

（25）国家商品储备管理单位及其直属企业承担商品储备任务，从中央或者地方财政取得的利息补贴收入和价差补贴收入。

（26）纳税人提供技术转让、技术开发和与之相关的技术咨询、技术服务。

（27）同时符合条件的合同能源管理服务。

（28）2017 年 12 月 31 日前，科普单位的门票收入，以及县级及以上党政部门和科协开展科普活动的门票收入。

（29）政府举办的从事学历教育的高等、中等和初等学校（不含下属单位），举办进修班、培训班取得的全部归该学校所有的收入。

（30）政府举办的职业学校设立的主要为在校学生提供实习场所并由学校出资自办、由学校负责经营管理、经营收入归学校所有的企业，从事《销售服务、无形资产或者不动产注释》中“现代服务”（不含融资租赁服务、广告服务和其他现代服务）、“生活服务”（不含文化体育服务、其他生活服务和桑拿、氧吧）业务活动取得的收入。

（31）家政服务企业由员工制家政服务员提供家政服务取得的收入。

（32）福利彩票、体育彩票的发行收入。

（33）军队空余房产租赁收入。

（34）为了配合国家住房制度改革，企业、行政事业单位按房改成本价、标准价出售住房取得的收入。

(35) 将土地使用权转让给农业生产者用于农业生产。

(36) 涉及家庭财产分割的个人无偿转让不动产、土地使用权。

(37) 土地所有者出让土地使用权和土地使用者将土地使用权归还给土地所有者。

(38) 县级以上地方人民政府或自然资源行政主管部门出让、转让或收回自然资源使用权（不含土地使用权）。

(39) 随军家属就业。

(40) 军队转业干部就业。

（二）增值税即征即退

(1) 一般纳税人提供管道运输服务，对其增值税实际税负超过3%的部分实行增值税即征即退政策。

(2) 经中国人民银行、银监会或者商务部批准从事融资租赁业务的试点纳税人中的一般纳税人，提供有形动产融资租赁服务和有形动产融资性售后回租服务，对其增值税实际税负超过3%的部分实行增值税即征即退政策。商务部授权的省级商务主管部门和国家经济技术开发区批准的从事融资租赁业务和融资性售后回租业务的试点纳税人中的一般纳税人，2016年5月1日后实收资本达到1.7亿元的，从达到标准的当月起按照上述规定执行；2016年5月1日后实收资本未达到1.7亿元但注册资本达到1.7亿元的，在2016年7月31日前仍可按照上述规定执行，2016年8月1日后开展的有形动产融资租赁业务和有形动产融资性售后回租业务不得按照上述规定执行。

(3) 本规定所称增值税实际税负，是指纳税人当期提供应税服务实际缴纳的增值税额占纳税人当期提供应税服务取得的全部价款和价外费用的比例。

（三）扣减增值税规定

(1) 退役士兵创业就业。

(2) 重点群体创业就业。

（四）零税率

中华人民共和国境内的单位和个人销售的下列服务和无形资产，适用增值税零税率。

(1) 国际运输服务。

国际运输服务，是指：

①在境内载运旅客或者货物出境。

②在境外载运旅客或者货物入境。

③在境外载运旅客或者货物。

(2) 航天运输服务。

(3) 向境外单位提供的完全在境外消费的下列服务：

①研发服务。

②合同能源管理服务。

③设计服务。

④广播影视节目（作品）的制作和发行服务。

⑤软件服务。

⑥电路设计及测试服务。

⑦信息系统服务。

⑧业务流程管理服务。

⑨离岸服务外包业务。

⑩转让技术。

(4) 财政部和国家税务总局规定的其他服务。

(五) 境内的单位和个人销售的下列服务和无形资产免征增值税，但财政部和国家税务总局规定适用增值税零税率的除外

(1) 下列服务：

①工程项目在境外的建筑服务。

②工程项目在境外的工程监理服务。

③工程、矿产资源在境外的工程勘察勘探服务。

④会议展览地点在境外的会议展览服务。

⑤存储地点在境外的仓储服务。

⑥标的物在境外使用的有形动产租赁服务。

⑦在境外提供的广播影视节目 (作品) 的播映服务。

⑧在境外提供的文化体育服务、教育医疗服务、旅游服务。

(2) 为出口货物提供的邮政服务、收派服务、保险服务。

(3) 向境外单位提供的完全在境外消费的下列服务和无形资产：

①电信服务。

②知识产权服务。

③物流辅助服务 (仓储服务、收派服务除外)。

④鉴证咨询服务。

⑤专业技术服务。

⑥商务辅助服务。

⑦广告投放地在境外的广告服务。

⑧无形资产。

(4) 以无运输工具承运方式提供的国际运输服务。

(5) 为境外单位之间的货币资金融通及其他金融业务提供的直接收费金融服务，且该服务与境内的货物、无形资产和不动产无关。

(6) 财政部和国家税务总局规定的其他服务。

(六) 其他减免政策

(1) 金融企业发放贷款后，自结息日起 90 天内发生的应收未收利息按现行规定缴纳增值税，自结息日起 90 天后发生的应收未收利息暂不缴纳增值税，待实际收到利息时按规定缴纳增值税。

(2) 个人将购买不足 2 年的住房对外销售的，按照 5% 的征收率全额缴纳增值税；个人将购买 2 年以上 (含 2 年) 的住房对外销售的，免征增值税。上述政策适用于北京市、上海市、广州市和深圳市之外的地区。

个人将购买不足2年的住房对外销售的，按照5%的征收率全额缴纳增值税；个人将购买2年以上（含2年）的非普通住房对外销售的，以销售收入减去购买住房价款后的差额按照5%的征收率缴纳增值税；个人将购买2年以上（含2年）的普通住房对外销售的，免征增值税。上述政策仅适用于北京市、上海市、广州市和深圳市。

（3）上述增值税优惠政策除已规定期限的项目和第五条政策外，其他均在营改增试点期间执行。如果试点纳税人在纳入营改增试点之日前已经按照有关政策规定享受了营业税税收优惠，在剩余税收优惠政策期限内，按照本规定享受有关增值税优惠。

（七）起征点的规定

个人发生应税行为的销售额未达到增值税起征点的，不征增值税；达到起征点的，全额计算缴纳增值税。增值税起征点不适用于登记为一般纳税人的个体工商户。

增值税起征点幅度如下：

（1）按期纳税的，为月销售额5 000～20 000元（含本数）。

（2）按次纳税的，为每次（日）销售额300～500元（含本数）。

起征点的调整由财政部和国家税务总局规定。省、自治区、直辖市财政厅（局）和国家税务局应当在规定的幅度内，根据实际情况确定本地区适用的起征点，并报财政部和国家税务总局备案。

纳税人发生应税行为适用免税、减税规定的，可以放弃免税、减税，依照《营业税改征增值税试点实施办法》的规定缴纳增值税。放弃免税、减税后，36个月内不得再申请免税、减税。

纳税人发生应税行为同时适用免税和零税率规定，纳税人可以选择适用免税或者零税率。

七、征收管理

（一）纳税义务发生时间

（1）纳税人发生应税行为并收讫销售款项或者取得索取销售款项凭据的当天；先开具发票的，为开具发票的当天。

收讫销售款项，是指纳税人销售服务、无形资产、不动产过程中或者完成后收到款项。

取得索取销售款项凭据的当天，是指书面合同确定的付款日期；未签订书面合同或者书面合同、未确定付款日期的，为服务、无形资产转让完成的当天或者不动产权属变更的当天。

（2）纳税人提供建筑服务、租赁服务采取预收款方式的，其纳税义务发生时间为收到预收款的当天。

（3）纳税人从事金融商品转让的，为金融商品所有权转移的当天。

（4）纳税人发生视同销售情形的，其纳税义务发生时间为服务、无形资产转让完成的当天或者不动产权属变更的当天。

（5）增值税扣缴义务发生时间为纳税人增值税纳税义务发生的当天。

（二）纳税地点

(1) 固定业户应当向其机构所在地或者居住地主管税务机关申报纳税。总机构和分支机构不在同一县（市）的，应当分别向各自所在地的主管税务机关申报纳税；经财政部和国家税务总局或者其授权的财政和税务机关批准，可以由总机构汇总向总机构所在地的主管税务机关申报纳税。

(2) 非固定业户应当向应税行为发生地主管税务机关申报纳税；未申报纳税的，由其机构所在地或者居住地主管税务机关补征税款。

(3) 其他个人提供建筑服务，销售或者租赁不动产，转让自然资源使用权，应向建筑服务发生地、不动产所在地、自然资源所在地主管税务机关申报纳税。

(4) 扣缴义务人应当向其机构所在地或者居住地主管税务机关申报缴纳扣缴的税款。

（三）纳税期限

增值税的纳税期限分别为1日、3日、5日、10日、15日、1个月或者1个季度。纳税人的具体纳税期限，由主管税务机关根据纳税人应纳税额的大小分别核定。以1个季度为纳税期限的规定适用于小规模纳税人、银行、财务公司、信托投资公司、信用社，以及财政部和国家税务总局规定的其他纳税人。不能按照固定期限纳税的，可以按次纳税。

纳税人以1个月或者1个季度为1个纳税期的，自期满之日起15日内申报纳税；以1日、3日、5日、10日或者15日为1个纳税期的，自期满之日起5日内预缴税款，于次月1日起15日内申报纳税并结清上月应纳税款。

扣缴义务人解缴税款的期限，按照前两款规定执行。

【例4－18】（判断题）银行增值税的纳税期限为1个月。

【答案】错误

【答案解析】银行、财务公司、信托投资公司、信用社，以及财政部和国家税务总局规定的其他纳税人的纳税期限为1个季度。

（四）征收管理

营业税改征的增值税，由国家税务局负责征收。纳税人销售取得的不动产和其他个人出租不动产的增值税，国家税务局暂委托地方税务局代为征收。

纳税人发生适用零税率的应税行为，应当按期向主管税务机关申报办理退（免）税，具体办法由财政部和国家税务总局制定。

纳税人发生应税行为，应当向索取增值税专用发票的购买方开具增值税专用发票，并在增值税专用发票上分别注明销售额和销项税额。

属于下列情形之一的，不得开具增值税专用发票：

(1) 向消费者个人销售服务、无形资产或者不动产。

(2) 适用免征增值税规定的应税行为。

小规模纳税人发生应税行为，购买方索取增值税专用发票的，可以向主管税务机关申请代开。

纳税人增值税的征收管理，按照本办法和《中华人民共和国税收征收管理法》及现行增值税征收管理有关规定执行。

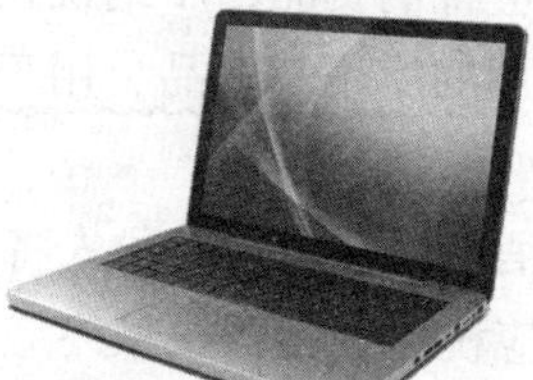

第三节 消费税法律制度

教学引例 4－2

甲日化工厂于2017年1月委托A厂加工高档化妆品，收回时被代收代缴消费税400元；委托B厂加工高档化妆品时，收回时被代收代缴消费税500元。该厂将上述化妆品收回后继续加工生产某高档化妆品，当月不含税销售额为10 000元。该厂期初库存的委托加工应税化妆品已纳税款为270元，期末库存的委托加工应税化妆品已纳税款为330元。

【问题】计算甲日化工厂当月准予扣除的委托加工应税化妆品已纳税款；计算甲日化工厂当月应纳的消费税税额。

一、消费税的纳税人

消费税是对特定的某些消费品和消费行为征收的一种间接税。

在中华人民共和国境内生产、委托加工和进口《消费税暂行条例》规定的消费品的单位和个人，以及国务院确定的销售消费税暂行条例规定的消费品的其他单位和个人，为消费税的纳税人。

单位，是指企业、行政单位、事业单位、军事单位、社会团体及其他单位。个人，是指个体工商户及其他个人。

在中华人民共和国境内，是指生产、委托加工和进口属于应当缴纳消费税的消费品的起运地或者所在地在境内。

二、消费税的征税范围

消费税的征税范围

根据《消费税暂行条例》及其实施细则的规定，消费税的征收范围包括下列内容。

（一）生产应税消费品

（1）纳税人生产的应税消费品，于纳税人销售时纳税。

（2）纳税人自产自用的应税消费品，用于连续生产应税消费品的，不纳税；用于其他方面的，于移送使用时纳税。

用于连续生产应税消费品，是指纳税人将自产自用应税消费品作为直接材料生产最终应税消费品，自产自用应税消费品构成最终应税消费品的实体。

用于其他方面，是指纳税人将自产自用的应税消费品用于生产非应税消费品、在建工程、管理部门、非生产机构、提供劳务、馈赠、赞助、集资、广告、样品、职工福利、奖励等方面。

【例4－19】 下列属于消费税征税范围的是(　　)。

A. 将自产的烟丝用于连续生产卷烟

B. 将自产的卷烟用于对外销售

C. 将自产的白酒用于生产糕点

D. 将自产的高档化妆品赞助某模特大赛

【答案】 BCD

【知识点】 消费税征税范围。

【答案解析】 将自产的烟丝用于连续生产卷烟属于将自产的应税消费品用于连续生产应税消费品，不纳税；将自产的卷烟用于对外销售，销售时需纳税；将自产的白酒用于生产糕点、将自产的高档化妆品赞助某模特大赛属于将自产应税消费品用于非连续生产应税消费品，移送使用时纳税。

工业企业以外的单位和个人的下列行为被视为应税消费品的生产行为，按规定征收消费税：

（1）将外购的消费税非应税产品以消费税应税产品对外销售的。

（2）将外购的消费税低税率应税产品以高税率应税产品对外销售的。

（二）委托加工应税消费品

委托加工的应税消费品是指由委托方提供原料和主要材料，受托方只收取加工费和代垫部分辅助材料加工的应税消费品。对于由受托方提供原材料生产的应税消费品，或者受托方先将原材料卖给委托方，然后再接受加工的应税消费品，以及由受托方以委托方名义购进原材料生产的应税消费品，不论在财务上是否作为销售处理，都不得作为委托加工应税消费品，而应当按照销售自制应税消费品缴纳消费税。

委托加工的应税消费品，除受托方为个人外，由受托方在向委托方交货时代收代缴消费税。委托个人加工的应税消费品，由委托方收回后缴纳消费税。委托加工的应税消费品，委托方用于连续生产应税消费品的，所纳税款准予按规定抵扣。

委托方将收回的应税消费品，以不高于受托方的计税价格出售的，为直接出售，不再缴纳消费税；委托方以高于受托方的计税价格出售的，不属于直接出售，需按照规定申报缴纳消费税，在计税时准予扣除受托方已代收代缴的消费税。

【例4－20】 下列属于委托加工的是(　　)。

A. 委托方提供原料或主要材料，受托方代垫辅助材料并收取加工费

B. 委托方支付加工费，受托方提供原料或主要材料

C. 委托方支付加工费，受托方以委托方的名义购买原料或主要材料

D. 委托方支付加工费，受托方购买原料或主要材料再卖给委托方进行加工

【答案】A

【知识点】委托加工概念。

（三）进口应税消费品

单位和个人进口应税消费品，于报关进口时缴纳消费税。为了减少征税成本，进口环节缴纳的消费税、增值税由海关代征。

（四）商业零售金银首饰

金银首饰（仅限于金基、银基合金首饰以及金、银和金基、银基合金的镶嵌首饰）、钻石及钻石饰品、铂金首饰的消费税在零售环节征税。

下列业务视同零售业务，在零售环节缴纳消费税：

（1）为经营单位以外的单位和个人加工金银首饰。加工包括带料加工、翻新改制、以旧换新等业务，不包括修理和清洗。

（2）经营单位将金银首饰用于馈赠、赞助、集资、广告样品、职工福利、奖励等方面。

（3）未经中国人民银行总行批准，经营金银首饰批发业务的单位将金银首饰销售给经营单位。

（五）批发卷烟

自 2015 年 5 月 10 日起，将卷烟批发环节从价税税率由 5% 提高至 11%，并按 0.005 元/支加征从量税。烟草批发企业将卷烟销售给其他烟草批发企业的，不缴纳消费税。

卷烟消费税改为在生产和批发两个环节征收后，批发企业在计算应纳税额时不得扣除已含的生产环节的消费税税款。

纳税人兼营卷烟批发和零售业务的，应当分别核算批发和零售环节的销售额、销售数量；未分别核算批发和零售环节销售额、销售数量的，按照全部销售额、销售数量计征批发环节消费税。

【例 4－21】下列各项中，属于消费税征收环节的有(　　)。

A. 生产环节　　B. 零售环节　　C. 批发环节　　D. 进口环节

【答案】ABCD

【知识点】消费税征税环节。

【答案解析】根据消费税法律制度的规定，应税消费品的征税环节包括生产环节（含委托加工）、零售环节、批发环节和进口环节。

【例 4－22】下列关于消费税征收范围的表述中，正确的是(　　)。

A. 纳税人自产自用的应税消费品，用于连续生产应税消费品的，不缴纳消费税

B. 纳税人将自产自用的应税消费品用于馈赠、赞助的，缴纳消费税

C. 委托加工的应税消费品，受托方在交货时已代收代缴消费税，委托方收回后直接

销售的，再缴纳一道消费税

D. 卷烟在生产和批发两个环节均征收消费税

【答案】ABD

【知识点】消费税征税范围与征税环节。

【答案解析】根据消费税法律制度的规定，委托加工的应税消费品，受托方在交货时已代收代缴消费税，委托方收回后直接销售的，不再缴纳消费税。

三、消费税的税目

根据《消费税暂行条例》的规定，消费税税目共有 15 个，具体内容如下。

消费税税目

1. 烟（表 4－2）

表 4－2 消费税税目——烟

凡是以烟叶为原料加工生产的产品，不论使用何种辅料，均属于本税目的征收范围		
卷烟	甲类卷烟	每标准条（200 支）调拨价格在 70 元（不含增值税）以上（含 70 元）的卷烟
	乙类卷烟	每标准条（200 支）调拨价格在 70 元（不含增值税）以下的卷烟
雪茄烟	各种规格、型号的雪茄烟	
烟丝	以烟叶为原料加工生产的不经卷制的散装烟	

2. 酒（表 4－3）

表 4－3 消费税税目——酒

白酒	粮食白酒	以高粱、玉米、大米、糯米、大麦、小麦、青稞等各种粮食为原料，经过糖化、发酵后，采用蒸馏方法酿制的白酒
	薯类白酒	以白薯（红薯、地瓜）、木薯、马铃薯、芋头、山药等各种干鲜薯类为原料，经过糖化、发酵后，采用蒸馏方法酿制的白酒。用甜菜酿制的白酒，比照薯类白酒征税
黄酒	以糯米、粳米、籼米、大米、黄米、玉米、小麦、薯类等为原料，经加温、糖化、发酵、压榨酿制的酒。包括各种原料酿制的黄酒和酒度超过 12°（含 12°）的土甜酒	
啤酒	甲类啤酒	每吨出厂价（含包装物及包装物押金）在 3 000 元（不含增值税）以上（含 3 000 元）的啤酒
	乙类啤酒	每吨出厂价（含包装物及包装物押金）在 3 000 元以下的啤酒
其他酒	除粮食白酒、薯类白酒、黄酒、啤酒以外的各种酒，包括糠麸白酒、其他原料白酒、土甜酒、复制酒、果木酒、汽酒、药酒、葡萄酒等； 对以黄酒为酒基生产的配制或泡制酒，按其他酒征收消费税	
特殊考点	* 啤酒包括各种包装和散装的啤酒，包括菠萝啤、果啤、无醇啤酒；对饮食业、商业、娱乐业举办的啤酒屋（啤酒坊）利用啤酒生产设备生产的啤酒，应当征收消费税	
	* 调味料酒不征消费税	

3. 高档化妆品（表4－4）

表4－4　消费税税目——高档化妆品

高档化妆品	高档化妆品包括高档美容、修饰类化妆品，高档护肤类化妆品和成套化妆品；高档美容、修饰类化妆品是指生产（进口）环节销售（完税）价格（不含增值税）在10元/毫升（克）或15元/片（张）及以上的美容、修饰类化妆品和护肤类化妆品。美容、修饰类化妆品是指香水、香水精、香粉、口红、指甲油、胭脂、眉笔、唇笔、蓝眼油、眼睫毛及成套化妆品
特殊考点	*舞台、戏剧、影视演员化妆用的上妆油、卸装油、油彩，不属于本税目的征收范围

4. 贵重首饰及珠宝玉石（表4－5）

表4－5　消费税税目——贵重首饰及珠宝玉石

贵重首饰及珠宝玉石包括各种金银珠宝首饰和经采掘、打磨、加工的各种珠宝玉石	
金银首饰、铂金首饰和钻石及钻石饰品	包括凡以金、银、白金、宝石、珍珠、钻石、翡翠、珊瑚、玛瑙等高贵稀有物质以及其他金属、人造宝石等制作的各种纯金银首饰及镶嵌首饰（含人造金银、合成金银首饰）等
其他贵重首饰和珠宝玉石	包括钻石、珍珠、松石、青金石、欧泊石、橄榄石、长石、玉、石英、玉髓、石榴石、锆石、尖晶石、黄玉、碧玺、金禄玉、绿柱石、刚玉、琥珀、珊瑚、煤玉、龟甲、合成刚玉、合成玉石、双合石以及玻璃仿制品等

5. 鞭炮、焰火（表4－6）

表4－6　消费税税目——鞭炮、烟火

鞭炮、焰火	包括喷花类、旋转类、旋转升空类、火箭类、吐珠类、线香类、小礼花类、烟雾类、造型玩具类、炮竹类、摩擦炮类、组合烟花类、礼花弹类等
特殊考点	*体育上用的发令纸、鞭炮药引线，不按本税目征收

6. 成品油（表4－7）

成品油包括汽油、柴油、石脑油、溶剂油、航空煤油、润滑油、燃料油7个子税目。

表4－7　消费税税目——成品油

汽油	用原油或其他原料加工生产的辛烷值不小于66的可用作汽油发动机燃料的各种轻质油； 以汽油、汽油组分调和生产的甲醇汽油、乙醇汽油也属于本税目征收范围
柴油	用原油或其他原料加工生产的凝点或倾点在－50℃～30℃的可用作柴油发动机燃料的各种轻质油和以柴油组分为主、经调和精制可用作柴油发动机燃料的非标油； 以柴油、柴油组分调和生产的生物柴油也属于本税目征收范围
石脑油	石脑油又叫化工轻油，是以石油加工生产的或二次加工汽油经加氢精制而得的用于化工原料的轻质油； 石脑油的征收范围包括除汽油、柴油、航空煤油、溶剂油以外的各种轻质油

续表

溶剂油	以石油加工生产的用于涂料、油漆生产、食用油加工、印刷油墨、皮革、农药、橡胶、化妆品生产的轻质油
航空煤油	航空煤油也叫喷气燃料，是以石油加工生产的用于喷气发动机和喷气推进系统中作为能源的石油燃料
润滑油	润滑油是用于内燃机、机械加工过程的润滑产品。润滑油分为矿物性润滑油、植物性润滑油、动物性润滑油和化工原料合成润滑油。润滑油的征收范围包括以石油为原料加工的矿物性润滑油、矿物性润滑油基础油； 植物性润滑油、动物性润滑油和化工原料合成润滑油，不属于润滑油的征收范围
燃料油	燃料油也称重油、渣油。燃料油征收范围包括用于电厂发电、船舶锅炉燃料、加热炉燃料、冶金和其他工业炉燃料的各类燃料油； 自2012年11月1日起，催化料、焦化料属于燃料油的征收范围，应当征收消费税

7. 摩托车

本税目征税范围包括气缸容量在250 mL的摩托车和气缸容量在250 mL以上的摩托车。

对最大设计车速不超过50 km/h，发动机气缸总工作容量不超过50 mL的三轮摩托车不征收消费税。

8. 小汽车（表4－8）

表4－8 消费税税目——小汽车

由动力驱动，具有4个或4个以上车轮的非轨道承载的车辆，包括乘用车和中轻型商用客车	
乘用车	含驾驶员座位在内最多不超过9个座位（含）的，在设计和技术特性上用于载运乘客和货物的各类乘用车
中轻型商用客车	含驾驶员座位在内的座位数在10～23座（含23座）的，在设计和技术特性上用于载运乘客和货物的各类中轻型商用客车
超豪华小汽车	每辆零售价格为130万元（不含增值税）及以上的乘用车和中轻型商用客车，即乘用车和中轻型商用客车子税目中的超豪华小汽车
特殊考点	用排气量小于1.5 L（含）的乘用车底盘（车架）改装、改制的车辆属于乘用车征收范围；用排气量大于1.5 L的乘用车底盘（车架）或用中轻型商用客车底盘（车架）改装、改制的车辆属于中轻型商用客车征收范围
	车身长度大于7 m（含），并且座位在10～23座（含）以下的商用客车，不属于中轻型商用客车征税范围，不征收消费税
	电动车、沙滩车、雪地车、卡丁车、高尔夫车不属于消费税征收范围，不征收消费税
	对于企业购进货车或箱式货车改装生产的商务车、卫星通信车等专用汽车不属于消费税征收范围，不征收消费税
	对于购进乘用车和中轻型商用客车整车改装生产的汽车，应按规定征收消费税

9. 高尔夫球及球具

本税目征税范围包括高尔夫球、高尔夫球杆及高尔夫球包（袋）、高尔夫球杆的杆头、杆身和握把。

10. 高档手表

高档手表是指销售价格（不含增值税）每只在 10 000 元（含）以上的各类手表。本税目征收范围包括符合以上标准的各类手表。

11. 游艇

游艇是指长度大于 8 m 小于 90 m，船体由玻璃钢、钢、铝合金、塑料等多种材料制作，可以在水上移动的水上浮载体。按照动力划分，游艇分为无动力艇、帆艇和机动艇。

本税目征收范围包括艇身长度大于 8 m（含）小于 90 m（含），内置发动机，可以在水上移动，一般为私人或团体购置，主要用于水上运动和休闲娱乐等非牟利活动的各类机动艇。

12. 木制一次性筷子

木制一次性筷子，又称卫生筷子，是指以木材为原料经过锯段、浸泡、旋切、刨切、烘干、筛选、打磨、倒角、包装等环节加工而成的各类一次性使用的筷子。

本税目征收范围包括各种规格的木制一次性筷子和未经打磨、倒角的木制一次性筷子。

13. 实木地板

实木地板是指以木材为原料，经锯割、干燥、刨光、截断、开榫、涂漆等工序加工而成的块状或条状的地面装饰材料。实木地板按生产工艺不同，可分为独板（块）实木地板、实木指接地板和实木复合地板三类；按表面处理状态不同，可分为未涂饰地板（白坯板、素板）和漆饰地板两类。

本税目征收范围包括各类规格的实木地板、实木指接地板、实木复合地板及用于装饰墙壁、天棚的侧端面为榫、槽的实木装饰板及未经涂饰的素板。

14. 电池

电池，是一种将化学能、光能等直接转换为电能的装置，一般由电极、电解质、容器、极端，通常还有隔离层组成的基本功能单元，以及用一个或多个基本功能单元装配成的电池组。范围包括：原电池、蓄电池、燃料电池、太阳能电池和其他电池。

对无汞原电池、金属氢化物镍蓄电池（又称“氢镍蓄电池”或“镍氢蓄电池”）、锂原电池、锂离子蓄电池、太阳能电池、燃料电池和全钒液流电池免征消费税。

15. 涂料

涂料是指涂于物体表面能形成具有保护、装饰或特殊性能的固态涂膜的一类液体或固体材料之总称。

对施工状态下挥发性有机物（Volatile Organic Compounds，VOC）含量低于 420 g/L（含）的涂料免征消费税。

【例 4－23】下列消费品中，征收消费税的有(　　)。

A. 调味料酒　　B. 果啤　　C. 菠萝啤　　D. 电动汽车

【答案】BC

【知识点】消费税税目。

【答案解析】根据消费税法律制度的规定，电动汽车、调味料酒不征收消费税，果啤和菠萝啤属于消费税征收范围。

【例4－24】 下列消费品中，征收消费税的有(　　)。

A. 单只价值12 000元（不含增值税）的手表

B. 体育上用的发令纸、鞭炮药引线

C. 普通护肤品

D. 舞台、戏剧、影视演员化妆用的上妆油、卸装油、油彩

【答案】 A

【知识点】 消费税税目。

【答案解析】 根据消费税法律制度的规定，销售价格（不含增值税）每只在10 000元（含）以上的各类手表属于消费税征收范围；体育上用的发令纸、鞭炮药引线，普通护肤品，舞台、戏剧、影视演员化妆用的上妆油、卸装油、油彩不属于消费税征税范围。

【例4－25】 下列消费品中，征收消费税的有(　　)。

A. 实木复合地板　　B. 电动汽车

C. 高尔夫球杆　　D. 气缸容量在250 mL（不含）以下的摩托车

【答案】 AC

【知识点】 消费税税目。

【答案解析】 根据消费税法律制度的规定，电动汽车和气缸容量在250 mL（含）以下的摩托车不征收消费税，实木复合地板和高尔夫球杆属于消费税征收范围。

四、消费税的税率

消费税根据不同的税目或子目确定相应的税率或单位税额。一般情况下，对一种消费品只选择一种税率形式，但为了更好、更有效地保全消费税税基，对卷烟和白酒，则采取了比例税率和定额税率复合征收的形式。消费税税目及税率如表4－9所示。

表4－9　消费税税目及税率

税目	税率
烟	
1. 卷烟	
（1）甲类卷烟	56%加0.003元/支（或150元/标准箱）（生产环节）
（2）乙类卷烟	36%加0.003元/支（或150元/标准箱）（生产环节）
（3）批发环节	11%加0.005元/支（或250元/标准箱）
2. 雪茄烟	36%
3. 烟丝	30%
酒	
1. 白酒	20%加0.5元/500 g（或者500 mL）
2. 黄酒	240元/t
3. 啤酒	
（1）甲类啤酒	250元/t
（2）乙类啤酒	220元/t
4. 其他酒	10%

续表

税目	税率
高档化妆品	15%
贵重首饰及珠宝玉石	
1. 金银首饰、铂金首饰和钻石及钻石饰品	5%
2. 其他贵重首饰和珠宝玉石	10%
鞭炮、焰火	15%
成品油	
1. 汽油	1.52 元/L
2. 柴油	1.20 元/L
3. 航空煤油	1.20 元/L
4. 石脑油	1.52 元/L
5. 溶剂油	1.52 元/L
6. 润滑油	1.52 元/L
7. 燃料油	1.20 元/L
摩托车	
1. 气缸容量为250 mL的	3%
2. 气缸容量为250 mL以上的	10%
小汽车	
1. 乘用车	
(1) 气缸容量（排气量，下同）在1.0 L（含1.0 L）以下的	1%
(2) 气缸容量在1.0 L以上至1.5 L（含1.5 L）的	3%
(3) 气缸容量在1.5 L以上至2.0 L（含2.0 L）的	5%
(4) 气缸容量在2.0 L以上至2.5 L（含2.5 L）的	9%
(5) 气缸容量在2.5 L以上至3.0 L（含3.0 L）的	12%
(6) 气缸容量在3.0 L以上至4.0 L（含4.0 L）的	25%
(7) 气缸容量在4.0 L以上的	40%
2. 中轻型商用客车	5%
3. 超豪华小汽车	10%（零售环节）
高尔夫球及球具	10%
高档手表	20%
游艇	10%
木制一次性筷子	5%
实木地板	5%
电池	4%
涂料	4%

消费税采取列举法按具体应税消费品设置税目税率，征税界限清楚。但是，存在下列情况时，纳税人应按照相关规定确定税率：

（1）纳税人兼营不同税率的应税消费品，应当分别核算不同税率应税销售额、销售数量。未分别核算销售额、销售数量，或者将不同税率的产品组成成套消费品销售的，从高适用税率。

（2）配制酒适用税率的确定。配制酒（露酒）是指以发酵酒、蒸馏酒精为税基，加入可食用或药食两用的辅料或食品添加剂，进行调配、混合或再加工制成的并改变了其原酒基风格的饮料酒。

①以蒸馏酒或食用酒精为酒基，同时符合以下条件的配制酒，按其他酒税率征收消费税：

具有国家相关部门批准的国食健字或卫食健字文号；酒精度低于 38°（含）。

②以发酵酒为酒基，酒精度低于 20°（含）的配制酒，按其他酒税率征收消费税。

③其他配制酒，按白酒税率征收消费税。

上述蒸馏酒或食用酒精为酒基是指酒基中蒸馏酒或食用酒精的比重超过 80%（含）；发酵酒为酒基是指酒基中发酵酒的比重超过 80%（含）。

（3）纳税人自产自用的卷烟应当按照纳税人生产的同牌号规格的卷烟销售价格确定征税类别和适用税率。

（4）卷烟由于接装过滤嘴、改变包装或其他原因提高销售价格后，应按照新的销售价格确定征税类别和适用税率。

（5）委托加工的卷烟按照受托方同牌号规格卷烟的征税类别和适用税率征税。没有同牌号规格卷烟的，一律按卷烟最高税率征税。

（6）残次品卷烟应当按照同牌号规格正品卷烟的征税类别确定适用税率。

（7）下列卷烟不分征税类别一律按照 56% 卷烟税率征税，并按照定额每标准箱 150 元计算征税：白包卷烟、手工卷烟、未经国务院批准纳入计划的企业和个人生产的卷烟。

五、消费税应纳税额的计算

（一）计税依据的确定

根据《消费税暂行条例》的规定，消费税应纳税额的计算分为从价计征、从量计征和从价从量复合计征三种方法。

1. 从价计征销售额的确定

（1）销售额，是指为纳税人销售应税消费品向购买方收取的全部价款和价外费用，但不包括应向购买方收取的增值税税款。价外费用，是指价外向购买方收取手续费、补贴、基金、集资费、返还利润、奖励费、违约金、滞纳金、延期付款赔偿金、代收款项、代垫款项、包装费、包装物租金、储备费、优质费、运费以及其他各种性质的价外收费。但下列项目不包括在销售额内。

①同时符合以下条件的代垫运输费用：承运部门的运输费用发票开具给购买方，纳税人将该项发票转交给购买方的。

②同时符合以下条件代为收取的政府性基金或者行政事业性收费：由国务院财政部批准设立的政府性基金，由国务院或者省级人民政府及其财政、价格批准设立的行政事业性收费；收取时开具省级以上财政部门印制的财政票据；所收款项全额上缴财政。

（2）含增值税销售额的换算。应税消费品在缴纳消费税的同时，与一般货物一样还应缴纳增值税。按照《中华人民共和国消费税暂行条例实施细则》（以下简称：《消费税暂行条例实施细则》）的规定，应税消费品的销售额，不包括应向购货方收取的增值税税款。如果纳税人应税消费品的销售额中未扣除增值税税款或者因不得开具增值税专用发票而发生价款和增值税税款合并收取的，在计算消费税时，应将含增值税的销售额换算为不含增值税税款的销售额。其换算公式为：

应税消费品的销售额 = 含增值税的销售额 ÷ (1 + 增值税税率或征收率)

2. 从量计征销售数量的确定

（1）销售数量，是指纳税人生产、加工和进口应税消费品的数量。具体规定为：

①销售应税消费品的，为应税消费品的销售数量。

②自产自用应税消费品的，为应税消费品的移送使用数量。

③委托加工应税消费品的，为纳税人收回的应税消费品数量。

④进口应税消费品的，为海关核定的应税消费品进口征税数量。

（2）从量定额的换算标准。

为了规范不同产品的计量单位，以准确计算应纳税额，《消费税暂行条例实施细则》规定了吨与升两个计量单位的换算标准（表 4－10）。

表 4－10　计量单位换算

黄酒	1 t = 962 L
啤酒	1 t = 988 L
汽油	1 t = 1 388 L
柴油	1 t = 1 176 L
航空煤油	1 t = 1 246 L
石脑油	1 t = 1 385 L
溶剂油	1 t = 1 282 L
润滑油	1 t = 1 126 L
燃料油	1 t = 1 015 L

3. 复合计征销售额和销售数量的确定

根据消费税法的规定，卷烟和白酒实行从价定率和从量定额相结合的复合计征办法征收消费税。

销售额为纳税人生产销售卷烟、白酒向购买方收取的全部价款和价外费用。销售数量为纳税人生产销售、进口、委托加工、自产自用卷烟、白酒的销售数量，海关核定数量，委托方收回数量和移送使用数量。

4. 特殊情形下销售额和销售数量的确定

（1）纳税人应税消费品的计税价格明显偏低并无正当理由的，由主管税务机关核定计税价格。其核定权限规定如下：

①卷烟、白酒和小汽车的计税价格由国家税务总局核定，送财政部备案。

②其他应税消费品的计税价格由省、自治区和直辖市国家税务局核定。

③进口的应税消费品的计税价格由海关核定。

（2）纳税人通过自设非独立核算门市部销售的自产应税消费品，应当按照门市部对外销售额或者销售数量征收消费税。

（3）纳税人用于换取生产资料和消费资料、投资入股和抵偿债务等方面的应税消费品，应当以纳税人同类应税消费品的最高销售价格作为计税依据计算消费税。

（4）白酒生产企业向商业销售单位收取的“品牌使用费”是随着应税白酒的销售而向购货方收取的，属于应税白酒销售价款的组成部分，因此，不论企业采取何种方式或以何种名义收取价款，均应并入白酒的销售额中缴纳消费税。

（5）实行从价计征办法征收消费税的应税消费品连同包装物销售的，无论包装物是否单独计价以及在会计上如何核算，均应并入应税消费品的销售额中缴纳消费税。

如果包装物不作价随同产品销售，而是收取押金，此项押金则不应并入应税消费品的销售额中征税。但对因逾期未收回的包装物不再退还的或者已收取的时间超过 1 年的押金，应并入应税消费品的销售额，缴纳消费税。

对包装物既作价随同应税消费品销售，又另外收取押金的包装物的押金，凡纳税人在规定的期限内没有退还的，均应并入应税消费品的销售额，按照应税消费品的适用税率缴纳消费税。

对酒类生产企业销售啤酒、黄酒以外的酒类产品而收取的包装物押金，无论押金是否返还及会计上如何核算，均应并入酒类产品销售额，征收消费税。

（6）纳税人采用以旧换新（含翻新改制）方式销售的金银首饰，应按实际收取的不含增值税的全部价款确定计税依据征收消费税。

对既销售金银首饰，又销售非金银首饰的生产、经营单位，应将两类商品划分清楚，分别核算销售额。凡划分不清楚或不能分别核算的并在生产环节销售的，一律从高适用税率征收消费税；在零售环节销售的，一律按金银首饰征收消费税。

金银首饰与其他产品组成成套消费品销售的，应按销售额全额征收消费税。金银首饰连同包装物销售的，无论包装是否单独计价，也无论会计上如何核算，均应并入金银首饰的销售额计征消费税。

带料加工的金银首饰，应按受托方销售同类金银首饰的销售价格确定计税依据征收消费税。没有同类金银首饰销售价格的，按照组成计税价格计算纳税。

（7）纳税人销售的应税消费品，以人民币以外的货币结算销售额的，其销售额的人民币折合率可以选择销售额发生的当天或者当月 1 日的人民币汇率中间价。纳税人应在事先确定采取何种折合率，确定后 1 年内不得变更。

【例 4－26】下列应税消费品中，实行复合计征消费税的有（　　）。

A. 卷烟　　B. 鞭炮　　C. 高档化妆品　　D. 白酒

【答案】AD

【知识点】消费税税目及计税方法。

【答案解析】根据消费税法律制度的规定，卷烟和白酒实行从价定率和从量定额相结合的复合计征办法征收消费税。其他应税消费品实行从价定率或者从量定额办法征收消费税。

【例 4－27】下列关于应税消费品销售额的表述中，不正确的是(　　)。

A. 应税消费品销售额包括向购买方收取的增值税税款

B. 纳税人自产自用应税消费品，按照纳税人生产的同类消费品的销售价格确定销售额

C. 随同从价计征应税消费品出售的包装物，无论是否单独计价，均应并入销售额

D. 对因逾期未收回的包装物不再退还的或者已收取的时间超过 1 年的押金，应并入应税消费品的销售额

【答案】AD

【知识点】消费税的计税依据。

【答案解析】根据消费税法律制度的规定，应税消费品销售额不包括向购买方收取的增值税税款。

（二）应纳税额的计算

1. 生产销售环节应纳消费税的计算

（1）实行从价定率计征消费税的，其计算公式为：

应纳税额 = 销售额 × 比例税率

【例 4－28】某木地板厂为增值税一般纳税人。2015 年 3 月 15 日向某建材商场销售实木地板一批，取得含增值税销售额 105.3 万元。已知实木地板适用的增值税税率为 17%，消费税税率为 5%。

生产销售应税消费品税额计算

【问题】计算该厂当月应纳消费税税额。

【知识点】生产销售环节消费税从价计税方法税额计算。

【答案解析】根据消费税法律制度的规定，从价计征消费税的销售额中不包括向购货方收取的增值税款。所以，在计算消费税时，应将增值税款从计税依据中剔除。计算过程如下：

不含增值税销售额 = 105.3 ÷ (1 + 17%) = 90（万元）

应纳消费税税额 = 90 × 5% = 4.5（万元）

（2）实行从量定额计征消费税的，其计算公式为：

应纳税额 = 销售数量 × 定额税率

【例 4－29】某石化公司 2015 年 6 月销售汽油 1 000 t，柴油 500 t，另向本公司在建工程车辆提供汽油 5 t。已知汽油 1 t = 1 388 L，柴油 1 t = 1 176 L；汽油的定额税率为 1.52 元/L，柴油的定额税率为 1.2 元/L。

【问题】计算该公司当月应纳消费税税额。

【知识点】生产销售环节消费税从量计税方法税额计算。

【答案解析】根据消费税法律制度的规定，应税消费品用于在建工程应当征收消费税。所以，该公司将汽油用于在建工程车辆使用，也应计算缴纳消费税。

应纳消费税税额合计 = 1 000 × 1 388 × 1.52 ÷ 10 000 + 500 × 1 176 × 1.2 + 5 × 1 388 × 1.52

= 2 825 908.8（元）

（3）实行从价定率和从量定额复合方法计征消费税的，其计算公式为：

应纳税额 = 销售额 × 比例税率 + 销售数量 × 定额税率

【例4-30】 某卷烟生产企业为增值税一般纳税人，2015年2月销售乙类卷烟1 500标准条，取得含增值税销售额87 750元。已知乙类卷烟消费税比例税率为36%，定额税率为0.003元/支，每标准条有200支；增值税税率为17%。

【问题】 计算该企业当月应纳消费税税额。

【知识点】 生产销售环节消费税复合计税方法税额计算。

【答案解析】 根据消费税法律制度的规定，卷烟实行从价定率和从量定额复合方法计征消费税。计算过程：

不含增值税销售额 = 87 750 ÷（1 + 17%）= 75 000（元）

从价定率应纳税额 = 75 000 × 36% = 27 000（元）

从量定额应纳税额 = 1 500 × 200 × 0.003 = 900（元）

应纳消费税税额合计 = 27 000 + 900 = 27 900（元）

2. 自产自用环节应纳消费税的计算

纳税人自产自用的应税消费品，用于连续生产应税消费品的，不纳税；凡用于其他方面的，于移送使用时，按照纳税人生产的同类消费品的销售价格计算纳税；没有同类消费品销售价格的，按照组成计税价格计算纳税。

自产自用应税消费品税额计算

（1）实行从价定率办法计征消费税的，其计算公式为：

组成计税价格 =（成本 + 利润）÷（1 - 比例税率）

应纳税额 = 组成计税价格 × 比例税率

（2）实行复合计税办法计征消费税的，其计算公式为：

组成计税价格 =（成本 + 利润 + 自产自用数量 × 定额税率）÷（1 - 比例税率）

应纳税额 = 组成计税价格 × 比例税率 + 自产自用数量 × 定额税率

成本，是指应税消费品的产品生产成本。

利润，是指根据应税消费品的全国平均成本利润率计算的利润。应税消费品全国平均成本利润率由国家税务总局确定。具体标准如表4-11所示。

表4-11 平均成本利润率

货物名称	利润率/%	货物名称	利润率/%
甲类卷烟	10	贵重首饰及珠宝玉石	6
乙类卷烟	5	摩托车	6
雪茄烟	5	高尔夫球及球具	10
烟丝	5	高档手表	20
粮食白酒	10	游艇	10
薯类白酒	5	木制一次性筷子	5
其他酒	5	实木地板	5
高档化妆品	5	乘用车	8
鞭炮、焰火	5	中轻型商用客车	5

同类消费品的销售价格，是指纳税人或者代收代缴义务人当月销售的同类消费品的销售价格，如果当月同类消费品各期销售价格高低不同，应按销售数量加权平均计算。但销售的应税消费品有下列情况之一的，不得列入加权平均计算：

①销售价格明显偏低又无正当理由的。

②无销售价格的。

如果当月无销售或者当月未完结，应按照同类消费品上月或者最近月份的销售价格计算纳税。

【例4-31】某白酒厂2015年春节前，将新研制的薯类白酒1 t作为过节福利发放给员工饮用，该薯类白酒无同类产品市场销售价格。已知该批薯类白酒生产成本20 000元，成本利润率为5%，白酒消费税比例税率为20%，定额税率为0.5元/500 g。

【问题】计算该批薯类白酒应纳消费税税额。

【知识点】自产自用环节消费税复合计税方法税额计算。

【答案解析】根据消费税法律制度的规定，纳税人自产自用的应税消费品，用于企业员工福利的，应按照同类消费品的销售价格计算缴纳消费税；没有同类消费品销售价格的，按照组成计税价格计算纳税。计算过程：

组成计税价格 = [20 000 × (1 + 5%) + 1 × 2 000 × 0.5] ÷ (1 − 20%)

= (21 000 + 1 000) ÷ (1 − 20%) = 27 500（元）

应纳消费税税额 = 27 500 × 20% + 1 × 2 000 × 0.5 = 6 500（元）

3. 委托加工环节应纳消费税的计算

委托加工的应税消费品，按照受托方的同类消费品的销售价格计算纳税，没有同类消费品销售价格的，按照组成计税价格计算纳税。

委托加工应税消费品税额计算

（1）实行从价定率办法计征消费税的，其计算公式为：

组成计税价格 =（材料成本 + 加工费）÷（1 − 比例税率）

应纳税额 = 组成计税价格 × 比例税率

（2）实行复合计税办法计征消费税的，其计算公式为：

组成计税价格 =（材料成本 + 加工费 + 委托加工数量 × 定额税率）÷（1 − 比例税率）

应纳税额 = 组成计税价格 × 比例税率 + 委托加工数量 × 定额税率

材料成本，是指委托方所提供加工材料的实际成本。委托加工应税消费品的纳税人，必须在委托加工合同上如实注明（或以其他方式提供）材料成本，凡未提供材料成本的，受托方主管税务机关有权核定其材料成本。

加工费，是指受托方加工应税消费品向委托方所收取的全部费用（包括代垫辅助材料的实际成本），不包括增值税税款。

【例4-32】甲酒厂提供250 t粮食（成本为20万元），委托乙酒厂加工成粮食白酒50 t，对方收取加工费5万元，受托方垫付辅助材料费2万元，均收到了增值税专用发票，受托方无同类产品售价。

【问题】计算甲酒厂委托乙酒厂加工的粮食白酒的组成计税价格；计算乙酒厂应代收代缴的消费税税额。

【知识点】委托加工环节消费税复合计税方法税额计算。

【答案解析】根据消费税法律制度的规定，委托加工的应税消费品，应按照受托方的同类消费品的销售价格计算缴纳消费税，没有同类消费品销售价格的，按照组成计税价格计算纳税。计算过程：

组成计税价格 =（20 + 5 + 2 + 50 × 2 000 × 0.5 ÷ 10 000）÷（1 − 20%）= 40（万元）

应代收代缴消费税 = 40 × 20% + 50 × 2 000 × 0.5 ÷ 10 000 = 13（万元）

4. 进口环节应纳消费税的计算

进口环节应纳消费税的计税依据为组成计税价格，计算公式如下：

组成计税价格 = 关税完税价格 + 关税 + 消费税

（1）从价定率计征消费税的，其计算公式为：

组成计税价格 =（关税完税价格 + 关税）÷（1 − 消费税比例税率）

应纳税额 = 组成计税价格 × 消费税比例税率

进口应税消费品税额计算

公式中所称“关税完税价格”，是指海关核定的关税计税价格。

（2）实行复合计税办法计征消费税的，其计算公式为：

组成计税价格 =（关税完税价格 + 关税 + 进口数量 × 定额税率）÷（1 − 消费税比例税率）

应纳税额 = 组成计税价格 × 消费税比例税率 + 进口数量 × 定额税率

进口环节消费税除国务院另有规定外，一律不得给予减税、免税。

【例 4 − 33】甲进出口公司进口白酒 2 500 t，关税完税价格 20 000 万元，关税税率为 30%。

【问题】计算甲公司进口环节应纳的消费税税额；计算甲公司进口环节应纳的增值税税额。

【知识点】进口环节消费税和增值税的计算。

【答案解析】根据消费税法律制度的规定，纳税人进口应税消费品，按照组成计税价格和规定的税率计算应纳增值税与消费税税额。计算过程：

应纳关税税额 = 20 000 × 30% = 6 000（万元）

组成计税价格 =（20 000 + 6 000 + 2 500 × 1 000 × 2 × 0.5 ÷ 10 000）÷（1 − 20%）
= 32 812.5（万元）

应纳消费税税额 = 32 812.5 × 20% + 2 500 × 1 000 × 2 × 0.5 ÷ 10 000 = 6 812.5（万元）

应纳增值税税额 = 32 812.5 × 17% = 5 578.125（万元）

（四）已纳消费税的扣除

为了避免重复征税，现行消费税规定，将外购应税消费品和委托加工收回的应税消费品继续生产应税消费品销售的，可以将外购应税消费品和委托加工收回应税消费品已缴纳的消费税给予扣除。

1. 外购应税消费品已纳税款的扣除

对连续生产出来的应税消费品计算征税时，税法规定应按当期生产领用数量计算准予扣除外购的应税消费品已纳的消费税税款。扣除范围包括：

（1）外购已税烟丝生产的卷烟。

（2）以外购、进口和委托加工收回的高档化妆品为原料继续生产高档化妆品。

（3）外购已税珠宝、玉石原料生产的贵重首饰及珠宝、玉石。

（4）外购已税鞭炮、焰火原料生产的鞭炮、焰火。

（5）外购已税杆头、杆身和握把为原料生产的高尔夫球杆。

（6）外购已税木制一次性筷子原料生产的木制一次性筷子。

（7）外购已税实木地板原料生产的实木地板。

（8）外购已税石脑油、润滑油、燃料油为原料生产的成品油。

（9）外购已税汽油、柴油为原料生产的汽油、柴油。

上述当期准予扣除外购应税消费品已纳消费税税款的计算公式为：

当期准予扣除的外购应税消费品已纳税款 = 当期准予扣除的外购应税消费品买价 × 外购应税消费品适用税率

当期准予扣除的外购应税消费品买价 = 期初库存的外购应税消费品的买价 + 当期购进的应税消费品的买价 − 期末库存的外购应税消费品的买价

外购已税消费品的买价是指购货发票上注明的销售额（不包括增值税税款）。

纳税人用外购的已税珠宝、玉石原料生产的改在零售环节征收消费税的金银首饰（镶嵌首饰），在计税时一律不得扣除外购珠宝、玉石的已纳税款。

对自己不生产应税消费品，而只是购进后再销售应税消费品的工业企业，其销售的高档化妆品、鞭炮焰火和珠宝、玉石，凡不能构成最终消费品直接进入消费品市场，而需进一步生产加工的，应当征收消费税，同时允许扣除上述外购应税消费品的已纳税款。

允许扣除已纳税款的应税消费品只限于从工业企业购进的应税消费品和进口环节已缴纳消费税的应税消费品，对从境内商业企业购进应税消费品的已纳税款一律不得扣除。

【例4－34】 甲卷烟厂2017年1月份外购烟丝价款为100 000元，月初库存外购已税烟丝为75 000元，月末库存外购已税烟丝为36 000元；当月以外购烟丝生产乙类卷烟的销售量为30个标准箱，每标准条调拨价格为40元，共计280 000元。

【问题】 计算甲卷烟厂应纳的消费税税额。

【知识点】 外购应税消费品已纳税款的扣除。

【答案解析】 当期准予扣除的外购已税烟丝的已纳税款 = (75 000 + 100 000 − 36 000) × 30% = 41 700（元）

当期应纳消费税税额 = 280 000 × 36% + 30 × 150 − 41 700 = 63 600（元）

2. 委托加工收回的应税消费品已纳税款的扣除

委托加工的应税消费品已由受托方代收代缴消费税，委托方收回货物后用于连续生产应税消费品的，其已纳税款准予按照规定从连续生产的应税消费品应纳消费税税额中抵扣。按照消费税税法的规定，下列连续生产的应税消费品准予从应纳消费税税额中按当期生产领用数量计算扣除委托加工收回的应税消费品已纳消费税税款：

(1) 以委托加工收回的已税烟丝为原料生产的卷烟。

(2) 以委托加工收回的化妆品为原料生产的应税化妆品。

(3) 以委托加工收回的已税珠宝、玉石为原料生产的贵重首饰及珠宝、玉石。

(4) 以委托加工收回的已税鞭炮、焰火为原料生产的鞭炮、焰火。

(5) 以委托加工收回的已税杆头、杆身和握把为原料生产的高尔夫球杆。

(6) 以委托加工收回的已税木制一次性筷子原料生产的木制一次性筷子。

(7) 以委托加工收回的已税实木地板为原料生产的实木地板。

(8) 以委托加工收回的已税石脑油、润滑油、燃料油为原料生产的成品油。

(9) 以委托加工收回的已税汽油、柴油为原料生产的汽油、柴油。

上述当期准予扣除委托加工收回的应税消费品已纳消费税税款的计算公式是：

$$\text{当期准予扣除的委托加工应税消费品已纳税款}=\text{期初库存的委托加工应税消费品已纳税款}+\text{当期收回的委托加工应税消费品已纳税款}-\text{期末库存的委托加工应税消费品已纳税款}$$

纳税人以委托加工收回的已税珠宝、玉石为原料生产的改在零售环节征收消费税的金银首饰，在计税时一律不得扣除委托加工收回的珠宝、玉石原料的已纳消费税税款。

【教学引例 4－2 解析】

【知识点】 委托加工收回的应税消费品已纳税款的扣除。

【答案解析】 甲日化工厂当月准予扣除的委托加工应税化妆品已纳税款 $=270+(400+500)-330=840$（元）

甲日化工厂当月应纳的消费税税额 $=10\ 000\times15\%-840=640$（元）

六、消费税的征收管理

（一）纳税义务发生时间

(1) 纳税人销售应税消费品的，按不同的销售结算方式确定，分别为：

①采取赊销和分期收款结算方式的，为书面合同约定的收款日期的当天，书面合同没有约定收款日期或者无书面合同的，为发出应税消费品的当天。

②采取预收货款结算方式的，为发出应税消费品的当天。

③采取托收承付和委托银行收款方式的，为发出应税消费品并办妥托收手续的当天。

④采取其他结算方式的，为收讫销售款或者取得索取销售款凭据的当天。

(2) 纳税人自产自用应税消费品的，为移送使用的当天。

(3) 纳税人委托加工应税消费品的，为纳税人提货的当天。

(4) 纳税人进口应税消费品的，为报关进口的当天。

（二）纳税地点

(1) 纳税人销售的应税消费品，以及自产自用的应税消费品，除国务院财政、税务主管部门另有规定外，应当向纳税人机构所在地或者居住地的主管税务机关申报纳税。

（2）委托加工的应税消费品，除受托方为个人外，由受托方向其机构所在地或者居住地的主管税务机关解缴消费税税款。受托方为个人的，由委托方向机构所在地的主管税务机关申报纳税。

（3）进口的应税消费品，由进口人或者其代理人向报关地海关申报纳税。

（4）纳税人到外县（市）销售或者委托外县（市）代销自产应税消费品的，于应税消费品销售后，向机构所在地或者居住地主管税务机关申报纳税。

（5）纳税人的总机构与分支机构不在同一县（市）的，应当分别向各自机构所在地的主管税务机关申报纳税。

纳税人的总机构与分支机构不在同一县（市），但在同一省（自治区、直辖市）范围内，经省（自治区、直辖市）财政厅（局）、国家税务局审批同意，可以由总机构汇总向总机构所在地的主管税务机关申报缴纳消费税。

省（自治区、直辖市）财政厅（局）、国家税务局应将审批同意的结果，上报财政部、国家税务总局备案。

（6）纳税人销售的应税消费品，如因质量等原因由购买者退回时，经机构所在地或者居住地主管税务机关审核批准后，可退还已缴纳的消费税税款。

（7）出口的应税消费品办理退税后，发生退关，或者国外退货进口时予以免税的，报关出口者必须及时向其机构所在地或者居住地主管税务机关申报补缴已退还的消费税税款。

纳税人直接出口的应税消费品办理免税后，发生退关或者国外退货，进口时已予以免税的，经机构所在地或者居住地主管税务机关批准，可暂不办理补税，待其转为国内销售时，再申报补缴消费税。

（8）个人携带或者邮寄进境的应税消费品的消费税，连同关税一并计征，具体办法由国务院关税税则委员会会同有关部门制定。

（三）纳税期限

消费税的纳税期限分别为 1 日、3 日、5 日、10 日、15 日、1 个月或者 1 个季度；纳税人的具体纳税期限，由主管税务机关根据纳税人应纳税额的大小分别核定；不能按照固定期限纳税的，可以按次纳税。

纳税人以 1 个月或者 1 个季度为 1 个纳税期的，自期满之日起 15 日内申报纳税；以 1 日、3 日、5 日、10 日或者 15 日为 1 个纳税期的，自期满之日起 5 日内预缴税款，于次月 1 日起至 15 日内申报纳税并结清上月应纳税款。

纳税人进口应税消费品，应当自海关填发海关进口消费税专用缴款书之日起 15 日内缴纳税款。

【例 4－35】纳税人采取预收货款结算方式销售应税消费品的，其纳税义务发生时间为（　　）。

A. 签订销售合同的当天

B. 收到预收货款的当天

C. 发出应税消费品的当天

D. 开具预收款发票的当天

【答案】 C

【知识点】 纳税义务发生时间。

【答案解析】 根据消费税法律制度的规定，纳税人采取预收货款结算方式的，其纳税义务的发生时间，为发出应税消费品的当天。

【例 4－36】 下列关于消费税纳税地点的表述中，正确的是(　　)。

A. 纳税人销售应税消费品应向生产地的主管税务机关纳税

B. 纳税人销售应税消费品应向核算地的主管税务机关纳税

C. 纳税人销售应税消费品应向销售地的主管税务机关纳税

D. 纳税人销售应税消费品应向机构所在地或居住地的主管税务机关纳税

【答案】 D

【知识点】 纳税地点。

【答案解析】 根据消费税法律制度的规定，纳税人销售的应税消费品，以及自产自用的应税消费品，除国务院财政、税务主管部门另有规定外，应当向纳税人机构所在地或者居住地的主管税务机关申报纳税。

【应试指南】

1. 增值税小规模纳税人的划分分析（表 4－12）

表 4－12　增值税小规模纳税人的划分分析

纳税人类型	销售额标准	特殊规定
小规模纳税人	从事货物生产或者提供应税劳务的纳税人，以及以从事货物生产或者提供应税劳务为主，并兼营货物批发或者零售的纳税人：年应税销售额在（含）50 万元以下的	（1）年应税销售额超过小规模纳税人标准的其他个人按照小规模纳税人纳税； （2）非企业性单位、不经常发生应税行为的企业，可以选择按照小规模纳税人纳税； （3）小规模纳税企业会计核算健全，能够提供准确税务资料的，可以向主管税务机关申请资格认定，作为一般纳税人计算纳税
	从事货物批发或者零售的，以及以从事货物批发或者零售为主，并兼营生产或者提供应税劳务的纳税人：年应税销售额在（含）80 万元以下的	
	“营改增”项目：年应税销售额在（含）500 万元以下的	
备注	（1）如果纳税人的经营业务既有销售货物或提供加工、修理修配劳务，又有“营改增”应税行为，则应分别核算应税销售额，分别认定一般纳税人； （2）一旦被认定为一般纳税人，除另有规定外，不得转为小规模纳税人	

2. 委（受）托加工增值税与消费税纳税义务人及计税依据分析（表4－13）

表4－13 委（受）托加工增值税与消费税纳税义务人及计税依据分析

角色	任务	纳税人类型	计税依据
委托方	提供原材料或者主要材料	消费税纳税人	消费税：受托方销售价格、委托方实际收回数量、组成计税价格
受托方（非个人）	代垫辅助材料并收取加工费	增值税纳税人	增值税：加工费和代垫辅助材料款
		消费税代收代缴义务人	消费税：受托方销售价格、委托方实际收回数量、组成计税价格

委（受）托加工增值税与消费税纳税义务人及计税依据分析

3. 包装物押金的增值税及消费税处理分析（表4－14）

表4－14 包装物押金的增值税及消费税处理分析

押金种类	收取未逾期	逾期或者超过一年
啤酒、黄酒以外的其他酒类以外的应税消费品（适用从价定率计征消费税法的应税消费品）	不缴纳增值税 不缴纳消费税	缴增、缴消 作不含税处理
啤酒、黄酒以外的其他酒类	缴纳增值税 缴纳消费税 （作不含增值税处理）	不缴纳增值税 不缴纳消费税
啤酒、黄酒以外的其他酒类以外的应税消费品（适用从量计征消费税的应税消费品）	不缴纳增值税 不缴纳消费税	缴纳增值税 不缴纳消费税

增值税与消费税中押金的处理

知识拓展

酒店餐饮行业税率提高了？员工加薪有着落吗？

最近，开酒店的老蒋一直在犯愁。原来，这几年，为了留住业务骨干、增强酒店对员工的凝聚力，他在每年的二季度都给老员工加薪。靠这个加薪机制，老蒋的酒店从大厨到服务员都全心全意忙工作，酒店生意也风生水起。眼下，快要到给员工涨工资的日子了，老蒋犯起了嘀咕。

原来，"营改增"后，餐饮住宿服务行业的税率为6%。他有点着急："'营改增'后，我这酒店的税款比以前多缴了，员工加薪的钱可怎么办？"

老蒋想去国税局打听打听。巧了，前两天收到手机短信，国税局要给他们纳税人办一场“营改增”政策讲解会。老蒋兴冲冲地去了。

讲解会现场，老蒋第一个发问：“国务院都说‘营改增’税负只减不增，餐饮业增值税税率为6%，我原来只是交营业税税率5%，这不是一下子增加了我们酒店的负担吗？”

讲解人员告诉他：“餐饮业小规模纳税人，原来营业税税率为5%，‘营改增’后增值税征收率为3%，税负是明显下降的。”

老蒋不解地问：“餐饮业增值税税率的6%是怎么回事？”

讲解人员耐心地给他上起了课：“餐饮业年营业额500万元以上的就要办理一般纳税人，按6%的税率征税，一般纳税人购进的货物、服务、无形资产或者不动产都可以抵扣。对餐饮业来说房屋租金可按11%抵扣，农产品按13%抵扣，酒水等其他材料按17%抵扣。按营业额计算销项，再扣除所有进项，差额才是应交的税金。实际税负肯定不会超过5%。”

老蒋心里盘算，一年租金几十万元按11%抵扣，购进农产品按13%抵扣，购进其他材料按17%抵扣，这样算来，肯定比以前税负降低了。

“谢谢你，这下我明白了。”老蒋心里想，这下给员工加薪的钱有着落了。

巩固提高

第五章

企业所得税、个人所得税法律制度

考情分析

本章介绍了我国的两大所得税，所占分值在 20 分左右，两大所得税的不定项选择题都比较独立，很少与其他的税种或其他的章节内容结合。

本章的知识点可以分为两个层次：计算应用型；文字记忆型。基础阶段复习重心要放在计算应用型知识点上，切实理解并熟练应用，此类知识点一旦真正掌握便很难遗忘；在切实把握前一层次的知识点的基础上，冲刺阶段的复习重心就可以放在文字记忆型知识点上了，这一层次的知识点适合进行突击复习，短期见效快（表 5－1）。

表 5－1 近三年题型题量分析

项目		2016 年考题			2015 年考题	2014 年考题
		试卷 1	试卷 2	试卷 3		
单项选择题	题数	5	4	5	4	4
	分数	7.5	6	7.5	6	6
多项选择题	题数	2	2	2	2	2
	分数	4	4	4	4	4
判断题	题数	2	2	2	2	2
	分数	2	2	2	2	2
不定项选择题	题数	4	4	4	4	4
	分数	8	8	8	8	8
合计	题数	13	12	13	12	12
	分数	21.5	20	21.5	20	20

知识导图

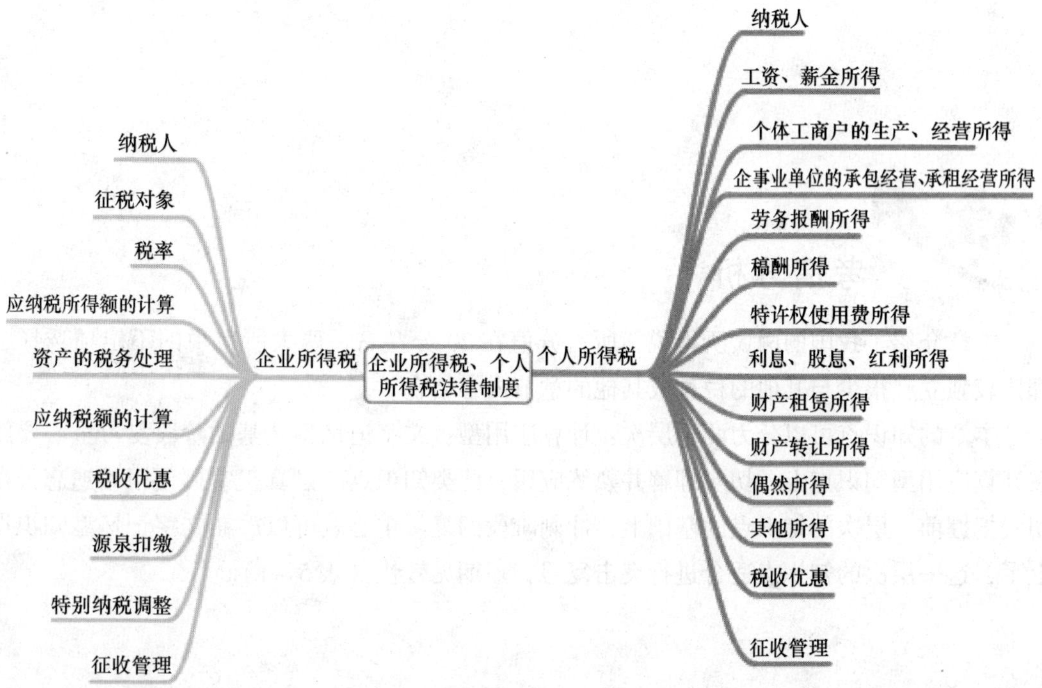

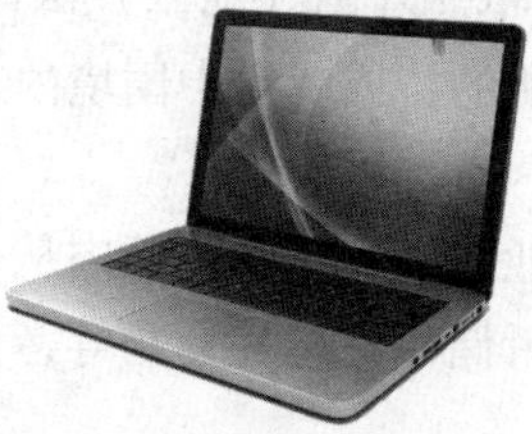

第一节 企业所得税法律制度

教学引例 5－1

小李和小张针对企业所得税的征税对象产生争议。小李说："企业所得税是以生产经营中取得的各项收入、收益、利得的总额为征税对象。"小张却说："企业所得税是以生产经营中取得的各项收入、收益、利得的总额扣除成本、费用、税金、损失、其他支出以及允许在税前弥补的亏损等后的净额为征税对象。"谁的观点正确呢？

一、企业所得税纳税人

企业所得税是国家对企业生产经营所得和其他所得征收的一种所得税。

在中华人民共和国境内，企业和其他取得收入的组织（以下统称：企业）为企业所得税的纳税人，依照《企业所得税法》的规定缴纳企业所得税。企业所得税纳税人包括各类企事业单位、社会团体、民办非企业单位和从事经营活动的其他组织。依照中国法律、行政法规成立的个人独资企业、合伙企业，不属于企业所得税纳税义务人，不缴纳企业所得税。

企业所得税采取收入来源地管辖权和居民管辖权相结合的双重管辖权，把企业分为居民企业和非居民企业，分别确定不同的纳税义务。

（一）居民企业

居民企业，是指依法在中国境内成立，或者依照外国（地区）法律成立但实际管理机构在中国境内的企业。依法在中国境内成立的企业，包括依照中国法律、行政法规在中国境内成立的企事业单位、社会团体以及其他取得收入的组织。

依照外国（地区）法律成立的企业，包括依照外国（地区）法律成立的企业和其他取得收入的组织。

实际管理机构，是指对企业的生产经营、人员、账务、财产等实施实质性全面管理和控制的机构。

（二）非居民企业

非居民企业，是指依照外国（地区）法律成立且实际管理机构不在中国境内，但在中国境内设立机构、场所的，或者在中国境内未设立机构、场所，但有来源于中国境内所得的企业。

非居民企业委托营业代理人在中国境内从事生产经营活动的，包括委托单位或者个人经常代其签订合同，或者储存、交付货物等，该营业代理人视为非居民企业在中国境内设立的机构、场所。

二、企业所得税征税对象

企业所得税的征税对象是纳税人所取得的生产经营所得、其他所得和清算所得。

（一）居民企业的征税对象

居民企业应当就其来源于中国境内、境外的所得缴纳企业所得税。包括销售货物所得、提供劳务所得、转让财产所得、股息红利等权益性投资所得、利息所得、租金所得、特许权使用费所得、接受捐赠所得和其他所得。

（二）非居民企业的征税对象

非居民企业在中国境内设立机构、场所的，应当就其所设机构、场所取得的来源于中国境内的所得，以及发生在中国境外但与其所设机构、场所有实际联系的所得，缴纳企业所得税。

非居民企业在中国境内未设立机构、场所的，或者虽设立机构、场所但取得的所得与其所设机构、场所没有实际联系的，应当就其来源于中国境内的所得缴纳企业所得税。

（三）所得来源地确定原则

来源于中国境内、境外所得的确定原则如表 5－2 所示。

表 5－2　所得来源地确定原则

所得类型		来源地的确定
销售货物所得		按照交易活动发生地确定
提供劳务所得		按照劳务发生地确定
转让财产所得	不动产转让所得	按照不动产所在地确定
	动产转让所得	按照转让动产的企业或者机构、场所所在地确定
	权益性投资资产转让所得	按照被投资企业所在地确定
股息、红利等权益性投资所得		按照分配所得的企业所在地确定
利息所得		按照负担、支付所得的企业或者机构、场所所在地确定，或者按照负担、支付所得的个人的住所地确定
租金所得		
特许权使用费所得		

【例 5－1】根据企业所得税法律制度的规定，下列各项中，属于非居民企业的是（　　）。

A. 依照外国法律成立，实际管理机构在境内的甲公司

B. 依照中国法律成立，在境外设立机构、场所的乙公司

C. 依照外国法律成立且实际管理机构在境外，但在境内设立机构、场所的丙公司

D. 依照中国法律成立，实际管理机构在境内的丁公司

【答案】 C

【知识点】 非居民企业的概念。

【答案解析】 选项C，既非在中国境内成立，实际管理机构亦未在境内，属于非居民企业。

【例5-2】（判断题）非居民企业未在中国境内设立机构的，仅就来源于中国境内的所得缴纳企业所得税。

【答案】 正确

【知识点】 非居民企业的征税对象。

【答案解析】 非居民企业未在中国境内设立机构、场所的，应当就其来源于中国境内的所得缴纳企业所得税。

【例5-3】 根据企业所得税法律制度的规定，关于确定来源于中国境内、境外所得的下列表述中，不正确的是(　　)。

A. 提供劳务所得，按照劳务发生地确定

B. 销售货物所得，按照交易活动发生地确定

C. 股息、红利等权益性投资所得，按照分配所得的企业所在地确定

D. 转让不动产所得，按照转让不动产的企业或者机构、场所所在地确定

【答案】 D

【答案解析】 选项D，“不动产”转让所得按照不动产所在地确定；“动产”转让所得按照转让动产的企业或者机构、场所所在地确定；“权益性投资资产”转让所得按照被投资企业所在地确定。

三、企业所得税税率

企业所得税实行比例税率（表5-3）。

表5-3　企业所得税税率

税率/%		适用对象
25		居民企业
		在中国境内设立机构、场所且取得所得与所设机构、场所有实际联系的非居民企业
20		在中国境内未设立机构、场所的非居民企业
		虽设立机构、场所，但取得的所得与其所设机构、场所没有实际联系的非居民企业
优惠税率	10	执行20%税率的非居民企业
	15	高新技术企业
		设在西部地区，以《西部地区鼓励类产业目录》中的项目为主营业务，主营业务收入占总收入70%以上的企业
	20	小型微利企业

四、企业所得税应纳税所得额的计算

企业所得税的计税依据是应纳税所得额，即指企业每一纳税年度的收入总额，减除不征税收入、免税收入、各项扣除以及允许弥补的以前年度亏损后的余额。

应纳税所得额＝收入总额－不征税收入－免税收入－各项扣除－以前年度亏损

企业应纳税所得额的计算，以权责发生制为原则，属于当期的收入和费用，不论款项是否收付，均作为当期的收入和费用；不属于当期的收入和费用，即使款项已经在当期收付，均不作为当期的收入和费用。在计算应纳税所得额时，企业财务、会计处理办法与税收法律法规的规定不一致的，应当依照税收法律法规的规定计算。

（一）企业收入总额

企业收入总额是指以货币形式和非货币形式从各种来源取得的收入。包括：销售货物收入，提供劳务收入，转让财产收入，股息、红利等权益性投资收益，利息收入，租金收入，特许权使用费收入，接受捐赠收入以及其他收入。

企业取得收入的货币形式包括：现金、存款、应收账款、应收票据、准备持有至到期的债券以及债务的豁免等。

企业取得收入的非货币形式包括：固定资产、生物资产、无形资产、股权投资、存货、不准备持有至到期的债券投资、劳务以及有关权益等。非货币形式收入应当按照公允价值确定收入额。

1. 销售货物收入

销售货物收入是指企业销售商品、产品、原材料、包装物、低值易耗品以及其他存货取得的收入。

除法律法规另有规定外，企业销售货物收入的确认，必须遵循权责发生制原则和实质重于形式原则。

（1）符合收入确认条件，采取下列商品销售方式的，应按以下规定确认收入实现时间：

①销售商品采用托收承付方式的，在办妥托收手续时确认收入。

②销售商品采用预收款方式的，在发出商品时确认收入。

③销售商品需要安装和检验的，在购买方接受商品以及安装和检验完毕时确认收入。如果安装程序比较简单，可在发出商品时确认收入。

④销售商品采用支付手续费方式委托代销的，在收到代销清单时确认收入。

（2）采用售后回购方式销售商品的，销售的商品按售价确认收入，回购的商品作为购进商品处理。有证据表明不符合销售收入确认条件的，如以销售商品方式进行融资，收到的款项应确认为负债，回购价格大于原售价的，差额应在回购期间确认为利息费用。

（3）销售商品以旧换新的，销售商品应当按照销售商品收入确认条件确认收入，回收的商品作为购进商品处理。

（4）企业为促进商品销售而在商品价格上给予的价格扣除属于商业折扣，商品销售涉及商业折扣的，应当按照扣除商业折扣后的金额确定销售商品收入金额。

债权人为鼓励债务人在规定的期限内付款而向债务人提供的债务扣除属于现金折扣，销售商品涉及现金折扣的，应当按扣除现金折扣前的金额确定销售商品收入金额，现金折扣在实际发生时作为财务费用扣除。

企业因售出商品的质量不合格等原因而在售价上给的减让属于销售折让；企业因售出商品质量、品种不符合要求等原因而发生的退货属于销售退回。企业已经确认销售收入的售出商品发生销售折让和销售退回，应当在发生当期冲减当期销售商品收入。

2. 提供劳务收入

提供劳务收入是指企业从事建筑安装、修理修配、交通运输、仓储租赁、金融保险、邮电通信、咨询经纪、文化体育、科学研究、技术服务、教育培训、餐饮住宿、中介代理、卫生保健、社区服务、旅游、娱乐、加工以及其他劳务服务活动取得的收入。

企业在各个纳税期末，提供劳务交易的结果能够可靠估计的，应采用完工进度（百分比）法确认提供劳务收入。企业应按照从接受劳务方已收或应收的合同或协议价款确定劳务收入总额，根据纳税期末提供劳务收入总额乘以完工进度，扣除以前纳税年度累计已确认提供劳务收入后的金额，确认为当期劳务收入；同时，按照提供劳务估计总成本乘以完工进度，扣除以前纳税期间累计已确认劳务成本后的金额，结转为当期劳务成本。

3. 转让财产收入

转让财产收入是指企业转让固定资产、生物资产、无形资产、股权、债权等财产取得的收入。转让财产收入应当按照从财产受让方已收或应收的合同或协议价款确认收入。

4. 股息、红利等权益性投资收益

股息、红利等权益性投资收益是指企业因权益性投资从被投资方取得的收入。股息、红利等权益性投资收益，除国务院财政、税务主管部门另有规定外按照被投资方做出利润分配决定的日期确认收入的实现。

5. 利息收入

利息收入是指企业将资金提供他人使用但不构成权益性投资，或者因他人占用本企业资金取得的收入，包括存款利息、贷款利息、债券利息、欠款利息等收入。利息收入，按照合同约定的债务人应付利息的日期确认收入的实现。

6. 租金收入

租金收入是指企业提供固定资产、包装物或者其他有形资产的使用权取得的收入。租金收入，按照合同约定的承租人应付租金的日期确认收入的实现。如果交易合同或协议中规定租赁期限跨年度，且租金提前一次性支付的，出租人可对上述已确认的收入，在租赁期内，分期均匀计入相关年度收入。

7. 特许权使用费收入

特许权使用费收入是指企业提供专利权、非专利技术、商标权、著作权以及其他特许权的使用权取得的收入。特许权使用费收入，按照合同约定的特许权使用人应付特许权使用费的日期确认收入的实现。

8. 接受捐赠收入

接受捐赠收入是指企业接受的来自其他企业、组织或者个人无偿给予的货币性资产、非货币性资产。接受捐赠收入，按照实际收到捐赠资产的日期确认收入的实现。

企业以买一赠一等方式组合销售本企业商品的，不属于捐赠，应将总的销售金额按各项商品的公允价值的比例来分摊确认各项的销售收入。

9. 其他收入

其他收入，是指企业取得《企业所得税法》具体列举的收入外的其他收入，包括企业资产溢余收入、逾期未退包装物押金收入、确实无法偿付的应付款项、已作坏账损失处理后又收回的应收款项、债务重组收入、补贴收入、违约金收入、汇兑收益等。

10. 特殊收入的确认

（1）以分期收款方式销售货物的，按照合同约定的收款日期确认收入的实现。

（2）企业委托加工制造大型机械设备、船舶、飞机，以及从事建筑、安装、装配工程业务或者提供其他劳务等，持续时间超过 12 个月的，按照纳税年度内完工进度或者完成的工作量确认收入的实现。

（3）采取产品分成方式取得收入的，按照企业分得产品的日期确认收入的实现，其收入额按照产品的公允价值确定。

（4）企业发生非货币性资产交换，以及将货物、财产、劳务用于捐赠、偿债、赞助、集资、广告、样品、职工福利或者利润分配等用途的，应当视同销售货物、转让财产或者提供劳务，但国务院财政、税务主管部门另有规定的除外。

【例 5－4】下列各项中，在计算企业所得税应纳税所得额时，应计入收入总额的有(　　)。

A. 转让专利权收入　　B. 债务重组收入

C. 接受捐赠收入　　D. 确实无法偿付的应付款项

【答案】ABCD

【答案解析】选项 A 属于转让财产收入；选项 B、D 属于其他收入；选项 C 属于接受捐赠收入。

【例 5－5】根据企业所得税法律制度的规定，下列各项中，属于特许权使用费收入的有(　　)。

A. 提供生产设备使用权取得的收入

B. 提供运输工具使用权取得的收入

C. 提供房屋使用权取得的收入

D. 提供商标权的使用权取得的收入

【答案】D

【答案解析】选项 A、B、C，属于“财产租赁”收入；选项 D，属于特许权使用费收入，是指企业提供“专利权、非专利技术、商标权、著作权以及其他特许权”的使用权取得的收入。

【例 5－6】以下符合《企业所得税法》确认收入实现时间的是(　　)。

A. 销售商品采用托收承付方式的，在签订合同时确认

B. 销售商品采用支付手续费方式委托代销的，在销售时确认

C. 销售商品采用预收款方式的，在发出商品时确认

D. 销售商品需要安装的，在商品发出时确认

【答案】 C

【知识点】 收入确认时间。

【答案解析】 选项A，销售商品采用托收承付方式的，在办妥托收手续时确认收入；选项B，销售商品采用支付手续费方式委托代销的，在收到代销清单时确认收入；选项D，销售商品需要安装和检验的，在购买方接受商品以及安装和检验完毕时确认收入，如果安装程序比较简单，可在发出商品时确认收入。

（二）不征税收入

不征税收入是指从性质和根源上不属于企业营利性活动带来的经济利益、不作为应纳税所得额组成部分的收入，不应列为征收范围的收入。

下列收入为不征税收入。

1. 财政拨款

财政拨款，是指各级人民政府对纳入预算管理的事业单位、社会团体等组织拨付的财政资金，但国务院和国务院财政、税务主管部门另有规定的除外。

2. 依法收取并纳入财政管理的行政事业性收费、政府性基金

行政事业性收费是指依照法律法规等有关规定，按照国务院规定程序批准，在实施社会公共管理，以及在向公民、法人或者其他组织提供特定公共服务过程中，向特定对象收取并纳入财政管理的费用。

政府性基金是指企业依照法律、行政法规等有关规定，代政府收取的具有专项用途的财政资金。

3. 国务院规定的其他不征税收入

国务院规定的其他不征税收入，是指企业取得的，由国务院财政、税务主管部门规定专项用途并经国务院批准的财政性资金。

【应试指南】

应当严格区分“不征税收入”和“免税收入”：

（1）不征税收入和免税收入均属于企业所得税所称的“收入总额”，在计算企业所得税应纳税所得额时应扣除。

（2）不征税收入，是不应列入征税范围的收入；免税收入则是应列入征税范围的收入，只是国家出于特殊考虑给予税收优惠，在一定时期有可能恢复征税。

（3）企业的不征税收入对应的费用、折旧、摊销一般不得在计算应纳税所得额时扣除；免税收入对应的费用、折旧、摊销一般可以税前扣除。

【例5-7】 根据企业所得税法律制度的规定，下列各项中，属于免税收入的是（　　）。

A. 企业购买国债取得的利息收入

B. 事业单位取得的财政拨款

C. 事业单位从事营利性活动取得的收入

D. 企业转让股权取得的转让收入

【答案】A

【知识点】免税收入范围。

【答案解析】选项B，属于不征税收入；选项C，属于应税收入；选项D，属于应税收入，应注意与“符合条件的居民企业之间的股息、红利等权益性投资收益”相区分，后者属于免税收入，但连续持有居民企业公开发行并上市流通的股票不足12个月取得的投资收益除外。

（三）税前扣除项目

企业实际发生的与取得收入有关的、合理的支出，包括成本、费用、税金、损失和其他支出，准予在计算应纳税所得额时扣除。合理的支出，是指符合生产经营活动常规，应当计入当期损益或者有关资产成本的必要的和正常的支出。除另有规定外，企业实际发生的成本、费用、税金、损失和其他支出，不得重复扣除。

企业发生的支出应当区分收益性支出和资本性支出。收益性支出在发生当期直接扣除；资本性支出应当分期扣除或者计入有关资产成本，不得在发生当期直接扣除。

企业的不征税收入用于支出所形成的费用或者财产，不得扣除或者计算对应的折旧、摊销扣除。

1. 成本

成本是指企业在生产经营活动中发生的销售成本、销货成本、业务支出以及其他耗费，即企业销售商品（产品、材料、下脚料、废料、废旧物资等）、提供劳务、转让固定资产、无形资产的成本。

2. 费用

费用是指企业在生产经营活动中发生的销售费用、管理费用和财务费用，已经计入成本的有关费用除外。

销售费用，是指应由企业负担的为销售商品而发生的费用。

管理费用，是指企业的行政管理部门为管理组织经营活动提供各项支援性服务而发生的费用。

财务费用，是指企业筹集经营性资金而发生的费用。

3. 税金

税金是指企业发生的除企业所得税和允许抵扣的增值税以外的各项税金及其附加，即纳税人按照规定缴纳的消费税、营业税、资源税、土地增值税、关税、城市维护建设税、教育费附加等产品销售税金及附加，以及发生的房产税、车船税、城镇土地使用税、印花税等。企业缴纳的增值税属于价外税，故不在扣除之列。

4. 损失

损失是指企业在生产经营活动中发生的固定资产和存货的盘亏、毁损、报废损失，转让财产损失，坏账损失，以及自然灾害等不可抗力因素造成的损失以及其他损失。

企业发生的损失，减除责任人赔偿和保险赔款后的余额，依照国务院财政、税务主管部门的规定扣除。企业已经作为损失处理的资产，在以后纳税年度又全部收回或者部分收回时，应当计入当期收入。

5. 其他支出

其他支出是指除成本、费用、税金、损失外，企业在生产经营活动中发生的与生产经营活动有关的、合理的支出。

（四）扣除标准

1. 工资、薪金支出

企业发生的合理的工资薪金支出，准予扣除。工资薪金，是指企业每一纳税年度支付给在本企业任职或者受雇的员工的所有现金形式或者非现金形式的劳动报酬，包括基本工资、奖金、津贴、补贴、年终加薪、加班工资，以及与员工任职或者受雇有关的其他支出。

2. 职工福利费、工会经费、职工教育经费

企业发生的职工福利费、工会经费、职工教育经费按标准扣除。未超过标准的按实际发生数额扣除，超过扣除标准的只能按标准扣除。

三项费用扣除标准

（1）企业发生的职工福利费支出，不超过工资薪金总额14%的部分，准予扣除。列入企业员工工资薪金制度、固定与工资薪金一起发放的福利性补贴，符合国家税务总局相关规定的，可作为企业发生的工资薪金支出，按规定在税前扣除。

不能同时符合上述条件的福利性补贴，应按规定计算限额税前扣除。

（2）企业拨缴的工会经费，不超过工资薪金总额2%的部分，准予扣除。

（3）除国务院财政、税务主管部门另有规定外，企业发生的职工教育经费支出，不超过工资薪金总额的2.5%的部分，准予扣除；超过部分，准予在以后纳税年度结转扣除。

3. 社会保险费

（1）企业依照国务院有关主管部门或者省级人民政府规定的范围和标准为职工缴纳的基本养老保险费、基本医疗保险费、失业保险费、工伤保险费、生育保险费等基本社会保险费和住房公积金，准予扣除。

（2）自2008年1月1日起，企业根据国家有关政策规定，为在本企业任职或者受雇的全体员工支付的补充养老保险费、补充医疗保险费，分别在不超过职工工资总额5%标准内的部分，在计算应纳税所得额时准予扣除；超过的部分，不予扣除。

除企业依照国家有关规定为特殊工种职工支付的人身安全保险费和国务院财政、税务主管部门规定可以扣除的其他商业保险费外，企业为投资者或职工支付的商业保险费，不得扣除。

4. 借款费用

（1）企业在生产经营活动中发生的合理的不需要资本化的借款费用，准予扣除。

（2）企业为购置、建造固定资产、无形资产和经过12个月以上的建造才能达到预定可销售状态的存货发生借款的，在有关资产购置、建造期间发生的合理的借款费用，应当作为资本性支出计入有关资产的成本，并依照《中华人民共和国企业所得税法实施条例》有关规定扣除。

【例5-8】甲企业2015年4月1日向银行借款500万元用于建造办公楼，借款期限1

年，当年向银行支付了3个季度的利息22.5万元，该办公楼于10月31日完工结算并投入使用；假定建造期间利息全部资本化。甲企业当年企业所得税前可扣除的财务费用为多少？

【答案】5万元

【答案解析】甲企业当年企业所得税前可扣除的财务费用 = 22.5 ÷ 9 × 2 = 5（万元）。

5. 利息费用

企业在生产经营活动中发生的下列利息支出准予扣除：

（1）非金融企业向金融企业借款的利息支出、金融企业的各项存款利息支出和同业拆借利息支出、企业经批准发行债券的利息支出可据实扣除。

（2）非金融企业向非金融企业借款的利息支出，不超过按照金融企业同期同类贷款利率计算的数额的部分可据实扣除，超过部分不许扣除。

【例5－9】甲企业2015年度发生财务费用125万元，其中：支付银行借款利息54万元，支付因向某商场借款1 000万元而发生的利息71万元，同期银行贷款年利率为6.1%。甲企业2015年度准予在企业所得税税前扣除的利息费用为多少？

金融企业

【答案解析】

①向银行借款发生的利息费用54万元准予据实扣除。

②向某商场借款发生的利息费用，税法扣除限额 = 1 000 × 6.1% = 61（万元），实际发生额超过限额的部分（10万元）不得在企业所得税前扣除。

③甲企业2015年度准予在企业所得税税前扣除的利息费用 = 54 + 61 = 115（万元），或者，纳税调增额 = 71 − 61 = 10（万元）。

（3）凡企业投资者在规定期限内未缴足其应缴资本额的，该企业对外借款所发生的利息，相当于投资者实缴资本额与在规定期限内应缴资本额的差额应计付的利息，其不属于企业合理的支出，应由企业投资者负担，不得在计算企业应纳税所得额时扣除。

（4）企业向股东或其他与企业有关联的自然人借款的利息支出，应根据《企业所得税法》及《财政部国家税务总局关于企业关联方利息支出税前扣除标准有关税收政策问题的通知》规定的条件，计算企业所得税扣除额。

企业向除股东或其他与企业有关联的自然人以外的内部职工或其他人员借款的利息支出，其借款情况同时符合以下条件的，其利息支出在不超过按照金融企业同期同类贷款利率计算的数额的部分，准予扣除。

6. 汇兑损失

企业在货币交易中，以及纳税年度终了时将人民币以外的货币性资产、负债按照期末即期人民币汇率中间价折算为人民币时产生的汇兑损失，除已经计入有关资产成本以及与向所有者进行利润分配相关的部分外，准予扣除。

7. 公益性捐赠

企业发生的公益性捐赠支出，不超过年度利润总额12%的部分，准予在计算应纳税所得额时扣除。

年度利润总额，是指企业依照国家统一会计制度的规定计算的年度会计利润。

公益性捐赠，是指企业通过公益性社会团体或者县级以上人民政府及其部门，用于《中华人民共和国公益事业捐赠法》规定的公益事业的捐赠。具体范围包括：

公益性捐赠扣除标准

（1）救助灾害、救济贫困、扶助残疾人等困难的社会群体和个人的活动。

（2）教育、科学、文化、卫生、体育事业。

（3）环境保护、社会公共设施建设。

（4）促进社会发展和进步的其他社会公共和福利事业。

8. 业务招待费

企业发生的与生产经营活动有关的业务招待费支出，按照发生额的60%扣除，但最高不得超过当年销售（营业）收入的5‰。企业在筹建期间，发生的与筹办活动有关的业务招待费支出，可按实际发生额的60%计入企业筹办费，并按有关规定在税前扣除。

业务招待费扣除标准

对从事股权投资业务的企业（包括集团公司总部、创业投资企业等），其从被投资企业所分配的股息、红利以及股权转让收入，可以按规定的比例计算业务招待费扣除限额。

【应试指南】

销售（营业）收入，包括销售货物收入、提供劳务收入、特许权使用费收入、租金收入、视同销售收入等，即会计核算中的“主营业务收入”“其他业务收入”以及会计上不确认收入但所得税上视同销售的收入，但不包括营业外收入和投资收益（有特例）。

【例5－10】 甲公司为居民企业，主要从事货物生产和销售，2014年取得销售货物收入4 300万元、理财产品收益30万元、从其直接投资的未上市居民企业分回股息收益270万元、出售闲置厂房收入400万元，发生业务招待费30万元。甲公司2014年度的业务招待费准予扣除的数额为多少？

【答案解析】

（1）投资收益和营业外收入不计入销售（营业）收入中，甲公司2014年度销售（营业）收入为4 300万元；

（2）销售（营业）收入的5‰＝4 300×5‰＝21.5（万元），实际发生额的60%＝30×60%＝18（万元），税法扣除限额为18万元，甲公司2014年度的业务招待费准予扣除的数额为18万元，或者，相应的纳税调增额＝30－18＝12（万元）。

9. 广告费和业务宣传费

企业发生的符合条件的广告费和业务宣传费支出，除国务院财政、税务主管部门另有规定外，不超过当年销售（营业）收入15%的部分，准予扣除；超过部分，准予在以后纳税年度结转扣除。企业在筹建期间，发生的广告费和业务宣传费，可按实际发生额计入企业筹办费，并按有

广告费和业务宣传费扣除标准

关规定在税前扣除。企业申报扣除的广告费支出应与赞助支出严格区分。企业申报扣除的广告费支出，必须符合下列条件：广告是通过工商部门批准的专门机构制作的，已实际支付费用并已取得相应发票，通过一定的媒体传播。

【例5－11】2013年甲企业取得销售收入3 000万元，广告费支出400万元；上一年度结转广告费60万元。已知，甲企业发生广告费可以按照当年销售收入的15%在企业所得税前扣除，超过部分准予在以后纳税年度结转扣除。根据企业所得税法律制度的规定，甲企业2013年准予扣除的广告费是(　　)万元。

A. 46　　B. 510　　C. 450　　D. 340

【答案】C

【知识点】广告费扣除标准。

【答案解析】税前扣除限额＝3 000×15%＝450（万元）；当年实际发生额＋上年结转额＝400＋60＝460（万元）；甲企业2013年准予扣除的广告费为450万元。

10. 环境保护专项资金

企业依照法律、行政法规有关规定提取的用于环境保护、生态恢复等方面的专项资金，准予扣除。上述专项资金提取后改变用途的，不得扣除。

11. 保险费

企业参加财产保险，按照规定缴纳的保险费，准予扣除。

12. 租赁费

企业根据生产经营活动的需要租入固定资产支付的租赁费，按照以下方法扣除：

（1）以经营租赁方式租入固定资产发生的租赁费支出，按照租赁期限均匀扣除。经营性租赁是指所有权不转移的租赁。

（2）以融资租赁方式租入固定资产发生的租赁费支出，按照规定构成融资租入固定资产价值的部分应当提取折旧费用分期扣除。融资租赁是指在实质上转移与一项资产所有权有关的全部风险和报酬的一种租赁。

13. 劳动保护费

企业发生的合理的劳动保护支出，准予扣除。

14. 有关资产的费用

企业转让各类固定资产发生的费用，允许扣除。企业按规定计算的固定资产折旧费、无形资产和递延资产的摊销费，准予扣除。

15. 总机构分摊的费用

非居民企业在中国境内设立的机构、场所，就其中国境外总机构发生的与该机构、场所生产经营有关的费用，能够提供总机构出具的费用汇集范围、定额、分配依据和方法等证明文件，并合理分摊的，准予扣除。

16. 资产损失

企业当期发生的固定资产和流动资产盘亏、毁损净损失，由其提供清查盘存资料经主管税务机关审核后，准予扣除企业因存货盘亏、毁损、报废等原因不得从销项税金中抵扣的进项税金，应视同企业财产损失，准予与存货损失一起在所得税前按规定扣除。

17. 手续费及佣金支出

企业发生与生产经营有关的手续费及佣金支出，不超过以下规定计算限额以内的部分，准予扣除；超过部分，不得扣除。

（1）保险企业。财产保险企业按照全部保费收入扣除退保金等后余额的15%计算限额；人身保险企业按当年全部保费收入扣除退保金等后余额的10%计算限额。

（2）其他企业。按与具有合法经营资格中介服务机构或个人（不含交易双方及其雇员、代理人和代表人等）所签订服务协议或合同确认的收入金额的5%计算限额。

（3）从事代理服务、主营业务收入为手续费、佣金的企业（如证券、期货、保险代理等企业）。其为取得该类收入而实际发生的营业成本（包括手续费及佣金支出），准予在企业所得税前据实扣除。

18. 依照有关法律、行政法规和国家有关税法规定准予扣除的其他项目

如会员费、合理的会议费、差旅费、违约金、诉讼费用等。

（五）不得扣除项目

在计算应纳税所得额时，下列支出不得扣除：

（1）向投资者支付的股息、红利等权益性投资收益款项。

（2）企业所得税税款。

（3）税收滞纳金。具体是指纳税人违反税收法规，被税务机关处以的滞纳金。

（4）罚金、罚款和被没收财物的损失。具体是指纳税人违反国家有关法律、法规规定，被有关部门处以的罚款，以及被司法机关处以的罚金和被没收财物。

（5）超过规定标准的捐赠支出。

（6）赞助支出。具体是指企业发生的与生产经营活动无关的各种非广告性质支出。

（7）未经核定的准备金支出。具体是指不符合国务院财政、税务主管部门规定的各项资产减值准备、风险准备等准备金支出。

（8）企业之间支付的管理费、企业内营业机构之间支付的租金和特许权使用费，以及非银行企业内营业机构之间支付的利息，不得扣除。

（9）与取得收入无关的其他支出。

（六）亏损弥补

亏损，是指企业将每一纳税年度的收入总额减除不征税收入、免税收入和各项扣除后小于零的数额。税法规定，企业某一纳税年度发生的亏损可以用下一年度的所得弥补，下一年度的所得不足以弥补的，可以逐年延续弥补，但最长不得超过5年。企业在汇总计算缴纳企业所得税时，其境外营业机构的亏损不得抵减境内营业机构的盈利。

（七）非居民企业的应纳税所得额

在中国境内未设立机构、场所的，或者虽设立机构、场所但取得的所得与其所设机构、场所没有实际联系的非居民企业，其取得的来源于中国境内的所得，按照下列方法计算其应纳税所得额：

（1）股息、红利等权益性投资收益和利息、租金、特许权使用费所得，以收入全额为应纳税所得额。

(2) 转让财产所得，以收入全额减除财产净值后的余额为应纳税所得额。

财产净值，是指有关资产、财产的计税基础减除已经按照规定扣除的折旧、折耗、摊销、准备金等后的余额。

(3) 其他所得，参照前两项规定的方法计算应纳税所得额。非居民企业在中国境内设立的机构、场所，就其中国境外总机构发生的与该机构、场所生产经营有关的费用，能够提供总机构出具的费用汇集范围、定额、分配依据和方法等证明文件并合理分摊的，准予扣除。

五、资产的税务处理

企业资产，是指企业拥有或者控制的、用于经营管理活动且与取得应税收入有关的资产。企业的各项资产，包括固定资产、生产性生物资产、无形资产、长期待摊费用、投资资产、存货等，以历史成本为计税基础。历史成本，是指企业取得该项资产时实际发生的支出。企业持有各项资产期间资产增值或者减值，除国务院财政、税务主管部门规定可以确认损益外，不得调整该资产的计税基础。

企业转让资产，该项资产的净值，准予在计算应纳税所得额时扣除。资产的净值，是指有关资产、财产的计税基础减除已经按照规定扣除的折旧、折耗、摊销、准备金等后的余额。除另有规定外，企业在重组过程中，应当在交易发生时确认有关资产的转让所得或者损失，相关资产应当按照交易价格重新确定计税基础。

固定资产，是指企业为生产产品、提供劳务、出租或者经营管理而持有的、使用时间超过12个月的非货币性资产，包括房屋、建筑物、机器、机械、运输工具以及其他与生产经营活动有关的设备、器具、工具等。在计算应纳税所得额时，企业按照规定计算的固定资产折旧，准予扣除。

1. 下列固定资产不得计算折旧扣除

(1) 房屋、建筑物以外未投入使用的固定资产。

(2) 以经营租赁方式租入的固定资产。

(3) 以融资租赁方式租出的固定资产。

(4) 已足额提取折旧仍继续使用的固定资产。

(5) 与经营活动无关的固定资产。

(6) 单独估价作为固定资产入账的土地。

(7) 其他不得计算折旧扣除的固定资产。

【例5-12】 甲公司提取折旧费用180万元，其中已投入使用的机器设备折旧费50万元、已投入使用的运输设备折旧费40万元、未投入使用的厂房折旧费80万元、未投入使用的机械设备折旧费10万元。请计算甲公司税前可扣除的折旧为多少？

【答案解析】 未投入使用的机械设备不得计算折旧费用在税前扣除。

假定提取的其他折旧费用的计税基础、折旧年限均符合税法规定，税前可扣除的折旧 = 50 + 40 + 80 = 170（万元）。

2. 固定资产按照以下方法确定计税基础

（1）外购的固定资产，以购买价款和支付的相关税费以及直接归属于使该资产达到预定用途发生的其他支出为计税基础。

（2）自行建造的固定资产，以竣工结算前发生的支出为计税基础。

（3）融资租入的固定资产，以租赁合同约定的付款总额和承租人在签订租赁合同过程中发生的相关费用为计税基础，租赁合同未约定付款总额的，以该资产的公允价值和承租人在签订租赁合同过程中发生的相关费用为计税基础。

（4）盘盈的固定资产，以同类固定资产的重置完全价值为计税基础。

（5）通过捐赠、投资、非货币性资产交换、债务重组等方式取得的固定资产，以该资产的公允价值和支付的相关税费为计税基础。

（6）改建的固定资产，除法定的支出外，以改建过程中发生的改建支出增加计税基础。

3. 固定资产按照直线法计算的折旧，准予扣除

企业应当自固定资产投入使用月份的次月起计算折旧；停止使用的固定资产，应当自停止使用月份的次月起停止计算折旧。企业应当根据固定资产的性质和使用情况，合理确定固定资产的预计净残值。固定资产的预计净残值一经确定，不得变更。

4. 固定资产计算折旧的最低年限

除国务院财政、税务主管部门另有规定外，固定资产计算折旧的最低年限如下：

（1）房屋、建筑物，为20年。

（2）飞机、火车、轮船、机器、机械和其他生产设备，为10年。

（3）与生产经营活动有关的器具、工具、家具等，为5年。

（4）飞机、火车、轮船以外的运输工具，为4年。

（5）电子设备，为3年。

【例5-13】甲企业为增值税一般纳税人，2015年6月购进生产设备一台，取得增值税专用发票注明价款为50万元、增值税税额为8.5万元，甲企业自己负担的其他相关税费为5万元，甲企业当年为该生产设备计提了折旧费用3万元；已知生产设备的折旧期限为10年，企业确定的残值率为5%。甲企业2015年应纳税所得时准予扣除的折旧额为多少？

【答案解析】

该设备当年按税法规定应计提折旧 $=(50+5)\times(1-5\%)\div10\div12\times6=2.61$（万元）；甲企业当年计提折旧为3万元，超过税法规定限额，只准予扣除2.61万元。

六、企业所得税应纳税额的计算

企业所得税的应纳税额的计算公式为：

应纳税额＝应纳税所得额×适用税率－减免税额－抵免税额

所称减免税额和抵免税额，是指依照企业所得税法和国务院的税收优惠规定减征、免征和抵免的应纳税额。

企业取得的下列所得已在境外缴纳的所得税税额，可以从其当期应纳税额中抵免，抵免限额为该项所得依照《企业所得税法》规定计算的应纳税额；超过抵免限额的部分，可以在以后5个年度内，用每年抵免限额抵免当年应抵税额后的余额进行抵补：

（1）居民企业来源于中国境外的应税所得。

（2）非居民企业在中国境内设立机构、场所，取得发生在中国境外但与该机构、场所有实际联系的应税所得。

已在境外缴纳的所得税税额，是指企业来源于中国境外的所得依照中国境外税收法律以及相关规定应当缴纳并已经实际缴纳的企业所得税性质的税款。

抵免限额，是指企业来源于中国境外的所得，依照规定计算的应纳税额。除国务院财政、税务主管部门另有规定外，该抵免限额应当分国（地区）不分项计算，计算公式如下：

抵免限额 = 中国境内、境外所得的应纳税总额 × 来源于某国（地区）的应纳税所得额 ÷ 中国境内、境外应纳税所得总额

五个年度，是指从企业取得的来源于中国境外的所得，已经在中国境外缴纳的企业所得税性质的税额超过抵免限额的当年的次年起连续5个纳税年度。

居民企业从其直接或间接控制的外国企业分得的来源于中国境外的股息、红利等权益性投资收益，外国企业在境外实际缴纳的所得税税额中属于该项所得负担的部分，可以作为该居民企业的可抵免境外所得税税额，在该法规定的抵免限额内抵免。

直接控制是指居民企业直接持有外国企业20%以上股份。间接控制是指居民企业以间接持股方式持有外国企业20%以上股份，具体认定办法由国务院财政、税务主管部门另行制定。企业按规定抵免企业所得税税额时，应当提供中国境外税务机关出具的税款所属年度的有关纳税凭证。

七、企业所得税税收优惠

我国企业所得税的税收优惠包括免税收入、可以减免税的所得、优惠税率、民族自治地方的减免税、加计扣除、抵扣应纳税所得额、加速折旧、减计收入、抵免应纳税额和其他专项优惠政策。企业同时从事适用不同企业所得税待遇的项目的，其优惠项目应当单独计算所得，并合理分摊企业的期间费用；没有单独计算的，不得享受企业所得税优惠。

（一）免税收入

免税收入，是指属于企业的应税所得，但是按照税法规定免予征收企业所得税的收入。企业的免税收入包括：

（1）国债利息收入。

国债利息收入，是指企业持有国务院财政部门发行的国债取得的利息收入。

（2）符合条件的居民企业之间的股息、红利等权益性投资收益。

符合条件的居民企业之间的股息、红利等权益性投资收益，是指居民企业直接投资于其他居民企业取得的投资收益。

（3）在中国境内设立机构、场所的非居民企业从居民企业取得与该机构、场所有实际

联系的股息、红利等权益性投资收益。股息、红利等权益性投资收益，不包括连续持有居民企业公开发行并上市流通的股票不足 12 个月取得的投资收益。

（4）符合条件的非营利组织的收入。

（二）减、免税所得

1. 企业从事下列项目的所得，免征企业所得税

（1）蔬菜、谷物、薯类、油料、豆类、棉花、麻类、糖料、水果、坚果的种植。

（2）农作物新品种的选育。

（3）中药材的种植。

（4）林木的培育和种植。

（5）牲畜、家禽的饲养。

（6）林产品的采集。

（7）灌溉、农产品初加工、兽医、农技推广、农机作业和维修等农、林、牧、渔服务业项目。

（8）远洋捕捞。

2. 企业从事下列项目的所得，减半征收企业所得税

（1）花卉、茶以及其他饮料作物和香料作物的种植。

（2）海水养殖、内陆养殖。

3. 从事国家重点扶持的公共基础设施项目投资经营的所得

国家重点扶持的公共基础设施项目，是指《公共基础设施项目企业所得税优惠目录》规定的港口码头、机场、铁路、公路、城市公共交通、电力、水利等项目。

（1）企业从事上述国家重点扶持的公共基础设施项目的投资经营的所得，自项目取得第 1 笔生产经营收入所属纳税年度起，第 1 年至第 3 年免征企业所得税，第 4 年至第 6 年减半征收企业所得税，简称“三免三减半”。

（2）企业承包经营、承包建设和内部自建自用上述项目，不得享受上述企业所得税优惠。

4. 从事符合条件的环境保护、节能节水项目的所得

符合条件的环境保护、节能节水项目，包括公共污水处理、公共垃圾处理、沼气综合开发利用、节能减排技术改造、海水淡化等。项目的具体条件和范围由国务院财政、税务主管部门制定，报国务院批准后公布施行。企业从事上述规定的符合条件的环境保护、节能节水项目的所得，自项目取得第 1 笔生产经营收入所属纳税年度起，第 1 年至第 3 年免征企业所得税，第 4 年至第 6 年减半征收企业所得税。

5. 符合条件的技术转让所得

符合条件的技术转让所得免征、减征企业所得税，是指一个纳税年度内，居民企业技术转让所得不超过 500 万元的部分，免征企业所得税；超过 500 万元的部分，减半征收企业所得税。其计算公式为：

技术转让所得 = 技术转让收入 - 技术转让成本 - 相关税费

【例 5 - 14】 居民企业甲公司 2015 年将自行开发的一项专利技术转让，取得转让收入

1 200 万元，与该项技术转让有关的成本和费用为 300 万元。2015 年甲公司应缴纳的企业所得税为多少？

【答案解析】 技术转让所得 = 1 200 − 300 = 900（万元），其中 500 万元以内的部分免征企业所得税，超过 500 万元的部分，减半征收企业所得税，假定甲公司当年不存在其他纳税调整事项，2015 年甲公司应缴纳的企业所得税 =（1 200 − 300 − 500）× 25% × 50% = 50（万元）。

6. 非居民企业所得

在中国境内未设立机构、场所的，或者虽设立机构、场所但取得的所得与其所设机构、场所没有实际联系的非居民企业，其取得的来源于中国境内的所得，减按 10% 的税率征收企业所得税。下列所得可以免征企业所得税：

（1）外国政府向中国政府提供贷款取得的利息所得。

（2）国际金融组织向中国政府和居民企业提供优惠贷款取得的利息所得。

（3）经国务院批准的其他所得。

7. 小型微利企业所得

符合条件的小型微利企业，减按 20% 的税率征收企业所得税。

为了进一步支持小型微利企业发展，经国务院批准，2015 年 1 月 1 日至 2017 年 12 月 31 日，年应纳税所得额低于 20 万元（含 20 万元）的小型微利企业；2015 年 10 月 1 日至 2017 年 12 月 31 日，年应纳税所得额在 20 万元到 30 万元（含 30 万元）之间的小型微利企业，其所得减按 50% 计入应纳税所得额，按 20% 的税率缴纳企业所得税。

8. 高新技术企业所得

国家需要重点扶持的高新技术企业，减按 15% 的税率征收企业所得税。

（三）民族自治地方的减免税

民族自治地方的自治机关对本民族自治地方的企业应缴纳的企业所得税中属于地方分享的部分，可以决定减征或者免征。自治州、自治县决定减征或者免征的，须报省、自治区、直辖市人民政府批准。

对民族自治地方内国家限制和禁止行业的企业，不得减征或者免征企业所得税。

（四）加计扣除

企业的下列支出，可以在计算应纳税所得额时加计扣除。

1. 研究开发费用

研究开发费用的加计扣除，是指企业为开发新技术、新产品、新工艺发生的研究开发费用，未形成无形资产计入当期损益的，在按照规定据实扣除的基础上，按照研究开发费用的 50% 加计扣除；形成无形资产的，按照无形资产成本的 150% 摊销。

【例 5－15】 甲公司为居民企业，2013 年新技术研究开发费用 30 万元，已计入管理费用。求甲公司准予扣除的新技术研究开发费用总额为多少？

【知识点】 研发费用的扣除标准。

【答案解析】 准予扣除的新技术研究开发费用总额 = 30 ×（1 + 50%）= 45（万元），或者，纳税“调减”额 = 30 × 50% = 15（万元）。

2. 安置残疾人员及国家鼓励安置的其他就业人员所支付的工资

企业安置残疾人员所支付的工资的加计扣除，是指企业安置残疾人员的，在按照支付给残疾职工工资据实扣除的基础上，按照支付给残疾职工工资的100%加计扣除。企业安置国家鼓励安置的其他就业人员所支付的工资的加计扣除办法，由国务院另行规定。

（五）应纳税所得额抵扣

创业投资企业采取股权投资方式投资于未上市的中小高新技术企业两年以上的，可以按照其投资额的70%在股权持有满两年的当年抵扣该创业投资企业的应纳税所得额；当年不足抵扣的，可以在以后纳税年度结转抵扣。

（六）加速折旧

企业的固定资产由于技术进步等原因，确需加速折旧的，可以缩短折旧年限或者采取加速折旧的方法。可以采取缩短折旧年限或者采取加速折旧方法的固定资产包括：

（1）由于技术进步，产品更新换代较快的固定资产。

（2）常年处于强震动、高腐蚀状态的固定资产。

采取缩短折旧年限方法的，最低折旧年限不得低于法定折旧年限的60%；采取加速折旧方法的，可以采取双倍余额递减法或者年数总和法。

对符合相关条件的生物药品制造业，专用设备制造业，铁路、船舶、航空航天和其他运输设备制造业，计算机、通信和其他电子设备制造业，仪器仪表制造业，信息传输、软件和信息技术服务业等行业企业，2014年1月1日后购进的固定资产（包括自行建造）；对符合相关条件的轻工、纺织、机械、汽车等四个领域重点行业的企业，2015年1月1日后新购进的固定资产，允许按不低于企业所得税法规定折旧年限的60%缩短折旧年限，或选择采取双倍余额递减法或年数总和法进行加速折旧。上述重点行业企业是指以上述行业业务为主营业务，其固定资产投入使用当年的主营业务收入占企业收入总额50%（不含）以上的企业。

企业在2014年1月1日后购进并专门用于研发活动的仪器、设备，单位价值不超过100万元的，可以一次性在计算应纳税所得额时扣除；单位价值超过100万元的，允许按不低于企业所得税法规定折旧年限的60%缩短折旧年限，或选择采取双倍余额递减法或年数总和法进行加速折旧。

企业持有的固定资产，单位价值不超过5 000元的，可以一次性在计算应纳税所得额时扣除。企业在2013年12月31日前持有的单位价值不超过5 000元的固定资产，其折余价值部分，2014年1月1日以后可以一次性在计算应纳税所得额时扣除。

（七）减计收入

企业以《资源综合利用企业所得税优惠目录》规定的资源作为主要原材料，生产国家非限制和禁止并符合国家和行业相关标准的产品取得的收入，减按90%计入收入总额。前述所称原材料占生产产品材料的比例不得低于前述优惠目录规定的标准。

（八）应纳税额抵免

企业购置并实际使用《环境保护专用设备企业所得税优惠目录》《节能节水专用设备企业所得税优惠目录》和《安全生产专用设备企业所得税优惠目录》规定的环境保护、

节能节水、安全生产等专用设备的，该专用设备的投资额的10%可以从企业当年的应纳税额中抵免；当年不足抵免的，可以在以后5个纳税年度结转抵免。享受上述规定的企业所得税优惠的企业，应当实际购置并自身实际投入使用上述规定的专用设备；企业购置上述专用设备在5年内转让、出租的，应当停止享受企业所得税优惠，并补缴已经抵免的企业所得税税款。

购置并实际使用的环境保护、节能节水和安全生产专用设备，包括承租方企业以融资租赁方式租入的并在融资租赁合同中约定租赁期届满时租赁设备所有权转移给承租方企业，且符合规定条件的上述专用设备。凡融资租赁期届满后租赁设备所有权未转移至承租方企业的，承租方企业应停止享受抵免企业所得税优惠，并补缴已经抵免的企业所得税税款。

（九）西部地区的减免税

对设在西部地区以《西部地区鼓励类产业目录》中新增鼓励类产业项目为主营业务，且其当年度主营业务收入占企业收入总额70%以上的企业，自2014年10月1日起，可减按15%税率缴纳企业所得税。

八、源泉扣缴

（一）扣缴义务人

在中国境内未设立机构、场所的，或者虽设立机构、场所但取得的所得与其所设机构、场所没有实际联系的非居民企业，就其取得的来源于中国境内的所得应缴纳的所得税，实行源泉扣缴，以支付人为扣缴义务人。税款由扣缴义务人在每次支付或者到期应支付时，从支付或者到期应支付的款项中扣缴。

对非居民企业在中国境内取得工程作业和劳务所得应缴纳的所得税，税务机关可以指定工程价款或者劳务费的支付人为扣缴义务人。

可以指定扣缴义务人的情形包括：

(1) 预计工程作业或者提供劳务期限不足一个纳税年度，且有证据表明不履行纳税义务的。

(2) 没有办理税务登记或者临时税务登记，且未委托中国境内的代理人履行纳税义务的。

(3) 未按照规定期限办理企业所得税纳税申报或者预缴申报的。

（二）扣缴方法

扣缴企业所得税应纳税额的计算公式为：

扣缴企业所得税应纳税额 = 应纳税所得额 × 实际征收率

实际征收率，是指《企业所得税法》及其《实施条例》等相关法律、法规规定的税率，或者税收协定规定的更低的税率。

我国银行的境外分行开展境内业务，并从境内机构取得的利息，为该分行的收入，计入分行的营业利润，与总机构汇总缴纳企业所得税。境内机构向境外分行支付利息时，不代扣代缴企业所得税。

(1) 股息、红利等权益性投资收益和利息、租金、特许权使用费所得，以收入全额为应纳税所得额，不得扣除税法规定之外的税费支出。

（2）转让财产所得，以收入全额减除财产净值后的余额为应纳税所得额。

（3）其他所得，参照前两项规定。

【例5－16】 根据企业所得税法律制度的规定，非居民企业来源于中国境内的下列所得，应以收入全额为应纳税所得额的有（　　）。

A. 股息所得　　B. 转让财产所得

C. 特许权使用费所得　　D. 租金所得

【答案】 ACD

【答案解析】 选项A、C、D，股息、红利等权益性投资收益和利息、租金、特许权使用费所得，以收入全额为应纳税所得额；选项B，转让财产所得，以收入全额减除财产净值后的余额为应纳税所得额。

（三）扣缴管理

扣缴义务人，由县级以上税务机关指定，并同时告知扣缴义务人所扣税款的计算依据、计算方法、扣缴期限和扣缴方式。

九、特别纳税调整

企业与其关联方之间的业务往来，不符合独立交易原则而减少企业或者其关联方应纳税收入或者所得额的，税务机关有权按照合理方法调整。企业与其关联方共同开发、受让无形资产，或者共同提供、接受劳务发生的成本，在计算应纳税所得额时应当按照独立交易原则进行分摊。

特别纳税调整的范围

十、企业所得税征收管理

（一）企业所得税纳税地点

1. 居民企业的纳税地点

除税收法律、行政法规另有规定外，居民企业以企业登记注册地为纳税地点；但登记注册地在境外的，以实际管理机构所在地为纳税地点。

2. 非居民企业的纳税地点

非居民企业在中国境内设立机构、场所的，以机构、场所所在地为纳税地点。

非居民企业在中国境内设立两个或者两个以上机构、场所的，经税务机关审核批准，可以选择由其主要机构、场所汇总缴纳企业所得税。

在中国境内未设立机构、场所的，或者虽设立机构、场所但取得的所得与其所设机构、场所没有实际联系的非居民企业，以扣缴义务人所在地为纳税地点。

非居民企业经批准汇总缴纳企业所得税后，需要增设、合并、迁移、关闭机构、场所或者停止机构、场所业务的，应当事先由负责汇总申报缴纳企业所得税的主要机构、场所向其所在地税务机关报告；需要变更汇总缴纳企业所得税的主要机构、场所的，依照前述规定办理。

（二）企业所得税纳税期限

企业所得税按年计征，分月或者分季预缴，年终汇算清缴，多退少补。纳税年度自公历1月1日起至12月31日止。

企业在一个纳税年度中间开业，或者终止经营活动，使该纳税年度的实际经营期不足12个月的，应当以其实际经营期为1个纳税年度。企业依法清算时，应当以清算期间作为1个纳税年度。

企业应当自年度终了之日起5个月内，向税务机关报送年度企业所得税纳税申报表，并汇算清缴，结清应缴应退税款。

企业在年度中间终止经营活动的，应当自实际经营终止之日起60日内，向税务机关办理当期企业所得税汇算清缴。

（三）企业所得税纳税申报

按月或按季预缴的，应当自月份或者季度终了之日起15日内，向税务机关报送预缴企业所得税纳税申报表，预缴税款。

企业在报送企业所得税纳税申报表时，应当按照规定附送财务会计报告和其他有关资料。

企业应当在办理注销登记前，就其清算所得向税务机关申报并依法缴纳企业所得税。

企业分月或者分季预缴企业所得税时，应当按照月度或者季度的实际利润额预缴；按照月度或者季度的实际利润额预缴有困难的，可以按照上一纳税年度应纳税所得额的月度或者季度平均额预缴，或者按照经税务机关认可的其他方法预缴。预缴方法一经确定，该纳税年度内不得随意变更。

企业在纳税年度内无论盈利或者亏损，都应当依照规定期限，向税务机关报送预缴企业所得税纳税申报表、年度企业所得税纳税申报表、财务会计报告和税务机关规定应当报送的其他有关资料。

第二节 个人所得税法律制度

教学引例 5-2

外籍人员汤姆在中国境内无住所，从2012年1月2日来到中国起至2012年12月31日止都在中国工作，请问汤姆是否为居民纳税人？

一、个人所得税纳税人

个人所得税是对个人（即自然人）取得的各项应税所得征收的一种税。

个人所得税的纳税义务人包括在中国境内有住所，或者虽无住所但在中国境内居住满1年的个人，以及无住所又不居住或居住不满1年但有从中国境内取得所得的个人。具体包括中国公民，个体工商户，外籍个人以及中国香港、澳门、台湾同胞等。

个人独资企业和合伙企业不缴纳企业所得税，只对投资者个人或自然人合伙人取得的生产经营所得征收个人所得税。

个人独资企业和合伙企业分别是指依照我国相关法律登记成立的个人独资、合伙性质的企业、律师事务所以及其他相关机构或组织。个人独资企业以投资者个人为纳税义务人，合伙企业以每一个合伙人为纳税义务人。

（一）居民纳税人和非居民纳税人

各国对个人所得税的纳税人的界定通常有两种管辖权，即来源地税收管辖权和居民税收管辖权。在界定两者管辖权的标准上，通常采用住所标准和居住时间标准。我国的个人所得税制在纳税人的界定上既行使来源地税收管辖权，又行使居民税收管辖权，即把个人所得税的纳税义务人划分为居民和非居民两类。居民纳税义务人承担无限纳税义务（即来源于境内外的全部所得都应纳税），非居民纳税义务人承担有限纳税义务（即只限来源于境内的所得纳税）（表5－4）。

区分居民纳税人和非居民纳税人

表5－4　居民纳税人和非居民纳税人的判定标准和纳税义务

类型	判定标准	纳税义务
居民纳税人	在中国境内有住所的个人	无限纳税义务，即就其来源于中国境内和境外的所得，向中国政府缴纳个人所得税
	在中国境内无住所但在中国境内居住满1年的个人	
非居民纳税人	在中国境内无住所又不居住	有限纳税义务，即仅就其来源于中国境内的所得，向中国政府缴纳个人所得税
	在中国境内无住所而在中国境内又居住不满1年的个人	

【应试指南】在中国境内居住满一年的判定。

《个人所得税法》规定，在一个纳税年度内（1月1日—12月31日）在中国境内居住满365日，即以居住满1年为时间标准，达到这个标准的个人即为居民纳税人。在居住期间内临时离境的，即在一个纳税年度中一次离境不超过30日或者多次离境累计不超过90日的，不扣减日数，连续计算。

【例5－17】外籍个人甲2014年9月1日入境，2015年10月1日离境。甲为居民纳税人还是非居民纳税人？

【答案解析】甲为非居民纳税人。

【例5-18】 外籍个人乙2013年9月1日入境，2014年10月1日回国探亲，2014年10月8日返回中国，2015年2月1日离境。乙在2014年度内为居民纳税人还是非居民纳税人？

【答案解析】 乙在2014年度内属于我国的居民纳税人。

【例5-19】 外籍个人丙2014年9月1日入境，2015年5月1日回国探亲5天后返回中国，2015年10月1日再次回国探亲7天后返回中国。丙在2015年度内为居民纳税人还是非居民纳税人？

【答案解析】 丙在2015年度内属于我国的居民纳税人。

（二）扣缴义务人

我国实行个人所得税代扣代缴和个人申报纳税相结合的征收管理制度。税法规定，凡支付应纳税所得的单位或个人，都是个人所得税的扣缴义务人。扣缴义务人在向纳税人支付各项应纳税所得（个体工商户的生产、经营所得和企业、事业单位的承包经营、承租经营所得除外）时，必须履行代扣代缴税款的义务。

二、工资、薪金所得

（一）工资、薪金所得征税范围

1. 关于工资、薪金所得的一般规定

工资、薪金所得，是指个人因任职或者受雇而取得的工资、薪金、奖金、年终加薪、劳动分红、津贴、补贴以及与任职或者受雇有关的其他所得。工资薪金所得属于非独立个人劳动所得。除工资、薪金以外，奖金、年终加薪、劳动分红、津贴、补贴也被列入工资、薪金税目。其中，年终加薪、劳动分红不分种类和取得情况，一律按工资、薪金所得课税。

下列项目不属于工资、薪金性质的补贴、津贴，不予征收个人所得税。这些项目包括：

（1）独生子女补贴。

（2）执行公务员工资制度未纳入基本工资总额的补贴、津贴差额和家属成员的副食补贴。

（3）托儿补助费。

（4）差旅费津贴、误餐补助。误餐补助是指按照财政部规定，个人因公在城区、郊区工作，不能在工作单位或返回就餐的，根据实际误餐顿数，按规定的标准领取的误餐费。单位以误餐补助名义发给职工的补助、津贴不包括在内。

【例5-20】 根据个人所得税法律制度的规定，下列各项中，不属于工资、薪金性质的补贴、津贴的是（　　）。

A. 工龄补贴　　　　B. 加班补贴

C. 差旅费津贴　　　D. 岗位津贴

【答案】 C

2. 关于工资、薪金所得的特殊规定

（1）内部退养取得一次性收入征税问题。

内部退养是指未办理退休手续，只是提前离开工作岗位。

企业减员增效和行政、事业单位、社会团体在机构改革过程中实行内部退养的人员，在办理内部退养手续后从原任单位取得的一次性收入，应按办理内部退养手续至法定离退休年龄之间的所属月份进行平均，并与领取当月的“工资、薪金所得”合并后减除当月费用扣除标准，以余额为基数确定适用税率，再将当月工资、薪金加上取得的一次性收入，减去费用扣除标准，按适用税率计征个人所得税。

（2）提前退休取得一次性补贴收入征税问题。

机关、企事业单位对未达到法定退休年龄、正式办理提前退休手续的个人，按照统一标准向提前退休工作人员支付一次性补贴，不属于免税的离退休工资收入，应按照“工资、薪金所得”项目征收个人所得税。

个人因办理提前退休手续而取得的一次性补贴收入，应按照办理提前退休手续至法定退休年龄之间所属月份平均分摊计算个人所得税。计税公式：

应纳所得税额＝{[（一次性补贴收入÷办理提前退休手续至法定退休年龄的实际月份数）－费用扣除标准]×适用税率－速算扣除数}×提前办理退休手续至法定退休年龄的实际月份数

（3）个人因与用人单位解除劳动关系而取得的一次性补偿收入征税问题。

个人因与用人单位解除劳动关系而取得的一次性补偿收入（包括用人单位发放的经济补偿金、生活补助费和其他补助费用），其收入超过当地上年职工平均工资3倍数额部分的一次性补偿收入，可视为一次取得数月的工资、薪金收入，允许在一定期限内平均计算。方法为：以超过3倍数额部分的一次性补偿收入，除以个人在本企业的工作年限数（超过12年的按12年计算），以其商数作为个人的月工资、薪金收入，按照税法规定计算缴纳个人所得税。

（4）退休人员再任职取得的收入征税问题。

退休人员再任职取得的收入，符合相关条件的，在减除按税法规定的费用扣除标准后，按“工资、薪金所得”应税项目缴纳个人所得税。

（5）离退休人员从原任单位取得补贴等征税问题。

离退休人员除按规定领取离退休工资或养老金外，另从原任单位取得的各类补贴、奖金、实物，不属于免税的退休工资、离休工资、离休生活补助费，应按“工资、薪金所得”应税项目的规定缴纳个人所得税。

（6）企业年金、职业年金征税问题。

企业和事业单位超过国家有关政策规定的标准，为在本单位任职或者受雇的全体职工缴付的企业年金或职业年金（以下统称：年金）单位缴费部分，应并入个人当期的“工资、薪金所得”，依法计征个人所得税。税款由建立年金的单位代扣代缴，并向主管税务机关申报解缴。

个人根据国家有关政策规定缴付的年金个人缴费部分，超过本人缴费工资计税基数的4%的部分，应并入个人当期的“工资、薪金所得”，依法计征个人所得税。

税款由建立年金的单位代扣代缴，并向主管税务机关申报解缴。

个人达到国家规定的退休年龄之后按月领取的年金，按照“工资、薪金所得”项目适用的税率，计征个人所得税；按年或按季领取的年金，平均分摊计入各月，每月领取额按照“工资、薪金所得”项目适用的税率，计征个人所得税。

（7）对在中国境内无住所的个人一次取得数月奖金或年终加薪、劳动分红（以下简称奖金，不包括应按月支付的奖金）的计算征税问题如表5－5所示。对上述个人取得的奖金，可单独作为一个月的“工资、薪金所得”计算纳税。由于对每月的“工资、薪金所得”计税时已按月扣除了费用，因此，对上述奖金不再减除费用，全额作为应纳税所得额直接按适用税率计算应纳税款，并且不再按居住天数进行划分计算。上述个人应在取得奖金月份的次月15日内申报纳税。但有一种特殊情况，即在中国境内无住所的个人在担任境外企业职务的同时，兼任该外国企业在华机构的职务，但并不实际或不经常到华履行该在华机构职务，对其一次取得的数月奖金中属于全月未在华的月份奖金，依照劳务发生地原则，可不作为来源于中国境内的奖金收入计算纳税。

奖金征税计算

表5－5 奖金收入计算方法

当月工资薪金/元	税率和速算扣除数	应纳税额
≥3 500（或4 800）	全年一次性奖金总额÷12，以商数查找适用的税率和速算扣除数	全年一次性奖金总额×适用税率－速算扣除数
<3 500（或4 800）	[全年一次性奖金总额－（3 500元或4 800元－当月工资）]÷12，以商数查找适用的税率和速算扣除数	[全年一次性奖金总额－（3 500元或4 800元－当月工资）]×适用税率－速算扣除数

（二）工资、薪金所得适用税率

工资、薪金所得适用3%～45%的超额累进税率，计算缴纳个人所得税。个人所得税税率如表5－6所示。

表5－6 个人所得税税率（工资、薪金所得适用）

级数	全月应纳税所得额/元		税率/%	速算扣除数/元
	含税级距	不含税级距		
1	≤1 500	≤1 455	3	0
2	1 500～4 500（含）	1 455～4 155（含）	10	105
3	4 500～9 000（含）	4 155～7 755（含）	20	555
4	9 000～35 000（含）	7 755～27 255（含）	25	1 005
5	35 000～55 000（含）	41 255～57 505（含）	30	2 755
6	55 000～80 000（含）	41 255～57 505（含）	35	5 505
7	>80 000	>57 505	45	13 505

注：1. 本表所列含税级距与不含税级距，均为按照税法规定减除有关费用后的所得额；

2. 含税级距适用于由纳税人负担税款的工资、薪金所得；不含税级距适用于由他人（单位）代付税款的工资、薪金所得。

【例5－21】中国公民王某为国内某企业员工，2015年1月份取得当月工资4 800元和2014年全年一次性奖金36 000元。王某1月份应缴纳的个人所得税为多少？

【答案解析】

（1）王某1月份工资收入应纳个人所得税＝(4 800－3 500)×3%＝39（元）。

（2）全年一次性奖金应纳个人所得税＝36 000×10%－105＝3 495（元）。

（3）王某1月份应缴纳的个人所得税＝39＋3 495＝3 534（元）。

（三）工资、薪金所得应纳税所得额的计算

1. 工资、薪金所得应纳税所得额

工资、薪金所得，以每月收入额减除费用3 500元后的余额，为应纳税所得额。在中国境内的外商投资企业和外国企业中工作取得工资、薪金的外籍人员，应聘在中国境内的企业、事业单位、社会团体、国家机关中工作取得工资、薪金的外籍专家，在中国境内有住所而在中国境外任职或者受雇取得工资、薪金的个人，每月在减除3 500元费用的基础上，再减除1 300元的附加减除费用，费用扣除总额为4 800元。

工资、薪金计算

2. 一般工资、薪金所得应纳税额的计算

工资、薪金所得应纳税所得额的计算公式为：

应纳税额＝应纳税所得额×适用税率－速算扣除数
＝(每月收入额－减除费用标准)×适用税率－速算扣除数

【例5－22】中国某公司的王某，2013年9月取得工资、薪金收入5 500元，请根据个人所得税法相关规定计算王某当月应缴纳的个人所得税税额。

【答案解析】减除费用标准为3 500元/月，适用3%～45%的超额累进税率。王某当月应缴纳个人所得税税额计算如下：

全月应纳税所得额＝5 500－3 500＝2 000（元）
全月应纳税额＝2 000×10%－105＝95（元）

三、个体工商户的生产、经营所得

（一）个体工商户的生产、经营所得征税范围

个体工商户的生产、经营所得包括：

（1）个体工商户从事工业、手工业、建筑业、交通运输业、商业、饮食业、服务业、修理业以及其他行业的所得。

（2）个人经政府有关部门批准，取得执照，从事办学、医疗、咨询以及其他有偿服务活动的所得。

（3）其他个人从事个体工商业生产、经营的所得。

（4）个体工商户和个人取得的与生产、经营有关的各项应税所得。

（5）实行查账征税办法的个人独资企业和合伙企业的个人投资者的生产经营所得比照执行。

个体工商户和从事生产经营的个人，取得与生产、经营活动无关的其他各项应税所

得，应分别按照有关规定，计算征收个人所得税。

个人因从事彩票代销业务的所得，应按照“个体工商户的生产、经营所得”项目计征个人所得税。

（二）个体工商户的生产、经营所得税率

个体工商户的生产、经营所得，适用5%～35%的超额累进税率，计算缴纳个人所得税。个体工商户的生产、经营所得税率如表5－7所示。

表5－7　个体工商户的生产、经营所得税率

级数	全月应纳税所得额/元		税率/%	速算扣除数/元
	含税级距	不含税级距		
1	≥1 500	≥1 455	5	0
2	1 500～30 000（含）	1 455～27 750（含）	10	750
3	30 000～60 000（含）	27 750～51 750（含）	20	3 750
4	60 000～100 000（含）	51 750～79 750（含）	30	9 750
5	>100 000	>79 750	35	14 750

注：本表所列含税级距与不含税级距，均为按照税法规定以每一纳税年度的收入总额减除成本、费用以及损失后的所得额。

（三）个体工商户的生产、经营所得应纳税相关计算

1. 个体工商户的生产、经营所得应纳税所得额

个体工商户的生产、经营所得，以每一纳税年度的收入总额，减除成本、费用、税金、损失、其他支出以及允许弥补的以前年度亏损后的余额，为应纳税所得额。

成本是指个体工商户在生产经营活动中发生的销售成本、销货成本、业务支出以及其他耗费。费用是指个体工商户在生产经营活动中发生的销售费用、管理费用和财务费用，已经计入成本的有关费用除外。税金是指个体工商户在生产经营活动中发生的除个人所得税和允许抵扣的增值税以外的各项税金及其附加。损失是指个体工商户在生产经营活动中发生的固定资产和存货的盘亏、毁损、报废损失，转让财产损失，坏账损失，自然灾害等不可抗力因素造成的损失以及其他损失。个体工商户发生的损失，减除责任人赔偿和保险赔款后的余额，参照财政部、国家税务总局有关企业资产损失税前扣除的规定扣除。其他支出是指除成本、费用、税金、损失外，个体工商户在生产经营活动中发生的与生产经营活动有关的、合理的支出。亏损，是指个体工商户依照规定计算的应纳税所得额小于零的数额。

个体工商户已经作为损失处理的资产，在以后纳税年度又全部收回或者部分收回时，应当计入收回当期的收入。

2. 个体工商户的生产、经营所得应纳税额的计算

个体工商户的生产、经营所得应纳税额的计算公式为：

应纳税额 = 应纳税所得额 × 适用税率 − 速算扣除数

= (全年收入总额 − 成本、费用及损失) × 适用税率 − 速算扣除数

个体工商户在纳税年度中间开业、合并、注销及其他原因，导致该纳税年度的实际经营期不足1年的，对个体工商户业主的生产经营所得计算个人所得税时，以其实际经营期为1个纳税年度。投资者本人的费用扣除标准，应按照其实际经营月份数，以每月3 500元的减除标准确定。计算公式如下：

应纳税所得额 = 该年度收入总额 − 成本、费用及损失 − 当年投资者本人的费用扣除额

当年投资者本人的费用扣除额 = 月减除费用（3 500元/月）× 当年实际经营月份数

应纳税额 = 应纳税所得额 × 税率 − 速算扣除数

个体工商户和从事生产、经营的个人，取得与生产、经营活动无关的其他各项应税所得，应分别按照有关规定，计算征收个人所得税。

【例5－23】根据个人所得税法律制度的规定，下列支出中，在计算个体工商户个人所得税应纳税所得额时，不得扣除的有(　　)。

A. 从业人员合理工资

B. 计提的各项准备金

C. 业主本人工资

D. 业主家庭生活费用

【答案】BCD

【知识点】个体工商户应纳税所得额。

【答案解析】选项A，个体工商户向其从业人员实际支付的合理的工资薪金支出，允许在税前据实扣除。

四、对企、事业单位的承包经营、承租经营所得

（一）对企、事业单位的承包经营、承租经营所得征税范围

企业、事业单位的承包经营、承租经营所得，是指个人承包经营或承租经营以及转包、转租取得的所得，还包括个人按月或按次取得的工资、薪金性质的所得。

承包经营、承租经营形式较多，分配方式各有不同，主要分为两类：

（1）个人对企、事业单位承包、承租经营后，工商登记改变为个体工商户的，这类承包、承租经营所得，实际上属于"个体工商户的生产、经营所得"，应按"个体工商户的生产、经营所得"项目征收个人所得税，不再征收企业所得税。

（2）个人对企、事业单位承包、承租经营后，工商登记仍为企业的，不论其分配方式如何，均应先按照企业所得税的有关规定缴纳企业所得税，然后根据承包、承租经营者按合同（协议）规定取得的所得，依照《个人所得税法》的有关规定缴纳个人所得税。具体包括以下两种情况：

①承包、承租人对企业经营成果不拥有所有权，仅按合同（协议）规定取得一定所得的，应按"工资、薪金所得"项目征收个人所得税。

②承包、承租按合同（协议）规定只向发包方、出租方缴纳一定的费用，缴纳承包、承租费用后的企业的经营成果归承包、承租人所有的，其取得的所得，按对“企业、事业单位的承包经营、承租经营所得”项目征收个人所得税。

（二）对企、事业单位的承包经营、承租经营所得税率

对企、事业单位的承包经营、承租经营所得，适用5% ~35%的超额累进税率，计算缴纳个人所得税。企、事业单位的承包经营、承租经营所得税率如表5－8所示。

表5－8　企、事业单位的承包经营、承租经营所得税率

级数	全月应纳税所得额/元		税率/%	速算扣除数/元
	含税级距	不含税级距		
1	≤1 500	≤1 455	5	0
2	1 500 ~30 000（含）	1 455 ~27 750（含）	10	750
3	30 000 ~60 000（含）	27 750 ~51 750（含）	20	3 750
4	60 000 ~100 000（含）	51 750 ~79 750（含）	30	9 750
5	>100 000	>79 750	35	14 750

注：（1）本表所列含税级距与不含税级距，均为按照税法规定以每一纳税年度的收入总额减除成本、费用以及损失后的所得额；

（2）含税级距适用于个体工商户的生产、经营所得和由纳税人负担税款的对企、事业单位的承包经营、承租经营所得；不含税级距适用于由他人（单位）代付税款的对企事业单位的承包经营、承租经营所得。

实行查账征税办法的个人独资企业和合伙企业，其税率比照“个体工商户的生产、经营所得”应税项目，适用5% ~35%的五级超额累进税率，计算征收个人所得税；实行核定应税所得率征收方式的，先按照应税所得率计算其应纳税所得额，再按其应纳税所得额的大小，适用5% ~35%的五级超额累进税率计算征收个人所得税。

（三）对企、事业单位的承包经营、承租经营所得计算

1. 对企、事业单位的承包经营、承租经营所得应纳税所得额

对企、事业单位的承包经营、承租经营所得，以每一纳税年度的收入总额，减除必要费用后的余额，为应纳税所得额。这里所说的每一纳税年度的收入总额，是指纳税义务人按照承包经营、承租经营合同规定分得的经营利润和工资、薪金性质的所得；所说的减除必要费用，是指按月减除3 500元。

2. 对企事业单位的承包经营、承租经营所得应纳税额的计算

对企事业单位的承包经营、承租经营所得应纳税额的计算公式为：

应纳税额＝应纳税所得额×适用税率－速算扣除数

＝（纳税年度收入总额－必要费用）×适用税率－速算扣除数

五、劳务报酬所得

（一）劳务报酬所得征税范围

劳务报酬所得，是指个人独立从事非雇佣的各种劳务所取得的所得。内容包括：设

计、装潢、安装、制图、化验、测试、医疗、法律、会计、咨询、讲学、新闻、广播、翻译、审稿、书画、雕刻、影视、录音、录像、演出、表演、广告、展览、技术服务、介绍服务、经纪服务、代办服务、其他劳务。

区分劳务报酬与工资薪金

【应试指南】

区分"劳务报酬所得"和"工资、薪金所得"，主要看是否存在雇佣与被雇佣的关系。"工资、薪金所得"是个人从事非独立劳动，从所在单位（雇主）领取的报酬，存在雇佣与被雇佣的关系，即在机关、团体、学校、部队、企事业单位及其他组织中任职、受雇而得到的报酬。"劳务报酬所得"则是指个人独立从事某种技艺，独立提供某种劳务而取得的报酬，一般不存在雇佣关系。个人所得税所列各项"劳务报酬所得"一般属于个人独立从事自由职业取得的所得或属于独立个人劳动所得。如果从事某项劳务活动取得的报酬是以工资、薪金形式体现的，如演员从其所属单位领取工资，教师从学校领取工资，就属于"工资、薪金所得"，而不属于"劳务报酬所得"。如果从事某项劳务活动取得的报酬不是来自聘用、雇佣或工作单位，如演员"走穴"演出取得的报酬，教师自行举办学习班、培训班等取得的收入，就属于"劳务报酬所得"或"个体工商户的生产、经营所得"。

【例5-24】（判断题）商品营销活动中，企业对营销业绩突出的雇员以研讨会的名义组织旅游活动，通过免收旅游费对个人实行营销业绩奖励的，应根据所发生的费用，按照"劳务报酬所得"项目征收个人所得税。

【答案】错误

【答案解析】对于自己的"雇员"，应按"工资、薪金所得"项目征收个人所得税；对于自己的"非雇员"，应按"劳务报酬所得"项目征收个人所得税。

（二）劳务报酬所得税率

劳务报酬所得，适用比例税率，税率为20%。对劳务报酬所得一次收入畸高的，可以实行加成征收。所谓"劳务报酬所得一次收入畸高的"，是指个人一次取得劳务报酬，其应纳税所得额超20 000元。劳务报酬所得加成征税采取超额累进办法，即个人取得劳务报酬收入的应纳税所得额一次为20 000～50 000元时，按照税法规定计算应纳税额后，再按照应纳税额加征五成；超过50 000元的部分，加征十成（表5-9）。

表5-9 劳务报酬所得适用税率

级数	每次应纳税所得额/元	税率/%	速算扣除数/元
1	≤20 000	20	0
2	20 000～50 000（含）	30	2 000
3	>50 000	40	7 000

注：本表所称"每次应纳税所得额"，是指每次收入额减除费用800元（每次收入额不超过4 000元时）或者减除20%的费用（每次收入额超过4 000元时）后的余额。

（三）劳务报酬所得计算

1. 劳务报酬所得应纳税所得额

劳务报酬所得、稿酬所得、特许权使用费所得、财产租赁所得每次不超过4 000元的，减除费用 800 元；4 000 元以上的，减除 20% 的费用，其余额为应纳税所得额。

2. 劳务报酬所得应纳税额计算

劳务报酬所得应纳税额的计算公式为：

（1）每次收入不超过 4 000 元的：

应纳税额 = 应纳税所得额 × 适用税率 =（每次收入额 - 800）× 20%

（2）每次收入在 4 000 元以上的：

应纳税额 = 应纳税所得额 × 适用税率 = 每次收入额 ×（1 - 20%）× 20%

（3）每次收入的应纳税所得额超过 20 000 元的：

应纳税额 = 应纳税所得额 × 适用税率 - 速算扣除数

= 每次收入额 ×（1 - 20%）× 适用税率 - 速算扣除数

【例 5 - 25】 根据个人所得税法律制度的规定，下列个人所得中，应按“劳务报酬所得”项目征收个人所得税的有(　　)。

A. 某大学教授从甲企业取得咨询费

B. 某公司高管从乙大学取得的讲课费

C. 某设计院设计师从丙家装公司取得的设计费

D. 某编剧从丁电视剧制作单位取得的剧本使用费

【答案】 ABC

【答案解析】 从 2002 年 5 月 1 日起，编剧从电视剧的制作单位取得的剧本使用费，不再区分剧本的使用方是否为其任职单位，统一按“特许权使用费所得”项目征收个人所得税。

六、稿酬所得

（一）稿酬所得征税范围

稿酬所得，是指个人因其作品以图书、报刊形式出版、发表而取得的所得。作品包括文学作品、书画作品、摄影作品，以及其他作品。作者去世后，财产继承人取得的遗作稿酬，也应征收个人所得税。

【例 5 - 26】 根据个人所得税法律制度的有关规定，下列各项中，按照“稿酬所得”征收个人所得税的是(　　)。

A. 作品出版或者发表　　B. 审稿收入

C. 设计收入　　D. 讲课收入

【答案】 A

【答案解析】 选项 B、C、D，属于“劳务报酬所得”。

【例 5 - 27】 大学教授张某取得的下列收入中，应按“稿酬所得”项目计缴个人所得税的是(　　)。

A. 作品参展收入　　B. 出版书画作品收入

C. 学术报告收入　　D. 审稿收入

【答案】 B

【知识点】 稿酬所得项目。

【答案解析】稿酬所得，是指个人因其作品以图书、报刊形式出版、发表而取得的所得。只有选项 B 符合。

（二）稿酬所得税率

稿酬所得，适用比例税率，税率为 20%，并按应纳税额减征 30%，即只征收 70% 的税额，其实际税率为 14%。

（三）稿酬所得应纳税额的计算

1. 稿酬所得应纳税所得额

稿酬所得，每次收入不超过 4 000 元的，减除费用 800 元；4 000 元以上的，减除 20% 的费用，其余额为应纳税所得额。

稿酬所得税的计算

2. 稿酬所得应纳税额的计算：

稿酬所得应纳税额的计算公式为：

（1）每次收入不超过 4 000 元的：

应纳税额 = 应纳税所得额 × 适用税率 ×（1 − 30%）
= （每次收入额 − 800）× 20% ×（1 − 30%）

（2）每次收入在 4 000 元以上的：

应纳税额 = 应纳税所得额 × 适用税率 ×（1 − 30%）
= 每次收入额 ×（1 − 20%）× 20% ×（1 − 30%）

【例 5 − 28】张某 2015 年 3 月取得稿酬 3 800 元。张某 3 月份取得稿酬应缴纳的个人所得税为多少？

【答案解析】应缴纳的个人所得税 =（3 800 − 800）× 20% ×（1 − 30%）= 420（元）。

【例 5 − 29】张某 2015 年 3 月取得稿酬 50 000 元。张某 3 月份取得稿酬应缴纳的个人所得税为多少？

【答案解析】应缴纳的个人所得税 = 50 000 ×（1 − 20%）× 20% ×（1 − 30%）= 5 600（元）。

七、特许权使用费所得

（一）特许权使用费所得征税范围

特许权使用费所得，是指个人提供专利权、商标权、著作权、非专利技术以及其他特许权的使用权取得的所得。

（1）我国个人所得税法律制度规定，提供著作权的使用权取得的所得，不包括稿酬所得，对于作者将自己的文字作品手稿原件或复印件公开拍卖（竞价）取得的所得，属于提供著作权的使用所得，故应按“特许权使用费所得”项目征收个人所得税。

（2）个人取得特许权的经济赔偿收入，应按“特许权使用费所得”项目缴纳个人所得税，税款由支付赔偿的单位或个人代扣代缴。

（3）从 2002 年 5 月 1 日起，编剧从电视剧的制作单位取得的剧本使用费，不再区分剧本的使用方是否为其任职单位，统一按“特许权使用费所得”项目征收个人所得税。

（二）特许权使用费所得税率

特许权使用费所得，适用比例税率，税率为 20%。

（三）特许权使用费所得应纳税额的计算

1. 特许权使用费所得应纳税所得额

特许权使用费所得，每次收入不超过 4 000 元的，减除费用 800 元；4 000 元以上的，减除 20% 的费用，其余额为应纳税所得额。

2. 特许权使用费所得应纳税额的计算

特许权使用费所得应纳税额的计算公式为：

（1）每次收入不超过 4 000 元的：

应纳税额 = 应纳税所得额 × 适用税率 =（每次收入额 − 800）× 20%

（2）每次收入在 4 000 元以上的：

应纳税额 = 应纳税所得额 × 适用税率 = 每次收入额 ×（1 − 20%）× 20%

【例 5－30】 作家马某 2010 年 12 月从某电视剧制作中心取得剧本使用费 50 000 元。根据个人所得税法律制度的规定，下列关于马某该项收入计缴个人所得税的表述中，正确的是（　　）。

A. 应按“稿酬所得”计缴个人所得税

B. 应按“工资、薪金所得”计缴个人所得税

C. 应按“劳务报酬所得”计缴个人所得税

D. 应按“特许权使用费所得”计缴个人所得税

【答案】 D

【答案解析】 编剧从电视剧的制作单位取得的剧本使用费，不再区分剧本的使用方是否为其任职单位，统一按“特许权使用费所得”项目征收个人所得税。

八、利息、股息、红利所得

（一）利息、股息、红利所得征税范围

利息、股息、红利所得，是指个人拥有债权、股权而取得的利息、股息、红利所得。其中，利息一般是指存款、贷款和债券的利息。股息、红利是指个人拥有股权取得的公司、企业分红。按照一定的比率派发的每股息金，称为股息。根据公司、企业应分配的超过股息部分的利润，按股派发的红股，称为红利。

个人从公开发行和转让市场取得的上市公司股票，持股期限在 1 个月以内（含 1 个月）的，其股息红利所得全额计入应纳税所得额；持股期限在 1 个月以上至 1 年（含 1 年）的，暂减按 50% 计入应纳税所得额；上述所得统一适用 20% 的税率计征个人所得税。

对个人持有的上市公司限售股，解禁后取得的股息红利，按照上市公司股息红利差别化个人所得税政策规定计算纳税，持股时间自解禁日起计算；解禁前取得的股息红利继续暂减按 50% 计入应纳税所得额，适用 20% 的税率计征个人所得税。

（二）利息、股息、红利所得税率

利息、股息、红利所得，适用比例税率，税率为 20%。

（三）利息、股息、红利所得应纳税额的计算

（1）利息、股息、红利所得以每次收入额为应纳税所得额。

（2）利息、股息、红利所得应纳税额的计算公式为：

应纳税额 = 应纳税所得额 × 适用税率 = 每次收入额 × 适用税率

九、财产租赁所得

（一）财产租赁所得征税范围

财产租赁所得，是指个人出租建筑物、土地使用权、机器设备、车船以及其他财产取得的所得。

（1）个人取得的房屋转租收入，属于“财产租赁所得”的征税范围。取得转租收入的个人向房屋出租方支付的租金，凭房屋租赁合同和合法支付凭据允许在计算个人所得税时，从该项转租收入中扣除。

（2）房地产开发企业与商店购买者个人签订协议，以优惠价格出售其商店给购买者个人，购买者个人在一定期限内必须将购买的商店无偿提供给房地产开发企业对外出租使用。该行为实质上是购买者个人以所购商店交由房地产开发企业出租而取得的房屋租赁收入支付了部分购房价款。对购买者个人少支出的购房价款，应视同个人财产租赁所得，按照“财产租赁所得”项目征收个人所得税。每次财产租赁所得的收入额，按照少支出的购房价款和协议规定的租赁月份数平均计算确定。

（二）财产租赁所得税率

财产租赁所得，适用比例税率，税率为 20%。

（三）财产租赁所得应纳税额的计算

1. 财产租赁应纳税所得额

财产租赁所得，每次收入不超过 4 000 元的，减除费用 800 元；4 000 元以上的，减除 20% 的费用，其余额为应纳税所得额。

2. 财产租赁所得应纳税额的计算

财产租赁所得应纳税额的计算公式为：

（1）每次（月）收入不超过 4 000 元的：

应纳税额 = [每次（月）收入额 − 财产租赁过程中缴纳的税费 − 由纳税人负担的租赁财产实际开支的修缮费用（800 元为限）− 800 元] × 20%

（2）每次（月）收入在 4 000 元以上的：

应纳税额 = [每次（月）收入额 − 财产租赁过程中缴纳的税费 − 由纳税人负担的租赁财产实际开支的修缮费用（800 元为限）] × (1 − 20%) × 20%

【应试指南】

【解释 1】 从 2001 年 1 月 1 日起，对个人出租住房取得的所得暂减按 10% 的税率征收个人所得税。

【解释 2】 个人出租住房过程中缴纳的税费包括营业税、城市维护建设税、教育费附加和房产税。

【解释3】当月的修缮费用超过800元的，当月最多扣除修缮费用800元，其余部分在以后月份扣除。

【例5－31】张某按市场价格出租住房，2015年3月取得租金收入3 000元，缴纳的税费合计为200元，修缮费用300元。张某3月份取得租金收入应缴纳多少个人所得税？

【答案解析】应缴纳的个人所得税 = (3 000 − 200 − 300 − 800) × 10% = 170（元）。

十、财产转让所得

（一）财产转让所得征税范围

财产转让所得，是指个人转让有价证券、股权、建筑物、土地使用权、机器设备、车船以及其他财产取得的所得。

（1）个人将投资于在中国境内成立的企业或组织（不包括个人独资企业和合伙企业）的股权或股份，转让给其他个人或法人的行为，按照“财产转让所得”项目，依法计算缴纳个人所得税，具体包括以下情形：

①出售股权。

②公司回购股权。

③发行人首次公开发行新股时，被投资企业股东将其持有的股份以公开发行方式一并向投资者发售。

④股权被司法或行政机关强制过户。

⑤以股权对外投资或进行其他非货币性交易。

⑥以股权抵偿债务。

⑦其他股权转移行为。

（2）个人因各种原因终止投资、联营、经营合作等行为，从被投资企业或合作项目、被投资企业的其他投资者以及合作项目的经营合作人取得股权转让收入、违约金、补偿金、赔偿金及以其他名目收回的款项等，均属于个人所得税应税收入，应按照“财产转让所得”项目适用的规定计算缴纳个人所得税。

（3）个人以非货币性资产投资，属于个人转让非货币性资产和投资同时发生。对个人转让非货币性资产的所得，应按照“财产转让所得”项目，依法计算缴纳个人所得税。

（4）纳税人收回转让的股权征收个人所得税的方法。

①股权转让合同履行完毕、股权已作变更登记，且所得已经实现的，转让人取得的股权转让收入应当依法缴纳个人所得税。转让行为结束后，当事人双方签订并执行解除原股权转让合同、退回股权的协议，是另一次股权转让行为，对前次转让行为征收的个人所得税款不予退回。

②股权转让合同未履行完毕，因执行仲裁委员会作出的解除股权转让合同及补充协议的裁决、停止执行原股权转让合同，并原价收回已转让股权的，由于其股权转让行为尚未完成、收入未完全实现，随着股权转让关系的解除，股权收益不复存在，纳税人不应缴纳个人所得税。

（二）财产转让所得税率

财产转让所得，适用比例税率，税率为20%。

（三）财产转让所得应纳税额的计算

1. 财产转让所得应纳税所得额

财产转让所得，以转让财产的收入额减除财产原值和合理费用后的余额，为应纳税所得额。财产原值是指：有价证券，为买入价以及买入时按照规定交纳的有关费用；机器设备、车船，为购进价格、运输费、安装费以及其他有关费用；建筑物，为建造费或者购进价格以及其他有关费用；土地使用权，为取得土地使用权所支付的金额、开发土地的费用以及其他有关费用；其他财产，参照以上方法确定。

2. 财产转让所得应纳税额的计算

（1）一般情况下财产转让所得应纳税额的计算。

财产转让所得应纳税额的计算公式为：

应纳税额 = 应纳税所得额 × 适用税率 = (收入总额 - 财产原值 - 合理费用) × 20%

（2）个人销售无偿受赠不动产应纳税额的计算。

受赠人转让受赠房屋的，以其转让受赠房屋的收入减除原捐赠人取得该房屋的实际购置成本以及赠与和转让过程中受赠人支付的相关税费后的余额，为受赠人的应纳税所得额，依法计征个人所得税。受赠人转让受赠房屋价格明显偏低且无正当理由的，税务机关可以依据该房屋的市场评估价格或其他合理方式确定的价格核定其转让收入。

【例5-32】下列属于财产转让所得的有(　　)。

A. 转让剧本使用权　　B. 转让设备

C. 转让股票　　D. 转让非专利技术

【答案】BC

【答案解析】财产转让所得，是指个人转让有价证券、股票、建筑物、土地使用权、机器设备、车船以及其他财产取得的所得。选项A，编剧从电视剧的制作单位取得的剧本使用费，不再区分剧本的使用方是否为其任职单位，统一按“特许权使用费所得项目”征收个人所得税。选项D，转让非专利技术，按照“特许权使用费所得”征收个人所得税。

十一、偶然所得

（一）偶然所得征税范围

偶然所得，是指个人得奖、中奖、中彩以及其他偶然性质的所得。得奖是指参加各种有奖竞赛活动，取得名次得到的奖金；中奖、中彩是指参加各种有奖活动，如有奖储蓄、购买彩票，经过规定程序，抽中、摇中号码而取得的奖金。

（1）企业对累积消费达到一定额度的顾客，给予额外抽奖机会，个人的获奖所得，按照“偶然所得”项目，全额适用20%的税率缴纳个人所得税。

（2）个人取得单张有奖发票奖金所得超过800元的，应全额按照“偶然所得”项目征收个人所得税。税务机关或其指定的有奖发票兑奖机构，是有奖发票奖金所得个人所得税的扣缴义务人。

(二) 偶然所得税率

偶然所得，适用比例税率，税率为20%。

(三) 偶然所得应纳税额的计算

1. 偶然所得应纳税所得额

偶然所得，以每次收入额为应纳税所得额。

2. 偶然所得应纳税额的计算

偶然所得应纳税额的计算公式为：

应纳税额 = 应纳税所得额 × 适用税率 = 每次收入额 × 20%

十二、其他所得

(一) 其他所得征税范围

除上述列举的各项个人应税所得外，其他确有必要征税的个人所得，由国务院财政部门确定。例如，个人为单位或他人提供担保获得报酬；房屋产权所有人将房屋产权无偿赠与他人的，受赠人因无偿受赠房屋取得的受赠所得；企业在业务宣传、广告等活动中，随机向本单位以外的个人赠送礼品，对个人取得的礼品所得；企业在年会、座谈会、庆典以及其他活动中向本单位以外的个人赠送礼品，对个人取得的礼品所得等按照“其他所得”项目，全额适用20%的税率缴纳个人所得税。

个人取得的所得，难以界定应纳税所得项目的，由主管税务机关确定。

(二) 其他所得税率

其他所得，适用比例税率，税率为20%。

(三) 其他所得计算

1. 其他所得应纳税所得额

其他所得，以每次收入额为应纳税所得额。

2. 其他所得应纳税额的计算

其他所得应纳税额的计算公式为：

应纳税额 = 应纳税所得额 × 适用税率 = 每次收入额 × 20%

【例5-33】 李某2013年3月取得如下收入：

(1) 一次性稿费收入5 000元。

(2) 一次性讲学收入500元。

(3) 一次性翻译资料收入3 000元。

(4) 到期国债利息收入886元。

要求：计算李某当月应缴纳个人所得税税额。

【答案解析】

(1) 稿费收入应纳个人所得税 = 5 000 × (1 - 20%) × 20% × (1 - 30%) = 560 (元)。

(2) 一次性讲学收入500元，属劳务所得。按照税法规定，每次收入额减除费用800元，500 - 800 = -300 (元)，无须缴纳个人所得税。

(3) 翻译收入应纳个人所得税 = (3 000 - 800) × 20% = 440 (元)。

（4）国债利息收入免征个人所得税。

（5）李某 2013 年 3 月应纳个人所得税 = 560 + 440 = 1 000（元）

【应试指南】

每次收入的确定

《个人所得税法》对纳税义务人取得的劳务报酬所得，稿酬所得，特许权使用费所得，利息、股息、红利所得，财产租赁所得，偶然所得和其他所得等 7 项所得，都按每次取得的收入计算征税。《个人所得税法实施条例》对“每次”的界定做了明确规定。

对收入“次”的解析

（1）劳务报酬所得，根据不同劳务项目的特点，分别规定如下：

①只有一次性收入的，以取得该项收入为一次。例如，从事设计、安装、装潢、制图、化验、测试等劳务，往往是接受客户的委托，按照客户的要求，完成一次劳务后取得收入，因此，属于只有一次性的收入，应以每次提供劳务取得的收入为一次。

②属于同一事项连续取得收入的，以 1 个月内取得的收入为一次。例如，某歌手与一卡拉 OK 厅签约，在 2014 年 1 年内每天到卡拉 OK 厅演唱一次，每次演出后获得酬金 300 元。在计算其劳务报酬所得时，应视为同一事项的连续性收入，以其 1 个月内取得的收入为一次计征个人所得税，而不能以每天取得的收入为一次。

（2）稿酬所得，以每次出版、发表取得的收入为一次。具体又可细分为：

①同一作品再版取得的所得，应视作另一次稿酬所得计征个人所得税。

②同一作品先在报刊上连载，然后再出版，或先出版，再在报刊上连载的，应视为两次稿酬所得征税。即连载作为一次，出版作为另一次。

③同一作品在报刊上连载取得收入的，以连载完成后取得的所有收入合并为一次，计征个人所得税。

④同一作品在出版和发表时，以预付稿酬或分次支付稿酬等形式取得的稿酬收入，应合并计算为一次。

⑤同一作品出版、发表后，因添加印数而追加稿酬的，应与以前出版、发表时取得的稿酬合并计算为一次，计征个人所得税。

（3）特许权使用费所得，以一项特许权的一次许可使用所取得的收入为一次。一个纳税义务人可能不仅拥有一项特许权利，每一项特许权的使用权也可能不止一次地向他人提供。因此对特许权使用费所得的“次”的界定，明确为每一项使用权的每次转让所取得的收入为一次。如果该次转让取得的收入是分笔支付的，则应将各笔收入相加为一次的收入，计征个人所得税。

（4）财产租赁所得，以一个月内取得的收入为一次。

（5）利息、股息、红利所得，以支付利息、股息、红利时取得的收入为一次。

（6）偶然所得，以每次收入为一次。

（7）其他所得，以每次收入为一次。

【例 5－34】某作家 1 月 5 日从甲出版社取得稿酬 600 元，4 月 20 日从乙出版社取得稿酬 2 000 元。该作家应该对取得稿酬缴纳多少个人所得税？

【答案解析】 由于稿酬按次征税，1 月 5 日取得的稿酬不缴纳个人所得税（注意不能合并征收）；4 月 20 日的稿酬应纳个人所得税 =（2 000 − 800）×20% ×（1 − 30%）= 168（元）。

【例 5 − 35】 某作家完成了一部短篇小说，3 月份第一次出版获得稿酬 2 000 元，8 月份该小说再版获得稿酬 500 元。该作家应该对取得稿酬缴纳多少个人所得税？

【答案解析】 同一作品再版取得的所得，应视作另一次稿酬所得计征个人所得税；第一次的稿酬所得应缴纳个人所得税 =（2 000 − 800）×20% ×（1 − 30%）= 168（元）；再版的稿酬所得低于 800 元，无须缴纳个人所得税。

【例 5 − 36】 某作家的一篇小说在一家晚报上连载 3 个月，3 个月的稿酬收入分别为 700 元、800 元和 900 元。该作家应该对取得稿酬缴纳多少个人所得税？

【答案解析】 同一作品在报刊上连载取得的收入，以连载完成后取得的所有收入合并为一次，计征个人所得税；该作家稿酬所得应缴纳个人所得税 =（700 + 800 + 900 − 800）×20% ×（1 − 30%）= 224（元）。

十三、个人所得税税收优惠

（一）免税项目

（1）省级人民政府、国务院部委和中国人民解放军军以上单位，以及外国组织、国际组织颁发的科学、教育、技术、文化、卫生、体育、环境保护等方面的奖金。

（2）国债利息和国家发行的金融债券利息。其中，国债利息，是指个人持有中华人民共和国财政部发行的债券而取得的利息；国家发行的金融债券利息，是指个人持有经国务院批准发行的金融债券而取得的利息。

（3）按照国家统一规定发给的补贴、津贴，是指按照国务院规定发给的政府特殊津贴、院士津贴、资深院士津贴，以及国务院规定免纳个人所得税的其他补贴、津贴。

（4）福利费、抚恤金、救济金。其中，福利费是指根据国家有关规定，从企业、事业单位、国家机关、社会团体提留的福利费或者从工会经费中支付给个人的生活补助费；救济金是指国家民政部门支付给个人的生活困难补助费。

（5）保险赔款。

（6）军人的转业费、复员费。

（7）按照国家统一规定发给干部、职工的安家费、退职费、退休工资、离休工资、离休生活补助费。其中，退职费是指符合《国务院关于工人退休、退职的暂行办法》规定的退职条件，并按该办法规定的退职费标准所领取的退职费。

（8）依照我国有关法律规定应予免税的各国驻华使馆、领事馆的外交代表、领事官员和其他人员的所得。

（9）中国政府参加的国际公约、签订的协议中规定免税的所得。

（10）在中国境内无住所，但是在一个纳税年度中在中国境内连续或者累计居住不超过 90 日的个人，其来源于中国境内的所得，由境外雇主支付并且不由该雇主在中国境内的机构、场所负担的部分，免予缴纳个人所得税。

（11）对外籍个人取得的探亲费免征个人所得税。可以享受免征个人所得税优惠待遇的探亲费，仅限于外籍个人在我国的受雇地与其家庭所在地（包括配偶或父母居住地）之间搭乘交通工具且每年不超过 2 次的费用。

（12）按照国家规定，单位为个人缴付和个人缴付的住房公积金、基本医疗保险费、基本养老保险费、失业保险费，从纳税义务人的应纳税所得额中扣除。

（13）个人取得的拆迁补偿款按有关规定免征个人所得税。

（14）经国务院财政部门批准免税的其他所得。

（二）减税项目

（1）残疾、孤老人员和烈属的所得。

（2）因严重自然灾害造成重大损失的。

（3）其他经国务院财政部门批准减免的。

上述减税项目的减征幅度和期限，由省、自治区、直辖市人民政府规定。

对残疾人个人取得的劳动所得适用减税规定，具体所得项目为：工资、薪金所得，个体工商户的生产经营所得，对企、事业单位的承包经营、承租经营所得，劳务报酬所得，稿酬所得和特许权使用费所得。

（三）暂免征税项目

根据《财政部、国家税务总局关于个人所得税若干政策问题的通知》和有关文件的规定，对下列所得暂免征收个人所得：

（1）外籍个人以非现金形式或实报实销形式取得的住房补贴、伙食补贴、搬迁费、洗衣费。

（2）外籍个人按合理标准取得的境内、境外出差补贴。

（3）外籍个人取得的语言训练费、子女教育费等，经当地税务机关审核批准为合理的部分。

（4）外籍个人从外商投资企业取得的股息、红利所得。

（5）凡符合下列条件之一的外籍专家取得的工资、薪金所得，可免征个人所得税：

①根据世界银行专项借款协议，由世界银行直接派往我国工作的外国专家。

②联合国组织直接派往我国工作的专家。

③为联合国援助项目来华工作的专家。

④援助国派往我国专为该国援助项目工作的专家。

⑤根据两国政府签订的文化交流项目来华工作两年以内的文教专家，其工资、薪金所得由该国负担的。

⑥根据我国大专院校国际交流项目来华工作两年以内的文教专家，其工资、薪金所得由该国负担的。

⑦通过民间科研协定来华工作的专家，其工资、薪金所得由该国政府机构负担的。

（6）对股票转让所得暂不征收个人所得税。

（7）个人举报、协查各种违法、犯罪行为而获得的奖金。

（8）个人办理代扣代缴手续，按规定取得的扣缴手续费。

(9) 个人转让自用达5年以上，并且是唯一的家庭生活用房取得的所得，暂免征收个人所得。

(10) 对个人购买福利彩票、赈灾彩票、体育彩票，一次中奖收入在1万元以下的(含1万元) 暂免征收个人所得税，超过1万元的，全额征收个人所得税。

(11) 个人取得单张有奖发票奖金所得不超过800元（含800元）的，暂免征收个人所得税。

(12) 达到离休、退休年龄，但确因工作需要，适当延长离休、退休年龄的高级专家(指享受国家发放的政府特殊津贴的专家、学者)，其在延长离休、退休期间的工资、薪金所得，视同离休、退休工资免征个人所得税。

(13) 对国有企业职工，因企业依照《中华人民共和国企业破产法（试行)》宣告破产，从破产企业取得的一次性安置费收入，免予征收个人所得税。

(14) 职工与用人单位解除劳动关系取得的一次性补偿收入（包括用人单位发放的经济补偿金、生活补助费和其他补助费用)，在当地上年职工年平均工资3倍数额内的部分，可免征个人所得税。

(15) 个人领取原提存的住房公积金、基本医疗保险金、基本养老保险金，以及失业保险金，免予征收个人所得税。

(16) 对工伤职工及其近亲属按照《工伤保险条例》规定取得的工伤保险待遇，免征个人所得税。

(17) 企业和事业单位根据国家有关政策规定的办法和标准，为在本单位任职或者受雇的全体职工缴付的企业年金或职业年金单位缴费部分，在计入个人账户时，个人暂不缴纳个人所得税。

个人根据国家有关政策规定缴付的年金个人缴费部分，在不超过本人缴费工资计税基数的4%标准内的部分，暂从个人当期的应纳税所得额中扣除。

年金基金投资运营收益分配计入个人账户时，个人暂不缴纳个人所得税。

(18) 自2008年10月9日（含）起，对储蓄存款利息所得暂免征收个人所得税。

(19) 自2015年9月8日起，个人从公开发行和转让市场取得的上市公司股票，持股期限超过1年的，股息红利所得暂免征收个人所得税。

税收法律、行政法规、部门规章和规范性文件中未明确规定纳税人享受减免税必须经税务机关审批，且纳税人取得的所得完全符合减免税条件的，无须经主管税务机关审核，纳税人可自行享受减免税。

税收法律、行政法规、部门规章和规范性文件中明确规定纳税人享受减免税必须经税务机关审批的，或者纳税人无法准确判断其取得的所得是否应享受个人所得税减免的，必须经主管税务机关按照有关规定审核或批准后，方可减免个人所得税。

【例5-37】根据个人所得税法律制度的规定，下列各项中，免征或暂免征收个人所得税的有(　　)。

A. 个人取得的保险赔款

B. 军人的转业费

C. 国家金融债券利息收入

D. 外籍个人以现金形式取得的住房补贴和伙食补贴

【答案】ABC

【答案解析】外籍个人以非现金形式或者实报实销形式取得的住房补贴、伙食补贴、搬迁费、洗衣费暂免征收个人所得税。

十四、个人所得税税收征收管理

（一）个人所得税的征收方式

个人所得税的征收方式主要有两种：代扣代缴；自行纳税申报。此外，一些地方为了提高征管效率、方便纳税人，对个别应税所得项目采取了委托代征的方式。

1. 代扣代缴方式

以支付所得的单位或者个人为扣缴义务人。

税务机关应根据扣缴义务人所扣缴的税款，付给 2% 的手续费，由扣缴义务人用于代扣代缴费用开支和奖励代扣代缴工作做得较好的办税人员。

2. 自行纳税申报

纳税义务人有下列情形之一的，应当按照规定到主管税务机关办理纳税申报：

（1）年所得 12 万元以上的；

（2）从中国境内两处或者两处以上取得工资、薪金所得的；

（3）从中国境外取得所得的；

（4）取得应纳税所得，没有扣缴义务人的；

（5）国务院规定的其他情形。

（二）个人所得税纳税期限

1. 代扣代缴期限

扣缴义务人每月扣缴的税款，应当在次月 15 日内缴入国库，并向主管税务机关报送《扣缴个人所得税报告表》、代扣代收税款凭证和包括每一纳税人姓名、单位、职务、收入、税款等内容的支付个人收入明细表，以及税务机关要求报送的其他有关资料。

2. 自行申报纳税期限

一般情况下，纳税人应在取得应纳税所得的次月 15 日内向主管税务机关申报所得并缴纳税款。

3. 个人独资企业和合伙企业投资者个人所得税的纳税期限

（1）投资者应纳的个人所得税税款，按年计算，分月或者分季预缴，由投资者在每月或者每季度终了后 15 日内预缴，年度终了后 3 个月内汇算清缴，多退少补。

（2）企业在年度中间合并、分立、终止时，投资者应当在停止生产经营之日起 60 日内，向主管税务机关办理当期个人所得税汇算清缴。

（3）企业在纳税年度的中间开业，或者由于合并、关闭等原因，使该纳税年度的实际经营期不足 12 个月的，应当以其实际经营期为一个纳税年度。

（4）投资者在预缴个人所得税时，应向主管税务机关报送“个人独资企业和合伙企业投资者个人所得税申报表”，并附送会计报表。

年度终了后 30 日内，投资者应向主管税务机关报送“个人独资企业和合伙企业投资者个人所得税申报表”，并附送年度会计决算报表和预缴个人所得税纳税凭证。

（三）个人所得税纳税地点

（1）个人所得税自行申报的，其申报地点一般应为收入来源地的主管税务机关。

（2）纳税人从两处或两处以上取得工资、薪金的，可选择并固定在其中一地税务机关申报纳税。

（3）境外取得所得的，应向其境内户籍所在地或经营居住地税务机关申报纳税。

（4）扣缴义务人应向其主管税务机关进行纳税申报。

（5）纳税人要求变更申报纳税地点的，须经原主管税务机关批准。

（6）个人独资企业和合伙企业投资者个人所得税纳税地点。

投资者应向企业实际经营管理所在地主管税务机关申报缴纳个人所得税。投资者兴办两个或两个以上企业的，应分别向企业实际经营管理所在地主管税务机关预缴税款。投资者的个人所得税征收管理工作由地方税务局负责。

知识拓展

提高福利，降低工资，减少个人所得税

西安高新区一公司聘用高管，计划支付年薪是 120 万元，但经过咨询税务师事务所，与高管达成协议，将年薪降低为 80 万元，同时给高管提供一套现房和一辆车供使用。此外，鉴于该公司员工以技术性员工居多、聘用合同期相对较长等特点，又适当降低员工名义工资，同时为员工提供宿舍以及将缴纳的公积金、养老保险等金额适当提高，从而提高员工福利。粗略计算，该公司高管因此至少少缴 40% 的个人所得税。

税务师评述：增加薪金收入能满足消费需求，但由于工资薪金个人所得税的税率是超额累进税率，当累进到一定程度，新增工资薪金带给个人的可支配收入就逐步减少。因此，想办法降低名义收入，把个人现金性工资转为提供必需的福利待遇，这样既满足了消费需求，又可少缴个人所得税。

巩固提高

第六章

其他税收法律制度

考情分析

本章介绍了 14 种税（费），考试分值在 15 分左右。本章删掉了关税、城市维护建设税和教育费附加的全部内容，由此分值可能会稍有变动。本章的考试题型以客观题为主，不定项选择题偶尔有个别小项涉及本章知识点。另外，本章的知识点格外零散，学习时要会先化整为零，再化零为整，复习时请重点关注各税种的基本规定及特殊规定（表 6－1）。

表 6－1　近三年题型题量分析

项目		2016 年考题			2015 年考题	2014 年考题
		试卷 1	试卷 2	试卷 3		
单项选择题	题数	3	5	3	5	5
	分数	4.5	7.5	4.5	12	7.5
多项选择题	题数	2	4	2	2	2
	分数	4	8	4	4	4
判断题	题数	2	3	2	2	2
	分数	3	3	2	3	2
不定项选择题	题数	—	—	—	—	—
合计	题数	7	12	7	9	9
	分数	11.5	18.5	10.5	19	13.5

知识导图

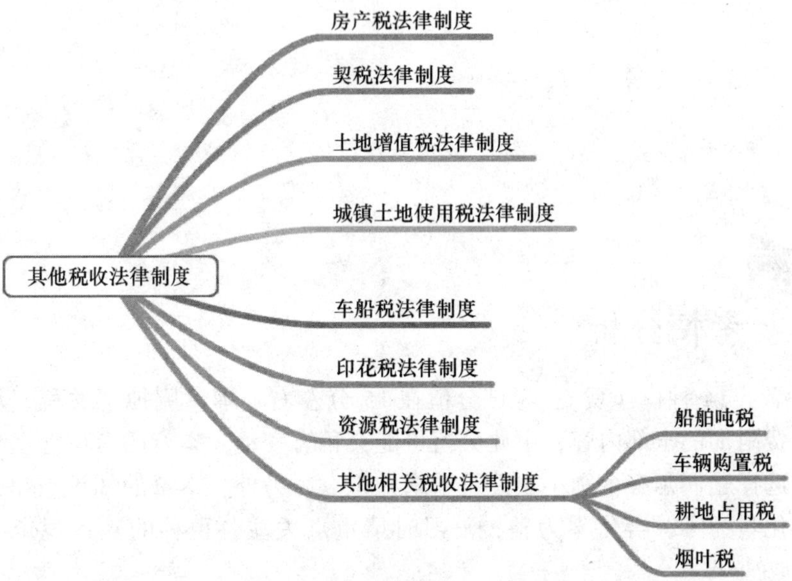

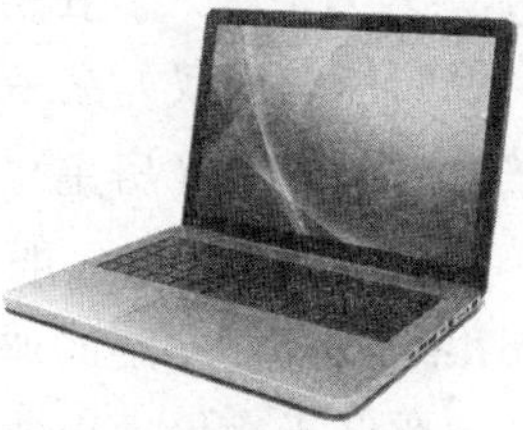

第一节 房产税法律制度

教学引例 6－1

某科技发展有限公司是一家沿海规模性企业，2010 年年初该公司在开发区投资兴建了一条新的太阳能生产线，价值 10 000 万元。201×年 1 月 1 日，当地主管地方税务局稽查局对该公司的地方税种的纳税情况进行了检查。在查前准备阶段，检查人员了解到该企业在郊区新建了价值 8 000 万元的厂房，并将生产车间全部迁到了新厂区。入户检查时，检查人员有目的地查阅了“固定资产”明细账和房产税纳税申报表。检查发现，企业生产车间的管网、空调系统、电梯等设备总价款 2 000 万元全部单独作为固定资产记账，在申报缴纳房产税时没有并入房产原值缴税。

【问题】

(1) 价值 2 000 万元的管网、空调系统、电梯等设备应不应该计入房屋原值缴纳房产税?

(2) 该公司应该采用何种方法计征房产税? 当地主管地方税务机关核定的扣除比例为 30%，该公司 201×年应该缴纳的房产税是多少?

一、房产税纳税人

房产税的纳税人

房产税的纳税人是指在我国城市、县城、建制镇和工矿区内拥有房屋产权的单位和个人。具体包括产权所有人、承典人、房产代管人或者使用人。

房产税的征税对象是房屋。所谓房屋，是指有屋面和围护结构（有墙或两边有柱），能够遮风避雨，可供人们在其中生产、工作、学习、娱乐、居住或储藏物资的场所。

(1) 产权属于国家所有的，其经营管理的单位为纳税人；产权属于集体和个人的，集体单位和个人为纳税人。

单位，包括国有企业、集体企业、私营企业、股份制企业、外商投资企业、外国企业以及其他企业和事业单位、社会团体、国家机关、军队以及其他单位；个人，包括个体工商户以及其他个人。

（2）产权出典的，承典人为纳税人。在房屋的管理和使用中，产权出典，是指产权所有人为了某种需要，将自己房屋的产权，在一定期限内转让（出典）给他人使用而取得出典价款的一种融资行为。产权所有人（房主）称为房屋出典人；支付现金或实物取得房屋支配权的人称为房屋的承典人。这种业务一般发生于出典人急需用资金，但又想保留产权赎回权的情况。承典人向出典人交付一定的典价后，在质典期内获取抵押物品的支配权，并可转典。产权的典价一般要低于卖价。出典人在规定期间内须归还典价的本金和利息，方可赎回出典房屋的产权。由于在房屋出典期间，产权所有人已无权支配房屋，因此，税法规定对房屋具有支配权的承典人为纳税人。

（3）产权所有人、承典人均不在房产所在地的，房产代管人或者使用人为纳税人。

（4）产权未确定以及租典纠纷未解决的，房产代管人或者使用人为纳税人。租典纠纷，是指产权所有人在房产出典和租赁关系上，与承典人、租赁人发生各种争议，特别是有关权利和义务的争议悬而未决的。此外，还有一些产权归属不清的问题，也都属于租典纠纷。对租典纠纷未解决的房产由代管人或使用人纳税，主要目的是消除纳税盲点，加强征收管理，保证税收公平。

（5）纳税单位和个人无租使用房产管理部门、免税单位及纳税单位的房产，由使用人代为缴纳房产税。

房地产开发企业建造的商品房，在出售前，不征收房产税，但对出售前房地产开发企业已使用或出租、出借的商品房应按规定征收房产税。

【例 6－1】（判断题）李某将个人拥有产权的房屋出典给张某，则张某为该房屋房产税的纳税人。

【答案】正确

【答案解析】房产税法律制度规定，房屋出典的，承典人为房产税的纳税人。

二、房产税征税范围

房产税的征税范围为城市、县城、建制镇和工矿区的房屋。其中，城市是指国务院批准设立的市，其征税范围为市区、郊区和市辖县城，不包括农村；县城是指未设立建制镇的县人民政府所在地的地区；建制镇是指经省、自治区、直辖市人民政府批准设立的建制镇；工矿区是指工商业比较发达，人口比较集中，符合国务院规定的建制镇的标准，但尚未设立建制镇的大中型工矿企业所在地。在工矿区开征房产税必须经省、自治区、直辖市人民政府批准。

独立于房屋之外的建筑物，如围墙、烟囱、水塔、菜窖、室外游泳池等不属于房产税的征税范围。

三、房产税税率

我国现行房产税采用比例税率。从价计征和从租计征实行不同标准的比例税率。按房产计税价值征税的，称为从价计征；按房产租金收入征税的，称为从租计征。

（1）从价计征的，税率为1.2%。

（2）从租计征的，税率为12%。从2001年1月1日起，对个人按市场价格出租的居民住房，用于居住的，可暂减按4%的税率征收房产税。

四、房产税计税依据

房产税以房产的计税价值或房产租金收入为计税依据。

（一）从价计征的房产税的计税依据

从价计征的房产税，是以房产余值为计税依据。房产税依照房产原值一次减除10%～30%后的余值计算缴纳。具体扣减比例由省、自治区、直辖市人民政府确定。

房产原值是指纳税人按照会计制度规定，在账簿固定资产科目中记载的房屋原价。

自2009年1月1日起，对依照房产原值计税的房产，不论是否记载在会计账簿固定资产科目中，均应按照房屋原价计算缴纳房产税。房屋原价应根据国家有关会计制度规定进行核算。对纳税人未按国家会计制度核算并记载的，应按规定予以调整或重新评估。

房产余值是房产的原值减除规定比例后的剩余价值。

房屋附属设备和配套设施的计税规定。

房产原值应包括与房屋不可分割的各种附属设备或一般不单独计算价值的配套设施。主要有：暖气、卫生、通风、照明、煤气等设备；各种管线，如蒸汽、压缩空气、石油、给水排水等管道及电力、电信、电缆导线；电梯、升降机、过道、晒台等。

凡以房屋为载体，不可随意移动的附属设备和配套设施，如给排水、采暖、消防、中央空调、电气及智能化楼宇设备等，无论在会计核算中是否单独记账与核算，都应计入房产原值，计征房产税。

纳税人对原有房屋进行改建、扩建的，要相应增加房屋的原值；对更换房屋附属设备和配套设施的，在将其价值计入房产原值时，可扣减原来相应设备和设施的价值；对附属设备和配套设施中易损坏、需要经常更换的零配件，更新后不再计入房产原值。

1. 对于投资联营的房产的计税规定

（1）对以房产投资联营、投资者参与投资利润分红、共担风险的，按房产余值作为计税依据计缴房产税。

（2）对以房产投资收取固定收入、不承担经营风险的，实际上是以联营名义取得房屋租金，应以出租方取得的租金收入为计税依据计缴房产税。

此外，对融资租赁房屋的情况，由于租赁费包括购进房屋的价款、手续费、借款利息等与一般房屋出租的“租金”内涵不同，且租赁期满后，当承租方偿还最后一笔租赁费时，房屋产权要转移到承租方。这实际是一种变相的分期付款购买固定资产的形式，所以在计征房产税时应以房产余值计算征收。

2. 居民住宅区内业主共有的经营性房产的计税规定

从2007年1月1日起，对居民住宅内业主共有的经营性房产，由实际经营（包括自营和出租）的代管人或使用人缴纳房产税。其中自营的依照房产原值减除10%～

30%后的余值计征，没有房产原值或不能将业主共有房产与其他房产的原值准确划分开的，由房产所在地地方税务机关参照同类房产核定房产原值；出租房产的，按照租金收入计征。

（二）从租计征的房产税的计税依据

房产出租的，以房屋出租取得的租金收入为计税依据，计缴房产税。

房产的租金收入是指房屋产权所有人出租房产使用权所取得的报酬，包括货币收入和实物收入。对以劳务或其他形式为报酬抵付房租收入的，应根据当地同类房产的租金水平，确定一个标准租金额从租计征。

纳税人对个人出租房屋的租金收入申报不实或申报数与同一地段同类房屋的租金收入相比明显不合理的，税务部门可以按照《中华人民共和国税收征收管理法》的有关规定，采取科学合理的方法核定其应纳税额。

五、房产税应纳税额的计算

房产税应纳税额的计算如表6－2所示。

房产税应纳税额的计算

表6－2　房产税应纳税额的计算

计税方法	计税依据	计算公式
从价计征	按房产的原值减除一定比例后的余值	应纳税额＝应税房产原值×（1－扣除比例）×1.2% 式中，扣除比例幅度为10%～30%，具体减除幅度由省、自治区、直辖市人民政府规定
从租计征	租金收入	应纳税额＝租金收入×12%（或4%）

【例6－2】甲企业201×年年初拥有一栋房产，房产原值1 000万元，3月31日将其对外出租，租期1年，每月收取租金1万元。已知从价计征房产税税率为1.2%，从租计征房产税税率为12%，当地省政府规定计算房产余值的减除比例为30%。201×年甲企业上述房产应缴纳房产税（　　）万元。

A. 1.08　　B. 3.18　　C. 3.76　　D. 8.4

【答案】B

【答案解析】纳税人出租房产，自交付出租房产之次月起缴纳房产税；甲企业前3个月应按房产原值计征房产税，后9个月从租计征房产税；甲企业201×年应缴纳房产税＝1 000×（1－30%）×1.2%×3/12＋1×9×12%＝3.18（万元）。

六、房产税税收优惠

（1）国家机关、人民团体、军队自用的房产免征房产税。但上述免税单位的出租房产以及非自身业务使用的生产、营业用房，不属于免税范围。

（2）由国家财政部门拨付事业经费（全额或差额）的单位（学校、医疗卫生单位、托儿所、幼儿园、敬老院以及文化、体育、艺术类单位）所有的、本身业务范围内使用的房产免征房产税。

由国家财政部门拨付事业经费的单位，其经费来源实行自收自支后，从事业单位实行自收自支的年度起，免征房产税 3 年。

上述单位所属的附属工厂、商店、招待所等不属于单位公务、业务的用房，应照章纳税。

（3）宗教寺庙、公园、名胜古迹自用的房产免征房产税。宗教寺庙自用的房产，是指举行宗教仪式等的房屋和宗教人员使用的生活用房屋。公园、名胜古迹自用的房产，是指供公共参观游览的房屋及其管理单位的办公用房屋。

宗教寺庙、公园、名胜古迹中附设的营业单位，如影剧院、饮食部、茶社、照相馆等所使用的房产及出租的房产，不属于免税范围，应照章征税。

（4）个人所有非营业用的房产免征房产税。个人所有的非营业用房，主要是指居民住房，不分面积多少，一律免征房产税。对个人拥有的营业用房或者出租的房产，不属于免税房产，应照章征税。为了抑制房价的过快增长和房产投机行为，从 2011 年 1 月起，我国在上海、重庆两地进行房产税改革试点。

（5）经财政部批准免税的其他房产。

①毁损不堪居住用的房屋和危险房屋，经有关部门鉴定，在停止使用后，可免征房产税。

②纳税人因房屋大修而连续停用半年以上的，在房屋大修期间免征房产税，免征税额由纳税人在申报缴纳房产税时自行计算扣除，并在申报表附表或备注栏中作相应说明。

纳税人房屋大修停用半年以上需要免征房产税的，应在房屋大修前向主管税务机关报送相关的证明材料，包括大修房屋的名称、坐落地点、产权证编号、房产原值、用途、房屋大修的原因、大修合同及大修的起止时间等信息和资料，以备税务机关查验。具体报送材料由各省、自治区、直辖市和计划单列市地方税务局确定。

③在基建工地为基建工地服务的各种工棚、材料棚、休息棚和办公室、食堂、茶炉房、汽车房等临时性房屋，施工期间一律免征房产税。但工程结束后，施工企业将这种临时性房屋交还或估价转让给基建单位的，应从基建单位接收的次月起，照章纳税。

④对房管部门经租的居民住房，在房租调整改革之前收取租金偏低的，可暂缓征收房产税。对房管部门经租的其他非营业用房，是否给予照顾，由各省、自治区、直辖市根据当地具体情况按税收管理体制的规定办理。

⑤对高校学生公寓免征房产税。

⑥对非营利性医疗机构、疾病控制机构和妇幼保健机构等卫生机构自用的房产，免征房产税。

⑦老年服务机构自用的房产免征房产税。老年服务机构是指专门为老年人提供生活照料、文化、护理、健身等多方面服务的福利性、非营利性的机构，主要包括老年社会福利院、敬老院（养老院）、老年服务中心、老年公寓（含老年护理院、康复中心、托老

所）等。

⑧对按政府规定价格出租的公有住房和廉租住房，包括企业和自收自支事业单位向职工出租的单位自有住房，房管部门向居民出租的公有住房，落实私房政策中带户发还产权并以政府规定租金标准向居民出租的私有住房等，暂免征收房产税。

⑨向居民供热并向居民收取采暖费的供热企业暂免征收房产税。“供热企业”包括专业供热企业、兼营供热企业、单位自供热及为小区居民供热的物业公司等，不包括从事热力生产但不直接向居民供热的企业。

【例6－3】根据房产税法律制度的规定，下列各项中，不予免征房产税的是(　　)。

A. 名胜古迹中附设的经营性茶社

B. 公园自用的办公用房

C. 个人所有的唯一普通居住用房

D. 国家机关的职工食堂

房产税税收优惠

【答案】A

【应试指南】房产税税收优惠。

七、房产税征收管理

（一）纳税义务发生时间

（1）纳税人将原有房产用于生产经营，从生产经营之月起，缴纳房产税。

（2）纳税人自行新建房屋用于生产经营，从建成之次月起，缴纳房产税。

（3）纳税人委托施工企业建设的房屋，从办理验收手续之次月起，缴纳房产税。

（4）纳税人购置新建商品房，自房屋交付使用之次月起，缴纳房产税。

（5）纳税人购置存量房，自办理房屋权属转移、变更登记手续，房地产权属登记机关签发房屋权属证书之次月起，缴纳房产税。

（6）纳税人出租、出借房产，自交付出租、出借本企业房产之次月起，缴纳房产税。

（7）房地产开发企业自用、出租、出借本企业建造的商品房，自房屋使用或交付之次月起，缴纳房产税。

（8）纳税人因房产的实物或权利状态发生变化而依法终止房产税纳税义务的，其应纳税款的计算截止到房产的实物或权利状态发生变化的当月末。

（二）纳税地点

房产税在房产所在地缴纳。房产不在同一地方的纳税人，应按房产的坐落地点分别向房产所在地的税务机关申报纳税。

（三）纳税期限

房产税实行按年计算、分期缴纳的征收方法，具体纳税期限由省、自治区、直辖市人民政府确定。

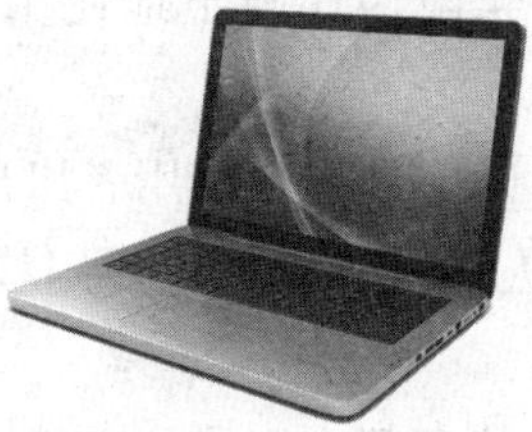

第二节 契税法律制度

教学引例 6－2

个人购买首套住房时如何缴纳契税

李先生于 2017 年 7 月 4 日签订购房合同：房子单价 6 000 元/m^2，总价 120 万元。黄先生在 2018 年 3 月 3 日购买了个人的第一套房：面积为 90 m^2，合同日期为 2018 年 3 月 3 日。

他们在办理房产证时，分别应该如何交纳契税？

一、契税纳税人

契税纳税人

契税的纳税人是指在我国境内承受土地、房屋权属转移的单位和个人。

契税由权属的承受人缴纳。这里所说的“承受”，是指以受让、购买、受赠、交换等方式取得土地、房屋权属的行为。土地、房屋权属，是指土地使用权和房屋所有权；单位，是指企业单位、事业单位、国家机关、军事单位和社会团体以及其他组织；个人，是指个体经营者和其他个人。

【例 6－4】根据契税法律制度的规定，下列各项中，不属于契税纳税人的是(　　)。

A. 出售房屋的个人　　B. 受赠土地使用权的企业

C. 购买房屋的个人　　D. 受让土地使用权的企业

【答案】A

【答案解析】在我国境内“承受”（获得）“土地、房屋权属”（土地使用权、房屋所有权）转移的单位和个人。契税的纳税人为“承受方”，而非“转让方”。

二、契税征税范围

契税征税范围

契税以在我国境内转移土地、房屋权属的行为作为征税对象。土地、房屋权属未发生转移的，不征收契税。

契税的征税范围主要包括：

（1）国有土地使用权出让是指土地使用者向国家交付土地使用权出让费用，国家将国有土地使用权在一定年限内让与土地使用者的行为。出让费用包括出让金、土地收益等。

（2）土地使用权转让是指土地使用者以出售、赠与、交换或者其他方式将土地使用权转移给其他单位和个人的行为。土地使用权的转让不包括农村集体土地承包经营权的转移。

（3）房屋买卖是指房屋所有者将其房屋出售，由承受者交付货币、实物、无形资产或其他经济利益的行为。

（4）房屋赠与是指房屋所有者将其房屋无偿转让给受赠者的行为。

（5）房屋交换是指房屋所有者之间相互交换房屋的行为。

土地、房屋的典当、继承、分拆（分割）、抵押以及出租等行为，不属于契税的征税范围。

三、契税税率

契税采用比例税率，并实行3% ~5%的幅度税率。具体税率由各省、自治区、直辖市人民政府在幅度税率规定范围内，按照本地区的实际情况确定，以适应不同地区纳税人的负担水平和调控房地产交易的市场价格。

对个人购买家庭唯一住房（家庭成员范围包括购房人、配偶以及未成年子女），面积为90 m^2 及以下的，减按1%的税率征收契税；面积为90 m^2 以上的、按1.5%的税率征收契税。对个人购买家庭第二套改善性住房，面积为90 m^2 及以下的，减按1%的税率征收契税；面积为90 m^2 以上的，减按2%的税率征收契税。

四、契税计税依据

按照土地、房屋权属转移的形式、定价方法的不同，契税的计税依据确定如下：

（1）国有土地使用权出让、土地使用权出售、房屋买卖，以成交价格作为计税依据。成交价格是指土地、房屋权属转移合同确定的价格，包括承受者应交付的货币、实物、无形资产或其他经济利益。

（2）土地使用权赠与、房屋赠与，由征收机关参照土地使用权出售、房屋买卖的市场价格核定。

（3）土地使用权交换、房屋交换，以交换土地使用权、房屋的价格差额为计税依据。计税依据只考虑其价格的差额，交换价格不相等的，由多交付货币、实物、无形资产或其他经济利益的一方缴纳契税；交换价格相等的，免征契税。土地使用权与房屋所有权之间相互交换，也应按照上述办法确定计税依据。

（4）以划拨方式取得土地使用权，经批准转让房地产时应补交的契税，以补交的土地使用权出让费用或土地收益作为计税依据。

为了防止纳税人隐瞒、虚报成交价格以偷、逃税款，对成交价格明显低于市场价格而无正当理由的，或所交换的土地使用权、房屋价格的差额明显不合理并且无正当理由的，征收机关参照市场价格核定计税依据。

【例6-5】周某向谢某借款90万元，后因谢某急需资金，周某以一套价值90万元的房产抵偿所欠谢某债务。已知，契税税率为3%。根据契税法律制度的规定，下列表述中，正确的是(　　)。

A. 周某应缴纳契税3万元　　B. 周某应缴纳契税2.4万元

C. 谢某应缴纳契税2.7万元　　D. 谢某应缴纳契税0.3万元

【答案】C

【答案解析】以土地、房屋权属抵债，视同土地、房屋权属发生转移，应当缴纳契税，谢某是契税的纳税人；谢某取得了90万元的房屋，应纳契税 = 90 × 3% = 2.7（万元）。

五、契税应纳税额的计算

契税应纳税额依照省、自治区、直辖市人民政府确定的适用税率和税法规定的计税依据计算征收。其计算公式为：

应纳税额 = 计税依据 × 税率

六、契税税收优惠

（1）国家机关、事业单位、社会团体、军事单位承受土地、房屋用于办公、教学、医疗、科研和军事设施的，免征契税。

（2）城镇职工按规定第一次购买公有住房的，免征契税。

（3）因不可抗力灭失住房而重新购买住房的，酌情准予减征或者免征契税。

（4）土地、房屋被县级以上人民政府征用、占用后，重新承受土地、房屋权属的，是否减征或者免征契税，由省、自治区、直辖市人民政府确定。

（5）纳税人承受荒山、荒沟、荒丘、荒滩土地使用权，用于农、林、牧、渔业生产的，免征契税。

依照我国有关法律规定以及我国缔结或参加的双边和多边条约或协定的规定应当予以免税的外国驻华使馆、领事馆、联合国驻华机构及其外交代表、领事官员和其他外交人员承受土地、房屋权属的，经外交部确认，可以免征契税。

经批准减征、免征契税的纳税人，改变有关土地、房屋的用途的，就不再属于减征、免征契税范围，并且应当补缴已经减征、免征的税款。

【例6-6】根据契税法律制度的规定，下列各项中，免征契税的有(　　)。

A. 军事单位承受土地用于军事设施

B. 国家机关承受房屋用于办公

C. 纳税人承受荒山土地使用权用于农业生产

D. 城镇居民购买商品房用于居住

【答案】ABC

七、契税征收管理

（一）纳税义务发生时间

契税的纳税义务发生时间是纳税人签订土地、房屋权属转移合同的当天，或者纳税人取得其他具有土地、房屋权属转移合同性质凭证的当天。

（二）纳税地点

契税实行属地征收管理。纳税人发生契税纳税义务时，应向土地、房屋所在地的税务征收机关申报纳税。

（三）纳税期限

纳税人应当自纳税义务发生之日起 10 日内，向土地、房屋所在地的税收征收机关办理纳税申报，并在税收征收机关核定的期限内缴纳税款。

知识拓展

契税征税范围的补充

契税征税范围的补充

第三节 土地增值税法律制度

一、土地增值税纳税人

土地增值税的纳税人为转让国有土地使用权、地上建筑物及其附着物（以下简称：转让房地产）并取得收入的单位和个人。

土地增值税的纳税人

二、土地增值税征税范围

土地增值税的征税范围

（一）征税范围的一般规定

（1）土地增值税只对转让国有土地使用权的行为征税，对出让国有土地的行为不征税。

国有土地使用权是指土地使用人根据国家法律、合同等规定，对国家所有的土地享有的使用权利。土地增值税只对企业、单位和个人转让国有土地使用权的行为征税。对属于集体所有的土地，按现行法律规定须先由国家征用后才能转让。

国有土地出让，是指国家以土地所有者的身份将土地使用权在一定年限内让与土地使用者，并由土地使用者向国家支付土地出让金的行为。由于土地使用权的出让方是国家，出让收入在性质上属于政府凭借所有权在土地一级市场上收取的租金，所以，政府出让土地的行为及取得的收入也不在土地增值税的征税之列。

（2）土地增值税既对转让国有土地使用权的行为征税，也对转让地上建筑物及其他附着物产权的行为征税。

地上建筑物是指建于土地上的一切建筑物，包括地上地下的各种附属设施。如厂房、仓库、商店、医院、住宅、地下室、围墙、烟囱、电梯、中央空调、管道等。所谓附着物是指附着于土地上、不能移动，一经移动即遭损坏的种植物、养植物及其他物品。上述建筑物和附着物的所有者对自己的财产依法享有占有、使用、收益和处置的权利，即拥有排他性的全部产权。

税法规定，纳税人转让地上建筑物和其他附着物的产权，取得的增值性收入，也应计算缴纳土地增值税。

（3）土地增值税只对有偿转让的房地产征税，对以继承、赠与等方式无偿转让的房地产，不予征税。

不征土地增值税的房地产赠与行为包括以下两种情况：

①房产所有人、土地使用权所有人将房屋产权、土地使用权赠与直系亲属或承担直接赡养义务人的行为。

②房产所有人、土地使用权所有人通过中国境内非营利的社会团体、国家机关将房屋产权、土地使用权赠与教育、民政和其他社会福利、公益事业的行为。

（二）征税范围的特殊规定

1. 企业改制重组

（1）按照《中华人民共和国公司法》的规定，非公司制企业整体改建为有限责任公司或者股份有限公司，有限责任公司（股份有限公司）整体改建为股份有限公司（有限责任公司），对改建前的企业将国有土地、房屋权属转移、变更到改建后的企业，暂不征土地增值税。

整体改建是指不改变原企业的投资主体并承继原企业权利、义务的行为。

（2）按照法律规定或者合同约定，两个或两个以上企业合并为一个企业，且原企业投资主体存续的，对原企业将国有土地、房屋权属转移、变更到合并后的企业，暂不征土地增值税。

（3）按照法律规定或者合同约定，企业分设为两个或两个以上与原企业投资主体相同的企业，对原企业将国有土地、房屋权属转移、变更到分立后的企业，暂不征土地增值税。

（4）单位、个人在改制重组时以国有土地、房屋进行投资，对其将国有土地、房屋权属转移、变更到被投资的企业，暂不征土地增值税。

（5）上述改制重组有关土地增值税政策不适用于房地产开发企业。

2. 房地产的用途改变

房地产开发企业将开发的部分房地产转为企业自用或用于出租等商业用途时，如果产权未发生转移，不征收土地增值税。

3. 房地产交换

房地产交换是指一方以房地产与另一方的房地产进行交换的行为。由于这种行为既发生了房产产权、土地使用权的转移，交换双方又取得了实物形态的收入，属于土地增值税的征税范围。但对个人之间互换自有居住用房地产的，经当地税务机关核实，可以免征土地增值税。

4. 合作建房

对于一方出地，另一方出资金，双方合作建房，建成后按比例分房自用的，暂免征收土地增值税；建成后转让的，应征收土地增值税。

5. 房地产出租

房地产出租是指房产所有者或土地使用者，将房产或土地使用权租赁给承租人使用，由承租人向出租人支付租金的行为。房地产出租，出租人虽取得了收入，但没有发生房产产权、土地使用权的转让，因此，不属于土地增值税的征税范围。

6. 房地产抵押

房地产抵押是指房产所有者或土地使用者作为债务人或第三人向债权人提供不动产作为清偿债务的担保而不转移权属的法律行为。这种情况下房产的产权、土地使用权在抵押期间并没有发生权属的变更，因此，对房地产的抵押，在抵押期间不征收土地增值税。待抵押期满后，对于以房地产抵债而发生房地产权属转让的，应列入土地增值税的征税范围。

7. 房地产的代建行为

代建行为是指房地产开发公司代客户进行房地产的开发，开发完成后向客户收取代建收入的行为。对于房地产开发公司而言，虽然取得了收入，但没有发生房地产权属的转移，其收入属于劳务收入性质，故不属于土地增值税的征税范围。

8. 房地产的重新评估

国有企业在清产核资时对房地产进行重新评估而产生的评估增值，因其既没有发生房地产权属的转移，房产产权、土地使用权人也未取得收入，所以不属于土地增值税的征税范围。

9. 土地使用者处置土地使用权

土地使用者转让、抵押或置换土地，无论其是否取得了该土地的使用权属证书，无论其在转让、抵押或置换土地过程中是否与对方当事人办理了土地使用权属证书变更登记手续，只要土地使用者享有占有、使用、收益或处分该土地的权利，且有合同等证据表明其实质转让、抵押或置换了土地并取得了相应的经济利益，土地使用者及其对方当事人就应依照税法规定缴纳土地增值税和契税等。

土地增值税的征税范围总结

【应试指南】土地增值税的征税范围总结。

三、土地增值税税率

土地增值税税率

土地增值税实行四级超率累进税率（表6－3）。

表6－3　土地增值税四级超率累进税率

级数	增值税与扣除项目金额的比率/%	税率/%	速算扣除系数/%
1	≤50	30	0
2	50～100（含）	40	5
3	100～200（含）	50	15
4	>200	60	35

四、土地增值税计税依据

土地增值税的计税依据是纳税人转让房地产所取得的增值额。转让房地产的增值额，是纳税人转让房地产的收入减除税法规定的扣除项目金额后的余额。土地增值额的大小，取决于转让房地产的收入额和扣除项目金额两个因素。

（一）应税收入的确定

根据《土地增值税暂行条例》及其实施细则的规定，纳税人转让房地产取得的应税收入，应包括转让房地产的全部价款及有关的经济收益。从应税收入的形式来看，包括货币收入、实物收入和其他收入。

1. 货币收入

货币收入是指纳税人转让房地产而取得的现金、银行存款和国库券、金融债券、企业债券、股票等有价证券。

2. 实物收入

实物收入是指纳税人转让房地产而取得的各种实物形态的收入，如钢材、水泥等建材，房屋、土地等不动产等。对于这些实物收入一般要按照公允价值确认应税收入。

3. 其他收入

其他收入是指纳税人转让房地产而取得的无形资产收入或具有财产价值的权利，如专利权、商标权、著作权、专有技术使用权、土地使用权、商誉权等。对于这些无形资产收入一般要进行专门的评估，按照评估价确认应税收入。

（二）扣除项目及其金额

依照《土地增值税暂行条例》的规定，准予纳税人从房地产转让收入额减除的扣除项目金额具体包括以下内容：

1. 取得土地使用权所支付的金额

取得土地使用权所支付的金额包括以下两方面的内容：

（1）纳税人为取得土地使用权所支付的地价款。地价款的确定有三种方式：如果是以协议、招标、拍卖等出让方式取得土地使用权的，地价款为纳税人所支付的土地出让金；如果是以行政划拨方式取得土地使用权的，地价款为按照国家有关规定补交的土地出让金；如果是以转让方式取得土地使用权的，地价款为向原土地使用权人实际支付的地价款。

（2）纳税人在取得土地使用权时按国家统一规定缴纳的有关费用和税金。纳税人在取得土地使用权过程中为办理有关手续，必须按国家统一规定缴纳有关的登记、过户手续费和契税。

2. 房地产开发成本

房地产开发成本是指纳税人开发房地产项目实际发生的成本，包括土地的征用及拆迁补偿费、前期工程费、建筑安装工程费、基础设施费、公共配套设施费、开发间接费用等。

（1）土地的征用及拆迁补偿费，包括土地征用费、耕地占用税、劳动力安置费及有关地上、地下附着物拆迁补偿的净支出、安置动迁用房支出等。

（2）前期工程费，包括规划、设计、项目可行性研究和水文、地质、勘察、测绘、“三通一平”等支出。

（3）建筑安装工程费是指以出包方式支付给承包单位的建筑安装工程费，以自营方式发生的建筑安装工程费。

（4）基础设施费包括开发小区内道路、供水、供电、供气、排污、排洪、通信、照明、环卫、绿化等工程发生的支出。

（5）公共配套设施费，包括不能有偿转让的开发小区内公共配套设施发生的支出。

（6）开发间接费用是指直接组织、管理开发项目发生的费用，包括工资、职工福利费、折旧费、修理费、办公费、水电费、劳动保护费、周转房摊销等。

3. 房地产开发费用

房地产开发费用是指与房地产开发项目有关的销售费用、管理费用和财务费用。根据现行财务会计制度的规定，这三项费用作为期间费用，按照实际发生额直接计入当期损益。但在计算土地增值税时，房地产开发费用并不是按照纳税人实际发生额进行扣除，应分别按以下两种情况扣除。

（1）财务费用中的利息支出：凡能够按转让房地产项目计算分摊并提供金融机构证明的，允许据实扣除，但最高不能超过按商业银行同类同期贷款利率计算的金额。其他房地产开发费用，按规定（即取得土地使用权所支付的金额和房地产开发成本，下同）计算的金额之和的5%以内计算扣除。计算公式为：

允许扣除的房地产开发费用＝利息＋（取得土地使用权所支付的金额＋房地产开发成本）×5%

（2）财务费用中的利息支出：凡不能按转让房地产项目计算分摊利息支出或不能提供金融机构证明的，房地产开发费用按规定计算的金额之和的10%以内计算扣除。计算扣除的具体比例，由各省、自治区、直辖市人民政府规定。计算公式为：

允许扣除的房地产开发费用=（取得土地使用权所支付的金额+房地产开发成本）×10%

财政部、国家税务总局对扣除项目金额中利息支出的计算问题作了两点专门规定：一是利息的上浮幅度按国家的有关规定执行，超过上浮幅度的部分不允许扣除；二是对于超过贷款期限的利息部分和加罚的利息不允许扣除。

4. 与转让房地产有关的税金

与转让房地产有关的税金，是指在转让房地产时缴纳的增值税、印花税。

5. 财政部确定的其他扣除项目

对从事房地产开发的纳税人可按规定计算的金额之和，加计20%扣除。此条优惠只适用于从事房地产开发的纳税人，除此之外的其他纳税人不适用。

6. 旧房及建筑物的扣除金额

（1）按评估价格扣除。旧房及建筑物的评估价格是指在转让已使用的房屋及建筑物时，由政府批准设立的房地产评估机构评定的重置成本价乘以成新度折扣率后的价格。评估价格须经当地税务机关确认。

重置成本价的含义是：对旧房及建筑物，按转让时的建材价格及人工费用计算建造同样面积、同样层次、同样结构、同样建设标准的新房及建筑物所需花费的成本费用。成新度折扣率的含义是：按旧房的新旧程度作一定比例的折扣。

因此，转让旧房应按房屋及建筑物的评估价格、取得土地使用权所支付的地价款和按国家统一规定缴纳的有关费用，以及在转让环节缴纳的税金作为扣除项目金额计征土地增值税。对取得土地使用权时未支付地价款或不能提供已支付的地价款凭据的，在计征土地增值税时不允许扣除。

（2）按购房发票金额计算扣除。纳税人转让旧房及建筑物，凡不能取得评估价格，但能提供购房发票的，经当地税务部门确认，《土地增值税暂行条例》规定的扣除项目的金额，可按发票所载金额并从购买年度起至转让年度止每年加计5%计算。对于纳税人购房时缴纳的契税，凡能够提供契税完税凭证的，准予作为“与转让房地产有关的税金”予以扣除，但不作为加计5%的基数。

7. 计税依据的特殊规定

（1）隐瞒、虚报房地产成交价格的。隐瞒、虚报房地产成交价格，是指纳税人不报或有意低报转让土地使用权、地上建筑物及其附着物价款的行为。

对于纳税人隐瞒、虚报房地产成交价格的，应由评估机构参照同类房地产的市场交易价格进行评估，税务机关根据评估价格确定转让房地产的收入。

（2）提供扣除项目金额不实的。提供扣除项目金额不实，是指纳税人在纳税申报时，不据实提供扣除项目金额，而是虚增被转让房地产扣除项目的内容或金额，使税务机关无法从纳税人方面了解计征土地增值税所需的正确的扣除项目金额，以达到虚增成本偷税的目的。

对于纳税人申报扣除项目金额不实的，应由评估机构对该房屋按照评估出的房屋重置成本价，乘以房屋的成新度折扣率，确定房产的扣除项目金额，并用该房产所坐落土地取得时的基准地价或标准地价来确定土地的扣除项目金额，房产和土地的扣除项目金额之和即为该房地产的扣除项目金额。

（3）转让房地产的成交价格低于房地产评估价格，又无正当理由的。转让房地产的成交价格低于房地产评估价格且无正当理由，是指纳税人申报的转让房地产的成交价低于房地产评估机构通过市场比较法进行房地产评估时所确定的正常市场交易价，纳税人又不能提供有效凭据或无正当理由进行解释的行为。对于这种情况，按评估的市场交易价确定其实际成交价，并以此作为转让房地产的收入计算征收土地增值税。

（4）非直接销售和自用房地产收入的确定。房地产开发企业将开发产品用于职工福利、奖励、对外投资、分配给股东或投资人、抵偿债务、换取其他单位和个人的非货币性资产等，发生所有权转移时应视同销售房地产，其收入按下列方法和顺序确认：一是按本企业在同一地区、同一年度销售的同类房地产的平均价格确定；二是由主管税务机关参照当地当年、同类房地产的市场价格或评估价值确定。

五、土地增值税应纳税额的计算

1. 应纳税额的计算公式

土地增值税按照纳税人转让房地产所取得的增值额和规定的税率计算征收。土地增值税应纳税额的计算公式是：

$$应纳税额 = \sum(每级距的增值额 \times 适用税率)$$

由于分步计算比较烦琐，一般可以采用速算扣除法计算。即计算土地增值税应纳税额，可按增值额乘以适用的税率减去扣除项目金额乘以速算扣除系数的简便方法计算（表6－4）。

表6－4　应纳税额的计算公式

增值额未超过扣除项目金额的比率/%	计算公式
≤50	应纳税额＝增值额×30%
50～100（含）	应纳税额＝增值额×40%－扣除项目金额×5%
100～200（含）	应纳税额＝增值额×50%－扣除项目金额×15%
>200	应纳税额＝增值额×60%－扣除项目金额×35%

2. 应纳税额的计算步骤

根据上述计算公式，土地增值税应纳税额的计算可分为以下4步。

（1）计算增值额。增值额＝房地产转让收入－扣除项目金额。

（2）计算增值率。增值率＝增值额÷扣除项目金额×100%。

（3）确定适用税率。按照计算出的增值率，从土地增值税税率表中确定适用税率。

（4）计算应纳税额。土地增值税应纳税额＝增值额×适用税率－扣除项目金额×速算扣除系数。

【例6－7】201×年某物流企业利用库房空地进行住宅商品房开发，按照国家有关规定补交土地出让金2 640万元，缴纳相关税费160万元；住宅开发成本3 000万元，其中含装修费用

600 万元；房地产开发费用中的利息支出为 300 万元（不能提供金融机构证明）；当年住宅全部销售完毕，取得销售收入共计 10 000 万元。已知：该物流企业所在省人民政府规定的房地产开发费用的计算扣除比例为 10%。计算该企业销售住宅应缴纳的土地增值税税额。

【答案解析】 非房地产开发企业不允许按照取得土地使用权所支付金额和房地产开发成本合计数的 20% 加计扣除。

（1）住宅销售收入为 10 000 万元。

（2）确定转让房地产的扣除项目金额包括：

①取得土地使用权所支付的金额 = 2 640 + 160 = 2 800（万元）。

②住宅开发成本为 3 000 万元。

③房地产开发费用 = (2 800 + 3 000) × 10% = 580（万元）。

④转让房地产的扣除项目金额 = 2 800 + 3 000 + 580 = 6 380（万元）。

（3）转让房地产的增值额 = 10 000 − 6 380 = 3 620（万元）。

（4）增值额与扣除项目金额的比率 = 3 620 ÷ 6 380 ≈ 56.74%。

（5）应纳土地增值税税额 = 3 620 × 56.74% − 6 380 × 5% ≈ 1 734.99（万元）。

六、土地增值税税收优惠

（1）纳税人建造普通标准住宅出售，增值额未超过扣除项目金额 20% 的，予以免税；超过 20% 的，应按全部增值额缴纳土地增值税。

纳税人建造普通标准住宅出售，增值额未超过扣除项目金额 20% 的，免征土地增值税；增值额超过扣除项目金额 20% 的，应就其全部增值额按规定计税。

对于纳税人既建普通标准住宅又搞其他房地产开发的，应分别核算增值额。不分别核算增值额或不能准确核算增值额的，其建造的普通标准住宅不能适用这一免税规定。

（2）因国家建设需要依法征用、收回的房地产，免征土地增值税。

（3）企、事业单位，社会团体以及其他组织转让旧房作为廉租住房、经济适用住房房源且增值额未超过扣除项目金额 20% 的，免征土地增值税。

（4）自 2008 年 11 月 1 日起，对居民个人转让住房一律免征土地增值税。

【例 6－8】 根据土地增值税法律制度的规定，纳税人建造普通标准住宅出售，增值额未超过扣除项目金额(　　)的，免征土地增值税。

A. 5%　　B. 10%　　C. 20%　　D. 30%

【答案】 C

【应试指南】 免征土地增值税情况的总结。

免征土地增值税情况的总结

七、土地增值税征收管理

（一）纳税申报

纳税人应在转让房地产合同签订后 7 日内，到房地产所在地主管税务机关办理纳税申报，并向税务机关提交房屋及建筑物产权、土地使用权证书，土地转让、房产买卖合同，房地产评估报告及其他与转让房地产有关的资料，然后在税务机关规定的期限内缴纳土地增值税。

纳税人因经常发生房地产转让而难以在每次转让后申报的，经税务机关审核同意后，可以按月或按季定期进行纳税申报，具体期限由主管税务机关根据情况确定。

纳税人采取预售方式销售房地产的，对在项目全部竣工结算前转让房地产取得的收入，税务机关可以预征土地增值税。具体办法由各省、自治区、直辖市地方税务局根据当地情况制定。

对于纳税人预售房地产所取得的收入，凡当地税务机关规定预征土地增值税的，纳税人应当到主管税务机关办理纳税申报，并按规定比例预交，待办理完纳税清算后，多退少补。

（二）纳税清算

1. 土地增值税的清算单位

土地增值税以国家有关部门审批的房地产开发项目为单位进行清算，对于分期开发的项目，以分期项目为单位清算。

开发项目中同时包含普通住宅和非普通住宅的，应分别计算增值额。

2. 土地增值税的清算条件

（1）符合下列情形之一的，纳税人应进行土地增值税的清算：

①房地产开发项目全部竣工、完成销售的。

②整体转让未竣工决算房地产开发项目的。

③直接转让土地使用权的。

（2）符合下列情形之一的，主管税务机关可要求纳税人进行土地增值税清算：

①已竣工验收的房地产开发项目，已转让的房地产建筑面积占整个项目可售建筑面积的比例在85%以上，或该比例虽未超过85%，但剩余的可售建筑面积已经出租或自用的。

②取得销售（预售）许可证满3年仍未销售完毕的。

③纳税人申请注销税务登记但未办理土地增值税清算手续的。

④省级税务机关规定的其他情况。

3. 土地增值税清算应报送的资料

纳税人办理土地增值税清算应报送以下资料：

（1）房地产开发企业清算土地增值税书面申请、土地增值税纳税申报表。

（2）项目竣工决算报表、取得土地使用权所支付的地价款凭证、国有土地使用权出让合同、银行贷款利息结算通知单、项目工程合同结算单、商品房购销合同统计表等与转让房地产的收入、成本和费用有关的证明资料。

（3）主管税务机关要求报送的其他与土地增值税清算有关的证明资料等纳税人委托税务中介机构审核鉴证的清算项目，还应报送中介机构出具的《土地增值税清算税款鉴证报告》。

4. 清算后再转让房地产的处理

在土地增值税清算时未转让的房地产，清算后销售或有偿转让的，纳税人应按规定进行土地增值税的纳税申报，扣除项目金额按清算时的单位建筑面积成本费用乘以销售或转让面积计算。计算公式如下：

单位建筑面积成本费用 = 清算时的扣除项目总金额 ÷ 清算的总建筑面积

5. 土地增值税的核定征收

房地产开发企业有下列情形之一的，税务机关可以参照与其开发规模和收入水平相近的当地企业的土地增值税税负情况，按不低于预征率的征收率核定征收土地增值税：

（1）依照法律、行政法规的规定应当设置但未设置账簿的。

（2）擅自销毁账簿或者拒不提供纳税资料的。

（3）虽设置账簿，但账目混乱或者成本资料、收入凭证、费用凭证残缺不全，难以确定转让收入或扣除项目金额的。

（4）符合土地增值税清算条件，未按照规定的期限办理清算手续，经税务机关责令限期清算，逾期仍不清算的。

（5）申报的计税依据明显偏低，又无正当理由的。

【例6-9】（判断题）房地产开发企业取得房产销售许可证满3年仍未销售完毕的，税务机关可要求纳税人进行土地增值税清算。

【答案】正确

【应试指南】土地增值税清算的情形。

土地增值税清算的情形

（三）纳税地点

土地增值税纳税人发生应税行为应向房地产所在地主管税务机关缴纳税款。这里所称的房地产所在地，是指房地产的坐落地。纳税人转让的房地产坐落在两个或两个以上地区的，应按房地产所在地分别申报纳税。具体又可分为以下两种情况：

（1）纳税人是法人的，当转让的房地产坐落地与其机构所在地或经营所在地一致时，则在办理税务登记的原管辖税务机关申报纳税即可；如果转让的房地产坐落地与其机构所在地或经营所在地不一致，则应在房地产坐落地所管辖的税务机关申报纳税。

（2）纳税人是自然人的，若转让的房地产坐落地与其居住所在地一致，则在居住所在地税务机关申报纳税；若转让的房地产坐落地与其居住所在地不一致，则在办理过户手续所在地的税务机关申报纳税。

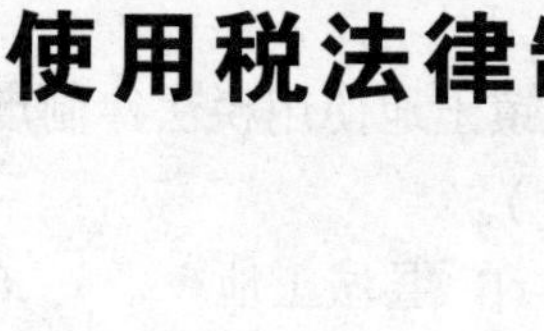

第四节 城镇土地使用税法律制度

教学引例6-3

未进行实质性开发的土地也需要及时缴纳城镇土地使用税

小王所在的开发公司作为政府投融资平台，从事成片土地开发、基础设施开发建设等业务。2018 年 3 月，地税部门检查发现该企业于 2016 年 10 月购得郊区一地块 40 万 m^2 土地，土地出让合同约定 2017 年 11 月月底前交付给企业。公司取得该地块后暂未进行实质性开发，小王也就理所当然地认为土地没有投入使用也就不需要缴纳城镇土地使用税。

【问题】 小王所在公司是否需要缴纳城镇土地使用税？

一、城镇土地使用税纳税人

城镇土地使用税的纳税人是指在税法规定的征税范围内使用土地的单位和个人。

城镇土地使用税的纳税人，根据用地者的不同情况分别确定为：

（1）城镇土地使用税由拥有土地使用权的单位或个人缴纳。

（2）拥有土地使用权的纳税人不在土地所在地的，由代管人或实际使用人缴纳。

（3）土地使用权未确定或权属纠纷未解决的，由实际使用人纳税。

（4）土地使用权共有的，共有各方均为纳税人，由共有各方分别纳税。

土地使用权共有的，以共有各方实际使用土地的面积占总面积的比例，分别计算缴纳城镇土地使用税。

【例 6－10】 根据城镇土地使用税法律制度的规定，下列各项中，属于城镇土地使用税纳税人的有（　　）。

A. 出租土地使用权的单位　　B. 承租土地使用权的单位

C. 拥有土地使用权的个人　　D. 土地使用权共有方

【答案】 ACD

【答案解析】 选项 B，土地使用权的出租，由出租人缴纳城镇土地使用税。

二、城镇土地使用税征税范围

城镇土地使用税的征税范围是税法规定的纳税区域内的土地。凡在城市、县城、建制镇、工矿区范围内的土地（不包括农村），不论是属于国家所有的土地，还是集体所有的土地，都属于城镇土地使用税的征税范围。

建立在城市、县城、建制镇和工矿区以外的工矿企业则不需缴纳城镇土地使用税。

自 2009 年 1 月 1 日起，公园、名胜古迹内的索道公司经营用地，应按规定缴纳城镇土地使用税。

【例 6－11】 根据城镇土地使用税法律制度的规定，下列土地中，不属于城镇土地使用税征税范围的是（　　）。

A. 城市土地　　B. 县城土地　　C. 农村土地　　D. 建制镇土地

【答案】 C

三、城镇土地使用税税率

城镇土地使用税采用定额税率，即采用有幅度的差别税额。按大、中、小城市和县城、建制镇、工矿区分别规定每平方米城镇土地使用税年应纳税额。大、中、小城市以公安部门登记在册的非农业正式户口人数为依据，按照国务院颁布的《城市规划条例》中规定的标准划分。

四、城镇土地使用税计税依据

城镇土地使用税的计税依据是纳税人实际占用的土地面积。土地面积以平方米为计量标准。具体按以下办法确定：

（1）凡由省级人民政府确定的单位组织测定土地面积的，以测定的土地面积为准。

（2）尚未组织测定，但纳税人持有政府部门核发的土地使用证书的，以证书确定的土地面积为准。

（3）尚未核发土地使用证书的，应由纳税人据实申报土地面积，并据以纳税，待核发土地使用证书后再作调整。

五、城镇土地使用税应纳税额的计算

城镇土地使用税是以纳税人实际占用的土地面积为计税依据，按照规定的适用税额计算征收。其应纳税额计算公式为：

年应纳税额 = 实际占用应税土地面积（m^2）× 适用税额

【例 6－12】 某企业实际占地面积为 25 000 m^2，经税务机关核定，该企业所在地段适用城镇土地使用税税率每平方米税额为 2 元。计算该企业全年应缴纳的城镇土地使用税税额。

【答案解析】 该企业年应缴纳的城镇土地使用税税额 = 实际占用应税土地面积（m^2）×适用税额 = 25 000 × 2 = 50 000（元）。

六、城镇土地使用税税收优惠

（一）免征城镇土地使用税的情况

（1）国家机关、人民团体、军队自用的土地。

（2）由国家财政部门拨付事业经费的单位自用的土地。

（3）宗教寺庙、公园、名胜古迹自用的土地。

（4）市政街道、广场、绿化地带等公共用地。

（5）直接用于农、林、牧、渔业的生产用地。

（6）经批准开山填海整治的土地和改造的废弃土地，从使用的月份起免缴土地使用税 5～10 年。

（7）由财政部另行规定免税的能源、交通、水利设施用地和其他用地。

（二）税收优惠的特殊规定

1. 城镇土地使用税与耕地占用税的征税范围衔接

为避免对一块土地同时征收耕地占用税和城镇土地使用税，凡是缴纳了耕地占用税的，从批准征用之日起满 1 年后征收城镇土地使用税；征用非耕地因不需要缴纳耕地占用税，应从批准征用之次月起征收城镇土地使用税。

2. 免税单位与纳税单位之间无偿使用的土地

对免税单位无偿使用纳税单位的土地（如公安、海关等单位使用铁路、民航等单位的土地），免征城镇土地使用税；对纳税单位无偿使用免税单位的土地，纳税单位应照章缴纳城镇土地使用税。

3. 房地产开发公司开发建造商品房的用地

房地产开发公司开发建造商品房的用地，除经批准开发建设经济适用房的用地外，对各类房地产开发用地一律不得减免城镇土地使用税。

4. 基建项目在建期间的用地

对基建项目在建期间使用的土地，原则上应征收城镇土地使用税。但对有些基建项目，特别是国家产业政策扶持发展的大型基建项目占地面积大、建设周期长，在建期间又没有经营收入，纳税确有困难的，可由各省、自治区、直辖市税务局根据具体情况予以免征或减征城镇土地使用税；对已经完工或已经使用的建设项目，其用地应照章征收城镇土地使用税。

5. 城镇内的集贸市场（农贸市场）用地

城镇内的集贸市场（农贸市场）用地，按规定应征收城镇土地使用税。为了促进集贸市场的发展及照顾各地的不同情况，各省、自治区、直辖市税务局可根据具体情况，自行确定对集贸市场用地征收或者免征城镇土地使用税。

6. 防火、防爆、防毒等安全防范用地

对于各类危险品仓库，厂房所需的防火、防爆、防毒等安全防范用地，可由各省、自治区、直辖市税务局确定，暂免征收城镇土地使用税；对仓库库区、厂房本身用地，应依法征收城镇土地使用税。

7. 关闭、撤销的企业占地

企业关闭、撤销后，其占地未作他用的，经各省、自治区、直辖市税务局批准，可暂免征收城镇土地使用税；如土地转让给其他单位使用或企业重新用于生产经营的，应依照规定征收城镇土地使用税。

8. 搬迁企业的用地

（1）企业搬迁后原场地不使用的、企业范围内荒山等尚未利用的土地，免征城镇土地使用税。免征税额由企业在申报缴纳城镇土地使用税时自行计算扣除，并在申报表附表或备注栏中作相应说明。

（2）对搬迁后原场地不使用的和企业范围内荒山等尚未利用的土地，凡企业申报暂免征收城镇土地使用税的，应事先向土地所在地的主管税务机关报送有关部门的批准文件或认定书等相关证明材料，以备税务机关查验。具体报送材料由各省、自治区、直辖市和计划单列市地方税务局确定。

（3）企业按上述规定暂免征收城镇土地使用税的土地开始使用时，应从使用的次月起自行计算和申报缴纳城镇土地使用税。

9. 企业的铁路专用线、公路等用地

对企业的铁路专用线、公路等用地除另有规定者外，在企业厂区（包括生产、办公及生活区）以内的，应照章征收城镇土地使用税；在厂区以外、与社会公用地段未加隔离的，暂免征收城镇土地使用税。

10. 企业范围内的荒山、林地、湖泊等占地

对2014年以前已按规定免征城镇土地使用税的企业范围内荒山、林地、湖泊等占地，自2014年1月1日至2015年12月31日，按应纳税额减半征收城镇土地使用税；自2016年1月1日起，全额征收城镇土地使用税。

11. 中国物资储运总公司所属物资储运企业用地

对物资储运企业的仓库库房用地，办公、生活区用地，以及其他非直接从事储运业务的生产、经营用地，应按规定征收城镇土地使用税；对物资储运企业的露天货场、库区道路、铁路专用线等非建筑物用地征免城镇土地使用税问题，可由省、自治区、直辖市税务局按照下述原则处理：

（1）对经营情况较好、有负税能力的企业，应恢复征收城镇土地使用税。

（2）对经营情况差、纳税确有困难的企业，可在授权范围内给予适当减免城镇土地使用税的照顾。

12. 中国石油天然气总公司所属单位用地

（1）下列油气生产建设用地暂免征收城镇土地使用税：

①石油地质勘探、钻井、井下作业、油田地面工程等施工临时用地。

②各种采油（气）井、注水（气）井、水源井用地。

③油田内办公、生活区以外的公路、铁路专用线及输油（气、水）管道用地。

④石油长输管线用地。

⑤通信、输变电线路用地。

（2）在城市、县城、建制镇以外工矿区内的油气生产、生活用地，暂免征收城镇土地使用税。

13. 林业系统用地

（1）对林区的育林地、运材道、防火道、防火设施用地，免征城镇土地使用税。

（2）林业系统的森林公园、自然保护区可比照公园免征城镇土地使用税。

（3）林业系统的林区贮木场、水运码头用地，原则上应按税法规定缴纳城镇土地使用税，考虑到林业系统目前的困难，为扶持其发展，暂予免征城镇土地使用税。

（4）除上述列举免税的土地外，对林业系统的其他生产用地及办公、生活区用地，均应征收城镇土地使用税。

14. 盐场、盐矿用地

（1）对盐场、盐矿的生产厂房、办公、生活区用地，应照章征收城镇土地使用税。

（2）盐场的盐滩、盐矿的矿井用地，暂免征收城镇土地使用税。

（3）对盐场、盐矿的其他用地，由各省、自治区、直辖市税务局根据实际情况，确定征收城镇土地使用税或给予定期减征、免征的照顾。

15. 矿山企业用地

（1）矿山的采矿场、排土场、尾矿库、炸药库的安全区，以及运矿运岩公路、尾矿输送管道及回水系统用地，免征城镇土地使用税。

（2）对位于城镇土地使用税征税范围内的煤炭企业已取得土地使用权、未利用的塌陷地，征收城镇土地使用税。

除上述规定外，对矿山企业的其他生产用地及办公、生活区用地，均应征收城镇土地使用税。

16. 电力行业用地

（1）火电厂厂区围墙内的用地均应征收城镇土地使用税。对厂区围墙外的灰场、输灰管、输油（气）管道、铁路专用线用地，免征城镇土地使用税；厂区围墙外的其他用地，应照章征税。

（2）水电站的发电厂房用地（包括坝内、坝外式厂房），生产、办公、生活用地，应征收城镇土地使用税；对其他用地给予免税照顾。

（3）对供电部门的输电线路用地、变电站用地，免征城镇土地使用税。

17. 水利设施用地

（1）水利设施及其管扩用地（如水库库区、大坝、堤防、灌渠、泵站等用地），免征城镇土地使用税；其他用地（如生产、办公、生活用地），应照章征税。

（2）对兼有发电的水利设施用地城镇土地使用税的征免，具体办法比照电力行业征免城镇土地使用税的有关规定办理。

18. 交通部门港口用地

（1）对港口的码头（即泊位，包括岸边码头、伸入水中的浮码头、堤岸、堤坝、校桥等）用地，免征城镇土地使用税。

（2）对港口的露天堆货场用地，原则上应征收城镇土地使用税。企业纳税确有困难的，可由各省、自治区、直辖市税务局根据其实际情况，给予定期减征或免征城镇土地使用税的照顾。

除上述规定外，港口的其他用地，应按规定征收城镇土地使用税。

19. 民航机场用地

（1）机场飞行区（包括跑道、滑行道、停机坪、安全带、夜航灯光区）用地、场内外通信导航设施用地和飞行区四周排水防洪设施用地，免征城镇土地使用税。

（2）在机场道路中，场外道路用地免征城镇土地使用税；场内道路用地依照规定征收城镇土地使用税。

（3）机场工作区（包括办公、生产和维修用地及候机楼、停车场）用地、生活区用地、绿化用地，均须依照规定征收城镇土地使用税。

20. 司法部所属劳改劳教单位用地

（1）少年犯管教所的用地和由国家财政部门拨付事业经费的劳教单位自用的土地，免征城镇土地使用税。

（2）劳改单位及经费实行自收自支的劳教单位的工厂、农场等，凡属于管教或生活用地，例如，办公室、警卫室、职工宿舍、犯人宿舍、储藏室、食堂、礼堂、图书室、阅览室、浴室、理发室、医务室等房屋、建筑物用地及其周围土地，均免征城镇土地使用税。

（3）劳改劳教单位警戒围墙外的其他生产经营用地，应照章征收城镇土地使用税。

21. 老年服务机构自用的土地

老年服务机构是指专门为老年人提供生活照料、文化、护理、健身等方面服务的福利性、非营利性的机构，主要包括老年社会福利院、敬老院（养老院）、老年服务中心、老年公寓（含老年护理院、康复中心、托老所）等，老年服务机构自用土地免征城镇土地使用税。

22. 邮政部门的土地

对邮政部门坐落在城市、县城、建制镇、工矿区范围内的土地，应当依法征收城镇土地使用税；对坐落在城市、县城、建制镇、工矿区范围以外的，尚在县邮政局内核算的土地，在单位财务账中划分清楚的，不征收城镇土地使用税。

23. 供热企业暂免征收城镇土地使用税

供热企业是指向居民供热并向居民收取采暖费的企业，包括专业供热企业、兼营供热企业、单位自供热及为小区居民供热的物业公司等，不包括从事热力生产但不直接向居民供热的企业。

【例6－13】 根据城镇土地使用税法律制度的规定，下列城市土地中，应缴纳城镇土地使用税的是(　　)。

A. 企业生活区用地　　B. 国家机关自用的土地

C. 名胜古迹自用的土地　　D. 市政街道公共用地

【答案】 A

七、城镇土地使用税征收管理

（一）纳税义务发生时间

（1）纳税人购置新建商品房，自房屋交付使用之次月起，缴纳城镇土地使用税。

（2）纳税人购置存量房，自办理房屋权属转移、变更登记手续，房地产权属登记机关签发房屋权属证书之次月起，缴纳城镇土地使用税。

（3）纳税人出租、出借房产，自交付出租、出借房产之次月起，缴纳城镇土地使用税。

（4）以出让或转让方式有偿取得土地使用权的，应由受让方从合同约定交付土地时间的次月起缴纳城镇土地使用税；合同未约定交付土地时间的，由受让方从合同签订的次月起缴纳城镇土地使用税。

（5）纳税人新征用的耕地，自批准征用之日起满1年时开始缴纳土地使用税。

（6）纳税人新征用的非耕地，自批准征用次月起缴纳城镇土地使用税。

（二）纳税地点

城镇土地使用税在土地所在地缴纳。

纳税人使用的土地不属于同一省、自治区、直辖市管辖的，由纳税人分别向土地所在地税务机关缴纳城镇土地使用税；在同一省、自治区、直辖市管辖范围内，纳税人跨地区使用的土地，其纳税地点由各省、自治区、直辖市地方税务局确定。

(三) 纳税期限

城镇土地使用税按年计算、分期缴纳，具体纳税期限由省、自治区、直辖市人民政府确定。

第五节 车船税法律制度

一、车船税纳税人

车船税的纳税人是指在中华人民共和国境内属于税法规定的车辆、船舶（以下简称：车船）的所有人或者管理人。

从事机动车第三者责任强制保险业务的保险机构为机动车车船税的扣缴义务人。

二、车船税征收范围

车船税的征税范围是指在中华人民共和国境内属于车船税法所规定的应税车辆和船舶。具体包括：

(1) 依法应当在车船登记管理部门登记的机动车辆和船舶。

(2) 依法不需要在车船登记管理部门登记的在单位内部场所行驶或者作业的机动车辆和船舶。

车船管理部门是指公安、交通运输、农业、渔业、军队、武装警察部队等依法具有车船登记管理职能的部门和船舶检验机构；单位是指依照中国法律、行政法规规定，在中国境内成立的行政机关、企业、事业单位、社会团体以及其他组织。

三、车船税税目

各类车船概念

车船税的税目分为5 大类，包括乘用车、商用车、其他车辆、摩托车和船舶。乘用车为核定载客人数 9 人（含）以下的车辆；商用车包括客车和货车，其中客车为核定载客人数 9 人（含）以上的车辆（包括电车），货车包括半挂牵引车、挂车、客货两用汽车、三轮汽车和低速载货汽车等；其他车辆包括专用作业车和轮式专用机械车等（不包括拖拉机）。船舶包括机动船舶、非机动驳船、拖船和游艇。

四、车船税税率

车船税采用定额税率，又称固定税额。根据《车船税法》的规定，对应税车船实行有幅度的定额税率，即对各类车船分别规定一个最低到最高限度的年税额。车船税的适用税额依照税法所附《车船税税目税额表》执行（表6－5）。

表6－5　车船税税目税额表

税目		计税单位	年基准税额/元	备注
乘用车（按发动机气缸容量排气量分档）	≤1.0 L	每辆	60～360	核定载客人数9人（含）以下
	1.0～1.6 L（含）		300～540	
	1.6～2.0 L（含）		360～660	
	2.0～2.5 L（含）		660～1 200	
	2.5～3.0 L（含）		1 200～2 400	
	3.0～4.0 L（含）		2 400～3 600	
	>4.0 L		3 600～5 400	
商用车	客车	每辆	480～1 440	核定载客人数9人以上，包括电车
	货车	整备质量每吨	16～120	1. 包括半挂牵引车、挂车、三轮汽车和低速载货汽车等； 2. 挂车按照货车税额的50%计算
其他车辆	专用作业车	整备质量每吨	16～120	不包括拖拉机
	轮式专用机械车	整备质量每吨	16～120	
摩托车		每辆	36～180	
船舶	机动船舶	净吨位每吨	3～6	拖船、非机动驳船分别按照机动船舶税额的50%计算；游艇的税额另行规定
	游艇	艇身长度每米	600～2 000	

车辆的具体适用税额由省、自治区、直辖市人民政府依照《车船税法》所附《车船税税目税额表》规定的税额幅度和国务院的规定确定并报国务院备案。省、自治区、直辖市人民政府确定车辆具体适用税额应当遵循以下两条原则：

（1）乘用车依排气量从小到大递增税额。

（2）客车按照核定载客人数20人以下和20人（含）以上两档划分，递增税额。

排气量、整备质量、核定载客人数、净吨位、千瓦、艇身长度，以车船登记管理部门核发的车船登记证书或者行驶证所载数据为准。

依法不需要办理登记的车船和依法应当登记而未办理登记或者不能提供车船登记证书、行驶证的车船，以车船出厂合格证明或者进口凭证标注的技术参数、数据为准；不能提供车船出厂合格证明或者进口凭证的，由主管税务机关参照国家相关标准核定，没有国家相关标准的参照同类车船核定。

【例 6－14】 某货运公司 201×年年初拥有载货汽车 10 辆、挂车 5 辆，整备质量均为 20 t/辆；拥有乘用车 5 辆。该公司所在省规定载货汽车年基准税额每吨 40 元，乘用车年基准税额为每辆 360 元。根据车船税法律制度的规定，该公司 201×年应缴纳车船税（　　）元。

A. 9 400　　B. 10 200　　C. 11 800　　D. 12 000

【答案】 C

【答案解析】 挂车按照货车税额的 50% 计算车船税；该公司 201×年应缴纳车船税 $= 10\times20\times40+5\times20\times40\times50\%+5\times360=11\ 800$（元）。

五、车船税计税依据

车船税以车船的计税单位数量为计税依据。《车船税法》按车船的种类和性能，分别确定每辆、整备质量、净吨位每吨和艇身长度每米为计税单位。具体如下：

（1）乘用车、商用客车和摩托车，以辆数为计税依据。

（2）商用货车、专用作业车和轮式专用机械车，以整备质量吨位数为计税依据。

（3）机动船舶、非机动驳船、拖船，以净吨位数为计税依据。游艇以艇身长度为计税依据。

【例 6－15】 根据车船税法律制度的规定，下列各项中，属于机动船舶计税单位的是（　　）。

A. 净吨位每吨　　B. 整备质量每吨

C. 每米　　D. 每辆

【答案】 A

六、车船税应纳税额的计算

1. 车船税各税目应纳税额的计算公式

（1）乘用车、客车和摩托车：应纳税额＝辆数×适用年基准税额。

（2）货车、专用作业车和轮式专用机械车：应纳税额＝整备质量吨位数×适用年基准税额。

（3）机动船舶：应纳税额＝净吨位数×适用年基准税额。

（4）拖船和非机动驳船：应纳税额＝净吨位数×适用年基准税额×50%。

（5）游艇：应纳税额＝艇身长度×适用年基准税额。

2. 新车船应纳税额的计算

购置的新车船，购置当年的应纳税额自纳税义务发生的当月起按月计算。计算公式为：

$$应纳税额=适用年基准税额\div12\times应纳税月份数$$

3. 保险机构代收代缴车船税和滞纳金的计算

（1）购买短期交强险的车辆。对于境外机动车临时入境、机动车临时上道路行驶、机动车距规定的报废期限不足1年而购买短期交强险的车辆，保单中“当年应缴”项目的计算公式为：

当年应缴 = 计税单位 × 年单位税额 × 应纳税月份数 ÷ 12

其中，应纳税月份数为“交强险”有效期起始日期的当月至截止日期当月的月份数。

（2）已向税务机关缴税的车辆或税务机关已批准减免税的车辆对于已向税务机关缴税或税务机关已经批准免税的车辆，保单中“当年应缴”项目应为零。对于税务机关已批准减税的机动车，保单中“当年应缴”项目应根据减税前的应纳税额扣除依据减税证明中注明的减税幅度计算的减税额确定，计算公式为：

减税车辆应纳税额 = 减税前应纳税额 ×（1 − 减税幅度）

（3）对于2007年1月1日前购置的车辆或者曾经缴纳过车船税的车辆，保单“往年补缴”项目的计算公式为：

往年补缴 = 计税单位 × 年单位税额 ×（本次缴税年度 − 前次缴税年度 − 1）

（4）对于2007年1月1日以后购置的车辆，纳税人从购置时起一直未缴纳车税的，保单中“往年补缴”项目的计算公式为：

往年补缴 = 购置当年欠缴的税款 + 购置年度以后欠缴税款

其中，购置当年欠缴的税款 = 计税单位 × 年单位税额 × 应纳税月份数 ÷ 12。应纳税月份数为车辆登记日期的当月起至该年度终了的月份数。若车辆尚未到车船管理部门登记，则应纳税月份数为购置日期的当月起至该年度终了的月份数。计算公式为：

购置年度以后欠缴税款 = 计税单位年单位税额 ×（本次缴税年度 − 车辆登记年度 − 1）

（5）滞纳金计算。对于纳税人在应购买“交强险”截止日期以后购买“交强险”的，或以前年度没有缴纳车船税的，保险机构在代收代缴税款的同时，还应代收代缴欠缴税款的滞纳金。

保单中“滞纳金”项目为各年度欠税应加收滞纳金之和。计算公式为：

每一年度欠税应加收的滞纳金 = 欠税金额 × 滞纳天数 × 0.5‰

滞纳天数的计算自应购买“交强险”截止日期的次日起到纳税人购买“交强险”当日止。纳税人连续两年以上欠缴车船税的，应分别计算每一年度欠税应加收的滞纳金。

七、车船税税收优惠

（一）下列车船免征车船税

（1）捕捞、养殖渔船。这是指在渔业船舶管理部门登记为捕捞船或者养殖船的渔业船舶。

（2）军队、武装警察部队专用的车船。这是指按照规定在军队、武装警察部队车船登记管理部门登记，并领取军队、武警牌照的车船。

（3）警用车船。这是指公安机关、国家安全机关、监狱、劳动教养管理机关和人民法院、人民检察院领取警用牌照的车辆和执行警务的专用船舶。

（4）依照法律规定应当予以免税的外国驻华使领馆、国际组织驻华代表机构及其有关人员的车船。

(5) 新能源车船。免征车船税的使用新能源汽车是指纯电动商用车、插电式（含增程式）混合动力汽车、燃料电池商用车。纯电动乘用车和燃料电池乘用车不属于车船税征税范围，对其不征车船税。

免征车船税的使用新能源汽车（不含纯电动乘用车和燃料电池乘用车），必须符合国家有关标准。

(6) 临时入境的外国车船和我国香港特别行政区、澳门特别行政区、台湾地区的车船，不征收车船税。

(7) 按照规定缴纳船舶吨税的机动船舶，自车船税法实施之日起5年内免征车船税。

(8) 依法不需要在车船登记管理部门登记的机场、港口、铁路站场内部行驶或者作业的车船，自车船税法实施之日起5年内免征车船税。

（二）车船税其他税收优惠

(1) 对节约能源车船，减半征收车船税，包括节约能源乘用车和节约能源商用车。节约能源乘用车是指获得许可在中国境内销售的符合国家有关标准的排量为1.6 L以下（含1.6 L）的燃用汽油、柴油的节约能源乘用车（含非插电式混合动力乘用车和双燃料乘用车）；节约能源商用车是指获得许可在中国境内销售的符合国家有关标准的燃用天然气、汽油、柴油的重型节约能源商用车（含非插电式混合动力和双燃料重型商用车）。

(2) 对受地震、洪涝等严重自然灾害影响纳税困难以及其他特殊原因确需减免税的车船，可以在一定期限内减征或者免征车船税。具体减免期限和数额由省、自治区、直辖市人民政府确定，报国务院备案。

(3) 省、自治区、直辖市人民政府根据当地实际情况，可以对公共交通车船，农村居民拥有并主要在农村地区使用的摩托车、三轮汽车和低速载货汽车定期减征或者免征车船税。

八、车船税征收管理

（一）纳税义务发生时间

车船税纳税义务发生时间为取得车船所有权或者管理权的当月。以购买车船的发票或其证明文件所载日期的当月为准。

车船税的纳税义务发生时间，为车船管理部门核发的车船登记证书或者行驶证书所记载期的当月。纳税人未按照规定到车船管理部门办理应税车船登记手续的，以车船购置发票所载开具时间的当月作为车船税的纳税义务发生时间。对未办理车船登记手续且无法提供车船购置发票的，由主管地方税务机关核定纳税义务发生时间。

（二）纳税地点

车船税由地方税务机关负责征收。车船税的纳税地点为车船的登记地或者车船税扣缴义务人所在地。

扣缴义务人代收代缴车船税的，纳税地点为扣缴义务人所在地。

纳税人自行申报缴纳车船税的，纳税地点为车船登记地的主管税务机关所在地。

依法不需要办理登记的车船，其车船税的纳税地点为车船的所有人或者管理人所在地。

（三）纳税申报

车船税按年申报，分月计算，一次性缴纳。纳税年度为公历 1 月 1 日至 12 月 31 日。具体申报纳税期限由省、自治区、直辖市人民政府规定。

（1）从事机动车第三者责任强制保险业务的保险机构为机动车车船税的扣缴义务人，应当在收取保险费时依法代收车船税，并出具代收税款凭证。

机动车车船税扣缴义务人在代收车船税时，应当在机动车交通事故责任强制保险的保险单以及保费发票上注明已收税款的信息，作为代收税款凭证。

（2）已完税或者依法减免税的车辆，纳税人应当向扣缴义务人提供登记地的主管税务机关出具的完税凭证或者减免税证明。

纳税人没有按照规定期限缴纳车船税的，扣缴义务人在代收代缴税款时，可以一并代收代缴欠缴税款的滞纳金。

（3）扣缴义务人已代收代缴车船税的，纳税人不再向车辆登记地的主管税务机关申报缴纳车船税。

（4）没有扣缴义务人的，纳税人应当向主管税务机关自行申报缴纳车船税。

（5）纳税人缴纳车船税时，应当提供反映排气量、整备质量、核定载客人数、净吨位、千瓦、艇身长度等与纳税相关信息的相应凭证以及税务机关根据实际需要要求提供的其他资料。

纳税人以前年度已经提供前款所列资料信息的，可以不再提供。

（6）已缴纳车船税的车船在同一纳税年度内办理转让过户的，不另纳税，也不退税。

（四）其他管理规定

（1）车辆所有人或者管理人在申请办理车辆相关登记、定期检验手续时，应当向公安机关交通管理部门提交依法纳税或者免税证明。公安机关交通管理部门核查后办理相关手续。

公安、交通运输、农业、渔业等车船登记管理部门、船舶检验机构和车船税扣缴义务人的行业主管部门应当在提供车船有关信息等方面，协助税务机关加强车船税的征收管理。

公安机关交通管理部门在办理车辆相关登记和定期检验手续时，经核查，对没有提供依法纳税或者免税证明的，不予办理相关手续。

（2）扣缴义务人应当及时解缴代收代缴的税款和滞纳金，并向主管税务机关申报。扣缴义务人向税务机关解缴税款和滞纳金时，应当同时报送明细的税款和滞纳金扣缴报告。扣缴义务人解缴税款和滞纳金的具体期限，由省、自治区、直辖市地方税务机关依照法律、行政法规的规定确定。

（3）在一个纳税年度内，已完税的车船被盗抢、报废、灭失的，纳税人可以凭有关管理机关出具的证明和完税凭证，向纳税所在地的主管税务机关申请退还自被盗抢、报废、灭失月份起至该纳税年度终了期间的税款。

已办理退税的被盗抢车船失而复得的，纳税人应当从公安机关出具相关证明的当月起计算缴纳车船税。

【例6－16】根据车船税法律制度的规定，下列关于车船税纳税申报的表述中，不正确的是(　　)。

A. 扣缴义务人已代收代缴车船税的，纳税人不再向车辆登记地的主管税务机关申报缴纳车船税

B. 没有扣缴义务人的，纳税人应当向主管税务机关自行申报缴纳车船税

C. 已缴纳车船税的车船在同一纳税年度内办理转让过户的，需要另外纳税

D. 车船税按年申报，分月计算，一次性缴纳

【答案】C

【应试指南】车辆购置税和车船税的区别与联系。

车辆购置税和车船税的区别与联系

第六节 印花税法律制度

教学引例6－4

印花税，是一个很古老的税种，它的起源鲜为人知，其历史仅比邮票晚14年。那些粘贴在房地产契证上不同版本、五颜六色的印花税票，仿佛向人们诉说着各个历史时期的故事。

1624年，荷兰政府发生经济危机，财政困难。当时执掌政权的统治者摩里斯(Maurs)了解到人们日常生活中使用契约、借贷凭证之类的单据很多，一旦征税，税源很大。为了解决财政上的需要，摩里斯提出用增加税收的办法来解决财政支出的困难，但至于用什么方式去增加税收，众议院想不出好的点子来，政府只好采用公开招标的办法，以重赏来寻求新税设计方案，谋求征税之妙策。印花税票就是从千万个应征者设计的方案中精选出来的“杰作”。可见印花税的产生较之其他税种更具有传奇色彩。

由于印花税“取微用宏”、简便易行，欧美各国竞相仿效荷兰。丹麦在1660年、法国在1665年、美国在1671年、奥地利在1686年、英国在1694年先后开征了印花税。印花税逐渐成为世界上普遍采用的一个税种，在国际上盛行。

我国自清代光绪年间开始征收印花税延续至今。

一、印花税纳税人

印花税纳税人是指在中国境内书立、领受、使用税法所列举凭证的单位和个人。如果一份合同或应税凭证由两方或两方以上当事人共同签订，签订合同或应税凭证的各方都是纳税人，应各就其所持合同或应税凭证的计税金额履行纳税义务。

根据书立、领受、使用应税凭证的不同，纳税人可分为立合同人、立账簿人、立据人、领受人和使用人等。

（1）立合同人是指合同的当事人，即对凭证有直接权利义务关系的单位和个人，但不包括合同的担保人、证人、鉴定人。所谓合同，是指根据《合同法》的规定订立的各类合同，包括购销、加工承揽、建筑工程、财产租赁、货物运输、仓储保管、借款、财产保险以及具有合同性质的凭证。当事人的代理人有代理纳税义务。

（2）立账簿人是指开立并使用营业账簿的单位和个人。如某企业因生产需要，设立了若干营业账簿，该企业即为印花税的纳税人。

（3）立据人是指书立产权转移书据的单位和个人。

（4）领受人是指领取并持有权利、许可证照的单位和个人。如领取房屋产权证的单位和个人，即为印花税的纳税人。

（5）使用人是指在国外书立、领受，但在国内使用应税凭证的单位和个人。

（6）各类电子应税凭证的签订人。即以电子形式签订的各类应税凭证的当事人。

【例 6－17】根据印花税法律制度的规定，下列各项中，不属于印花税纳税人的有（　）。

A. 合同的当事人　　B. 合同的担保人

C. 合同的鉴定人　　D. 合同的证人

【答案】BCD

【答案解析】签订合同的各方当事人都是印花税的纳税人，但不包括合同的担保人、证人和鉴定人。

二、印花税征税范围

印花税征税范围

我国经济活动中发生的经济凭证种类繁多，数量巨大，现行印花税采取正列举形式，只对《印花税暂行条例》列举的凭证征收，没有列举的凭证不征收。列举的凭证分为 5 类，即经济合同，产权转移书据，营业账簿，权利、许可证照和经财政部门确认的其他凭证。具体征税范围如下：

（一）经济合同

合同是指当事人之间为实现一定目的，经协商一致，明确当事人各方权利、义务关系的协议。我国印花税只对依法订立的经济合同书征收。印花税税目中的合同比照我国原《经济合同法》对经济合同的分类，在税目税率表中列举了十大类合同。

经济合同包括购销合同、加工承揽合同、建设工程勘察设计合同、建筑安装工程承包合同、财产租赁合同、货物运输合同、仓储保管合同、借款合同（包括融资租赁合同）、财产保险合同和技术合同。

（1）对纳税人以电子形式签订的各类应税凭证按规定征收印花税。

（2）对发电厂与电网之间签订的购售电合同，按购销合同征收印花税；电网与用户之间签订的供用电合同不征印花税。

（3）购销合同包括供应、预购、采购、购销结合及协作、调剂、补偿、易货等合同；还包括各出版单位与发行单位（不包括订阅单位和个人）之间订立的图书、报刊、音像征订凭证。

（4）加工承揽合同包括加工、定做、修缮、修理、印刷、广告、测绘、测试等合同。

（5）建设工程勘察设计合同，包括勘察、设计合同的总包合同、分包合同和转包合同。

（6）建筑安装工程承包合同，包括建筑、安装工程承包合同的总包合同、分包合同和转包合同。

（7）财产租赁合同，包括租赁房屋、运输工具、机械设备等合同，但不包括“企业与主管部门签订的租赁承包合同”。

（8）借款合同包括银行及其他金融组织和借款人所签订的借款合同，但不包括“银行同业拆借合同”。

（9）财产保险合同包括财产、责任、保证、信用等保险合同，但不包括“人身保险合同”。

（10）技术合同包括技术开发合同、技术转让合同、技术咨询合同和技术服务合同。技术转让合同中的专利申请权转让合同、非专利技术转让合同，应按“经济合同”税目缴纳印花税；专利权转让合同、专利实施许可合同，应按“产权转移书据”税目缴纳印花税。

（11）一般的法律、会计、审计等方面的咨询不属于技术咨询，其所立合同不贴印花。

（12）具有合同性质的凭证应视同合同征税。

（13）不论合同是否兑现或能否按期兑现，都应当缴纳印花税。印花税既是凭证税，又具有行为税性质。纳税人签订应税合同，就发生了应税经济行为，必须依法贴花，履行完税手续。所以不论合同是否兑现或能否按期兑现，都应当缴纳印花税。

（14）同时书立合同和开立单据的贴花方法。办理一项业务（如货物运输、仓储保管、财产保险、银行借款等），如果既书立合同，又开立单据，只就合同贴花；凡不书立合同，只开立单据，以单据作为合同适用的，其使用的单据应按规定贴花。

（二）产权转移书据

产权转移即财产权利关系的变更行为，表现为产权主体发生变更。产权转移书据是在产权的买卖、交换、继承、赠与、分割等产权主体变更过程中，由产权出让人与受让人之间所订立的民事法律文书。

我国印花税税目中的产权转移书据包括财产所有权、版权、商标专用权、专利权、专有技术使用权共5 项产权的转移书据。其中，财产所有权转移书据，是指经政府管理机关登记注册的不动产、动产的所有权转移所书立的书据，包括股份制企业向社会公开发行的股票，因购买、继承、赠与所书立的产权转移书据。其他4 项则属于无形资产的产权转移书据。

另外，土地使用权出让合同、土地使用权转让合同、商品房销售合同按照产权转移书据征收印花税。

（三）营业账簿

印花税税目中的营业账簿归属于财务会计账簿，是按照财务会计制度的要求设置的，反映生产经营活动的账册。按照营业账簿反映的内容不同，在税目中分为记载资金的账簿（简称：资金账簿）和其他营业账簿两类，以便于分别采用按金额计税和按件计税两种计税方法。

（1）资金账簿是反映生产经营单位“实收资本”和“资本公积”金额增减变化的账簿。

（2）其他营业账簿是反映除资金资产以外的其他生产经营活动内容的账簿，即除资金账簿以外的，归属于财务会计体系的其他生产经营用账册。

（3）有关“营业账簿”征免范围应明确的若干问题。

有关“营业账簿”征免范围应明确的若干问题

（四）权利、许可证照

权利、许可证照是政府授予单位、个人某种法定权利和准予从事特定经济活动的各种证照的统称。包括政府部门发给的房屋产权证、工商营业执照、商标注册证、专利证、土地使用证等。

（五）经财政部门确定征税的其他凭证

除了税法列举的以上5 类应税经济凭证之外，在确定经济凭证的征免税范围时，需要注意以下3 点：

（1）由于目前同一性质的凭证名称各异，不够统一，因此，各类凭证不论以何种形式或名称书立，只要其性质属于条例中列举征税范围内的凭证，均应照章纳税。

（2）应税凭证均是指在中国境内具有法律效力，受中国法律保护的凭证。

（3）适用于中国境内，并在中国境内具备法律效力的应税凭证，无论在中国境内或者境外书立，均应依照印花税的规定贴花。

【例6－18】根据印花税法律制度的规定，下列关于印花税征税范围的表述中，正确的有（　　）。

A. 同一业务中既书立合同，又开立单据，只就合同征收印花税

B. 未按期兑现的合同不征收印花税

C. 具有合同性质的凭证应视同合同征收印花税

D. 对纳税人以电子形式签订的各类应税凭证按规定征收印花税

【答案】ACD

【答案解析】选项B，不论合同是否兑现或者能否按期兑现，都应当缴纳印花税。

三、印花税税率

印花税的税率有比例税率和定额税率两种形式。

（一）比例税率

对载有金额的凭证，如各类合同以及具有合同性质的凭证（包括电子形式）、产权转移书据、资金账簿等，采用比例税率。在印花税13个税目中，各类合同以及具有合同性质的凭证、产权转移书据、营业账簿中记载资金的账簿，适用比例税率。

（二）定额税率

为了简化征管手续，便于操作，对无法计算金额的凭证，或虽载有金额，但作为计税依据不合理的凭证，采用定额税率，以件为单位缴纳一定数额的税款。权利、许可证照、营业账簿中的其他账簿，均为按件贴花，单位税额为每件5元。

印花税税目税率如表6－6所示。

表6－6　印花税税目税率

税目	范围	税率	纳税人	说明
购销合同	包括供应、预购、采购、购销结合及协作、调剂、补偿、易货等合同	按购销金额的3‰贴花	立合同人	
加工承揽合同	包括加工、定做、修缮、修理、印刷、广告、测绘、测试等合同	按加工或承揽收入的5‰贴花	立合同人	
建设工程勘察设计合同	包括勘察、设计合同	按收取费用的5‰贴花	立合同人	
建筑安装工程承包合同	包括建筑、安装工程承包合同	按承包金额的3‰贴花	立合同人	
财产租赁合同	包括租赁房屋、船舶、飞机、机动车辆、机械、器具、设备等合同	按租赁金额的1‰贴花。税额不足1元的按1元贴花	立合同人	
货物运输合同	包括民用航空、铁路运输、海上运输、内河运输、公路运输和联运合同	按运输收取费用的5‰贴花	立合同人	单据作为合同使用的，按合同贴花
仓储保管合同	包括仓储、保管合同	按仓储收取保管费用的1‰贴花	立合同人	仓单或栈单作为合同使用的，按合同贴花
借款合同	银行及其他金融组织和借款人（不包括银行同业拆借）所签订的借款合同	按借款金额的0.5‰贴花	立合同人	单据作为合同使用的，按合同贴花
财产保险合同	包括财产、责任、保证、信用等保险合同	按保险费收入的1‰贴花	立合同人	单据作为合同使用的，按合同贴花

续 表

税目	范围	税率	纳税人	说明
技术合同	包括技术开发、转让、咨询、服务等合同	按所载金额的3‰贴花	立合同人	
产权转移书据	包括财产所有权和版权、商标专用权、专利权、专有技术使用权、土地使用权出让合同、商品房销售合同等	按所载金额的5‰贴花	立据人	
营业账簿	生产经营用账册	记载资金的账簿，按实收资本和资本公积合计金额的0.5‰贴花。其他账簿按件贴花5元	立账簿人	
权利、许可证照	包括政府部门发给的房屋产权证、工商营业执照、商标注册证、专利证、土地使用证	按件贴花5元	领受人	

四、印花税计税依据

（1）合同或具有合同性质的凭证，以凭证所载金额作为计税依据。具体包括购销合同中记载的购销金额、加工承揽合同中的加工或承揽收入、建设工程勘察设计合同中的收取费用、建筑安装工程合同中的承包金额、财产租赁合同中的租赁金额、货物运输合同中的运输费用（运费收入）、仓储保管费用、借款合同中的借款金额、保险合同中的保险费等。上述凭证以“金额”“费用”作为计税依据的，应当全额计税，不得作任何扣除。

载有两个或两个以上应适用不同税目税率经济事项的同一凭证，分别记载金额的，应分别计算应纳税额，相加后按合计税额贴花；如未分别记载金额，则按税率高的计算贴花。

（2）营业账簿中记载资金的账簿，以“实收资本”与“资本公积”两项的合计金额为其计税依据

（3）不记载金额的营业账簿、政府部门发给的房屋产权证、工商营业执照、专利证等权利许可证照，以及日记账簿和各种明细分类账簿等辅助性账簿，以凭证或账簿的件数作为计税依据。

（4）纳税人有以下情形的，地方税务机关可以核定纳税人印花税计税依据：

①未按规定建立印花税应税凭证登记簿，或未如实登记和完整保存应税凭证的。

②拒不提供应税凭证或不如实提供应税凭证致使计税依据明显偏低的。

③采用按期汇总缴纳办法的，未按地方税务机关规定的期限报送汇总缴纳印花税情况报告，经地方税务机关责令限期报告，逾期仍不报告的或者地方税务机关在检查中发现纳税人有未按规定汇总缴纳印花税情况的。

五、印花税应纳税额的计算

（1）实行比例税率的凭证，印花税应纳税额的计算公式为：

应纳税额 = 应税凭证计税金额 × 比例税率

（2）实行定额税率的凭证，印花税应纳税额的计算公式为：

应纳税额 = 应税凭证件数 × 定额税率

（3）营业账簿中记载资金的账簿，印花税应纳税额的计算公式为：

应纳税额 =（实收资本 + 资本公积）×0.5‰

（4）其他账簿按件贴花，每件 5 元。

【例 6－19】 201×年 4 月，甲企业与乙企业签订了一份合同，甲向乙销售货物并负责运输到乙指定的地点，合同所载金额合计为 300 万元，其中包括货款和货物运输费用。已知，购销合同适用的印花税税率为 0.3‰，货物运输合同适用的印花税税率为 0.5‰。根据印花税法律制度的规定，甲企业应缴纳印花税（　　）万元。

A. 0.24　　B. 0.15　　C. 0.09　　D. 0.06

【答案】 B

【答案解析】 载有两个或两个以上应适用不同税目税率经济事项的同一凭证，如分别记载金额，则应分别计算应纳税额，相加后按合计税额贴花；如未分别记载金额，则按税率高的计税贴花。因此，甲企业应缴纳印花税 = 300 × 0.5‰ = 0.15（万元）。

【应试指南】 印花税应纳税额的计算。

印花税应纳税额的计算

六、印花税税收优惠

1. 法定凭证免税

下列凭证，免征印花税。

（1）已缴纳印花税的凭证的副本或者抄本。

（2）财产所有人将财产赠予政府、社会福利单位、学校所立的书据。

（3）经财政部批准免税的其他凭证。

2. 免税额

应纳税额不足 1 角的，免征印花税。

3. 特定凭证免税

下列凭证，免征印花税。

（1）国家指定的收购部门与村委会、农民个人书立的农副产品收购合同。

（2）无息、贴息贷款合同。

（3）外国政府或者国际金融组织向中国政府及国家金融机构提供优惠贷款所书立的合同。

4. 特定情形免税

有下列情形之一的，免征印花税。

（1）对商店、门市部的零星加工修理业务开具的修理单，不贴印花。

（2）对房地产管理部门与个人订立的租房合同，凡用于生活居住的，暂免贴花；用于生产经营的，按规定贴花。

（3）对铁路、公路、航运、水路承运快件行李、包裹开具的托运单据，暂免贴花。

（4）对企业车间、门市部、仓库设置的不属于会计核算范围，或虽属会计核算范围，但不记载金额的登记簿、统计簿、台账等，不贴印花。

（5）实行差额预算管理的单位，不记载经营业务的账簿不贴花。

5. 单据免税

对货物运输、仓储保管、财产保险、银行借款等，办理一项业务，既书立合同，又开立单据的，只就合同贴花。所开立的各类单据，不再贴花。

6. 企业兼并并入资金免税

对企业兼并的并入资金，凡已按资金总额贴花的，接收单位对并入的资金，不再补贴印花。

7. 租赁承包经营合同免税

企业与主管部门等签订的租赁承包经营合同，不属于财产租赁合同，不征收印花税。

8. 特殊情形免税

纳税人已履行并贴花的合同，发现实际结算金额与合同所载金额不一致的，一般不再补贴印花。

9. 保险合同免税

农林作物、牧业畜类保险合同，免征印花税。

10. 书、报、刊合同免税

书、报、刊发行单位之间，发行单位与订阅单位或个人之间书立的凭证，免征印花税。

11. 外国运输企业免税

由外国运输企业运输进口货物的，外国运输企业所持有的一份结算凭证，免征印花税。

12. 特殊货运凭证免税

下列特殊货运凭证，免征印花税。

（1）军事物资运输结算凭证。

（2）抢险救灾物资运输结算凭证。

（3）为新建铁路运输施工所属物料，使用工程临管线专用运费结算凭证。

13. 物资调拨单免税

对工业、商业、物资、外贸等部门调拨商品物资，作为内部执行计划使用的调拨单，不作为结算凭证，不属于合同性质的凭证，不征收印花税。

14. 同业拆借合同免税

银行、非银行金融机构之间相互融通短期资金，按照规定的同业拆借期限和利率签订的同业拆借合同，不征收印花税。

15. 借款展期合同免税

对办理借款展期业务使用借款展期合同或其他凭证，按规定仅载明延期还款事项的，可暂不贴花。

16. 合同、书据免税

出版合同，不属于印花税列举征税的凭证，免征印花税。

17. 国库业务账簿免税

人民银行各级机构代理国库业务及委托各专业银行各级机构代理国库业务设置的账簿，免征印花税。

18. 委托代理合同免税

代理单位与委托单位之间签订的委托代理合同，不征收印花税。

19. 日拆性贷款合同免税

对人民银行向各商业银行提供的日拆性贷款（20 日以内的贷款）所签订的合同或借据，暂免征收印花税。

20. 铁道企业特定凭证免税

铁道部所属单位的下列凭证，不征收印花税。

（1）铁道部层层下达的基建计划，不贴花。

（2）企业内部签订的有关铁路生产经营设施基建、更新改造、大修、维修的协议或责任书，不贴花。

（3）在铁路内部无偿调拨固定资产的调拨单据，不贴花。

（4）由铁道部全额拨付事业费的单位，其营业账簿，不贴花。

21. 电话和联网购货免税

对在供需经济活动中使用电话、计算机联网订货，没有开具书面凭证的，暂不贴花。

22. 股权转让免税

对国务院和省级人民政府批准进行政企脱钩、对企业进行改组和改变管理体制、变更企业隶属关系，以及国有企业改制、盘活国有资产，而发生的国有股权无偿转让划转行为，暂不征收证券交易印花税；对上市公司国有股权无偿转让，需要免征证券交易印花税的，须由企业提出申请，报证券交易所所在地国家税务局审批，并报国家税务总局备案。

【例 6－20】根据印花税法律制度的规定，下列各项中，应缴纳印花税的是(　　)。

A. 报刊发行单位和订阅单位之间书立的凭证

B. 建筑安装工程承包合同

C. 门市部零星修理业务开具的修理单

D. 农林作物保险合同

【答案】B

【答案解析】选项 A、D，免征印花税；选项 C，不贴印花。

七、印花税征收管理

（一）纳税义务发生时间

印花税应当在书立或领受时贴花。具体是指在合同签订时、账簿启用时和证照领受时贴花。如果合同是在国外签订，并且不便在国外贴花的，应在合同被带入境时办理贴花纳税手续。

（二）纳税地点

印花税一般实行就地纳税。对于全国性商品物资订货会（包括展销会、交易会等）上所签订合同应纳的印花税，由纳税人回其所在地后及时办理贴花完税手续；对地方主办、不涉及省际关系的订货会、展销会上所签合同的印花税，其纳税地点由各省、自治区、直辖市人民政府自行确定。

（三）纳税期限

印花税的纳税方法与其他税种不同，其特点之一就是由纳税人根据税法规定，自行计算应纳税额，并自行购买印花税票，自行完成纳税义务。同时，对特殊情况采取特定的纳税贴花方法。税法规定，印花税应税凭证应在书立、领受时即行贴花完税，不得延至凭证生效日期贴花。同一种类应纳印花税凭证若需要频繁贴花，则纳税人可向当地税务机关申请近期汇总缴纳印花税，经税务机关核准发给许可证后，按税务机关确定的限期（最长不超过 1 个月）汇总计算纳税。

（四）缴纳方法

根据税额大小，应税项目纳税次数多少以及税源控管的需要，印花税分别采用自行贴花、汇贴汇缴和委托代征三种缴纳方法。

1. 自行贴花

自行贴花即实行“三自”纳税，纳税人在书立、领受应税凭证时，自行计算应纳印花税额，向当地纳税机关或印花税票代售点购买印花税票，自行在应税凭证上一次贴足印花并自行注销，这是缴纳印花税的基本方法。印花税票一经售出，国家即取得了印花税收入，但不等于纳税人履行了纳税义务，只有在纳税人按规定将印花税票（足额）粘贴在应税凭证的适当位置后，经盖销或划销后才算完成了纳税手续。已完成纳税手续的凭证应按规定的期限妥善保管，以备核查。同时必须明确：已贴用的印花税票不得重用；已贴花的凭证，修改后所载金额有增加的，其增加部分应当补贴印花。

2. 汇贴汇缴

一份凭证应纳税额超过 500 元的，纳税人应当向当地税务机关申请填写缴款书或完税证，将其中一联粘贴在凭证上或者税务机关在凭证上加注完税标记代替贴花。

同一类应纳税凭证，需频繁贴花的，纳税人应向当地税务机关申请按期汇总缴纳印花税。税务机关对核准汇总缴纳的单位，应发给汇缴许可证，汇总缴纳的限期限额由当地税务机关确定，但最长期限不得超过 1 个月。凡汇总缴纳印花税的凭证，应加注税务机关指定的汇缴戳记，编号并装订成册后，将已贴印花或者缴款书的一联粘附册后，盖章注销，保存备查。

3. 委托代征

为加强征收管理，简化手续，印花税可以委托有关部门代征，实行源泉控管。对通过国家有关部门发放、鉴证、公证或仲裁的应税凭证，税务部门可以委托这些部门代征印花税，发给代征单位代征委托书，明确双方的权利和义务。

第七节 资源税法律制度

教学引例 6－5

征收资源税演变史见证我国经济转型

资源税，是以自然资源为征税对象的税种，其主要目的是调节资源级差收入，体现资源有偿开采，促进资源节约使用。

我国是世界上矿产资源种类齐全、储量丰富的少数国家之一，但矿产资源人均占有量仅为世界的58%，列世界第53位，并且还存在矿产资源禀赋较差，贫矿多富矿少等问题。面对经济社会发展的巨大需求，我国矿产资源储量显得严重不足。

为促进资源合理开发利用，遏制资源乱挖滥采，1984年起，我国开始采用普遍征收、从量定额计征的方式，对在我国境内从事原油、天然气、煤炭等矿产资源开采的单位和个人征收资源税。

1994年，我国对资源税进行了改革，国务院重新颁布了资源税暂行条例，进一步扩大征收范围，征税对象包括原油、天然气、煤炭、其他非金属矿原矿、黑色金属矿原矿、有色金属矿原矿和盐7大类，并实行从量定额征收办法。为进一步完善资源税制度，2010年6月1日，我国率先在新疆开展原油、天然气资源税从价计征改革，拉开了资源税制度改革的序幕。

在过去几年中，资源税改革范围逐步扩大，改革品目不断增加，资源税改革阔步前行：

(1) 2010年12月1日，油气资源税改革扩大到内蒙古、甘肃、四川、青海、贵州、宁夏等12个西部省区。

(2) 2011年11月1日，油气资源税改革推广至全国范围。

(3) 2014 年 12 月 1 日，煤炭资源税从价计征改革全面实施，同时全面清理涉煤收费基。

(4) 2015 年 5 月 1 日，资源税从价计征改革覆盖稀土、钨、钼 3 个品目。

经过多年的探索实践，资源税改革率先在这 6 个品目建立了从价计征机制，实现了资源税收入与矿价直接挂钩，有效克服了原从量定额征收方式缺乏弹性和逆向调节的问题，也为全面推开资源税从价计征改革摸清了方向，积累了经验。

随着 2016 年 7 月 1 日资源税改革的全面推开，实行从价计征，清理收费基金，酝酿多年的资源税改革将步入全速前进的“快车道”，更有效发挥税收杠杆调节作用，促进资源节约集约利用，引领绿色发展，护航美丽中国。

一、资源税纳税人

资源税纳税人是指在中华人民共和国领域及管辖海域开采《资源税暂行条例》规定的矿产品或者生产盐（以下称开采或者生产应税产品）的单位和个人。

收购未税矿产品的单位为资源税的扣缴义务人。收购未税矿产品的单位，是指独立矿山、联合企业和其他单位。

【例 6－21】 根据资源税法律制度的规定，下列各项中，属于资源税纳税人的是（　　）。

A. 进口金属矿石的冶炼企业

B. 销售精盐的商场

C. 开采原煤的公司

D. 销售石油制品的加油站

【答案】 C

二、资源税征税范围

我国目前资源税的征税范围仅涉及矿产品和盐两大类，具体包括：

(1) 原油。开采的天然原油征税；人造石油不征税。

(2) 天然气。专门开采的天然气和与原油同时开采的天然气征税；煤矿生产的天然气暂不征税。

(3) 煤炭。包括原煤和以未税原煤加工的洗选煤。

(4) 其他非金属矿原矿，是指原油、天然气、煤炭和井矿盐以外的非金属矿原矿，包括宝石、金刚石、玉石、膨润土、石墨、石英砂、萤石、重晶石、毒重石、蛭石、长石、氟石、滑石、白云石、硅灰石、凹凸棒石黏土、高岭石土、耐火黏土、云母、大理石、花岗石、石灰石、菱镁矿、天然碱、石膏、硅线石、工业用金刚石、石棉、硫铁矿、自然硫、磷铁矿等。

(5) 黑色金属矿原矿，是指纳税人开采后自用、销售的，用于直接入炉冶炼或作为主产品先入选精矿，制造人工矿，再最终入炉冶炼的黑色金属矿石原矿，包括铁矿石、锰矿石和铬矿石。

(6) 有色金属矿原矿，包括铜矿石、铅锌矿石、铝土矿石、钨矿石、锡矿石、锑矿石、铝矿石、镍矿石、黄金矿石、钒矿石（含石煤钒）等。

(7) 盐。一是固体盐，包括海盐原盐、湖盐原盐和井矿盐；二是液体盐（卤水），是指氯化钠含量达到一定浓度的溶液。

纳税人开采或者生产应税产品，自用于连续生产应税产品的，不缴纳资源税；自用于其他方面的，视同销售，缴纳资源税。

【例6-22】 根据资源税法律制度的规定，下列各项中，不属于资源税征税范围的是（ ）。

A. 井矿盐　　　　B. 金刚石原矿

C. 黄金原矿石　　D. 柴油

【答案】 D

三、资源税税目

现行资源税税目包括原油、天然气、煤炭、其他非金属矿原矿、黑色金属矿原矿、有色金属矿原矿及盐共7大类及若干子目，主要是根据资源税应税产品类别和纳税人开采资源的行业特点设置的。

四、资源税税率

资源税采用比例税率和定额税率两种形式，对原油、天然气、煤炭以及有色金属矿中的稀土、钨、钼按照比例税率从价征收资源税的税目、税率，依照《资源税税目税率表》及财政部的有关规定执行（表6-7）。

表6-7 资源税税目税率表

税目		税率
原油		销售额的6%~10%
天然气		销售额的6%~10%
煤炭		销售额的2%~10%
其他非金属矿原矿	普通非金属矿原矿	每吨或者每立方米0.5~20元
	贵重非金属矿原矿	每千克或者每克拉0.5~20元
黑色金属矿原矿		每吨2~30元
有色金属矿原矿	稀土	精矿销售额的7.5%~27%
	钨	精矿销售额的6.5%
	钼	精矿销售额的11%
	其他有色金属矿原矿	每吨0.4~30元
盐	固体盐	每吨10~60元
	液体盐	每吨2~10元

纳税人开采或者生产不同税目应税产品的，应当分别核算不同税目应税产品的销售额或者销售数量；未分别核算或者不能准确提供不同税目应税产品的销售额或者销售数量的，从高适用税率。纳税人在开采主矿产品的过程中伴采的其他应税矿产品，凡未单独规定税率的，一律按主矿产品或视同主矿产品税目征收资源税。

独立矿山、联合企业收购未税矿产品的单位，按照本单位应税产品税额标准，依据收购的数量代扣代缴资源税。其他收购单位收购的未税矿产品，按税务机关核定的应税产品税额标准，依据收购的数量代扣代缴资源税。

【例 6 – 23】根据资源税法律制度的规定，下列各项中，资源税按定额征收的有(　　)。

A. 原油　　B. 天然气

C. 固体盐　　D. 有色金属矿原矿

【答案】CD

五、资源税计税依据

资源税以纳税人开采或者生产应税矿产品的销售额或者销售数量为计税依据。

（一）销售额

（1）销售额是指纳税人销售应税矿产品向购买方收取的全部价款和价外费用，但不包括收取的增值税销项税额。价外费用，包括价外向购买方收取的手续费、补贴、基金、集资费、返还利润、奖励费、违约金、滞纳金、延期付款利息、赔偿金、代收款项、代垫款项、包装费、包装物租金、储备费、优质费、运输装卸费（原煤销售额不含从坑口到车站、码头等的运输费用）以及其他各种性质的价外收费。但下列项目不包括在内。

①同时符合以下条件的代垫运输费用：

a. 承运部门的运输费用发票开具给购买方的。

b. 纳税人将该项发票转交给购买方的。

②同时符合以下条件代为收取的政府性基金或者行政事业性收费：

a. 由国务院或者财政部批准设立的政府性基金，由国务院或者省级人民政府及其财政、价格主管部门批准设立的行政事业性收费。

b. 收取时开具省级以上财政部门印制的财政票据。

c. 所收款项全额上缴财政。

（2）纳税人以人民币以外的货币结算销售额的，应当折合成人民币计算。其销售额的人民币折合率可以选择销售额发生的当天或者当月 1 日的人民币汇率中间价。纳税人应在事先确定采用何种折合率计算方法，确定后 1 年内不得变更。

（3）纳税人将其开采的原煤，自用于连续生产洗选煤的，在原煤移送使用环节不缴纳资源税；将开采的原煤加工为洗选煤销售的，以洗选煤销售额乘以折算率作为应税煤炭销售额，计算缴纳资源税。

洗选煤销售额包括洗选副产品的销售额，不包括洗选煤从洗选煤厂到车站、码头等的运输费用。

纳税人同时以自采未税原煤和外购已税原煤加工洗选煤的，应当分别核算；未分别核算的，按上述规定，计算缴纳资源税。

纳税人将其开采的原煤自用于其他方面的，视同销售原煤；将其开采的原煤加工为洗选煤自用的，视同销售洗选煤缴纳资源税。

（4）稀土、钨、钼应税产品包括原矿和以自采原矿加工的精矿。纳税人将其开采的原矿加工为精矿销售的，按精矿销售额（不含增值税）和适用税率计算缴纳资源税。纳税人开采并销售原矿的，将原矿销售额（不含增值税）换算为精矿销售额计算缴纳资源税。精矿销售额的计算公式为：

$$精矿销售额 = 精矿销售量 \times 单位价格$$

精矿销售额不包括从洗选厂到车站、码头或用户指定运达地点的运输费用。

（5）纳税人申报的应税产品销售额明显偏低并且无正当理由的、有视同销售应税产品行为而无销售额的，除财政部、国家税务总局另有规定外，按下列顺序确定销售额：

①按纳税人最近时期同类产品的平均销售价格确定。

②按其他纳税人最近时期同类产品的平均销售价格确定。

③按组成计税价格确定。组成计税价格为：

$$组成计税价格 = 成本 \times (1 + 成本利润率) \div (1 - 税率)$$

其中，成本是指应税产品的实际生产成本；成本利润率由省、自治区、直辖市税务机关确定。

（二）销售数量

（1）纳税人开采或者生产应税产品销售的，以实际销售数量为销售数量。

（2）纳税人开采或者生产应税产品自用的，以移送时的自用数量为销售数量。自产自用包括生产自用和非生产自用。

（3）纳税人不能准确提供应税产品销售数量或移送使用数量的，以应税产品的产量或按主管税务机关确定的折算比换算成的数量为计征资源税的销售数量。

纳税人将其开采的金属（除稀土、钨、钼外）和非金属矿产品原矿自用于连续生产精矿产品，无法提供移送使用原矿数量的，可将其精矿按选矿比折算成原矿数量，以此作为销售数量。

（4）纳税人以自产的液体盐加工固体盐，按固体盐税额征税，以加工的固体盐数量为销售数量。纳税人以外购的液体盐加工成固体盐，其加工固体盐所耗用液体盐的已纳税额准予抵扣。

（5）纳税人的减税、免税项目，应当单独核算销售额和销售数量；未单独核算或者不能准确提供销售额和销售数量的，不予减税或者免税。

六、资源税应纳税额的计算

资源税的应纳税额，按照从价定率或者从量定额的办法，分别以应税产品的销售额乘以纳税人具体适用的比例税率或者以应税产品的销售数量乘以纳税人具体适用的定额税率计算。计算公式如下：

（1）实行从价定率计征办法的应税产品，资源税应纳税额按销售额和比例税率计算：

应纳税额 = 应税产品的销售额 × 适用的比例税率

（2）实行从量定额计征办法的应税产品，资源税应纳税额按销售数量和定额税率计算：

应纳税额 = 应税产品的销售数量 × 适用的定额税率

（3）扣缴义务人代扣代缴资源税应纳税额的计算：

代扣代缴应纳税额 = 收购未税矿产品的数量 × 适用定额税率

【例 6－24】某矿山 201×年 4 月销售其开采的铜矿石原矿 8 万 t，自用其开采的铜矿石原矿入选的精矿 2 万 t，选矿比为 20%，已知该矿山铜矿适用的资源税单位税额为 1.2 元/t。计算该铜矿 12 月份应纳资源税税额。

【答案解析】根据资源税法律制度的规定，金属和非金属矿产品原矿，因无法准确掌握纳税人移送使用原矿数量的，可将其精矿按照选矿比折算成原矿数量，作为销售量计税。

（1）销售铜矿石原矿应纳资源税 = 8 × 1.2 = 9.6（万元）。

（2）自用铜矿石原矿应纳资源税 = 入选精矿 ÷ 选矿比 × 定额税率 = 2 ÷ 20% × 1.2 = 12（万元）。

（3）该铜矿 12 月份应纳资源税税额 = 9.6 + 12 = 21.6（万元）。

七、资源税税收优惠

资源税贯彻普遍征收、级差调节的立法原则，因此规定的减免税项目比较少。

（1）开采原油过程中用于加热、修井的原油免税。

（2）纳税人开采或者生产应税产品过程中，因意外事故或者自然灾害等原因遭受重大损失的，由省、自治区、直辖市人民政府酌情决定减税或者免税。

（3）对已经缴纳资源税的岩金矿原矿经选矿形成的尾矿进行再利用的，只要纳税人能够在统计、核算上清楚地反映，并在堆放等具体操作上能够同应税原矿明确区隔开，不再计征资源税。尾矿与原矿如不能划分清楚的，应按原矿计征资源税。

（4）对地面抽采煤层气暂不征收资源税。煤层气是指储存于煤层及其围岩中与煤炭资源伴生的非常规天然气，也称煤矿瓦斯。

（5）我国油气田稠油、高凝油和高含硫天然气资源税减征 40%；三次采油资源税减征 30%；低丰度油气田资源税暂减征 20%；深水油气田减征 30%；油田范围内运输稠油过程中用于加热的原油天然气免征资源税。纳税人开采的原油、天然气同时符合上述两项及两项以上减税规定的，只能选择其中一项执行，不能叠加适用。

（6）自 2015 年 5 月 1 日起，对冶金矿山铁矿石资源税，暂减按规定税率标准的 40% 征收。

（7）对衰竭期煤矿开采的煤炭，资源税减征 30%；对充填开采置换出来的煤炭，资源税减征 50%。纳税人开采的煤炭，同时符合这两条减税情形的，只能选择其中一项执行，不能叠加适用。

（8）国务院规定的其他减税、免税项目。

八、资源税征收管理

（一）纳税义务发生时间

（1）纳税人销售应税产品采取分期收款结算方式的，其纳税义务发生时间，为销售合同规定的收款日期的当天。

（2）纳税人销售应税产品采取预收货款结算方式的，其纳税义务发生时间，为发出应税产品的当天。

（3）纳税人销售应税产品采取其他结算方式的，其纳税义务发生时间，为收讫销售款或者取得索取销售款凭据的当天。

（4）纳税人自产自用应税产品的纳税义务发生时间，为移送使用应税产品的当天。

（5）扣缴义务人代扣代缴税款的纳税义务发生时间，为支付首笔货款或者开具应支付货款凭据的当天。

（二）纳税地点

（1）凡是缴纳资源税的纳税人，都应当向应税产品的开采或者生产所在地主管税务机关缴纳税款。

（2）纳税人在本省、自治区、直辖市范围内开采或者生产应税产品，其纳税地点需要调整的，由所在省、自治区、直辖市税务机关决定。

（3）纳税人跨省开采资源税应税产品，其下属生产单位与核算单位不在同一省、自治区、直辖市的，对其开采的矿产品一律在开采地纳税。实行从量计征的应税产品，其应纳税款由独立核算的单位，按照每个开采地或者生产地的实际销售量（或者自用量）及适用的单位税额计算划拨；实行从价计征的应税产品，其应纳税款由独立核算的单位按照每个开采地或者生产地的销售量（或自用量）单位销售价格及适用税率计算划拨。

（4）扣缴义务人代扣代缴的资源税，应当向收购地主管税务机关缴纳。

（三）纳税期限

资源税的纳税期限为 1 日、3 日、5 日、10 日、15 日或者 1 个月。纳税期限由主管税务机关根据实际情况具体核定。不能按固定期限计算纳税的，可以按次计算纳税。

纳税人以 1 个月为一期纳税的，自期满之日起 10 日内申报纳税；以 1 日、3 日、5 日、10 日或者 15 日为一期纳税的，自期满之日起 5 日内预缴税款，于次月 1 日起 10 日内申报纳税并结清上月税款。

扣缴义务人代扣代缴税款的，为支付首笔货款或者首次开具应支付货款凭据的当天。

【例 6－25】（判断题）资源税纳税人销售应税产品采取分期收款结算方式的，其纳税义务发生时间为发出应税产品的当天。

【答案】 错误

第八节 其他相关税收法律制度

一、船舶吨税

（一）纳税人

对自中国境外港口进入中国境内港口的船舶征收船舶吨税（以下简称：吨税），以应税船舶负责人为纳税人。

（二）税率

吨税采用定额税率，按船舶净吨位的大小分等级设置单位税额，分为 30 日、90 日和 1 年 3 种不同的税率，并实行复式税率。具体分为两类：普通税率和优惠税率。我国国籍的应税船舶，船籍国（地区）与我国签订含有互相给予船舶税费最惠国待遇条款的条约或者协定的应税船舶，适用优惠税率；其他应税船舶，适用普通税率。我国现行吨税税目税率如表 6 – 8 所示。

表 6 – 8 吨税税目税率表

税目/净吨	税率/（元·净吨$^{-1}$）						备注
	普通税率（按执照期限划）			优惠税率（按执照期限划）			
	1 年	90 日	30 日	1 年	90 日	30 日	
≤2 000	12.6	4.2	2.1	9.0	3.0	1.5	
2 000 ~ 10 000（含）	24.0	8.0	4.0	17.4	5.8	2.9	拖船和非机动驳船分别按船舶税率的 50% 计征税额
10 000 ~ 50 000（含）	27.6	9.2	4.6	19.8	6.6	3.3	
>50 000	31.8	10.6	5.3	22.8	7.6	3.8	

（三）计税依据

吨税以船舶净吨位为计税依据，拖船和非机动驳船分别按相同净吨位船舶税率的 50% 计征。

（四）应纳税额的计算

吨税按照船舶净吨位和吨税执照期限征收，应税船舶负责人在每次申报纳税时，可以按照“吨税税目税率表”选择申领一种期限的吨税执照。应纳税额的计算公式为：

应纳税额＝应税船舶净吨位×适用税率

海关根据船舶负责人的申报，审核其申报吨位与其提供的船舶吨位证明和船舶国籍证书或者海事部门签发的船舶国籍证书收存证明相符后，按其申报执照的期限计征吨税，并填发缴款凭证交船舶负责人缴纳税款。

（五）税收优惠

下列船舶免征吨税：

（1）应纳税额在人民币 50 元以下的船舶。

（2）自境外以购买、受赠、继承等方式取得船舶所有权的初次进口到港的空载船舶。

（3）吨税执照期满后 24 小时内不上下客货的船舶。

（4）非机动船舶（不包括非机动驳船）。

（5）捕捞、养殖渔船。

（6）避难、防疫隔离、修理、终止运营或者拆解，并不上下客货的船舶。

（7）军队、武装警察部队专用或者征用的船舶。

（8）警用船舶。

（9）依照法律规定应当予以免税的外国驻华使领馆、国际组织驻华代表机构及其有关人员的船舶。

（10）国务院规定的其他船舶。

【例 6－26】根据船舶吨税法律制度的规定，下列船舶中，不予免征船舶吨税的是（　　）。

A. 捕捞渔船　　B. 非机动驳船

C. 养殖渔船　　D. 军队专用船舶

【答案】B

（六）征收管理

1. 纳税义务发生时间

吨税纳税义务发生时间为应税船舶进入境内港口的当日，应税船舶在吨税执照期满后尚未离开港口的，应当申领新的吨税执照，自上一执照期满的次日起续缴吨税。

2. 纳税期限

应税船舶负责人应当自海关填发吨税缴款凭证之日起 15 日内向指定银行缴清税款。未按期缴清税款的，自滞纳税款之日起，按日加收滞纳税款 0.5‰的滞纳金。

3. 其他相关规定

船舶吨税由海关负责征收。目前，船舶吨税已纳入预算内管理，由交通运输部专项用于海上干线公用航标维护、建设和管理。

海关发现少征或者漏征税款的，应当自应税船舶应当缴纳税款之日起 1 年内，补征税款。但因应税船舶违反规定造成少征或者漏征税款的，海关可以自应当缴纳税款之日起 3

年内追征税款，并自应当缴纳税款之日起按日加征少征或者漏征税款0.5‰的滞纳金。

海关发现多征税款的，应当立即通知应税船舶办理退还手续，并加算银行同期活期存款利息。应税船舶发现多缴税款的，可以自缴纳税款之日起1年内以书面形式要求海关退还多缴的税款并加算银行同期活期存款利息；海关应当自受理退税申请之日起30日内查实并通知应税船舶办理退税手续。

【例6－27】根据船舶吨税法律制度的规定，船舶吨税应当向(　　)缴纳。

A. 海关　　B. 地方税务局

C. 国税局　　D. 海事局

【答案】A

【应试指南】关税与吨税的联系与区别如表6－9所示。

表6－9　关税与吨税的联系与区别

项目	关税	吨税
纳税义务发生时间	报关进口的当天	应税船舶进入境内港口的当日
由海关负责征收	√	√
免税额：50元	√	√
纳税期限：海关填发缴款凭证之日起15日内	√	√
滞纳金：按日加收滞纳税款的0.5‰	√	√
海关发现少征或者漏征税款的，海关有权在1年内补征税款	√	√
当事人违反规定造成少征或者漏征税款的，海关有权在3年内追征税款	√	√
当事人发现多缴税款的，可以自缴纳税款之日起1年内书面申请海关退还	√	√

二、车辆购置税

车辆购置税，是对在中国境内购置规定车辆的单位和个人征收的一种税，就其性质而言，属于直接税的范畴。它由车辆购置附加费演变而来。

（一）纳税人

在我国境内购置规定的车辆（以下简称：应税车辆）的单位和个人，为车辆购置税的纳税人。购置包括购买、进口、自产、受赠、获奖或者以其他方式取得并自用应税车辆的行为。

【例6－28】甲汽车专卖店购入小汽车12辆，根据车辆购置税法律制度的规定，下列行为中，应当由甲汽车专卖店作为纳税人缴纳车辆购置税的是(　　)。

A. 将其中6辆销售给客户

B. 将其中2辆作为董事长、总经理的专用轿车

C. 将其中 1 辆赠送给乙企业

D. 库存 3 辆尚未售出

【答案】B

【答案解析】选项 A、C，由“购买方”“受赠人”缴纳车辆购置税；选项 B，甲汽车专卖店属于“购买并自用”，应当缴纳车辆购置税；选项 D，购入待售车辆不需要缴纳车辆购置税，待进一步处置时再行确定纳税人、缴纳车辆购置税。

（二）征收范围

车辆购置税的征收范围包括汽车、摩托车、电车、挂车、农用运输车。具体征收范围依照税法所附“车辆购置税征收范围表”执行（表 6－10）。

表 6－10　车辆购置税征收范围表

应税车辆	具体范围	注释
汽车	各类汽车	
摩托车	轻便摩托车	最高设计时速不大于 50 km/h，发动机气缸总排量不大于 50 cm^3 的两个或者三个车轮的机动车
	二轮摩托车	最高设计车速大于 50 km/h，或者发动机气缸总排量大于 50 cm^3 的两个车轮的机动车
	三轮摩托车	最高设计车速大于 50 km/h，或者发动机气缸总排量大于 50 cm^3，空车重量不大于 400 kg 的三个车轮的机动车
电车	无轨电车	以电能为动力，由专用输电电缆线供电的轮式公共车辆
	有轨电车	以电能为动力，在轨道上行驶的公共车辆
挂车	全挂车	无动力设备，独立承载，由牵引车辆牵引行驶的车辆
	半挂车	无动力设备，与牵引车辆共同承载，由牵引车辆牵引行驶的车
农用	三轮农用运输车	柴油发动机，功率不大于 7.4 kW，载重量不大于 500 kg，最高车速不大于 40 km/h 的三个车轮的机动车
运输车	四轮农用运输车	柴油发动机，功率不大于 28 kW，载重量不大于 1 500 kg，最高车速不大于 50 km/h 的四个车轮的机动车

（三）税率

车辆购置税采用 10% 的比例税率。

（四）计税依据

车辆购置税的计税依据为应税车辆的计税价格。计税价格根据不同情况，按照下列规定确定：

（1）纳税人购买自用的应税车辆的计税价格，为纳税人购买应税车辆而支付给销售者的全部价款和价外费用，不包括增值税税款。

价外费用是指销售方价外向购买方收取的基金、集资费、违约金（延期付款利息）和手续费、包装费、储存费、优质费、运输装卸费、保管费以及其他各种性质的价外收费，但不包括销售方代办保险等而向购买方收取的保险费，以及向购买方收取的代购买方缴纳的车辆购置税、车辆牌照费。

（2）纳税人进口自用的应税车辆的计税价格的计算公式为：

$$计税价格 = 关税完税价格 + 关税 + 消费税$$

（3）纳税人自产、受赠、获奖或者以其他方式取得并自用的应税车辆的计税价格，由主管税务机关参照国家税务总局规定的最低计税价格核定。

最低计税价格是指国家税务总局依据机动车生产企业或者经销商提供的车辆价格信息，参照市场平均交易价格核定的车辆购置税计税价格。

（4）纳税人购买自用或者进口自用应税车辆，申报的计税价格低于同类型应税车辆的最低计税价格，又无正当理由的，计税价格为国家税务总局核定的最低计税价格。

（5）国家税务总局未核定最低计税价格的车辆，计税价格为纳税人提供的有效价格证明注明的价格。有效价格证明注明的价格明显偏低的，主管税务机关有权核定应税车辆的计税价格。

（五）应纳税额的计算

车辆购置税实行从价定率的方法计算应纳税额。计算公式如下：

$$应纳税额 = 计税依据 \times 税率$$

$$进口应税车辆应纳税额 = (关税完税价格 + 关税 + 消费税) \times 税率$$

（六）税收优惠

车辆购置税的免税、减税，按照下列规定执行：

（1）外国驻华使馆、领事馆和国际组织驻华机构及其外交人员自用的车辆，免税。

（2）中国人民解放军和中国人民武装警察部队列入军队武器装备订货计划的车辆，免税。

（3）设有固定装置的非运输车辆，免税。

（4）有国务院规定予以免税或者减税的其他情形的，按照规定免税或者减税。

（七）征收管理

1. 纳税申报

车辆购置税实行一次征收制度，税款应当一次缴清。购置已征车辆购置税的车辆，不再征收车辆购置税。

车辆购置税由国家税务局征收。纳税人购买自用应税车辆的，应当自购买之日起60 日内申报纳税；进口自用应税车辆的，应当自进口之日起 60 日内申报纳税；自产、受赠、获奖或者以其他方式取得并自用应税车辆的，应当自取得之日起60 日内申报纳税。

纳税人以外汇结算应税车辆价款的，按照申报纳税之日中国人民银行公布的人民币基准汇价，折合成人民币计算应纳税额。

已缴纳车辆购置税的车辆，发生下列情形之一的，准予纳税人申请退税：

（1）车辆退回生产企业或者经销商的。

（2）符合免税条件的设有固定装置的非运输车辆但已征税的。

（3）其他依据法律法规规定应予退税的情形。

车辆退回生产企业或者经销商的，纳税人申请退税时，主管税务机关自纳税人办理纳税申报之日起，按已缴纳税款每满 1 年扣减 10% 计算退税额；未满 1 年的，按已缴纳税款全额退税。

2. 纳税环节

纳税人应当在向公安机关车辆管理机构办理车辆登记注册前，缴纳车辆购置税。

纳税人应当持主管税务机关出具的完税证明或者免税证明，向公安机关车辆管理机构办理车辆登记注册手续；没有完税证明或者免税证明的，公安机关车辆管理机构不得办理车辆登记注册手续。

税务机关应当及时向公安机关车辆管理机构通报纳税人缴纳车辆购置税的情况。公安机关车辆管理机构应当定期向税务机关通报车辆登记注册的情况。

税务机关发现纳税人未按照规定缴纳车辆购置税的，有权责令其补缴；纳税人拒绝缴纳的，税务机关可以通知公安机关车辆管理机构暂扣纳税人的车辆牌照。

免税、减税车辆因转让、改变用途等原因不再属于免税、减税范围的，应当在办理车辆过户手续前或者办理变更车辆登记注册手续前缴纳车辆购置税。

3. 纳税地点

纳税人购置应税车辆，应当向车辆登记注册地的主管税务机关申报纳税；购置不需要办理车辆登记注册手续的应税车辆，应当向纳税人所在地的主管税务机关申报纳税。

三、耕地占用税

耕地占用税是为了合理利用土地资源，加强土地管理，保护耕地，对占用耕地建房或者从事非农业建设的单位或者个人征收的一种税。

（一）纳税人

耕地占用税的纳税人为在我国境内占用耕地建房或者从事非农业建设的单位或者个人。

（二）征税范围

耕地占用税的征税范围包括纳税人为建房或从事其他非农业建设而占用的国家所有和集体所有的耕地。

耕地是指用于种农作物的土地，包括菜地、园地。其中，园地包括花圃、苗圃、茶园、果园、桑园和其他种植经济林木的土地。

占用鱼塘及其他农用土地建房或从事其他非农业建设，也被视同占用耕地，必须依法征收耕地占用税。占用已开发从事种植、养殖的滩涂、草场、水面和林地等从事非农业建设，由省、自治区、直辖市本着有利于保护土地资源和生态平衡的原则，结合具体情况确定是否征收耕地占用税。

占用林地、牧草地、农田水利用地、养殖水面以及渔业水域滩涂等其他农用地建房或者从事非农业建设的，征收耕地占用税。

用于农业生产并已由相关行政主管部门发放使用权证的草地，以及用于种植芦苇并定期进行人工养护管理的苇田，属于耕地占用税的征税范围。

建设直接为农业生产服务的生产设施占用前款规定的农用地的，不征收耕地占用税。

【例 6－29】根据耕地占用税法律制度的规定，下列情形中，不缴纳耕地占用税的是（　　）。

A. 占用市区工业土地建设商品房　　B. 占用市郊菜地建设公路

C. 占用牧草地建设厂房　　D. 占用果园建设旅游度假村

【答案】A

【答案解析】选项 A，市区工业土地不属于"耕地"的范畴。

（三）税率

耕地占用税实行定额税率。根据不同地区的人均耕地面积和经济发展情况实行有地区差别的幅度税额标准。

（四）计税依据

耕地占用税以纳税人实际占用的耕地面积为计税依据，按照适用税额标准计算应纳税额，一次性缴纳。

纳税人实际占用耕地面积的核定以农用地转用审批文件为主要依据，必要的时候应当实地勘测。

（五）应纳税额的计算

耕地占用税应纳税额的计算公式为：

应纳税额＝实际占用耕地面积（平方米）×适用税率

（六）税收优惠

（1）下列项目占用耕地，可以免征耕地占用税。

①军事设施，包括：地上、地下的军事指挥、作战工程；军用机场、港口、码头；营区、训练场、试验场；军用洞库、仓库；军用通信、侦察、导航、观测台站和测量、导航、助航标志；军用公路、铁路专用线，军用通信、输电线路，军用输油、输水管道；其他直接用于军事用途的设施。

②学校，包括县级以上人民政府教育行政部门批准成立的大学、中学、小学、学历性职业教育学校和特殊教育学校。学校内经营性场所和教职工住房占用耕地的，按照当地适用税率缴纳耕地占用税。

③幼儿园，包括在县级以上人民政府教育行政部门登记或者备案的幼儿园用于幼儿保育、教育的场所。

④养老院，包括经批准设立的养老院为老年人提供生活照顾的场所。

⑤医院，包括县级以上人民政府卫生行政部门批准设立的医院用于提供医疗服务的场所及其配套设施。医院内职工住房占用耕地的，按照当地适用税率缴纳耕地占用税。

（2）下列项目占用耕地，可以减按每平方米 2 元的税额标准征收耕地占用税。

①铁路线路，包括铁路路基、桥梁、涵洞、隧道及其按照规定两侧留地。专用铁路和铁路专用线占用耕地的，按照当地适用税率缴纳耕地占用税。

②公路线路，包括经批准建设的国道、省道、县道、乡道和属于农村公路的村道的主体工程以及两侧边沟、截水沟。专用公路和城区内机动车道占用耕地的，按照当地适用税

率缴纳耕地占用税。

③飞机场跑道、停机坪，包括经批准建设的民用机场专门用于民用航空器起降、滑行和停放的场所。

④港口，包括经批准建设的港口供船舶进出、停靠和旅客上下、货物装卸的场所。

⑤航道，包括在江、河、湖泊、港湾等水域供船舶安全航行的通道。

（3）农村居民经批准在户口所在地按照规定标准占用耕地，建设自用住宅，可以按照当地的适用税额标准减半征收耕地占用税。

（4）农村烈士家属、残疾军人、鳏寡孤独和革命老根据地、少数民族聚居区、边远贫困山区生活困难的农村居民，在规定用地标准以内新建住宅缴纳耕地占用税确有困难的，经所在地乡（镇）人民政府审核，报经县级人民政府批准以后，可以免征、减征耕地占用税。

按规定免征或者减征耕地占用税后，纳税人改变原占地用途，不再属于免征或者减征耕地占用税情形的，应补缴耕地占用税。

（七）征收管理

1. 纳税义务发生时间

经批准占用耕地的，耕地占用税纳税义务发生时间为纳税人收到土地管理部门办理占用农用地手续通知的当天。

未经批准占用耕地的，耕地占用税纳税义务发生时间为纳税人实际占用耕地的当天。

2. 纳税地点和征收机构

纳税人占用耕地或其他农用地，应当在耕地或其他农用地所在地申报纳税。

耕地占用税由地方税务机关负责征收。土地管理部门在通知单位或者个人办理占用耕地手续时，应当同时通知耕地所在地同级地方税务机关。获准占用耕地的单位或者个人应当在收到土地管理部门的通知之日起 30 日内缴纳耕地占用税。土地管理部门凭耕地占用税完税凭证或者免税凭证和其他有关文件发放建设用地批准书。

纳税人临时占用耕地，应当缴纳耕地占用税。纳税人在批准临时占用耕地的期限内恢复所占用耕地原状的，全额退还已经缴纳的耕地占用税。

【应试指南】耕地占用税与城镇土地使用税的联系与区别如表 6－11 所示。

表 6－11 耕地占用税与城镇土地使用税的联系与区别

项目	耕地占用税	城镇土地使用税
征税范围	纳税人为建房或者从事其他非农业建设而占用的“国家所有和集体所有”的耕地	城市、县城、建制镇和工矿区范围内（不包括农村）“国家所有和集体所有”的土地
税率	定额税率	定额税率
计税依据	实际占用面积	实际占用面积
征税税率	一次性缴纳	每年一次
二者的衔接	凡是缴纳了耕地占用税的，从批准征用次月起满 1 年时征收城镇土地使用税；征用非耕地而不需要缴纳耕地占用税的，应从批准征用之次月起征收城镇土地使用税	

四、烟叶税

（一）纳税人

烟叶税的纳税人为在中华人民共和国境内收购烟叶的单位。因为我国实行烟草专卖制度，因此烟叶税的纳税人具有特定性，一般是有权收购烟叶的烟草公司或者受其委托收购烟叶的单位。

（二）征税范围

烟叶税的征税范围包括晾晒烟叶、烤烟叶。晾晒烟叶包括列入名晾晒烟名录的晾晒烟叶和未列入名晾晒烟名录的其他晾晒烟叶。

（三）税率

烟叶税实行比例税率，税率为 20%。

（四）计税依据

烟叶税的计税依据是纳税人收购烟叶的收购金额，具体包括纳税人支付给烟叶销售者的烟叶收购价款和价外补贴。价外补贴统一暂按烟叶收购价款的 10% 计入收购金额。

收购金额的计算公式为：

$$收购金额 = 收购价款 \times (1 + 10\%)$$

（五）应纳税额的计算

$$\begin{aligned}应纳税额 &= 烟叶收购金额 \times 税率 \\ &= 烟叶收购价款 \times (1 + 10\%) \times 税率\end{aligned}$$

（六）征收管理

烟叶税的纳税义务发生时间为纳税人收购烟叶的当天，具体指纳税人向烟叶销售者付讫收购烟叶款项或者开具收购烟叶凭证的当天。烟叶税在烟叶收购环节征收。纳税人收购烟叶就发生纳税义务。

纳税人应当自纳税义务发生之日起 30 日内申报纳税。具体纳税期限由主管税务机关核定。

巩固提高

第七章

税收征收管理法律制度

考情分析

本章的内容相对简单，复习难度较小，在最近 3 年的机考中，本章所占分值在 10 分左右，考生应适当关注本章与第四章相结合的不定项选择题。本章考点不多，大多数考点需要考生死记硬背。同时需注意时间性考点及注意区分核定应纳税额、税收担保、税收保全、税收强制执行的前提条件（表 7－1）。

表 7－1　近三年题型题量分析

项目		2016 年考题			2015 年考题	2014 年考题
		试卷 1	试卷 2	试卷 3		
单项选择题	题数	2	2	3	5	5
	分数	3	3	4.5	7.5	7.5
多项选择题	题数	3	2	3	2	2
	分数	6	4	6	4	4
判断题	题数	2	2	2	2	2
	分数	2	2	2	2	2
不定项选择题	题数	—	—	—	—	—
合计	题数	7	6	8	9	9
	分数	11	9	12.5	13.5	13.5

知识导图

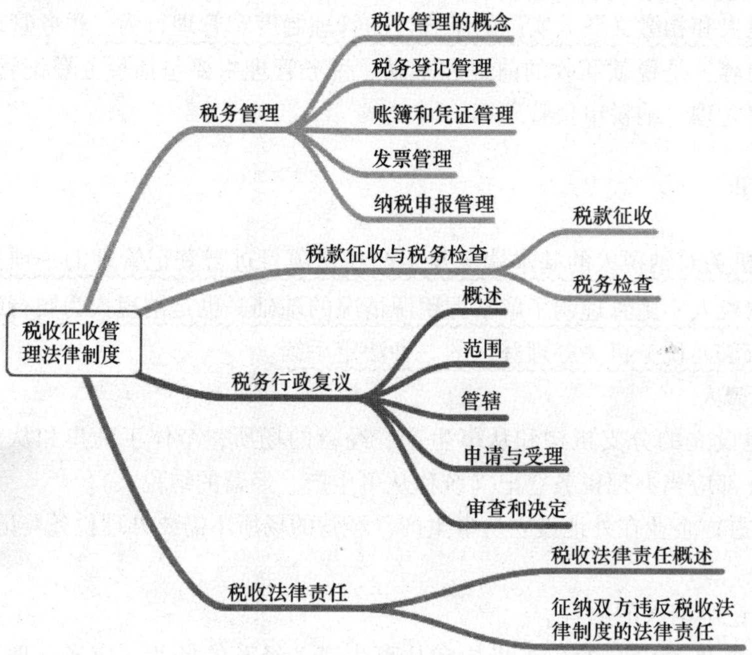

第一节 税务管理

教学引例

是否需要办理税务登记

2016 年 1 月，下岗职工李某开办了一个商品经销部，按规定享受一定期限内的免税优惠。他认为既然免税就不需要办理税务登记。请问：李某的观点是否正确？

一、税务管理的概念

税务管理是指税收征收管理机关为了贯彻、执行国家税收法律制度，加强税收工作协调征税关系而对纳税人和扣缴义务人实施的基础性的管理制度和管理行为。税务管理是税收征收管理的重要内容，是税款征收的前提和基础。税务管理主要包括税务登记管理、账簿和凭证管理、发票管理、纳税申报管理等。

二、税务登记管理

税务登记是税务机关对纳税人的基本情况及生产经营项目进行登记管理的一项基本制度，是税务机关对纳税人实施管理、了解掌握税源情况的基础，也是纳税人为履行纳税义务就有关纳税事宜依法向税务机关办理登记的一种法定手续。

（一）税务登记申请人

企业，企业在外地设立的分支机构和从事生产、经营的场所，个体工商户和从事生产、经营的事业单位，都应当办理税务登记（统称从事生产、经营的纳税人）。

【例7－1】（判断题）企业在外地设立从事生产、经营的场所不需要办理税务登记。

【答案】错误

【知识点】税务登记申请人的内容。

【答案解析】企业在外地设立的分支机构和从事生产、经营的场所，应当办理税务登记。

（二）税务登记主管机关

县以上（含本级，下同）国家税务局（分局）、地方税务局（分局）是税务登记的主管机关，负责税务登记的设立登记，变更登记，注销登记和税务登记证验证、换证以及非正常户处理、报验登记等有关事项。

国家税务局（分局）、地方税务局（分局）按照国务院规定的税收征收管理范围，实施属地管理，采取联合登记或者分别登记的方式办理税务登记。在有条件的城市，国家税务局（分局）、地方税务局（分局）可以按照“各区分散受理、全市集中处理”的原则办理税务登记。国家税务局（分局）、地方税务局（分局）联合办理税务登记的，应当对同一纳税人发放同一份加盖国家税务局（分局）、地方税务局（分局）印章的税务登记证。国家税务局（分局）、地方税务局（分局）之间对纳税人税务登记的主管税务机关发生争议的，由其上一级国家税务局、地方税务局共同协商解决。

国家税务局（分局）、地方税务局（分局）执行统一纳税人识别号。纳税人识别号由省、自治区、直辖市和计划单列市国家税务局、地方税务局按照纳税人识别号代码行业标准联合编制，统一下发各地执行。已领取组织机构代码的纳税人，其纳税人识别号共15位，由纳税人登记所在地6位行政区划码＋9位组织机构代码组成。以业主身份证件为有效身份证明的组织，即未取得组织机构代码证书的个体工商户以及持回乡证、通行证、护照办理税务登记的纳税人，其纳税人识别号由身份证件号码＋2位顺序码组成。纳税人识别号具有唯一性。

（三）税务登记证件

1. 税务登记证件的内容

税务登记证件包括税务登记证及其副本、临时税务登记证及其副本。扣缴税款登记证件包括扣缴税款登记证及其副本。

税务登记证件的主要内容包括纳税人名称、税务登记代码、法定代表人或负责人、生产经营地址、登记类型、核算方式、生产经营范围（主营、兼营）、发证日期、证件有效期等。

2. 税务登记证件的使用

纳税人开立银行账户和领购发票时，必须提供税务登记证件。纳税人办理其他税务事项时，应当出示税务登记证件，经税务机关核准相关信息后办理手续。

3. 税务登记证件的管理

税务机关对税务登记证件实行定期验证和换证制度。纳税人应当在规定的期限内持有关证件到主管税务机关办理验证或者换证手续。纳税人、扣缴义务人遗失税务登记证件的，应当自遗失税务登记证件之日起 15 日内，书面报告主管税务机关，如实填写“税务登记证件遗失报告表”，并将纳税人的名称、税务登记证件名称、税务登记证件号码、税务登记证件有效期、发证机关名称在税务机关认可的报刊上作遗失声明，凭报刊上刊登的遗失声明向主管税务机关申请补办税务登记证件。

【例 7-2】根据税收征收管理法律制度的规定，纳税人办理的下列事项中，必须提供税务登记证件的有（　　）。

A. 开立银行账户　　B. 纳税申报

C. 领购发票　　D. 缴纳税务罚款

【答案】AC

【答案解析】纳税人开立银行账户和领购发票时，必须提供税务登记证件。

（四）税务登记的内容

我国现行税务登记包括设立（开业）税务登记、变更税务登记、注销税务登记、外出经营报验登记以及停业、复业登记等。此外，《全国税收征管规范（1.0 版）》还增加了自然人登记、社会保险费登记、税源项目登记、登记户日常管理、登记创新处理等新的登记内容。

1. 设立税务登记

设立税务登记，是指纳税人依法成立并经工商行政管理登记后，为确认其纳税人的身份、纳入国家税务管理体系而到税务机关进行的登记。

（1）办理设立税务登记的地点。从事生产、经营的纳税人，向生产、经营所在地税务机关办理税务登记。

（2）申报办理税务登记的时限要求。

①从事生产、经营的纳税人领取工商营业执照的，应当自领取工商营业执照之日起 30 日内申报办理税务登记，税务机关发放税务登记证及副本。

②从事生产、经营的纳税人未办理工商营业执照，但经有关部门批准设立的，应当自有关部门批准设立之日起 30 日内申报办理税务登记，税务机关发放税务登记证及副本。

③从事生产、经营的纳税人未办理工商营业执照，也未经有关部门批准设立的，应当自纳税义务发生之日起 30 日内申报办理税务登记，税务机关发放临时税务登记证及副本。

④有独立的生产经营权、在财务上独立核算并定期向发包人或者出租人上交承包费或租金的承包承租人，应当自承包承租合同签订之日起 30 日内，向其承包承租业务发生地税务机关申报办理税务登记，税务机关发放临时税务登记证及副本。

⑤境外企业在中国境内承包建筑、安装、装配、勘探工程和提供劳务的，应当自项目合同或协议签订之日起 30 日内，向项目所在地税务机关申报办理税务登记，税务机关发放临时税务登记证及副本。

（3）申报办理税务登记需提供的资料。

纳税人在申报办理税务登记时，应当根据不同情况向税务机关如实提供以下证件和资料：

①工商营业执照或其他核准执业证件。

②有关合同、章程、协议书。

③组织机构统一代码证书。

④法定代表人或负责人、业主的居民身份证、护照或者其他合法证件。

（4）税务登记证件的发放。

纳税人提交的证件和资料齐全且税务登记表的填写内容符合规定的，税务机关应当日办理并发放税务登记证件。

纳税人提交的证件和资料不齐全或税务登记表的填写内容不符合规定的，税务机关应当场通知其补正或者重新填报。

2. 变更税务登记

变更税务登记，是指纳税人办理设立税务登记后，因登记内容发生变化，需要对原有登记内容进行更改，而向主管税务机关申报办理的税务登记。

纳税人已在工商行政管理机关办理变更登记的，应当自工商行政管理机关变更登记之日起 30 日内，向原税务登记机关如实提供下列证件、资料，申报办理变更税务登记。

（1）工商登记变更表及工商营业执照。

（2）纳税人变更登记内容的有关证明文件。

（3）税务机关发放的原税务登记证件（登记证正、副本和登记表等）。

（4）其他有关资料。

纳税人按照规定不需要在工商行政管理机关办理变更登记，或者其变更登记的内容与工商登记内容无关的，应当自税务登记内容实际发生变化之日起 30 日内，或者自有关机关批准或者宣布变更之日起30 日内，持下列证件到原税务登记机关申报办理变更税务登记。

（1）纳税人变更登记内容的有关证明文件。

（2）税务机关发放的原税务登记证明证件（登记证正、副本和税务登记表等）。

(3) 其他有关资料。

3. 停业、复业登记

停业、复业登记，是指实行定期定额征收方式的纳税人，因自身经营的需要暂停经营或者恢复经营而向主管税务机关申请办理的税务登记手续。

(1) 停业登记。

实行定期定额征收方式的个体工商户需要停业的，应当在停业前向税务机关申报办理停业登记。纳税人的停业期限不得超过1年。

(2) 复业登记。

纳税人应当于恢复生产、经营之前，向税务机关申报办理复业登记，如实填写《停、复业报告书》，领回并启用税务登记证件、发票领购簿及其停业前领购的发票。

4. 外出经营报验登记

外出经营报验登记是指从事生产经营的纳税人到外县（市）进行临时性的生产经营活动时，按规定申报办理的税务登记手续。

外出经营报验登记

5. 注销税务登记

注销税务登记，是指纳税人由于出现法定情形终止纳税义务时，向原税务机关申请办理的取消税务登记的手续。办理注销税务登记后，该当事人不再接受原税务机关的管理。

(1) 办理注销税务登记的原因。

纳税人发生以下情形的，向主管税务机关申报办理注销税务登记：

①纳税人发生解散、破产、撤销以及其他情形，依法终止纳税义务的。

②按规定不需要在工商行政管理机关或者其他机关办理注销登记的，但经有关机关批准或者宣告终止的。

③纳税人被工商行政管理机关吊销营业执照或者被其他机关予以撤销登记的。

④纳税人因住所、经营地点变动，涉及改变税务登记机关的。

⑤境外企业在中国境内承包建筑、安装、装配、勘探工程和提供劳务的，项目完工、离开中国的。

(2) 申报办理注销税务登记的时限要求。

纳税人发生解散、破产、撤销以及其他情形，依法终止纳税义务的，应当在向工商行政管理机关或者其他机关办理注销登记前，持有关证件和资料向原税务登记机关申报办理注销税务登记。按规定不需要在工商行政管理机关或者其他机关办理注册登记的，应当自有关机关批准或者宣告终止之日起15日内，持有关证件和资料向原税务登记机关申报办理注销税务登记。

纳税人被工商行政管理机关吊销营业执照或者被其他机关予以撤销登记的，应当自营业执照被吊销或者被撤销登记之日起15日内，向原税务登记机关申报办理注销税务登记。

6. 非正常户处理

已办理税务登记的纳税人未按照规定的期限申报纳税，在税务机关责令其限期改正后，逾期不改正的，税务机关应当派员实地检查，查无下落并且无法强制其履行纳税义务的，由检查人员制作非正常户认定书，存入纳税人档案，税务机关暂停其税务登记证件、发票领购簿和发票的使用。

纳税人被列入非正常户超过3个月的，税务机关可以宣布其税务登记证件失效，其应纳税款的追征仍按《中华人民共和国税收征收管理法》（以下简称：《征管法》）及其实施细则的规定执行。《全国税收征管规范（1.0版）》规定，税务机关应在非正常户认定的次月，在办税场所或者广播、电视、报纸、期刊、网络等媒体上公告非正常户。对没有欠税且没有未缴销发票的纳税人，认定为非正常户超过两年的，税务机关可以注销其税务登记证件。

7. 扣缴税款登记

根据税收法律、行政法规的规定，负有扣缴税款义务的扣缴义务人（国家机关除外），应当办理扣缴税款登记。

已办理税务登记的扣缴义务人应当自扣缴义务发生之日起30日内，向税务登记地税务机关申报办理扣缴税款登记。税务机关在其税务登记证件上登记扣缴税款事项，税务机关不再发放扣缴税款登记证件。

根据税收法律、行政法规的规定可不办理税务登记的扣缴义务人，应当自扣缴义务发生之日起30日内，向机构所在地税务机关申报办理扣缴税款登记。税务机关发放扣缴税款登记证件。

【例7－3】根据税收征收管理法律制度的规定，下列各项中，纳税人应当办理注销税务登记的有（　　）。

A. 纳税人经营管理困难需要暂停营业的

B. 纳税人破产且依法终止纳税义务的

C. 纳税人被工商行政管理机关吊销营业执照的

D. 纳税人因住所变动，涉及改变税务登记机关的

【答案】BCD

【知识点】申报办理注销税务登记的时限要求。

【答案解析】选项A，实行定期定额征收方式的个体工商户需要停业，应当在停业前向税务机关申报办理停业登记。

（五）“多证合一”登记制度改革

“多证合一”是指证照整合改革，目的是实现企业“一照一码走天下”。2017年4月，国务院常务会议审议通过《关于加快推进“多证合一”改革的指导意见》。

2017年4月28日，国家工商行政管理总局表示，要求2017年10月月底前，在全国全面推行“多证合一”。

【应试指南】税务登记相关知识（表7－2）。

表7－2　税务登记相关知识

范围	企业，企业在外地设立的分支机构和从事生产、经营的场所，个体工商户和从事生产、经营的事业单位，都应当办理税务登记，前述规定以外的纳税人，除“国家机关、个人和无固定生产经营场所的流动性农村小商贩”外，也应当办理税务登记
	【注意】即使是免税的和享受税收优惠的企业也应当办理税务登记

续 表

税务登记证	必须提供	开立银行账户、领购发票
	应当出示	办理其他与“税”有关的事项
互相登记	纳税人开立或变更银行账户，自行为发生之日起15日内，书面报告主管税务机关	
登记	开业	时间：自×××之日起30日内
		提供文件：（1）营业执照；（2）有关合同、章程、协议书；（3）组织机构代码证；（4）法人身份证
	变更	时间：自×××发生变化之日起30日内
		【注意】与开业登记相同，都是先工商后税务
	注销	时间：自×××之日起15日内
		【注意】顺序：先税务后工商
	停、复业	身份——实行定期定额征收方式的纳税人
		时间——停业期限不得超过1年
	外出经营	纳税义务——停业期间发生纳税义务的，应按规定申报纳税
		“外管证”的有效期限一般为30日，最长不得超过180天

三、账簿和凭证管理

账簿和凭证是纳税人进行生产经营活动和核算财务收支的重要资料，也是税务机关对纳税人进行征税、管理、核查的重要依据。纳税人所使用的凭证、登记的账簿、编制的报表及其所反映的内容是否真实可靠，直接关系到计征税款依据的真实性，从而影响应纳税款及时足额入库。账簿、凭证管理是税收管理的基础性工作。加强账簿、凭证管理，目的在于促使纳税人如实反映生产、经营情况，保证国家税收的正确计征，预防和打击偷逃税等违法行为。

（一）账簿的设置管理

纳税人、扣缴义务人应按照有关法律、行政法规和国务院财政、税务主管部门的规定设置账簿，根据合法、有效凭证记账，进行核算。所谓账簿，是指纳税人连续地登记各种经济业务的账册或簿籍，包括总账、明细账、日记账以及其他辅助性账簿。总账、日记账应当采用订本式。所谓凭证，是指记录经济业务、明确经济责任的书面证明。

（1）从事生产、经营的纳税人应当自领取营业执照或者发生纳税义务之日起 15 日内，按照国家有关规定设置账簿。

（2）生产、经营规模小又确无建账能力的纳税人，可以聘请经批准从事会计代理记账业务的专业机构或者经税务机关认可的财会人员代为建账和办理账务。聘请上述机构或者人员有实际困难的，经县以上税务机关批准，可以按照税务机关的规定，建立收支凭证粘贴簿、进货销货登记簿或者使用税控装置。

（3）扣缴义务人应当自税收法律、行政法规规定的扣缴义务发生之日起 10 日内，按照所代扣、代收的税种，分别设置代扣代缴、代收代缴税款账簿。

（二）对纳税人财务会计制度及其处理办法的管理

纳税人的财务会计制度及其处理办法，是其进行会计核算的依据，直接关系到计税依据是否真实合理。

（1）纳税人使用计算机记账的，应当在使用前将会计电算化系统的会计核算软件、使用说明书及有关资料报送主管税务机关备案。纳税人建立的会计电算化系统应当符合国家有关规定，并能正确、完整核算其收入或者所得。

（2）纳税人、扣缴义务人的财务、会计制度或者财务、会计处理办法与国务院或者国务院财政、税务主管部门有关税收的规定抵触的，依照国务院或者国务院财政、税务主管部门有关税收的规定计算应纳税款、代扣代缴和代收代缴税款。

（3）账簿、会计凭证和报表，应当使用中文。民族自治地方可以同时使用当地通用的一种民族文字。外商投资企业和外国企业可以同时使用一种外国文字。

（三）账簿、凭证等涉税资料的保存和管理

从事生产、经营的纳税人、扣缴义务人必须按照国务院财政、税务主管部门规定的保管期限保管账簿、记账凭证、完税凭证及其他有关资料。账簿、记账凭证、报表、完税凭证、发票、出口凭证以及其他有关涉税资料应当保存10年；但是法律、行政法规另有规定的除外。账簿、记账凭证、完税凭证及其他有关资料不得伪造、变造或者擅自损毁。

四、发票管理

发票是指在购销商品、提供或者接受服务以及从事其他经营活动中，开具、收取的收付款凭证。它是确定经济收支行为发生的法定凭证，是会计核算的原始依据。在全国范围内统一式样的发票，由国家税务总局确定，在省、自治区、直辖市范围内统一式样的发票，由省、自治区、直辖市国家税务局和地方税务局确定。国家税务总局统一负责全国的发票管理工作，省、自治区、直辖市国家税务局和地方税务局依据各自的职责共同做好本行政区域内的发票管理工作。

（一）发票的种类、联次和内容

发票的种类、联次和内容以及使用范围由国家税务总局规定。

1. 发票种类

发票的种类通常按照行业特点和纳税人的生产经营项目划分为普通发票、增值税专用发票和专业发票三种。

2. 发票的联次和内容

发票的基本联次包括存根联、发票联和记账联。存根联由收款方或开票方留存备查；发票联由付款方或受票方作为付款原始凭证；记账联由收款方或开票方作为记账原始凭证。省以上税务机关可根据发票管理情况以及纳税人经营业务需要，增减除发票联以外的其他联次，并确定其用途。

（二）发票的印制

增值税专用发票由国家税务总局确定的企业印制；其他发票，按照国家税务总局的规定，由省、自治区、直辖市税务机关确定的企业印制。禁止私自印制、伪造、变造发票。

印制发票的企业应当具备下列条件：

（1）取得印刷经营许可证和营业执照。

（2）设备、技术水平能够满足印制发票的需要。

（3）有健全的财务制度和严格的质量监督、安全管理、保密制度。

印制发票应当使用国家税务总局确定的全国统一的发票防伪专用品。禁止非法制造发票防伪专用品。

（三）发票的领购

需要领购发票的单位和个人，应当持税务登记证件、经办人身份证明、按照国家税务总局规定式样制作的财务印章或发票专用章的印模，向主管税务机关办理发票领购手续。主管税务机关根据领购单位和个人的经营范围和规模，确认领购发票的种类、数量以及领购方式，在5个工作日内发给发票领购簿。

【例7－4】根据税收征收管理法律制度的规定，下列发票，属于专业发票的是（　　）。

A. 机动车销售统一发票　　B. 商品房销售发票

C. 商业零售发票　　D. 铁路客票

【答案】D

【知识点】发票种类的知识点。

【答案解析】专业发票适用于某一经营项目，使用范围包括广告费用结算发票、商品房销售发票等；专用发票是指由国有金融、邮电、铁路、民用航空、公路和水上运输单位等开具的专业性很强的发票。

（四）发票的开具和使用

1. 发票的开具

销售商品、提供服务以及从事其他经营活动的单位和个人，对外发生经营业务收取款项，收款方应当向付款方开具发票；在特殊情况下，由付款方向收款方开具发票。特殊情况是指：收购单位和扣缴义务人支付个人款项时；国家税务总局认为其他需要由付款方向收款方开具发票的。

2. 发票的使用和保管

任何单位和个人应当按照发票管理规定使用发票，不得有下列行为：

（1）转借、转让、介绍他人转让发票、发票监制章和发票防伪专用品。

（2）知道或者应当知道是私自印制、伪造、变造、非法取得或者废止的发票而受让、开具、存放、携带、邮寄、运输。

（3）拆本使用发票。

（4）扩大发票使用范围。

（5）以其他凭证代替发票使用。

除国家税务总局规定的特殊情形外，发票限于领购单位和个人在本省、自治区、直辖市内开具。省、自治区、直辖市税务机关可以规定跨市、县开具发票的办法。除国家税务总局规定的特殊情形外，任何单位和个人不得跨规定地使用区域携带、邮寄、运输空白发

票。禁止携带、邮寄或者运输空白发票出入境。

(五) 发票的检查

税务机关在发票管理中有权进行下列检查：

(1) 检查印制、领购、开具、取得、保管和缴销发票的情况。

(2) 调出发票查验。

(3) 查阅、复制与发票有关的凭证、资料。

(4) 向当事各方询问与发票有关的问题和情况。

(5) 在查处发票案件时，对与案件有关的情况和资料，可以记录、录音、录像、照相和复制。

【例7-5】根据税收征收管理法律制度的规定，下列行为中，属于未按照规定使用发票的有(　　)。

A. 扩大发票使用范围　　B. 拆本使用发票

C. 以其他凭证代替发票使用　　D. 转借发票

【答案】ABCD

【知识点】发票使用的知识点。

【应试指南】账簿设置与发票管理（表7-3）。

表7-3　账簿设置与发票管理

账簿设置	纳税人	自领取“营业执照”或者发生纳税义务之日起“15日内”	
	扣缴义务人	自扣缴义务发生之日起10日内	
制度报备	自领取“税务登记证件”之日起15日内报送税务机关“备案”		
档案保管	证、账、表及其他涉税资料应保存10年，法律、行政法规另有规定的除外		
发票管理	领购	提供证件	经办人身份证、税务登记证、财务印章或发票专用章的印模
		代开	凭购销合同、经办人身份证，向经营地税务机关申请代开
		异地领购	提供保证人或交纳不超过1万元的保证金，并限期缴销发票
	开具	“全部联次”一次性如实开具，并加盖“发票专用章”	
		不得虚开发票（与实际经营业务情况不符即为虚开）(2013年新增)	
		绝对禁止	(1) 转借、转让、介绍他人转让发票、发票监制章和发票防伪专用品； (2) 知道或者应当知道是私自印制、伪造、变造、非法取得或者废止的发票而受让、开具、存放、携带、邮寄、运输； (3) 拆本使用发票； (4) 扩大发票使用范围； (5) 以其他凭证代替发票使用； (6) 携带、邮寄或者运输空白发票出入境
		相对禁止	“除国家税务总局规定的特殊情形外”，发票限于领购单位和个人在本省、自治区、直辖市内开具；任何单位和个人不得跨规定的使用区域携带、邮寄、运输空白发票
	保管	已开具的发票存根联和发票登记簿应当保存5年	

五、纳税申报管理

纳税申报是指纳税人按照税法规定，定期就计算缴纳税款的有关事项向税务机关提交书面报告的法定手续。纳税申报是确定纳税人是否履行纳税义务，界定法律责任的主要依据。

（一）纳税申报的内容

纳税人、扣缴义务人的纳税申报或者代扣代缴、代收代缴税款报告表的主要内容包括：税种、税目；应纳税项目或者应代扣代缴、代收代缴税款项目；计税依据；扣除项目及标准；适用税率或者单位税额；应退税项目及税额、应减免税项目及税额；应纳税额或者应代扣代缴、代收代缴税额；税款所属期限、延期缴纳税款、欠税、滞纳金等。

纳税人办理纳税申报时，应当如实填写纳税申报表并根据不同的情况相应报送下列有关证件、资料：

（1）财务会计报表及其说明材料。

（2）与纳税有关的合同、协议书及凭证。

（3）税控装置的电子报税资料。

（4）外出经营活动税收管理证明和异地完税凭证。

（5）境内或者境外公证机构出具的有关证明文件。

（6）税务机关规定应当报送的其他有关证件、资料。

（二）纳税申报的方式

纳税申报方式是指纳税人和扣缴义务人在纳税申报期限内，依照规定到指定税务机关进行申报纳税的形式。纳税申报的方式主要有以下几种：

（1）自行申报。

（2）邮寄申报。

（3）数据电文申报。

（4）其他方式。

实行定期定额缴纳税款的纳税人，可以实行简易申报、简并征期等方式申报纳税。

（三）纳税申报的其他要求

（1）纳税人在纳税期内没有应纳税款的，也应当按照规定办理纳税申报。

（2）纳税人享受减税、免税待遇的，在减税、免税期间应当按照规定办理纳税申报。

（3）纳税人、扣缴义务人按照规定的期限办理纳税申报或者报送代扣代缴、代收代缴税款报告表确有困难，需要延期的，应当在规定的期限内向税务机关提出书面延期申请，经税务机关核准，在核准的期限内办理。

【例7－6】根据税收征收管理法律制度的规定，下列关于纳税申报方式的表述中，不正确的有(　　)。

A. 邮寄申报以税务机关收到的日期为实际申报日期

B. 数据电文方式的申报日期以税务机关计算机网络系统收到数据电文的时间为准

C. 实行定期定额缴纳税款的纳税人，可以实行简易申报、简并征期等方式纳税申报

D. 自行申报是指纳税人、扣缴义务人按照规定的期限自行直接到主管税务机关办理纳税申报手续

【答案】A

【知识点】纳税申报的日期。

【答案解析】选项A，邮寄申报以寄出的邮戳日期为实际申报日期。

【应试指南】申报分类（表7－4）。

表7－4 申报分类

自行申报		传统方式
邮寄申报		以邮政部门“寄出地”邮戳日期为实际申报日期
数据电文申报		以“税务机关”计算机网络系统收到该数据电文的时间为实际申报日期
其他	简易申报	实行定期定额的纳税人
	简并征期	
【注意】纳税人在纳税期内没有应纳税款；享受减、免税待遇，在减税、免税期间的均应当按规定办理纳税申报		
延期申报	不可抗力	无须申请直接延期，税务机关事后查明、核准
	其他原因	纳税人提出书面申请，税务机关核准
	预交税款	多缴：退，但不支付利息；少缴：补，但不支付滞纳金

第二节 税款征收与税务检查

一、税款征收

税款征收是税务机关依照税收法律、法规的规定，将纳税人依法应当缴纳的税款组织入库的一系列活动的总称。它是税收征收管理工作的中心环节，是全部税收征收管理工作的目的和归宿。

（一）税款征收的方式

税款征收的方式是指税务机关根据各税种的不同特点和纳税人的具体情况而确定的计算、征收税款的形式和方法，包括确定（征收）方式和缴纳方式。由于纳税人的情况千差万别，税款征收方式也不可能统一固定，必须根据不同情况，采取相应的征收方式。我国现行《征管法》及其实施细则未对税款征收方式做具体规定，只是明确税务机关要根据

保证国家税款及时足额入库、方便纳税人、降低税收成本的原则，确定税款征收方式。

1. 查账征收

查账征收，是指针对财务会计制度健全的纳税人，税务机关依据其报送的纳税申报表、财务会计报表和其他有关纳税资料，依照适用税率，计算其应缴纳税款的税款征收方式。这种征收方式较为规范，符合税收法定的基本原则，适用于财务会计制度健全，能够如实核算和提供生产经营情况，并能正确计算应纳税款和如实履行纳税义务的纳税人。扩大查账征收纳税人的范围，一直是税务管理的努力方向。

2. 查定征收

查定征收，是指针对账务不全，但能控制其材料、产量或进销货物的纳税单位或个人，税务机关依据正常条件下的生产能力对其生产的应税产品查定产量、销售额并据以确定其应缴纳税款的税款征收方式。

3. 查验征收

查验征收，是指税务机关对纳税人的应税商品、产品，通过查验数量，按市场一般销售单价计算其销售收入，并据以计算其应缴纳税款的税款征收方式。

4. 定期定额征收

定期定额征收，是指税务机关对小型个体工商户在一定经营地点、一定经营时期、一定经营范围内的应纳税经营额（包括经营数量）或所得额进行核定，并以此为计税依据，确定其应缴纳税额的一种税款征收方式。

【例 7－7】 甲公司为大型国有企业，财务会计制度健全，能够如实核算和提供生产经营情况，并能正确计算应纳税款和如实履行纳税义务，其适用的税收征收方式是（　　）。

A. 定期定额征收　　B. 查账征收

C. 查定征收　　D. 查验征收

【答案】 B

【知识点】 考查税收征收方式的范围。

【答案解析】 查账征收适用于财务会计制度健全，能够如实核算和提供生产经营情况，并能正确计算应纳税款和如实履行纳税义务的纳税人。

（二）应纳税额的核定与调整

1. 核定应纳税额的情形

纳税人有下列情形之一的，税务机关有权核定其应纳税额。

（1）依照法律、行政法规的规定可以不设置账簿的。

（2）依照法律、行政法规的规定应当设置但未设置账簿的。

（3）擅自销毁账簿或者拒不提供纳税资料的。

（4）虽设置账簿，但账目混乱或者成本资料、收入凭证、费用凭证残缺不全，难以查账的。

（5）发生纳税义务，未按照规定的期限办理纳税申报，经税务机关责令限期申报，逾期仍不申报的。

（6）纳税人申报的计税依据明显偏低，又无正当理由的。

2. 核定应纳税额的方法

为了减少核定应纳税额的随意性，使核定的税额更接近纳税人实际情况和法定负担水平，税务机关有权采用下列任何一种方法核定应纳税额。

（1）参照当地同类行业或者类似行业中经营规模和收入水平相近的纳税人的税负水平核定。

（2）按照营业收入或者成本加合理的费用和利润的方法核定。

（3）按照耗用的原材料、燃料、动力等推算或者测算核定。

（4）按照其他合理方法核定。

当其中一种方法不足以正确核定应纳税额时，可以同时采用两种以上的方法核定。纳税人对税务机关采取上述方法核定的应纳税额有异议的，应当提供相关证据，经税务机关认定后，调整应纳税额。

【例7－8】根据税收征收管理法律制度的规定，下列情形中，税务机关有权核定纳税人应纳税额的有（　　）。

A. 纳税人按照法律、行政法规的规定应当设置但未设置账簿的

B. 纳税人虽设置账簿，但账目混乱难以查账的

C. 纳税人申报的计税依据明显偏低，但有正当理由的

D. 纳税人发生纳税义务，未按照规定的期限办理纳税申报的

【答案】AB

【知识点】考查应纳税额的核定与调整。

【答案解析】选项C，纳税人申报的计税依据明显偏低，又“无正当理由”的，税务机关有权核定其应纳税额；选项D，纳税人发生纳税义务，未按照规定的期限办理纳税申报，经税务机关责令限期申报，“逾期仍不申报”的，税务机关有权核定其应纳税额。

（三）税款征收措施

为了保证税款征收的顺利进行，《征管法》及其实施细则赋予了税务机关在税款征收过程中针对不同情况可以采取相应征收措施的职权。

1. 责令缴纳

（1）纳税人未按照规定期限缴纳税款的，扣缴义务人未按照规定期限解缴税款的，税务机关可责令限期缴纳，并从滞纳税款之日起，按日加收滞纳金。逾期仍未缴纳的，税务机关可以采取税收强制执行措施。

（2）对未按照规定办理税务登记的从事生产、经营的纳税人，以及临时从事经营的纳税人，税务机关核定其应纳税额，责令其缴纳应纳税款。

（3）税务机关有根据认为从事生产、经营的纳税人有逃避纳税义务行为，可在规定的纳税期之前责令其限期缴纳应纳税款。逾期仍未缴纳的，税务机关有权采取其他税款征收措施。

（4）纳税担保人未按照规定的期限缴纳所担保的税款，税务机关可责令其限期缴纳应纳税款。逾期仍未缴纳的，税务机关有权采取其他税款征收措施。

2. 责令提供纳税担保

纳税担保，是指经税务机关同意或确认，纳税人或其他自然人、法人、经济组织以保

证、抵押、质押的方式，为纳税人应当缴纳的税款及滞纳金提供担保的行为，包括经税务机关认可的有纳税担保能力的保证人为纳税人提供的纳税保证，以及纳税人或者第三人以其未设置或者未全部设置担保物权的财产提供的担保。

（1）适用纳税担保的情形。

①税务机关有根据认为从事生产、经营的纳税人有逃避纳税义务行为，在规定的纳税期之前经责令其限期缴纳应纳税款，在限期内发现纳税人有明显的转移、隐匿其应纳税的商品、货物，以及其他财产或者应纳税收入的迹象，责成纳税人提供纳税担保的。

②欠缴税款、滞纳金的纳税人或者其法定代表人需要出境的。

③纳税人同税务机关在纳税上发生争议而未缴清税款，需要申请行政复议的。

④税收法律、行政法规规定可以提供纳税担保的其他情形。

（2）纳税担保的范围。

纳税担保的范围包括税款、滞纳金和实现税款、滞纳金的费用。费用包括抵押、质押登记费用，质押保管费用，以及保管、拍卖、变卖担保财产等相关费用支出。

3. 采取税收保全措施

（1）适用税收保全的情形及措施。

税务机关责令具有税法规定情形的纳税人提供纳税担保而纳税人拒绝提供纳税担保或无力提供纳税担保的，经县以上税务局（分局）局长批准，税务机关可以采取下列税收保全措施。

①书面通知纳税人开户银行或者其他金融机构冻结纳税人的金额相当于应纳税款的存款。

②扣押、查封纳税人的价值相当于应纳税款的商品、货物或者其他财产。其他财产包括纳税人的房地产、现金、有价证券等不动产和动产。

（2）不适用税收保全的财产。

个人及其所扶养家属维持生活必需的住房和用品，不在税收保全措施的范围之内。需要注意的是，个人及其所扶养家属维持生活必需的住房和用品不包括机动车辆、金银饰品、古玩字画、豪华住宅或者一处以外的住房。个人所扶养家属，是指与纳税人共同居住生活的配偶、直系亲属以及无生活来源并由纳税人扶养的其他亲属。

税务机关对单价 5 000 元以下的其他生活用品，不采取税收保全措施。

【例 7－9】根据税收征收管理法律制度的规定，下列各项中，不属于纳税担保方式的是（　　）。

A. 质押　　B. 扣押　　C. 保证　　D. 抵押

【答案】B

【知识点】考查纳税担保方式。

【答案解析】纳税担保，是指经税务机关同意或确认，纳税人或其他自然人、法人、经济组织以“保证、抵押、质押”的方式，为纳税人应当缴纳的税款及滞纳金提供担保的行为。

4. 采取强制执行措施

（1）适用强制执行的情形及措施。

从事生产、经营的纳税人、扣缴义务人未按照规定的期限缴纳或者解缴税款，纳税担保人未按照规定的期限缴纳所担保的税款，由税务机关责令限期缴纳，逾期仍未缴纳的，经县以上税务局（分局）局长批准，税务机关可以采取下列强制执行措施。

①强制扣款，即书面通知其开户银行或者其他金融机构从其存款中扣缴税款。

②拍卖变卖，即扣押、查封、依法拍卖或者变卖其价值相当于应纳税款的商品、货物或者其他财产，以拍卖或者变卖所得抵缴税款。

税务机关采取强制执行措施时，对上述纳税人、扣缴义务人、纳税担保人未缴纳的滞纳金同时强制执行。个人及其所扶养家属维持生活必需的住房和用品，不在强制执行措施的范围之内。税务机关对单价 5 000 元以下的其他生活用品，不采取强制执行措施。

《税收征管规范（1.0 版）》还规定了申请法院强制执行和现金扣缴两种强制执行措施。

在当事人对税务机关的处罚决定逾期不申请行政复议也不向人民法院起诉，又不履行时；复议申请人逾期不起诉又不履行行政复议决定的，或者不履行最终裁决的行政复议决定的，税务机关可以依法申请人民法院强制执行。税务机关向法院提出申请后，由法院采取强制执行措施。法院强制执行完毕，通知税务机关将税款、滞纳金、罚款、罚金、没收违法所得征收入库时，通知征收开票部门将上述款项征收入库。

当税务行政相对人未按限缴期限缴纳税款、滞纳金、罚款时，且有处于保全状态或担保状态的现金的，税务机关通过内部审批文书报经有审批权限的税务局长批准后，决定对税务行政管理相对人采取现金扣缴措施，向其下达现金扣缴的书面文书，通知税务行政管理相对人扣缴税款、滞纳金及罚款决定及结果。

（2）抵税财物的拍卖与变卖。

抵税财物，是指被税务机关依法实施税收强制执行而扣押、查封或者按照规定应强制执行的已设置纳税担保物权的商品、货物、其他财产或者财产权利。拍卖，是指税务机关将抵税财物依法委托拍卖机构，以公开竞价的形式，将特定财物转让给最高应价者的买卖方式。变卖，是指税务机关将抵税财物委托商业企业代为销售、责令纳税人限期处理或由税务机关变价处理的买卖方式。国家税务总局发布的《抵税财物拍卖、变卖试行办法》对抵税财物的拍卖与变卖行为进行规范，以保障国家税收收入并保护纳税人的合法权益。

①适用拍卖、变卖的情形包括：

a. 采取税收保全措施后，限期期满仍未缴纳税款的。

b. 设置纳税担保后，限期期满仍未缴纳所担保的税款的。

c. 逾期不按规定履行税务处理决定的。

d. 逾期不按规定履行复议决定的。

e. 逾期不按规定履行税务行政处罚决定的。

f. 其他经责令限期缴纳，逾期仍未缴纳税款的。

对上述 c～f 项情形进行强制执行时，在拍卖、变卖之前（或同时）进行扣押、查封，办理扣押、查封手续。

②拍卖、变卖执行原则与顺序。税务机关按照拍卖优先的原则确定抵税财物拍卖、变卖的顺序包括：

a. 委托依法成立的拍卖机构拍卖。

b. 无法委托拍卖或者不适于拍卖的，可以委托当地商业企业代为销售，或者责令被执行人限期处理。

c. 无法委托商业企业销售，被执行人也无法处理的，由税务机关变价处理。

国家禁止自由买卖的商品、货物、其他财产，应当交由有关单位按照国家规定的价格收购。

5. 阻止出境

欠缴税款的纳税人或者其法定代表人在出境前未按规定结清应纳税款、滞纳金或者提供纳税担保的，税务机关可以通知出境管理机关阻止其出境。

【应试指南】征收方式与征收措施（表7－5）。

表7－5　征收方式与征收措施

征收方式	查账征收、查定征收、查验征收、定期定额征收		
征收措施	核定应纳税额	核定情形	【记忆提示】核定的情形要么没账，要么相当于没账。 【注意】发生纳税义务，未按照规定的期限办理“纳税申报”，经税务机关责令限期申报，逾期仍不申报的
		核定方法	（1）参照当地同类行业或者类似行业中经营规模和收入水平相近的纳税人的税负水平核定； （2）按照营业收入或者成本加合理的费用和利润的方法核定； （3）按照耗用的原材料、燃料、动力等推算或者测算核定； （4）按照其他合理方法核定。 【注意】当其中一种方法不足以正确核定应纳税额时，可以同时采用两种以上的方法核定
	滞纳金	计算公式	滞纳金＝应纳税款×滞纳天数×0.5‰
		滞纳天数	自纳税期限届满之次日起至实际缴纳税款之日止
	担保	情形	（1）税务机关有根据认为纳税人有逃避纳税义务行为，在规定的纳税期限之前经责令其限期缴纳税款，在“限期内”发现纳税人有明显的转移、隐匿财产的迹象； （2）欠缴税款、滞纳金的纳税人或者其法定代表人需要出境； （3）纳税人同税务机关在“纳税”上发生争议而未缴清税款，需要申请行政复议
		范围	税款；滞纳金；实现税款、滞纳金的费用
	保全	前提	税务机关责令具有税法规定情形的“纳税人”提供纳税担保而纳税人拒绝或不能提供担保
		具体措施	（1）书面通知纳税人开户银行或者其他金融机构“冻结”纳税人的金额“相当于应纳税款”的存款； （2）“扣押、查封”纳税人的价值“相当于应纳税款”的商品、货物或者其他财产

续表

征收措施	强制执行	前提	从事生产经营的“纳税人、扣缴义务人”未按照规定的期限缴纳或者解缴税款，“纳税担保人”未按照规定的期限缴纳所担保的税款，税务机关责令限期缴纳，逾期仍未缴纳
		具体措施	（1）书面通知其开户银行或其他金融机构从其存款中“扣缴”税款； （2）“扣押、查封、依法拍卖或者变卖”其价值相当于应纳税款的商品、货物或者其他财产； （3）税务机关采取强制执行措施时，对未缴纳的滞纳金同时强制执行（不包括罚款）
	保全与强制执行的共同特征	批准	经县以上税务局（分局）局长批准
		不适用	个人及其所扶养家属维持生活必需的住房和用品，单价 5 000 元以下的其他生活用品
		【注意】税收保全措施并非税收强制执行措施的必经前置程序	
	阻止出境		

二、税务检查

税务检查又称纳税检查，是指税务机关根据税收法律、行政法规的规定，对纳税人、扣缴义务人履行纳税义务、扣缴义务及其他有关税务事项进行审查、核实、监督活动的总称。它是税收征收管理工作的一项重要内容，是确保国家财政收入和税收法律法规贯彻落实的重要手段。

（一）税务机关在税务检查中的职权和职责

（1）税务机关有权进行下列税务检查。

①检查纳税人的账簿、记账凭证、报表和有关资料，检查扣缴义务人代扣代缴、代收代缴税款账簿、记账凭证和其他有关资料。

②到纳税人的生产、经营场所和货物存放地检查纳税人应纳税的商品、货物或者其他财产，检查扣缴义务人与代扣代缴、代收代缴税款有关的经营情况。

③责成纳税人、扣缴义务人提供与纳税或者代扣代缴、代收代缴税款有关的文件、证明材料和有关资料。

④询问纳税人、扣缴义务人与纳税或者代扣代缴、代收代缴税款有关的问题和情况。

⑤到车站、码头、机场、邮政企业及其分支机构检查纳税人托运、邮寄应纳税商品、货物或者其他财产的有关单据、凭证和其他有关资料。

⑥经县以上税务局（分局）局长批准，指定专人负责，凭全国统一格式的检查存款账户许可证明，查询从事生产、经营的纳税人、扣缴义务人在银行或者其他金融机构的存款账户，并有责任为被检查人保守秘密。

（2）税务机关对从事生产、经营的纳税人以前纳税期的纳税情况依法进行税务检查时，发现纳税人有逃避纳税义务行为，并有明显的转移、隐匿其应纳税的商品、货物以及其他财产或者应纳税的收入的迹象的，可以按照《征管法》规定的批准权限采取税收保全措施或者强制执行措施。税务机关采取税收保全措施的期限一般不得超过 6 个月；重大案件需要延长的，应当报国家税务总局批准。

（3）税务机关调查税务违法案件时，对与案件有关的情况和资料，可以记录、录音、录像、照相和复制。

（4）税务机关依法进行税务检查时，有权向有关单位和个人调查纳税人、扣缴义务人和其他当事人与纳税或者代扣代缴、代收代缴税款有关的情况。

（5）税务机关派出的人员进行税务检查时，应当出示税务检查证和税务检查通知书，并有责任为被检查人保守秘密；未出示税务检查证和税务检查通知书的，被检查人有权拒绝检查。

（二）被检查人的义务

（1）纳税人、扣缴义务人必须接受税务机关依法进行的税务检查，如实反映情况，提供有关资料，不得拒绝、隐瞒。

（2）税务机关依法进行税务检查，向有关单位和个人调查纳税人、扣缴义务人和其他当事人与纳税或者代扣代缴、代收代缴税款有关的情况时，有关单位和个人有义务向税务机关如实提供有关资料及证明材料。

【例 7－10】下列各项情形中，税务机关有权将抵税财务拍卖、变卖的有（　　）。

A. 采取税收保全措施后，限期期限已满但仍未缴纳税款的

B. 逾期不按规定履行纳税处理决定的

C. 逾期不按规定履行行政诉讼判决的

D. 欠缴税款、滞纳金的纳税人需要出境的

【答案】AB

【知识点】考查适用拍卖、变卖的情形。

【答案解析】选项 C，应由人民法院强制执行；选项 D，税务机关可以责令提供纳税担保。

【应试指南】税务检查（表 7－6）。

表 7－6　税务检查

权利	查账、场地检查、责成提供资料、询问、交通邮政检查、存款账户检查	
注意	场地检查	不能进入生活场所
	存款账户检查权	经“县以上税务局（分局）局长批准”可以查询从事生产经营的纳税人、扣缴义务人的存款账户
		经“设区的市、自治州以上税务局（分局）局长”批准，可以查询案件涉嫌人员的储蓄存款

第三节 税务行政复议

一、税务行政复议概述

税务行政复议是指纳税人和其他税务当事人对税务机关的税务行政行为不服，依法向上级税务机关提出申诉，请求上一级税务机关对原具体行政行为的合理性、合法性做出审议；复议机关依法对原行政行为的合理性、合法性作出裁决的行政司法活动。实行税务行政复议制度的目的是维护和监督税务机关依法行使税收执法权，防止和纠正违法或者不当的税务具体行政行为，保护纳税人和其他当事人的合法权益。

二、税务行政复议范围

纳税人及其他当事人（以下简称：申请人）认为税务机关（以下简称：被申请人）的具体行政行为侵犯其合法权益，可依法向税务行政复议机关申请行政复议。税务行政复议机关（以下简称：复议机关），是指依法受理税务行政复议申请，对具体行政行为进行审查并做出行政复议决定的税务机关。

申请人对税务机关下列具体行政行为不服，可以提出行政复议申请。

（1）征税行为，包括确认纳税主体、征税对象、征税范围、减税、免税、退税、抵扣税款、适用税率、计税依据、纳税环节、纳税期限、纳税地点和税款征收方式等具体行政行为，征收税款、加收滞纳金，扣缴义务人、受税务机关委托的单位和个人作出的代扣代缴、代收代缴、代征行为等。

（2）行政许可、行政审批行为。

（3）发票管理行为，包括发售、收缴、代开发票等。

（4）税收保全措施、强制执行措施。

（5）行政处罚行为：

①罚款。

②没收财物和违法所得。

③停止出口退税权。

（6）不依法履行下列职责的行为：

①颁发税务登记证。

②开具、出具完税凭证、外出经营活动税收管理证明。

③行政赔偿。

④行政奖励。

⑤其他不依法履行职责的行为。

（7）资格认定行为。

（8）不依法确认纳税担保行为。

（9）政府公开信息工作中的具体行政行为。

（10）纳税信用等级评定行为。

（11）通知出入境管理机关阻止出境行为。

（12）其他具体行政行为。

申请人认为税务机关的具体行政行为所依据的下列规定不合法，对具体行政行为申请行政复议时，可以一并向复议机关提出对该规定（不含规章）的审查申请：

（1）国家税务总局和国务院其他部门的规定。

（2）其他各级税务机关的规定。

（3）地方各级人民政府的规定。

（4）地方人民政府工作部门的规定。

申请人对具体行政行为提出行政复议申请时不知道该具体行政行为所依据的规定的，可以在行政复议机关做出行政复议决定以前提出对该规定的审查申请。

【例7－11】根据行政复议法律制度的规定，下列各项中，属于行政复议范围的有（　　）。

A. 公民对行政机关做出限制其人身自由的行政强制措施决定不服的

B. 企业对行政机关做出责令其停产停业的行政处罚决定不服的

C. 社会团体对行政机关做出其有关资质证书中止的决定不服的

D. 行政机关工作人员对本单位给予其行政处分的决定不服的

【答案】ABC

【知识点】考查行政复议范围的知识点。

【答案解析】选项D，当事人不服行政机关作出的行政处分，也依法提出申请，不能申请行政复议（也不能提起行政诉讼）。

三、税务行政复议管辖

（一）税务行政复议管辖的一般规定

（1）对各级国家税务局的具体行政行为不服的，向其上一级国家税务局申请行政复议。

（2）对各级地方税务局的具体行政行为不服的，可以选择向其上一

税务行政复议管辖

级地方税务局或者该税务局的本级人民政府申请行政复议。

(3) 省、自治区、直辖市人民代表大会及其常务委员会、人民政府对地方税务局的行政复议管辖另有规定的，从其规定。

(4) 对国家税务总局的具体行政行为不服的，向国家税务总局申请行政复议。对行政复议决定不服，申请人可以向人民法院提起行政诉讼，也可以向国务院申请裁决。国务院的裁决为最终裁决。

(二) 税务行政复议管辖的特殊规定

(1) 对计划单列市税务局的具体行政行为不服的，向省税务局申请行政复议。

(2) 对税务所 (分局)、各级税务局的稽查局的具体行政行为不服的，向其所属税务局申请行政复议。

(3) 对两个以上税务机关共同作出的具体行政行为不服的，向共同上一级税务机关申请行政复议；对税务机关与其他行政机关共同作出的具体行政行为不服的，向其共同上一级行政机关申请行政复议。

(4) 对被撤销的税务机关在撤销以前所作出的具体行政行为不服的，向继续行使其职权的税务机关的上一级税务机关申请行政复议。

(5) 对税务机关做出逾期不缴纳罚款加处罚款的决定不服的，向做出行政处罚决定的税务机关申请行政复议。

四、税务行政复议申请与受理

(一) 税务行政复议申请

申请人可以在知道税务机关做出具体行政行为之日起60日内提出行政复议申请。因不可抗力或者被申请人设置障碍等原因耽误法定申请期限的，申请期限的计算应当扣除被耽误时间。

(二) 税务行政复议受理

复议机关收到行政复议申请后，应当在5日内进行审查，决定是否受理。对不符合规定的行政复议申请，决定不予受理，并书面告知申请人；对不属于本机关受理的行政复议申请，应当告知申请人向有关行政复议机关提出。行政复议机关收到行政复议申请以后未按照规定期限审查并做出不予受理决定的，视为受理。

行政复议期间具体行政行为不停止执行。但有下列情形之一的，可以停止执行：

(1) 被申请人认为需要停止执行的。

(2) 行政复议机关认为需要停止执行的。

(3) 申请人申请停止执行，复议机关认为其要求合理，决定停止执行的。

(4) 法律规定停止执行的。

【例7－12】 M县地方税务局对甲企业做出罚款决定，甲企业不服，提出行政复议申请。下列关于甲企业申请行政复议的表述中，正确的是(　　)。

A. 可向M县人民法院申请行政复议

B. 可向M县地方税务局申请行政复议

C. 可向 M 县人民政府申请行政复议

D. 可向 M 县国家税务局申请行政复议

【答案】 C

【知识点】 考查行政复议的管辖范围。

【答案解析】 对各级地方税务局的具体行政行为不服的，可以选择向其上一级地方税务局（M 县所在市地方税务局）或者该税务局的本级人民政府（M 县人民政府）申请行政复议。

【例 7－13】 根据税务行政复议法律制度的规定，下列关于税务行政复议管辖的表述中，正确的有(　　)。

A. 对各级国家税务局的具体行政行为不服的，向其上一级国家税务局申请行政复议

B. 对计划单列市税务局的具体行政行为不服的，向省税务局申请行政复议

C. 对国家税务总局的具体行政行为不服的，向国家税务总局申请行政复议

D. 对各级地方税务局的具体行政行为不服的，只能向该税务局的本级人民政府申请行政复议

【答案】 ABC

【知识点】 考查行政复议的管辖范围。

【答案解析】 选项 D，对各级地方税务局的具体行政行为不服的，可以选择向其上一级地方税务局或者该税务局的本级人民政府申请行政复议；省、自治区、直辖市人民代表大会及其常务委员会、人民政府对地方税务局的行政复议管辖另有规定的，从其规定。

五、税务行政复议审查和决定

（一）税务行政复议审查

行政复议机构应当自受理行政复议申请之日起 7 日内，将行政复议申请书副本或者行政复议申请笔录复印件发送被申请人。被申请人应当自收到申请书副本或者申请笔录复印件之日起 10 日内提出书面答复，并提交当初作出具体行政行为的证据、依据和其他有关材料。

（二）税务行政复议决定

行政复议机构应当对被申请人的具体行政行为提出审查意见，经行政复议机关负责人批准，按照下列规定做出行政复议决定：

（1）具体行政行为认定事实清楚，证据确凿，适用依据正确，程序合法，内容适当的，决定维持。

（2）被申请人不履行法定职责的，决定其在一定期限内履行。

（3）具体行政行为有下列情形之一的，决定撤销、变更或者确认该具体行政行为违法：

①主要事实不清、证据不足的。

②适用依据错误的。

③违反法定程序的。

④超越或者滥用职权的。

⑤具体行政行为明显不当的。

决定撤销或者确认该具体行政行为违法的，可以责令被申请人在一定期限内重新做出具体行政行为。复议机关责令被申请人重新做出具体行政行为的，被申请人不得以同一事实和理由做出与原具体行政行为相同或者基本相同的具体行政行为；但复议机关以原具体行政行为违反法定程序而决定撤销的，被申请人重新做出具体行政行为的，不受前述限制。

（4）被申请人不按照规定提出书面答复，提交当初做出具体行政行为的证据、依据和其他有关材料的，视为该具体行政行为没有证据、依据，决定撤销该具体行政行为。

【应试指南】征税行为（表7－7）。

表7－7　征税行为

纳税人、扣缴义务人及纳税担保人对税务机关作出的“征税行为”不服的，应当先向复议机关申请行政复议，对行政复议决定不服，可以再向人民法院提起行政诉讼		
征税行为	税收实体法的构成要素	确认纳税主体、征税对象、征税范围、减税、免税、退税、抵扣税款、适用税率、计税依据、纳税环节、纳税期限、纳税地点
	税款征收方式	征收税款（查账、查定、查验、定期定额）、代扣代缴、代收代缴、委托代征
	加收滞纳金	

第四节　税收法律责任

一、税收法律责任概述

税收法律责任是指税收法律关系主体违反税收法律制度的行为所引起的不利法律后果，分为行政责任和刑事责任两种。

行政责任，是指经济法主体违反经济法律法规依法应承担的行政法律后果，包括行政处分和行政处罚两种。

刑事责任，是指行为人实施刑事法律禁止的行为所必须承担的法律后果。刑事责任与行政责任的不同之处：

（1）追究的违法行为不同，追究行政责任的是一般违法行为，追究刑事责任的是犯罪行为。

（2）追究责任的机关不同，追究行政责任由国家特定的行政机关依照有关法律的规定决定，追究刑事责任只能由司法机关依照《刑法》的规定决定。

（3）承担法律责任的后果不同，追究刑事责任是最严厉的制裁，可以判处死刑，比追究行政责任严厉得多。

二、征纳双方违反税收法律制度的法律责任

（一）纳税人、扣缴义务人及其他行政相对人违反税收法律制度的法律责任

1. 违反税务管理基本规定的法律责任

（1）纳税人有下列行为之一的，由税务机关责令限期改正，可以处 2 000 元以下的罚款；情节严重的，处 2 000 元以上 1 万元以下的罚款。

①未按照规定的期限申报办理税务登记、变更或者注销登记的。

②未按照规定设置、保管账簿或者保管记账凭证和有关资料的。

③未按照规定将财务、会计制度或者财务、会计处理办法和会计核算软件报送税务机关备查的。

④未按照规定将其全部银行账号向税务机关报告的。

⑤未按照规定安装、使用税控装置，或者损毁或者擅自改动税控装置的。

⑥纳税人未按照规定办理税务登记证件验证或者换证手续的。

（2）纳税人不办理税务登记的，由税务机关责令限期改正；逾期不改正的，经税务机关提请，由工商行政管理机关吊销其营业执照。

（3）纳税人未按照规定使用税务登记证件，或者转借、涂改、损毁、买卖、伪造税务登记证件的，处 2 000 元以上 1 万元以下的罚款；情节严重的，处 1 万元以上 5 万元以下的罚款。

（4）扣缴义务人未按照规定设置、保管代扣代缴、代收代缴税款账簿或者保管代扣代缴、代收代缴税款记账凭证及有关资料的，由税务机关责令限期改正，可以处 2 000 元以下的罚款；情节严重的，处 2 000 元以上 5 000 元以下的罚款。

（5）纳税人未按照规定的期限办理纳税申报和报送纳税资料的，或者扣缴义务人未按照规定的期限向税务机关报送代扣代缴、代收代缴税款报告表和有关资料的，由税务机关责令限期改正，可以处 2 000 元以下的罚款；情节严重的，处 2 000 元以上 1 万元以下的罚款。

【例 7－14】甲公司 2012 年 5 月 10 日取得营业执照并开业经营，但一直不办理税务登记。税务机关发现后责令限期改正，该公司在期限内仍未改正。税务机关有权对其采取的措施是(　　)。

A. 处以 2 000 元以下的罚款

B. 没收经营所得

C. 提请司法机关查封机关

D. 提请工商行政管理机关吊销营业执照

【答案】 D

【知识点】 税务登记。

【答案解析】 纳税人不办理税务登记的，由税务机关责令限期改正；逾期不改正的，经税务机关提请，由工商行政管理机关吊销企业执照。

2. 逃避税务机关追缴欠税行为的法律责任

纳税人欠缴应纳税款，采取转移或者隐匿财产的手段，妨碍税务机关追缴欠缴的税款的，由税务机关追缴欠缴的税款、滞纳金，并处罚款；构成犯罪的，依法追究刑事责任。

3. 偷税行为的法律责任

偷税，是指纳税人采取伪造、变造、隐匿、擅自销毁账簿、记账凭证，或者在账簿上多列支出或者不列、少列收入，或者经税务机关通知申报而拒不申报或者进行虚假的纳税申报的手段，不缴或者少缴应纳税款的行为。

4. 抗税行为的法律责任

抗税，是指纳税人、扣缴义务人以暴力、威胁方法拒不缴纳税款的行为。对抗税行为，除由税务机关追缴其拒缴的税款、滞纳金外，依法追究刑事责任。情节轻微，未构成犯罪的，由税务机关追缴其拒缴的税款、滞纳金，并处罚款。

5. 骗税行为的法律责任

骗税行为，是指纳税人以假报出口或者其他欺骗手段，骗取国家出口退税款的行为。

6. 纳税人、扣缴义务人不配合税务机关进行税务检查的法律责任

纳税人、扣缴义务人逃避、拒绝或者以其他方式阻挠税务机关检查的，由税务机关责令改正，可以处 1 万元以下的罚款；情节严重的，处 1 万元以上 5 万元以下的罚款。

（1）纳税人、扣缴义务人有下列情形之一的，依照前款规定处罚。

①提供虚假资料，不如实反映情况，或者拒绝提供有关资料的。

②拒绝或者阻止税务机关记录、录音、录像、照相和复制与案件有关的情况和资料的。

③在检查期间，纳税人、扣缴义务人转移、隐匿、销毁有关资料的。

④有不依法接受税务检查的其他情形的。

（2）税务机关依照《征管法》的规定，到车站、码头、机场、邮政企业及其分支机构检查纳税人有关情况，有关单位拒绝的，由税务机关责令改正，可以处 1 万元以下的罚款；情节严重的，处 1 万元以上 5 万元以下的罚款。

【例 7－15】 根据税收征收管理法律制裁的规定，纳税人发生的下列行为中，属于偷税的是(　　)。

A. 该暴力、威胁方法，拒不缴纳税款的

B. 在账簿上多列支出、少列收入，少缴应纳税款的

C. 未按照规定的期限办理纳税申报和报送纳税资料的

D. 假报出口、骗取国家出口退税的

【答案】B

【知识点】违反税务管理基本规定的法律责任。

【答案解析】选项A属于抗税行为；选项C属于违反税务管理基本规定的行为；选项D属于骗税行为。

（二）税务机关和税务人员违反税收法律制度的法律责任

（1）税务机关违反规定擅自改变税收征收管理范围和税款入库预算级次的，责令限期改正，对直接负责的主管人员和其他直接责任人员依法给予降级或者撤职的行政处分。

（2）税务人员徇私舞弊，对依法应当移交司法机关追究刑事责任的不移交，情节严重的，依法追究刑事责任。

（3）税务机关、税务人员查封、扣押纳税人个人及其所扶养家属维持生活必需的住房和用品的，责令退还，依法给予行政处分；构成犯罪的，依法追究刑事责任。

（4）税务人员与纳税人、扣缴义务人勾结，唆使或者协助纳税人、扣缴义务人实施税收违法行为，构成犯罪的，依法追究刑事责任；未构成犯罪的，依法给予行政处分。

（5）税务人员利用职务上的便利，收受或者索取纳税人、扣缴义务人财物或者牟取其他不正当利益，构成犯罪的，依法追究刑事责任；未构成犯罪的，依法给予行政处分。

（6）税务人员徇私舞弊或者玩忽职守，不征或者少征应征税款，致使国家税收遭受重大损失，构成犯罪的，依法追究刑事责任；未构成犯罪的，依法给予行政处分。

（7）税务人员滥用职权，故意刁难纳税人、扣缴义务人的，调离税收工作岗位，并依法给予行政处分。

（8）税务人员对控告、检举税收违法行为的纳税人、扣缴义务人以及其他检举人进行打击报复的，依法给予行政处分；构成犯罪的，依法追究刑事责任。

（9）违反法律、行政法规的规定提前征收、延缓征收或者摊派税款的，由其上级机关或者行政监察机关责令改正，对直接负责的主管人员和其他直接责任人员依法给予行政处分。

（10）违反法律、行政法规的规定，擅自做出税收的开征、停征或者减税、免税、退税、补税以及其他同税收法律、行政法规相抵触的决定的，除按《征管法》的规定撤销其擅自做出的决定外，补征应征未征税款，退还不应征收而征收的税款，并由上级机关追究直接负责的主管人员和其他直接责任人员的行政责任；构成犯罪的，依法追究刑事责任。

（11）税务人员私分扣押、查封的商品、货物或者其他财产，情节严重，构成犯罪的，依法追究刑事责任；未构成犯罪的，依法给予行政处分。

（12）税务人员在征收税款或者查处税收违法案件时，未按照《征管法》的规定进行回避的，对直接负责的主管人员和其他直接责任人员，依法给予行政处分，未按照《征管法》的规定为纳税人、扣缴义务人、检举人保密的，对直接负责的主管人员和其他直接责任人员，由所在单位或者有关单位依法给予行政处分。

【应试指南】税务登记（表7－8）。

表7－8　税务登记

税务登记	不办理	由税务机关责令限期改正，逾期不改正由税务机关提请工商机关吊销其营业执照
税务登记	未按照规定的期限办理	由税务机关责令限期改正，可处以2 000元以下的罚款；情节严重的，处2 000元以上1万元以下的罚款
税务登记	未按照规定使用	由税务机关责令限期改正，可以处2 000元以上1万元以下的罚款；情节严重的，处1万元以上5万元以下的罚款
纳税申报	未按照规定的期限办理	由税务机关责令限期改正，可以处2 000元以下的罚款；情节严重的，处2 000元以上1万元以下的罚款
纳税申报	不申报，不缴或少缴应纳税款（偷税）	由税务机关追缴欠缴的税款、滞纳金，并处欠缴税款50%以上5倍以下的罚款
逃税与偷税	采取转移或隐匿财产的手段，妨碍税务机关追缴欠税	由税务机关追缴欠缴的税款、滞纳金，并处欠缴税款50%以上5倍以下的罚款
逃税与偷税	以造假或不申报等手段，不缴或者少缴应纳税款	由税务机关追缴欠缴的税款、滞纳金，并处欠缴税款50%以上5倍以下的罚款
抗税与骗税	暴力、威胁	由税务机关追缴税款（滞纳金），并处税款1倍以上5倍以下的罚款
抗税与骗税	以假报出口或其他欺骗手段骗取出口退税款	由税务机关追缴税款（滞纳金），并处税款1倍以上5倍以下的罚款
扣缴义务人应扣未扣、应收未收税款		由税务机关向“纳税人”追缴税款，对“扣缴义务人”处税款50%以上3倍以下的罚款

知识拓展

增值税专用发票与普通发票的区别

增值税专用发票可以进行认证抵扣，但普通发票就不可以。

除此以外，增值税专用发票与普通发票还有如下区别：

1. 发票的印制要求不同

根据新的《税收征管法》第二十二条规定：“增值税专用发票由国务院税务主管部门指定的企业印制；其他发票，按照国务院主管部门的规定，分别由省、自治区、直辖市国家税务局、地方税务局指定企业印制。未经前款规定的税务机关指定，不得印制发票。”

2. 发票使用的主体不同

增值税专用发票一般只能由增值税一般纳税人领购使用，小规模纳税人需要使用的，只能经税务机关批准后由当地的税务机关代开；普通发票则可以由从事经营活动并办理了税务登记的各种纳税人领购使用，未办理税务登记的纳税人也可以向税务机关申请领购使用普通发票。

3. 发票的内容不同

增值税专用发票除了具备购买单位、销售单位、商品或者服务的名称、商品或者劳务的数量和计量单位、单价和价款、开票单位、收款人、开票日期等普通发票所具备的内容外，还包括纳税人税务登记号、不含增值税金额、适用税率、应纳增值税额等内容。

4. 发票的联次不同

增值税专用发票有四个联次和七个联次两种，第一联为存根联（用于留存备查），第二联为发票联（用于购买方记账），第三联为抵扣联（用作购买方扣税凭证），第四联为记账联（用于销售方记账），七联次的其他三联为备用联，分别作为企业出门证、检查和仓库留存用；普通发票则只有三联，第一联为存根联，第二联为发票联，第三联为记账联。

巩固提高

参考文献

[1] 李昌麒. 经济法学（第3版）[M]. 北京：法律出版社，2016.

[2] 杨紫烜. 经济法 [M]. 北京：北京大学出版社，2015.

[3] 漆多俊. 经济法基础理论（第5版）[M]. 北京：法律出版社，2017.

[4] 殷洁. 经济法（第6版）[M]. 北京：法律出版社，2017.

[5] 顾功耘. 经济法教程（第3版）[M]. 上海：上海人民出版社，2016.

[6] 赵威. 经济法（第6版）[M]. 北京：中国人民大学出版社，2017.

[7] 郭若愚. 经济法 [M]. 北京：清华大学出版社，2014.

[8] 陈践，梁静，张丹，李杰. 经济法概论 [M]. 北京：清华大学出版社，2017.

[9] 曲振涛. 经济法教程（第3版）[M]. 北京：高等教育出版社，2015.

[10] 周艳军，于彤. 经济法（第2版）[M]. 上海：上海财经大学出版社，2016.

[11] 中国注册会计师协会. 经济法 [M]. 北京：中国财政经济出版社，2017.

[12] 财政部会计资格评价中心. 经济法基础 [M]. 北京：经济科学出版社，2017.

[13] 黄洁洵. 经济法基础 [M]. 上海：上海财经大学出版社，2017.

[14] 田春苗. 经济法案例分析 [M]. 北京：中国政法大学出版社，2013.

[15] 张艳兵，白丽丽. 经济法案例教程 [M]. 成都：四川大学出版社，2014.

[16] 邸晨霞，陈秀芹. 经济法案例分析指导 [M]. 保定：河北大学出版社，2014.

[17] 孟庆瑜. 经济法案例教程 [M]. 北京：中国民主法制出版社，2015.

[18] 崔建远. 合同法学 [M]. 北京：法律出版社，2015.

[19] 张士元. 企业法（第4版）[M]. 北京：法律出版社，2015.

[20] 刘剑文. 税法学（第5版）[M]. 北京：北京大学出版社，2017.

[21] 崔建远. 合同法学 [M]. 北京：法律出版社，2015.

[22] 谢怀栻. 票据法概论（增订2版）[M]. 北京：法律出版社，2017.

[23] 国务院法制办公室. 中华人民共和国劳动合同法 [M]. 北京：中国法制出版社，2013.

[24] 国务院法制办公室. 中华人民共和国合同法 [M]. 北京：中国法制出版社，2017.

[25] 国务院法制办公室. 中华人民共和国公司法 [M]. 北京：中国法制出版社，2017.

[26] 国务院法制办公室. 中华人民共和国民法总则 [M]. 北京：中国法制出版社，2017.

[27] 国务院法制办公室. 中华人民共和国刑法 [M]. 北京：中国法制出版社，2015.

[28] 张志强. 你不可不知的法律常识 [M]. 北京：中华工商联合出版社，2017.

[29] 张红军. 一本书读懂法律常识 [M]. 北京：中华工商联合出版社，2015.

[30] 何陈勇. “法”和“律”的区别是什么？为什么“律师”不叫“法师”？[EB/OL].

知乎, 2018 -01 -11. https://www.zhihu.com/question/21410875.

[31] david0921. 票据理财值得注意的地方!!(附上一篇幽默小故事)[EB/OL]. 网贷之家, 2018 -01 -11. https://bbs.wdzj.com/thread -761093 -1 -1.html.

[32] 扬州网——《扬州日报》. 三个小故事读懂"营改增"[EB/OL]. 搜狐, 2008 -01 -11. http://roll.sohu.com/20160421/n445368218.shtml.

[33] 宋国庆. 企业针对个人所得税如何规避[EB/OL]. 百度, 2018 -01 -11. https://zhidao.baidu.com/question/439413356.html.